The Aesthetic Turn in Political Thought

政治思想中的审美转向

Nikolas Kompridis

〔加〕尼古拉斯·康普雷迪斯 编

谢卓婷 等 译

批判美学与当代艺术批评丛书

东方出版中心

图书在版编目（CIP）数据

政治思想中的审美转向 /（加）尼古拉斯·康普雷迪斯编；谢卓婷等译. —上海：东方出版中心，2020.12
（批判美学与当代艺术批评丛书）
ISBN 978-7-5473-1660-3

Ⅰ. ①政… Ⅱ. ①尼… ②谢… Ⅲ. ①政治哲学—研究 Ⅳ. ①D0-02

中国版本图书馆CIP数据核字（2020）第125374号

上海市版权局著作权合同登记：图字09-2020-428号
THE AESTHETIC TURN IN POLITICAL THOUGHT edited by Nikolas Kompridis.

Originally published in the USA by Bloomsbury Publishing Inc.
Simplified Chinese translation is published by arrangement with Bloomsbury Publishing Inc.

本书为国家社科基金重大项目“当代美学的基本问题及批评形态研究”（15ZDB023）阶段性成果

本书出版受到武汉晴川学院当代马克思主义美学研究基金支持

政治思想中的审美转向

编　　者　[加]尼古拉斯·康普雷迪斯
译　　者　谢卓婷等
责任编辑　杨　帆
封面设计　陈绿竞

出版发行　东方出版中心
地　　址　上海市仙霞路345号
邮政编码　200336
电　　话　021-62417400
印 刷 者　上海万卷印刷股份有限公司

开　　本　720mm × 1000mm　1/16
印　　张　27.25
字　　数　310千字
版　　次　2020年12月第1版
印　　次　2020年12月第1次印刷
定　　价　79.00元

批判美学与当代艺术批评丛书
编委名单

批判美学与当代艺术批评丛书·总序

编辑出版本丛书的目的是适应美学的当代发展,我们将美学研究的新形态称为“批判美学”。它的基本理念来自马克思和恩格斯,方法论基础则根植于“法兰克福学派”和英国的“文化唯物主义”。我们希望在概念和方法的多样化,以及美学对当代艺术的理论阐释等方面推动和促进美学的当代发展。

传统美学产生于德国古典哲学的莱布尼茨-沃尔夫体系。“美学”由鲍姆加登命名,并且在康德和黑格尔的哲学体系中第一次被理论化,它的核心理念是关于形式的艺术哲学。然而在不同文化语境中,美学以不同的方式存在,例如在法国,美学主要是针对一系列文学批评的实践,而在英国,美学通常被看作是关于人生经验的理论。

在当代中国学术界,由于多方面的原因,美学是一个内涵模糊、外延混乱的理论概念。我们反对仍然按照康德的学术规范来定义和解释美学的当代发展,同时我们也认为阿多诺所坚持的反对把美学当成一门孤立的学科来理解的观点,在今天看来仍然是十分重要的。

除了历史不断发展变化的因素之外,有两个原因造成了目前美学概念的模糊和混乱。首先,19世纪以来,随着现代大学制度的发展,美学被置入大学教育的基本目标之内,它以通识教育或博雅教育的形式存在于大学教育系统之中。与此相适应,随着1913年国际美学学会成立,美学成为一个越来越全球化和跨国界的学科,美学的具体性与普遍性的矛盾成为难以克服的理论困境。

其次，美学的发展同时是一个文化地理学的概念。随着资本主义生产方式的拓展，美学从欧洲传遍整个世界。启蒙主义、浪漫主义、现实主义和现代主义各发展阶段与对艺术的康德式阐释逐渐“称霸”全球。

我们看到，伴随着世界历史的进程，到目前为止，以德国美学为核心，以法国美学和英国美学为两翼的三个哲学系统所构成的理论大厦大部分已经坍塌，或者逐渐在坍塌。

在20世纪五六十年代，凯瑟琳·吉尔伯特和赫尔穆特·库恩的《美学史》(1954)及吉多·莫波格·塔利亚布的《当代美学》(1960)在现代美学话语规范方面曾经发挥了重要作用。而随着社会的发展变化，一种新的美学，主要是马克思主义美学在悄悄地发展着，其早期代表有威廉·莫里斯、列宁、卢卡奇和法兰克福学派的第一代学者，随后在东欧和中国也得到了发展。

例如在前南斯拉夫，随着20世纪60年代末至70年代西方马克思主义理论的发展，在滑稽剧的批评实践中，聚集起一群马克思主义的哲学家、社会学家和其他人物，他们的写作和演说主要涉及美学。在贝尔格莱德，米兰·达米亚诺维奇可能是最为重要的美学家。

在20世纪下半叶，随着马克思主义、存在主义和现象学的发展，以往的美学学科开始出现解体。在一大批哲学家的努力下，一些新的理论传统开始出现。例如80年代在卢布尔雅那出现的拉康主义的精神分析学，在美国西北大学出现的梅洛-庞蒂的存在主义现象学和在中国出现的文艺美学等。

这种新的美学理论比现代主义美学更为复杂，它延伸至不同的人文社会学科领域。它在哲学传统和社会思潮中产生，在理论的层面上实现了方法论的融合或者说是跨学科的结合，并且与艺术实践结合在一起。一个例子是阿瑟·丹托对马塞尔·杜尚或安迪·沃霍尔的作品是不是"艺术品"的讨论；另一个例子是瓦尔特·本雅明关于机械复制时代的艺术、光晕、政治的审美化、电影和摄影的功能，以及人类感知模式的新变化等问题的讨论。

我们认为，正是这种"碎片式"的美学，成为当今艺术哲学和美学理论的主要形式。

大约从20世纪80年代末90年代初开始，美学研究才与当时的艺术事件相互结合起来。在此之前，美学是艺术的附庸，或者说阐释者。新的变化开启了美学与世界的更为复杂而多样的关系，我们因此期望批判美学可以在改变世界的过程中发挥更加重要的作用。

在当代理论中，美学研究的中心似乎不再是艺术而是文化。当代美学讨论的中心逐渐从艺术转向文化，或者更确切地说，我们在谈论艺术的时候，事实上是指向文化。但文化的相对性以及过于宽泛的内涵，使当代的文化研究式的美学缺乏美学应有的审美标准和核心价值。如何用更有说服力的理论去有效地解释和阐释当代艺术文化现象，从而跨越艺术和文化产业之间的鸿沟，正是当代社会的重大理论问题，也是我们这套丛书要努力回答的问题。

这涉及对当代时尚艺术的评价和美学的复兴。尽管许多问题已经提出来了，并且得到了广泛的讨论，但是建设性的理论仍然尚未创立。

我们应着重研究本雅明指出的正在改变着的人类感知模式。如果说黑格尔时代有艺术哲学，有浪漫主义诗歌在文化上占主导地位的美学，如果说阿多诺的时代有无调性音乐和表现主义美学，如果说莫里斯·梅洛-庞蒂是现代绘画分析和评价的典范，如果说本雅明作为先锋艺术的后现代主义理论的美学阐释者，如果说阿瑟·丹托的早期理论是抽象艺术的哲学化，那么，其中的哲学反思是什么？今天哪一种思想在主导美学的发展？作为当代艺术所产生的理论反思，一种美学理论（或艺术哲学）是否提出了理论抽象工作与艺术实践相较而言存在的滞后性问题？这些问题显然要求引入对当代美学和美学理论的重新认识。当代美学和美学理论存在于现代主义思潮的土壤之中，我们应当在前人所发展的理论基础之上，构建以文化的哲学认知图式为基础的美学，并促进当代艺术的实践化。这套丛书将沿着这样的理论路径，并将遵循此种理念与精神。正是在这种情况下，“批判美学”才有可能达成它的预期目标。

我们期望，有更多的学者参与到我们的工作中来。

王　杰

阿列西·艾尔雅维奇

转向还是回归

——作为一种美学阐释传统的“美学政治学”

澳大利亚天主教大学（Catholic University）哲学和政治思想研究教授尼古拉斯·康普雷迪斯（Nikolas Kompirdis）主编的《政治思想中的审美转向》（*The Aesthetic Turn in Political Thought*）一书即将出版，这是一部对当代美学研究具有重要理论参考价值的著作。两年前我在相关刊物曾主持了一个专题为“当代美学的政治转向”的研究专栏，对当代美学的政治阐释及其当代美学研究中的文化政治关系问题做出探究，反响很好，我本人的收获也很大，当时我就注意到了《政治思想中的审美转向》这部重要的理论著作，并在有关审美与政治的研究中多次引用其英文版中的内容。现在这部理论著作的中译本要出版了，我能够“近水楼台”先睹为快，并提出一些阅读与分析的感想，十分高兴。

这部著作的译者谢卓婷博士近年来专门从事朗西埃研究，有多篇关于朗西埃的关键论著的译文发表，在朗西埃与当代美学研究方面，颇具心得。且我了解到，为完成这部译著，谢卓婷博士可谓是倾尽全力，博士学位论文的答辩一再推迟，目的就是把这部书做好。在今日“数字资本主义”的学术功利时代，对某一件事如此执着追求，的确十分难得，同时令人感佩良多。

近年来，在当代西方哲学、政治学和美学研究领域，关于审美与政治关系的研究已经成为当代美学研究新的热潮，相关理论著作不断涌现，如美国学者克里斯宾·萨塔维尔（Crispin Sartwell）的《政治美学》，荷兰学者F. R. 安科斯密特（F. R. Ankersmit）的《审美政治：超越事实和价值的政治哲学》（*Aesthetic Politics: political philosophy beyond fact and value*），加文·格林登（Gavin Grindon）的《美学与激进政治》（*Aesthetics and Radical Politics*），雅克·朗西埃的《歧义：政治与哲学》（*Disagreement: Politics and Philosophy*）、《词语的肉身：书写的政治》（*The Flesh of Words: The Politics of Writing*）、《美学的政治：感性的分配》（*The Politics of Aesthetics: The Distribution of the Sensible*），凯南·弗格森（Ferguson, Kennan）的《判断的政治》（*The Politics of Judgment*），艾德·马克·罗布森的《雅克·朗西埃：美学、政治、哲学》（*Jacques Ranciere: Aesthetics, Politics, Philosophy*），雷克、里玛·德雷尔（Reck, Rima Drell）的《文学的政治》（*Politics of Literature*），阿鲁达提·维曼尼（Arundhati Virmani）的《政治美学：文化、批评和日常生活》（*Political Aesthetics: Culture, Critique and the Everyday*），等等，这些理论著作都在不同层面上对当代美学的政治阐释问题有积极的理论启发。在这些理论著作中，《政治思想中的审美转向》有非常醒目的表现，该著的主编在当代美学界尚不为大家所熟悉，但在当代西方政治学界已有很多成果问世。他是澳大利亚天主教大学哲学和政治思想研究教授，还是该校社会公正研究所基金会的主任，在哲学和政治理论研究方面有广泛影响。《政治思想中的审美转向》所展现出来的内容可以说是当代西方哲学、政治理论研究领域的学者对当代美学与政治问题研究的一次“集体凝视”，这个研究倾向或视野很值得重视。由于美学和哲学的学科潜源关系，从哲学的角度探讨美学，这种哲学美学方面的研究在中国美学界并不陌生，甚至被视为一种美学研究的正宗，近年来这种研究趋势被进一步拓展，开始强调从社会、政治、文化等多种角度切入当代美学的理论研究，特别强调在审美的发生机制和理论表现方面融入新的观察视角，将审美、政治与文化的问题与更深层次的感性、心理及各种新兴的文化表现形式联系起来，从而极大地拓展了美学的研究领域。政治学和美学的研究融合是这些研究热潮的一部分，20世纪60年代以来的西方各种文化理论，如后现代主义文化理论、西方马克思主义文化理论、后殖民主义文化理论、新历史主义文化理论等，都强调文化政治研究，在审美与政治研究方面有相当多的研究成果，可以说，晚近以来的审美与政治研究既对以往的文化政治美学研究有所呼应，同时也不断展现出新的研究倾向，比如，更加强调理论上的多种思想交叉融合，更加重视文化的感性分析与审美层面上的心理趋向，更加强调从政治和美学的双向连接看待以往的美学传统和政治思想传统，这些内容在朗西埃、巴迪欧、齐泽克、奈格里、阿甘本、布尔迪厄等新一代的激进美学家那里有集中的表现，他们的理论研究在马克思的思想基础上对现代与后现代的社会文化有深刻的体察，与卢卡奇、葛兰西、阿尔都塞、马舍雷、杰姆逊、哈贝马斯、伊格尔顿等比较强调文化政治研究的学者相比，他们的理论中感性、经验的成分更加浓重了，对社会、文化发展的复杂性结构和多元性走向的关注更加具体了，在某种程度上，也体现出了不同的理论选择与倾向。

在回顾以往研究的基础上，《政治思想中的审美转向》体现出了另一种特色，或说明显的区别，一个表现就是它的作者群体均是当代西方政治学研究的学者，包括朗西埃，在专门政治学研究领域都有丰富成果，他们从严格意义上的政治学研究视野来看待其中的所谓的“美学转向”，提出了一个新的观察孔径，我相信读者会发现这些政治学研究的行家身份或专家身份对这个问题有不同凡响的认识，在这个角度上，这部著作展现的是一种“政治美学”的观念；另一个表现则是就这部著作所展现的内容来看，它不是以往我们熟悉的那种纯粹的美学研究，体现的是一种“学术思想的交叉”。在这里，我的看法是，学术思想的交叉和那种理论上的跨学科研究有差别，在严格意义上，我认为审美与政治的关系问题研究不属于什么跨学科的范围，它仍然是一个美学理论问题，也是人文社会科学研究的一个常识性问题，在具体的理论层面上展现的其实就是一种理论思想的深化和拓展，这部著作在这个方面有极强的学理性和思辨性色彩，其思想性的锐利和鲜明有让人耳目一新的感觉。在这方面的研究中，另有一部著作可以与之相提并论，那就是特里·伊格尔顿的《美学意识形态》，但很显然它们是两种风格，但有异曲同工之妙，读者可以比较，我相信对于在深层次上理解当代美学与政治的关系问题会有收获。

这部著作所谈论的主要问题和内容——“政治思想中的审美转向”，具有重要的学术研究价值，也是当代美学研究中值得进一步深化和拓展的问题，相关研究正在展开，可以说，也是我本人近几年颇感兴趣的问题。所谓“政治思想中的审美转向”和“当代美学的政治转向”看似问题领域一致，实则有差别，但都基于一个基本问题的思考，那就是在当代社会文化发展中，美学和政治的关系问题究竟该如何表述以及获得何种形式的文化展现？可以说，中西美学在此方面有数不清的文献和研究成果，随着当代美学的发展，这个问题更加缠绕不清，同时也不断产生新的争论。法国学者雅克·朗西埃曾断言：“政治在根本上是审美的。”这乍一看来不是就美学与政治的关系问题在发言，而是在这个关系中偏重于“政治”方面；那么，有没有人认为“审美在根本上是政治的”呢？这当然存在，当代西方美学中，杰姆逊、伊格尔顿都有过类似的言论。如果我们不从某些个别的观点出发，而是着眼于审美与政治的关系这一理论问题本身的复杂性，可以发现，对这个问题的哪一方面的独家阐释——即单独从政治的角度谈审美或者单独从审美的角度看政治——都可能是偏颇的。正是在这个意义上，该著的编者尼古拉斯·康普雷迪斯提出，所谓“政治思想中的审美转向”其实不是什么“转向”，在某种程度上是“回归”，他说：“审美转向并不是一个新的转向，不是刚刚，或突然发生的；这种转向，同时也是一种回归和颠倒。在转向审美时，政治思想不仅被审美扭转，它也扭转了美学，这样我们也发现我们自己以不同方式思考美学的可能性，认识到我们并不真正知道它的界限。”在某种程度上，我也赞同这个观点。另外，我注意到，在谈论这些问题时，他用了一个特别的概念——“政治生活”，意在强调从审美的角度阐释生活领域和精神领域中的某种政治情结、政治文化以及政治心理，这就为打通美学与政治的关系研究提供了一个非常重要的探寻方式。黑格尔曾强调政治与审美的关联在于自由，朗西埃探讨这个问题的理论模式是认为感觉、感受层面的“再分配”会为政治的研究提供感性的支撑，汉娜·阿伦特则认为政治的意义在于凸显“人作为行动着的存在”这一视角，而葛兰西、伊格尔顿、杰姆逊则更多地从文化领导权、意识形态与文化生产的角度谈政治与审美，凡此种种，都广泛涉及政治与审美的关系研究在理论层面上的表现形式，可以说都不由自主地指向一种美学阐释的传统，这种美学阐释的传统在黑格尔的《美学》，朗西埃的《美学的政治：感性的分配》，汉娜·阿伦特的《政治的应许》、《人的境况》、《论革命》，葛兰西的《狱中札记》，特里·伊格尔顿的《审美意识形态》中都曾有过分析，尼古拉斯·康普雷迪斯则再次指出：“自从18世纪后期以来，美学与政治已经完全相互浸润纠缠在一块。回溯一下，人们可以在从卢梭到席勒，再到耶拿浪漫派的欧洲浪漫主义著述中，在有关法国大革命的意义的讨论框架中发现谈论政治思想的这种审美转向。因此我们正在谈论的可能是一种回归而不是转向，或者说是一种被延迟和阻挡的转向，直到更有利的条件出现。”特别是他从“政治生活”的角度出发阐释审美与政治的关系问题，可以说，再次在理论的层面上凸显了这个问题的重要性。

尼古拉斯·康普雷迪斯在该著的导论中也提出，对于审美与政治的关系研究，“对于我们如何思考政治有什么意义？要转向美学来理解政治，这意味着什么？在哪种意义上，政治是审美的？美学的哪些方面可以转向政治思想？在政治中是什么正在转向审美？究竟是美学中的什么使政治可能对其感兴趣？”康普雷迪斯提出的这些问题也正是我们面向此类问题的研究所要思考的，顺着这样的思路，关于这部著作以及相关问题，我认为有以下几个方面的内容值得重视：

首先，该著在当代美学与政治的复杂的理论关系中，较为深入全面地呈现了社会思想、政治理论与美学在理论层面上的关联之处，可以说，为深入理解和把握当代西方政治理论图景中“大社会美学”的理论发展提供了一个重要的思想参照。在当代社会文化语境中，美学走向社会与文化似乎是不可回避的问题了，正是在这个趋势下，美学才在当代社会文化中发挥越来越重要的作用，美学进一步融入当代社会文化，从而使美学的研究走出传统的社会美学、社会美的理论模式和美学范畴的限定，走向一种“大社会美学”，而在政治学研究方面，这方面的研究可谓汗牛充栋，专门的政治学论著不计其数。但是，较为深入具体地阐释美学与政治的关系的理论著作，尤其是中译本的引介情况，尚须加强。而且从另一个角度来看，对于美学与政治的关系研究，由于关涉的理论观念的分歧和意见众多，单从哪一个理论方面或哪一个单独的理论论域出发，恐怕都不能对此类错综复杂的理论问题做出深入的解析。由此，可以说，《政治思想中的审美转向》开辟了一条重要的理论路径，我把这种理论路径理解为“大社会美学”的路径，之所以是“大社会美学”，就是说不单纯从政治或美学的单一视角来理解审美与政治的关系，而是广泛地考察当代西方政治思想与人文社会科学的发展形势之后所体现的一种审美与政治的双向研究。

其次，从内容上来看，这部著作内容丰富，思想含量深刻，理论批判与解析深入，是当代西方审美与政治研究方面的重要文献。《政治思想中的审美转向》所考察的代表性的理论家有埃德蒙·伯克、汉娜·阿伦特、朗西埃、法农、阿德里安娜·里奇、斯坦利·卡维尔、尼采、温尼科特以及让-吕克·南希等，他们在当代西方社会学、政治学和美学研究中都卓有影响。可能这些人的思想中有多少是所谓的“美学”的成分倒不见得重要，他们的思想中贯穿的通过美学、艺术、诗学来达到对当代西方社会文化发展的远景透视和个案反观，才是当代美学研究所需要吸收的东西；从理论脉络上看，这部著作不是“政治思想史”或说“审美政治史”，或者说，我们当代美学研究不一定就单纯地存在这样一部史论，而缺少的恰恰是这样的远景透视和个案反观的内容，这些内容可以在这部著作的具体研究内容中呈现出来。比如，埃德蒙·伯克作为18世纪的美学家，不仅仅在美学史上提出了一系列重要的观点，其美学思想中浸染的民主革命美学是康奈尔大学政府学教授杰森·弗兰克所重点解析的内容，杰森·弗兰克提出，伯克关于美与崇高的重要理论其实蕴含着某种对民主革命的美学话语的运用基础，从而比较早地在纯粹的美学话语上体现出政治研究的倾向；汉娜·阿伦特是大家熟悉的20世纪西方著名的政治理论家，她的《人的境况》、《论革命》、《理解与政治》等著作早就在西方政治美学研究中展现出巨大的吸引力，用芝加哥大学帕琴·马克尔的话说是“促成了诸多审美的转变”，阿伦特通过诉诸审美经验的自主性的方式把这种转变镶嵌在政治思想的美学转向之中，在帕琴·马克尔那里，通过对汉娜·阿伦特的研究，让康德对审美经验的看法、朗西埃等人研究的审美歧感话语获得了明显的政治对话，我认为这是值得我们重视的研究内容；而朗西埃的“政治的美学”、“美学的政治”、“歧感”、“治安”、“感性再分配”等思想向来是美学政治学研究的关键问题，阿雷塔·J.诺弗尔认为他是一个“断裂的理论家”，并对其思想的诸多精锐之处有深入分析；法农不仅是一位诗人，还是一位颇具政治讽喻风格的心理分析学家，刘易斯·R.戈登认为，他对种族主义和殖民主义的思考在美学的层面具有“去殖民化审美”的特点；阿德里安娜·里奇也是一个诗人，是当代女权主义运动中有影响力的理论家，她的诗歌在美学、政治和理论的三者交叉之初体现了诗学政治的理论构想；斯坦利·卡维尔则是著名的电影美学理论家，他的理论著作成为朗西埃等人的重要的阐释对象，大卫·帕纳贾认为，卡维尔的电影美学与其伦理思考相互叠加，产生了一种“注视的动力学”，即观看者与投射影像的某种微观的文化实践和其中的本体论关系，体现的是一种“政治美学的投射”。类似这样的思想解析，让人耳目一新。放大了来看，当代美学与政治的研究可以说处处都有思想的汇合，当代西方各种文化批判理论曾经是这些思想汇合的容纳之所，现在，这个范围在扩大，其纵向的理论拓展和横向的思想展开恰恰是当代西方美学政治学研究的理论旨趣所在。

再次，《政治思想中的审美转向》提出了“转向美学来理解政治”的理论研究路径和方法，我认为，这个观点值得重视，并有必要深入探讨。什么是“转向美学来了解政治”？我认为，芝加哥大学的琳达·M. G. 泽里利论汉娜·阿伦特的一段话可以作为重要参考，琳达·M. G. 泽里利提出了汉娜·阿伦特思想中的想象和判断蕴含着一种政治判断的“官能”，他说：

换言之，审美与政治判断是可以论证的，不过是以特定的方式。审美与政治判断属于对话（interlocution）的范畴，康德称其为“streiten”（争执或争论）而非“disputieren”（论辩）。这就是说，一种对话产生一致性的，是以说服为基础，而不是基于无可辩驳的证据。“辩论（disputieren）”假设双方可以通过限制在规则之内的观点交流达成一致，而这些规则是根据概念逻辑和客观知识制定的（与决定性判断一样）；如果缺乏概念或无法通过提供证据而达成一致（与反思性判断一样），则会发生“争执（straiten）”。然而，尽管缺少通过证据

达成一致的客观必然性，争论仍会继续，因为每一个判断主体都有能力发表审美主张，它假设了与他者的一致性，并试图用他或她的观点来说服他们。

美学上的目的与手段的关系，在康德美学那里曾经有所触及，康德提出的无目的的合目的性即是一种美学判断，但这种美学判断也可以有政治上的思想指涉意义，在朗西埃那里，政治的判断建立在某种共识的基础上，在一种共识的基础上他提出了著名的政治论辩的“黑白论”，美学和政治的关系问题可以在这样一个基础上被讨论，即在美学上，政治层面上的思想研究可以蕴含着某种对话性和共识性，可以说，“转向美学来了解政治”从如何处理感性的共享与分歧的角度进一步把这种对话性和共识性提出来了，“转向美学来了解政治”，不是从美学到政治，或从政治到美学，这里面有一个话语转换和逻辑转换的功能，在这个意义上，所谓“转向”其实是一种问题重释，即美学和政治的关系有时候是同一的，有时候又是截然分开的，在理论上的切割是困难的，所以才有了重新阐释的必要，而“政治生活”的研究毫无疑问也存在某种“共通感”，这种共通感在于与他者达成某种共识的人应该有一个预期的交流，《政治思想中的审美转向》中所提出和塑造的现代哲学的审美问题其实也是在这个意义上说的。这部著作的很多作者都不是严格意义上的美学家，在美学和艺术的问题上，显然他们的观点区别于传统美学的路数，无论斯坦利·卡维尔、朗西埃还是阿德里安娜·里奇，在他们对美学的阐释中，提出的正是一种理解和把握当代“政治生活”的路径，所以，所谓“转向美学来了解政治”，就是强调，无论政治和审美，都不是绝对自律的，尼古拉斯·康普雷迪斯强调：“现代政治学是依据一系列众所周知的术语——公正、自由、合法性、宪制、主权等——而在概念上得以理解的。然而，也有一些政治问题，它们作为政治问题只是在某种审美维度中才能显现。”他借用斯坦利·卡维尔的思想提出，所谓“政治思想的审美转向”在于政治思想对现代政治的审美问题做出承认和回应，它融合判断、回应、显现、感觉去理解一般意义上的政治的审美维度和范围，我认为，这个观点能够给予当代美学研究积极的启发，在美学的意义上，美学的纯粹与“非自律”的问题早已被引入政治和文化的角度来阐释，但阐释之方向与必要性似乎并无上述观念之明确，我们或许可以做这样的类比，“政治思想的审美转向”更多地强调通过美学与感性了解政治，读出的是各种“政治生活”的感性存在和感性力量，是政治学研究的“感性之维”，而与此相关，美学的“政治之维”也同样重要，它所起的作用更加值得我们重视。

最后，从美学的角度看，这部著作突出的是作为一种美学阐释传统的“美学政治学”。在审美与政治的观念上，可以看出，很多研究都曾强调“政治美学”，朗西埃提出的是“美学政治”，尼古拉斯·康普雷迪斯在这部著作中没有专门来谈这个概念和学科的属性问题，我读了这部著作之后，有一个深刻的感受，那就是在美学与政治的研究层面，我们有必要确立研究的学科性导向和理论形态的研究归属问题，学科性导向是对这一问题的学术定位和理论定位，理论形态研究则强调的是美学与政治的研究在理论上该如何呈现与存在，决定我们以后的研究方向。在这个意义上，我的观点是美学与政治的关系研究不是单纯地强调“审美的政治”或是“政治审美”，而是应该上升到“美学政治学”的观念上，这种“美学政治学”的观念区别于“审美的政治”的地方在于整体性地阐释审美与政治的关系，它是在一种美学阐释的传统的意义上来看待这个问题的，就像这部著作一样，它不是单纯地强调“审美的政治”而是强调从审美“看”政治，这有点儿像朗西埃的“美学政治”或伊格尔顿说的“审美意识形态”，但不尽相同，阿伦特强调“学会政治地看”，强调多重视角解读社会生活，包括文学和艺术，并强调“学会政治地看”是一种基本的理论塑造，我认为，“美学政治学”恰恰强调的是一种“学会审美地看”，“美学政治学”可以说就是体现了这种“学会审美地看”的研究趋势和形态，它不是在概念、范畴和术语的层面上个别地涉及审美与政治的关系问题，而是在问题与观念的维度上强化理论研究的价值与功能，当然，更不是这部著作的编者尼古拉斯·康普雷迪斯所担忧的某种稍纵即逝的学术时尚或学术机会主义。尼古拉斯·康普雷迪斯在伯克和阿伦特之间发现了一个共同的理论特征，那就是，审美回应和审美判断有利于创造一个公众空间，在其中，事物、日常之物、社会生活、文化现象能够以一种持存的方式被讨论，伯克和阿伦特，在一般的意义上，一个美学家，一个政治家，他们的思想中有如此重要的共识之处，这对于“美学政治学”的研究多么重要啊！康普雷迪斯在曾经是作为美学家的伯克和目前作为政治学家的阿伦特之间，建立了真正意义上的思想对话的联系和可能，这恰恰是当代“美学政治学”研究的目标和方向。我希望这部著作是一个探讨的起点与方向，能将“美学政治学”的研究推向深入！

段吉方

2020年元月于广州

致　谢

衷心感谢本文集所有作者在文集创作过程中提供的帮助，同时还要感谢他们耐心细致地解决期间遇到的迂回曲折（请别介意我这么说），以及导致本文集延期出版的诸多困难。另外，由衷感谢布鲁姆斯伯里出版公司（Bloomsbury Publishing PLC）所有工作人员一直以来对我们的帮助和给予的耐心，感谢的人员包括但不限于马修·科佩尔、凯特林·丰塔纳、多米尼克·韦斯特和詹姆士·塔珀。

最后，特别感谢莫顿·斯古曼组建APSA和WPSA专家小组来探讨“审美转向”，使“审美转向”问题首次受到学界关注，还要感谢他多年来为我们提供的各种智力支持。

本文集的成功创作要特别感谢斯坦利·卡维尔，感谢他使我了解了哲学、伦理和政治中的美学问题，也感谢他为研究美国和欧洲浪漫主义中尚未得到探索和普遍认可的问题开辟了诸多道路。

* * *

雅克·朗西埃的《审美维度：美学、政治、知识》由《批评探索》第36辑，2009年秋授权重印（芝加哥：芝加哥大学出版社，2009，0093-1896/09/3601-0006 © 2009芝加哥大学）。

尼古拉斯·康普雷迪斯的《承认与接受：对“我们都是动物的生命”的规范回应形式》由《新文学史》（巴尔的摩：约翰斯·霍普金

斯大学出版社，2013）授权重印，44：1–24。

琳达·M. G. 泽里利的《“我们感到了我们的自由”：汉娜·阿伦特思想中的想象与判断》由琳达·M. G. 泽里利《“我们感到了我们的自由”：汉娜·阿伦特思想中的想象与判断》［千橡市，加利福尼亚州：政治理论，世哲出版公司（SAGE Publications）］授权重印，10.1177/0090591704272958。

阿雷塔·J.诺弗尔的《“在天空写下一个名字”：朗西埃、卡维尔，以及平等铭写的可能性》由阿雷塔·J.诺弗尔《“在天空写下一个名字”：朗西埃、卡维尔，以及平等铭写的可能性》重印（《美国政治学评论》，2012），106（4）：810–826。

作者名单

雷蒙德·科尔斯

美国，北亚利桑那大学

雷蒙德·科尔斯，美国北亚利桑那大学弗朗西斯·B.麦考利斯特委员会主席，“社区、文化和环境项目”总监。其代表作包括《跨越封闭政治：对民主未来的思考》（明尼苏达大学出版社，2005），《反思慷慨：批判理论与博爱政治》（康奈尔大学出版社，1997），《基督教、民主和激进的普通人：基督徒与激进民主人士的对话》（与斯坦利·哈弗罗斯合著）（威普夫和斯托克出版社，2008）以及《自我/权力/他者：政治理论和对话伦理》（康奈尔大学出版社，1992）。科尔斯最近刚写完一本新书，书名暂定为《激进的生态民主：接受性共鸣、传递和转型的动力》。

杰森·弗兰克

美国，康奈尔大学

杰森·弗兰克，美国康奈尔大学政府学副教授，著有《选民时刻：后革命时代美国的人民扮演的角色》（杜克大学出版社，2010）和《普布利乌斯和政治想象力》（罗曼和利特尔菲尔德出版公司，2013），编有《赫尔曼·梅尔维尔的政治伴侣》（肯塔基大学出版社，2013）。他在民主理论和美国政治思想方面著书颇多，目前即将完成“民主的崇高：民主革命时代的政治理论与美学”课题。

刘易斯·R.戈登

美国，康涅狄格大学

刘易斯·R.戈登，美国康涅狄格大学哲学和非洲研究系教授，法国图卢兹大学欧洲哲学系客座教授，兼南非罗德斯大学研究纳尔逊·曼德拉的客座教授。其代表作包括《法农和欧洲人的危机：论哲学与人文科学》（劳特利奇出版社）和《非洲哲学概论》（剑桥大学出版社）。

利亚·哈罗

美国杜克大学

利亚·哈罗，杜克大学，人类学家和文学理论家，著有关于当代全球发展、贫穷和乌托邦主义的著作《贫穷结束的终点》，曾亲身前往非洲和拉丁美洲进行大量实地调查，目前正与罗门·科尔斯合作撰写《政治的审美维度》一书。

尼古拉斯·康普雷迪斯

澳大利亚天主教大学

尼古拉斯·康普雷迪斯，澳大利亚天主教大学哲学和政治思想研究教授兼社会公正研究所基金会主任，对哲学和政治理论有着广泛研究，著有《批判与揭显：过去与未来之间的批判理论》（麻省理工学院出版社，2006）以及《哲学浪漫主义》（劳特利奇出版社，2006）。

帕琴·马克尔

芝加哥大学

帕琴·马克尔，芝加哥大学政治学副教授，著有《论承认》（普林斯顿大学出版社，2003），目前正在出版探讨阿伦特《人的境况》的书籍，书中的论点可以在以下期刊文章和书籍章节中找到：《美国政治学评论》(2006)，《大学文学》(2001)，以及《激进政治的过去未来：不合时宜的政治理论》，马克·莱因哈特、罗门·科尔斯以及乔治·舒尔曼编著(肯塔基大学出版社)。

阿雷塔·J. 诺弗尔

英国埃塞克斯大学

阿雷塔·J. 诺弗尔，埃塞克斯大学政府学系政治理论教授，代表作包括《厌恶民主：民主传统的继承和创新》(剑桥大学出版社，2007)，以及《解构种族隔离话语》(沃索出版社，1996)，并与他人合作著有：《自由实践：分散的治理，冲突和民主参与》(剑桥大学出版社，2014)，《过渡中的南非》(麦克米伦出版公司，1998)以及《话语理论与政治分析》(曼彻斯特大学出版社，2000)，目前正在撰写有关维特根斯坦和卡维尔的著作。另外，她还是《政治理论》的顾问编辑，以及《理论与事件，哲学与政治学》的编委会成员。

梅丽莎·A. 奥雷

美国伊利诺伊大学

梅丽莎·A. 奥雷，目前在伊利诺伊大学厄巴纳–香槟分校教授政治理论(http: //www.pol.illinois.edu/people/orlie)，其著作主要涉及政治、生态、心理分析和伦理问题之间的区别和联系，其长期图书项目"我们现在需要的尼采"即将完成，收录在本文集中的这篇文章即取自此项目。

大卫·帕纳贾

加拿大特伦特大学

大卫·帕纳贾是特伦特大学(加拿大)政治和理论学家，《理论与事件》合作编辑以及《当代处境》固定撰稿人。其研究主要关注政治美学和感知理论的历史和当代维度，并重点强调公民身份研究、团结理论、媒介本体论和观察文化，目前已出版三本著作：《政治思想的诗学》（杜克大学出版社，2006），《感知的政治生活》（杜克大学出版社，2009），以及《休谟印象：电影思考与非连续性政治》（罗曼和利特尔菲尔德出版公司，2013）。

雅克·朗西埃

法国巴黎第八大学

雅克·朗西埃，法国巴黎第八大学哲学系名誉教授，著有《影像的未来》（沃索出版社，2007），《民主之恨》（沃索出版社，2006），《美学政治》（连续体出版公司），《歧义》（明尼苏达大学出版社，1999），《政治的边缘》（沃索出版社，1995），以及《美学中的不满》（政治出版社，2009）。

琳达·M. G. 泽里利

美国芝加哥大学

琳达·M. G. 泽里利，芝加哥大学查尔斯·E. 梅里亚姆政治科学杰出教授（Charles E. Merrism Distinguished Service Professor），也是性别与性研究中心现任主任，著有《象征女性：卢梭、伯克和密尔思想中的文化与混乱》（康奈尔大学出版社，1994），以及《女性主义和自由的深渊》（芝加哥大学出版社，2005）。著作《走向判断的民主理论》于2014年由芝加哥大学出版社出版。

目 录

导论　转向与回归：政治思想中的审美转向

尼古拉斯·康普雷迪斯

"政治在根本上是审美的。"

——雅克·朗西埃：《歧义》

转向还是回归？

如果不查阅相当数量的（经常以系统的和出人意料的方式）探讨美学与政治联系的论文，就几乎不可能出席政治理论家或政治哲学家的专业会议了。更简明地说，从审美角度探讨政治生活的研究非常广泛，且与日俱增，这种现象已持续了相当长一段时间，并且越来越突出，因此我们可以提出存在着一种"政治思想中的审美转向"。但是，这对于我们如何思考政治有什么意义？要转向美学来理解政治，这意味着什么？在哪种意义上，政治是审美的？美学的哪些方面可以转向政治思想？在政治中是什么正在转向审美？究竟是美学中的什么使政治可能对其产生兴趣？这个论文集中所收集的论文，都在讨论这些问题，每一篇都以自己的方式突出审美转向的不同方面，同时也在彼此之间直接或间接地交流对话。

毋庸置疑，可以理解，可能有不少人对表明人文社会科学中另一种"转向"的谈论表示怀疑。晚近以来，有如此多的转向——文化转向、解释转向、后现代转向、认知转向、情感转向，等等——因此很难不去怀疑有些转向可能不过是暗示了一种转瞬即逝的学术时尚或学术机会主义，而不是学术学科之内或跨学科之间真正的巨大转变。譬如所谓“语言学转向”是在哲学中开始的，后来扩展到整个人文科学领域而成为一种正统，它原来是标志着与三个多世纪以来给予脱离肉身的认知主体的内在精神状态以特权的方法论和本体论的根本性断裂。当然，不是仅一种形式的“语言学转向”，而且它也不是一夜发生的。[1]在其公开出现之后的半个世纪，“语言学转向”现在也面临各种各样的挑战，最突出的就是来自“新唯物主义”或“物性转向”的挑战。转向还有可能会被颠倒——一些转向要比其他转向更容易颠倒。

不管语言学转向有什么局限，建构主义和反本质主义引起了什么样的阴郁争论，人们都很难想象将语言从他们着手探寻、理解事物和理解自身的路径的首要位置拉下马来，甚至取而代之。如果要自信地谈论一种审美转向，就必须表明这种转向同时引起了对政治理解和美学理解的相应变化。但是就像理解语言学转向一样，需要理解这一切并非一夜之间发生的。在西方政治思想史中，有针对美学和政治关系的长期论争，这可以上溯到柏拉图；这种论争仍未解决，当它骤然爆发时，就会如其所是，一次又一次地带来不安与扰乱。也有迹象表明，这种长期论争的术语最终也在发生改变，就是在这些转变的术语中，在我们自身时代的审美转向中，我们可以发现某些新的事物。

如本文集的稿件所展现的，自从18世纪后期以来，美学与政治已经完全相互浸润纠缠在一块。回溯一下，人们可以在从卢梭到席

[1] 人们可以讲述一个以赫德（Herder）、哈曼（Hamann）和洪堡（Humboldt）开始的有关语言学转向的故事，另一个以弗雷格（Frege）、罗素和维特根斯坦开始的故事，或者另一个以索绪尔和结构主义开始的故事。关于语言学转向及其深远意义很难达成一致，但是现在很难再回到认识论和本体论了，它们避开了语言在使我们进入世界和理解我们自身方面的构成功能。

勒，再到耶拿浪漫派的欧洲浪漫主义著述中，在有关法国大革命的意义的讨论框架中发现谈论政治思想的这种审美转向。因此我们正在谈论的可能是一种回归而不是转向，或者说是一种被延迟和阻挡的转向，直到更有利的条件出现。

显而易见，有人逐渐不满意规范政治理论化的传统模式的局限与对（它们所假想的与再生产的）政治和政治能动性的掐头去尾的理解。但是，这种不满只是一种必要（而非充分）的审美转向的历史条件。另一种必要条件是将审美作为理解政治生活的规范性和概念性资源的扩大化概念。通过“审美”或“美学”，我们意指的绝不只是对（基于某种感性，或通常是非认知的感知模式的）艺术、艺术品和美的本质进行专业探讨；我们意指的是范围上更为宽泛的事物，是仍在探索和绘制的事物，是直接与被当作认知、理性、经验、意义和能动性的事物相关联的事物，因为我称之为“哲学浪漫主义”（philosophical romanticism）的哲学思想的丰富传统已经展现了这一点，而且将继续对之加以展现。[1]事实上，在关于什么算作认知、理性、经验、意义和能动性的争辩中诸多被排斥的或边缘化的事物，始终都保留在审美范畴中。对于那些难以与我们广为接受的理智范畴相容的事物而言，后者就是一个巨大的垃圾箱。对理解政治和理解我们自己作为政治行动者可能性的尝试，已经由于不能吸取审美的规范性和概念性资源而深受挫败；我们倾向于将这种审美资源要么作为不相干的事物，要么是危险的事物而打发掉。

确凿无疑，当算得上政治理论或政治的事物唾手可得之际，当代美学转向就出现了。很有可能的就是，审美转向自身便是它所取自或所促成的更大事物的一部分——冒着“转向”扩散的危险，不妨将其称作“实践转向”。有不同的方式来概括这种实践转向的特征。

---

[1] 尼古拉斯·康普雷迪斯：《哲学浪漫主义》（New York: Routledge, 2006）。

我自己偏好的是采用詹姆斯·塔利（James Tully）总结的福柯式和维特根斯坦式的特征：由于放弃传统规范理论的类型，政治理论变成了一种实践哲学，也就是说，"哲学的生活方式趋向于通过改造实践和问题化的方式（在其中，我们发现我们自己）而改造我们本身"。[1]然而，如果没有认识到，如维特根斯坦和福柯所做的，"通过改造实践和问题化的方式（在其中，我们发现我们自己）而改造我们本身"，其中包含着一种不可化约的审美维度，就很难理解这种"实践转向"。

我们已经看到，自从浪漫主义以来，每当现代理论家开始反对关于"政治生活的可能性及其实现的阻碍"之现存思考模式的局限时，他们就求助于审美。审美转向并不是一个新的转向，不是刚刚，或突然发生的；这种转向，同时也是一种回归和倒转。在转向审美时，政治思想不仅被审美扭转，它也扭转了美学，这样我们也发现我们自己以不同方式思考美学的可能性，认识到我们并不真正知道它的界限。然而，也有一种假定美学和政治的界限是众所周知且确定无疑的美学观。根据为人熟知的韦伯/哈贝马斯式的现代性叙述，伦理学和政治学已逐渐相互分离，也与科学和艺术分离，在本身与日常生活分离的自律的专业文化中得以制度化。在此基础上，审美本身就成为一种更加自律的文化，是由专业的审美活动和审美实践构成的。如果接受了这些前提，任何对政治思想中"审美转向"的谈论，都会被当成是在对现代性特征和现代政治形式的认识上犯下了令人惊异的且具有潜在危险的错误。

当黑格尔在《权利哲学》第258节中声称"国家不是一件艺术品"之时，就好像他预见到了瓦尔特·本雅明那众所周知的警告，即当美学被引入政治之时所发生的："为使政治审美化所作的一切努

[1] 詹姆斯·塔利（James Tully）：《政治哲学作为批判行动》（"Political Philosophy as a Critical Activity"），见《新关键中的公共哲学》[*Public Philosophy in a New Key* (Cambridge: Cambridge University Press, 2008)]，第15—38页。

力，集中于一点，即是战争。”[1]本雅明并不缺乏经验证据去支撑这种主张，而同一证据直到今天仍然时不时被拿出来以提防我们中的任何人忘记这种联系。但是尽管本雅明有深刻的洞察力，在这篇特定的文章中，他对政治和美学概念的理解仍是相当狭窄的。他在欧洲法西斯主义之特定的历史群体中准确描绘的政治审美化，仍被错误地当作是对美学与政治之间关系的说明。正如雅克·朗西埃所指出的（这部分是对本雅明的回应，部分是对哈贝马斯的回应）[2]：“在现代，从未有一种政治的审美化，因为政治根本上就是审美的。”[3]在这里他的意思是，政治是不可化约的审美，因为它包含着“所给出的和我们所能看见的框架”，因此也包含着对“感觉”（sensible）的分配或划分——什么给予了有待理解的感觉，什么已经得到理解，什么作为（毫无疑问地）可理解的事物出现？

法西斯式的政治审美化是现代政治一种时时存在的可能性，但它绝不意味着政治根本上就是审美的这一必然结果。如果政治也是关于什么能够出现、它如何呈现给感觉，关于什么能被看到和听到，什么不能被看到和听到；如果它是关于我们能看到和听到什么，而不能看到和听到什么，那么民主政治就是通过培养新的视听方式，让不能被看到和听到的东西被看到和听到。用稍微不同的话来说，政治发生在可理解性和可能性的既定条件下，这种条件使人类行动者能或不能看到，在日常生活表象空间中所见所闻之至关重要的事物。民主政治的任务就是去打开和重新揭示这些可理解性和可能性

[1] 瓦尔特·本雅明：《机械复制时代的艺术作品》[Walter Benjamin, "The Work of Art in the Age of its Technological Reproducibility: Second Version", *in Selected Writings, Volume 3, 1935–1938,* edited by Howard Eiland and Michael W. Jennings. (Cambridge, MA: Harvard University Press)]。

[2] 尤其是针对哈贝马斯的《现代性的哲学话语》（*The Philosophical Discourse of Modernity*）。

[3] 雅克·朗西埃：《歧义》[Jacques Ranciere, *Disagreement,* translated by Julie Rose. (Minneapolis: University of Minnesota Press, 1999)]，第58页。

的条件，创造有利于思想和行动的替代选择的可能性。这种反思性的重新揭示要求的不仅仅是论证(argument)，因为论证在传统上是构想出来的。它需要感知和感知条件的转变，需要感性以及理性的转变。[1]

对政治审美化的担忧只有在把政治和审美作为自律的、纯化的领域这一背景性理解下，才能说得通。我不是在说“现代政治审美化”，我们要谈论的是对“政治根本上就是审美的”之种种方式的抗拒或盲视。这可能有助于解释为什么在先前场合中，出现的政治思想中的审美转向会受到压制或扭曲。今天我们的情况有所不同。我们更多的是对政治制度和政治实践的怀疑，根本没有被传统政治理论化的目标和模式说服。这样，我们的时代可能更易于认真考虑政治和政治理论化的替代性观念，可能还没有完全准备好受到如下思想的困扰，即政治有一种不可消除的审美维度，而在政治思想的任务当中，其中一项就是把那种审美维度转化为政治美学的概念。

尽管黑格尔对国家作为艺术品的否定，可以理解为是对本雅明政治审美化焦虑的预感，但它可以被更富有创造性(和准确性)地理解为，这是把审美作为现代政治生活的典范而对“古典”理念的抛弃。要抛弃的是处于希腊古典理想之核心的有关审美的完善和纯洁的理念，因为完善与纯洁要求明确地背离和反对日常生活的世俗领域，而政治实践就居于此领域中。因此在说“国家不是一件艺术品”时，黑格尔所说的是，政治的目标在于完善或完美的和谐。它存在于这样一种领域之中，在其中，完美是无法实现的，人类必须与“偶然性、反复无常和错误”作斗争。这就是政治的条件，它存在于一个不

[1] 尼古拉斯·康普雷迪斯:《批判与揭显：过去与未来之间的批判理论》[Nikolas Kompridis, *Critique and Disclosure: Critical Theory Between Past and Future* (Cambridge, MA: MIT Press, 2006)]。

可逃脱的“偶然性、反复无常和错误”的领域，一个琐事频出的领域。琐事发生的领域也是新奇之事和出乎意料之事发生的领域。如果这些是不可逃避的政治条件，那么其专属的目标应该是什么？

对于黑格尔来说，政治的目标——国家的目的——就是“自由的实现”。自由应该实现，这是最高的理性需要，因为现代世界的根本原则就是“主体性的自由”[1]。黑格尔借此意指什么？对了，他指的一件事情应该就是当阿伦特（Arendt）说“政治的意义就是自由”[2]时所指的。这里的自由并不是指形式的自由、意志的自由或选择的自由。它指的是改变事物如何存在的自由，通过改变我们在其中发现自我的境况而改变我们自己——是可理解性（intelligibility）和可能性（possibility）条件下的改变。这种改变允许我们以先前根本不可能思考或不可能理解的方式去进行不一样的思想与行动。在这种意义上，自由形成了对于政治实践和政治制度来说至关重要的创造性与新奇性，如果没有这种创造性和新奇性，政治将缺乏生气、生硬枯燥而陷于一系列不可变更的因果关系之中。这样，自由就逐渐等同于传统上视为“审美”的事物——一种审美的变化过程，引用斯坦利·卡维尔（Stanley Cavell）的话来说就是：“你与众不同，你所认识的问题与众不同，你的世界与众不同。”[3]不同于政治坍塌成美学，政治理论中的审美转向以多种方式展现。对于民主政治来说，很多本质性的事物，只能通过把“审美”理论化来进行揭示。

---

[1] 黑格尔：《法哲学原理》[G. W. F. Hegel, *Elements of the Philosophy of Right*. (Cambridge: Cambridge University Press, 1991)]，第29页。

[2] 汉娜·阿伦特：《政治的应许》[Hannah Arendt, *The Promise of Politics* (New York: Schocken, 2005)]，第108页。

[3] 斯坦利·卡维尔：《现代哲学的审美问题》（“The Aesthetic Problems of Modern Philosophy”），见《言必所指？》[*Must We Mean What We Say?* (Cambridge: Cambridge University Press, 1976)]，第86页。

现代政治思想的审美问题

现代政治学是依据一系列众所周知的术语——公正、自由、合法性、宪制、主权等——而在概念上得以理解的。然而，也有一些政治问题，它们作为政治问题只是在某种审美维度中才能显现。为了我们自己的目的，不妨借用一下斯坦利·卡维尔的思想，据此我们可以说审美转向在于，政治思想对现代政治的审美问题做出承认和回应。[1]我们可以赋予其下列名称：发声和无声的问题，新事物的问题，融合（而不是二元分裂）普通与超常的问题，判断问题、回应与接受的问题，显现（appearance）问题，以及给予感觉去理解的问题，还有更为一般的政治的审美维度的意义和范围的问题。

埃德蒙·伯克（Edmund Burke）可能最先认识到政治的这个特别的审美问题，并在非常紧急的情况下去应付它们。在《政治思想中的审美转向》的第一篇文章《"令人欣喜的恐惧"：埃德蒙·伯克与民主革命的美学》中，杰森·弗兰克（Jason Frank）不仅说明了优美和崇高的美学范畴对于伯克的政治权威和政治共同体观念的至关重要性，而且阐明伯克为了回应出乎意料的政治事件如何重新形塑这些范畴。通过强调审美转向既是一种转向，同时也是美学向政治思想的回归，弗兰克关注到了政治事件依据美学范畴而构想的频繁性，当然最戏剧性的是与法国大革命的"傲慢张狂的血腥剧院"（insolent bloody theatre）的联系。

早在其反-革命性著作中伯克就认识到，有一些政治生活的要素难以在非审美范畴中理解，这恰恰是因为这些要素本身就是审美的。

---

[1] 我的"现代政治的审美问题"的理念取自卡维尔的文章《现代哲学的审美问题》（上文引用过）。为了不在政治理论和政治哲学之间制造过多的区分，我使用了更为宽泛的而更少偏执的术语"政治思想"。

他可能第一个认识到，政治的可能性在某些方面把赌注押在了审美经验和审美反应上，例如，持久的政治共同体的可能性。正如弗兰克所展现的，伯克早期对崇高的论述，对于理解“伯克将个体自由与权威（他将此置于其政治思考的核心）之间的关系定义为一种补充关系而非敌对关系”来说非常关键。事实上，伯克已预先假定了朗西埃所说的感性的分配，尽管伯克对它的构想有些不同。弗兰克论述道，伯克的独特之处在于，“把权威视作由审美反应所维持的社会关系的复杂网络”。伯克对“人类依附与政治共同体因何产生等更为根本的问题”的关注，使得他推断出，政治归属有某种必然的、不可消除的审美维度。政治共同体，或“民族意识”，“首先是一个感觉的共同体”。

尽管伯克在面对其时代的革命政治所呈现的激进民主之崇高时有所退却，但他并没有放弃审美地理解政治的使命。不是完全拒斥审美，而是如弗兰克所解释的，他把崇高的概念性与规范性核心，从聚焦于“惊讶、新奇，以及具有生产性的或使人高贵的迷惘”，转换到“古代宪制跨越时代流传下来的、历史遗产内在的庄严性”。可以说伯克主张转变而不仅仅是调和崇高的感受性（sensibility）。也就是说，他不是发现审美不能充分地理解政治，而是坚持审美必不可少，坚持感觉与感知之间的联系。他最终也认识到，审美范畴与其他任何别的政治范畴和政治思想一样，是可争辩的和受到质疑的，通过同一过程，逐渐认识到审美政治范畴的多元性与深度。

伯克在政治的审美维度方面的敏感性，导致他关注（也是我们的关注）政治思想的另一美学问题，即阿伦特后来称之为“新事物的问题”的多面性问题。在他所处时代的民主革命中，伯克极不情愿地逐渐认识到，他早期对审美经验的论述，特别是他对崇高作为狂喜和断裂的论述，与“一种新奇、危险的审美感知：激进民主之崇高”（弗兰克）相互缠绕。如托马斯·潘恩（Thomas Paine）所指出的，“让世界重新开始的力量”，表征了某种崭新的前所未有的力量。对于伯克来说，令人惊骇的是，让世界重新开始的力量意味着能动主体的“傲慢”形式的兴起，这是一种“毫无羁绊的意志”，“脱离了历史背景与语境限制”[1]（弗兰克）。

“激进民主之崇高”是这种自由的一种呈现，它代表着对一切政治理念的挑战，在其中，新的开始、时代与历史的破坏、断裂与中断都被解释为对于政治（尤其是民主政治）来说是必不可少的。阿伦特——审美转向的另一个主要人物，把开端启新的自由视为人类自由的最珍贵形式。通过这种自由形式，人类从一些压迫性的事物中解放出来，削弱他们相互之间的，或与体制、与其共享世界的关系。自由的公共空间只有在“新的开始被不断地注入已经发动的事物之流中”[2]才能得到开放和维持。事实上，在这种意义上，自由就等同于人类出生（natality）的条件，因为我们自己本身“就是新的开端以及由此而来的开创者。”[3]在伯克谈及能动性的傲慢形式和政治行动仅仅是受“开创者的纯粹快感”引导时所带的毁灭性后果之处，阿伦特谈到“成为全新事物的开创者的骄傲特权”[4]。骄傲的开创者如何避免成为“傲慢”的开创者？开端启新的自由如何避免成为任性和

[1] 伯克关于革命的审美感性的非礼、渎神和捣毁偶像的大部分论述预示了尼采对现代性的批判，特别是他后来关于瓦格纳的著述。下面引自《快乐的知识》的文字，可能会让伯克颔首称许：“至于将来，人们将很难在那些埃及青年出行的路径上找到我们了。那些青年夜间大闹神庙，拥抱塑像柱，不择手段撕掉出于很好的理由掩盖起来的一切东西的面纱，并置于光天化日之下。不要这样！这样糟糕的风气，这种‘不惜一切代价寻求真理’的意志，这种青年人热爱真理的疯狂实在使我们败兴。”见尼采：《快乐的知识》[Friedrich Nietzsche, *The Gay Science,* translated by Walter Kaufmann (New York: Vintage, 1974)]，第35页。

[2] 汉娜·阿伦特：《自由与政治》（“Freedom and Politics”），见《自由与奴役》[A. Hunold, ed., *Freedom and Serfdom* (Dordrecht: Riedel, 1961)]，第215页。

[3] 汉娜·阿伦特：《什么是自由》（“What is Freedom?”），见《在过去与未来之间》[*Between Past and Future* (New York: Penguin, 1993)]，第151页。

[4] 汉娜·阿伦特：《论革命》[*On Revolution* (New York: Penguin, 1990)]，第232页。

专断的自由？[1]

这些伯克式的提问是不可避免的。慎重对待新事物的问题，是要面对这些问题所引发的独特标准的挑战。在《论革命》中，阿伦特对那些挑战之一（由伯克对“激进民主之崇高”的批评所发起的挑战）的回应，是要把那些目标在于“奠基性和建设性”的革命行为，与那些目标在于“叛乱和撕裂摧毁事物”[2]的行为区别开来。那种区分，尽管可能很有前景，却并没有消除所有的模糊性，事实上任何新的开端都有一种不可避免的模糊性元素和不可避免的冒险。随之而来的，虽然还只是不够全面的规定，但也是新事物的规范界限。面对真正的新事物，就是面对既不为我们所熟悉，也不为我们所控制的事物，在这方面，新事物在规范性上是独特的。因此，它需要一种独特形式的规范判断，即反思性的判断，一种我们不能——也不应该——将其归入我们常用的概念和范畴之下而起作用的判断。

在琳达·M. G. 泽里利（Linda M. G. Zerilli）给这个文集撰写的文章《“我们感到了我们的自由”：汉娜·阿伦特思想中的想象与判断》中，她阐明了“新事物的问题”的一些更为深入的层面，将它们与规范和理性的问题关涉起来，也将它们与其实践对于民主政治来说最重要且最切合的问题关涉起来。在我们与“新事物的问题”遭遇之际，在理解某些挑战或困扰我们现成的理解方式的事物之际，我们必须在熟悉和可靠的理解方式变得无法理解的语境中进行判断。我们会面临某个“问题”，然而我们尚不能自信且连贯地表明其本质，更不必说提议其所需要的解决办法。这种问题不得不以我们

[1] 关于伯克对革命及其与殖民主义的联系的卓越反思的补充分析，见苏尼尔·M. 阿尼亚尼（Sunil M. Agnani）极富启发性的《适度憎恨帝国：印度群岛与启蒙运动的反殖民主义限度》[*Hating Empire Properly: The Indies and the Limits of Enlightenment Anticolonialismm* (New York: Fordham University Press, 2013)]。

[2] 同上书，第234页。

尚未掌握的语言进行新的表述。在这里,"正确"地对待它,并非意味着正确地将一个现有的概念运用到与其相应的对象上。我们的概念可能需要延伸到新的语境中,以不同的方式加以运用。因此,只有当那些无论以何种令人困惑的形式出现在我们面前的事物开始意味着某物,或开始变得可以理解,才能让我们由此而做出有意义和恰当的回应。因此,在我们能够达到这一个节点,即判断在这种情况下我们应该如何反应,或者我们应该做什么之前,我们首先必须理解我们正在做的是什么,并达成某些共同的一致意见。为了达到那一点,通常就需要政治概念的"某种想象性的扩展",正如泽里利在将康德与阿伦特联系起来时所表明的,"将'美'这类词或'生而平等'这类短语,以其他人可接受的方式,投射到新的语境中来。这并不是因为其他人(必然)已经认同了这种投射……,而是因为他们被带到新事物面前,使他们以不同的方式形成对特定对象的反应。"

出于这种理由,新事物的问题要求反思性判断,正如泽里利所指出的,其定位"不是知识而是理解"。政治生活领域中对"理解"的规范性定位,在构成上完全不同于对有效性、正当性和公正性的规范性定位。后者典型是以规则或法律的规范性为基础,这正是以规则支配或法律式的规范性为基础的实践为何能够被程序化、能够表现程序理性的原因。但是反思性判断(以及必须用来支持它的论证)不可能被程序化。对于如哈贝马斯这样的政治哲学家来说,程序理性是理性之最道德且最具政治意义的表现,是规范有效性(normative validity)的唯一正当性基础。但是当面对新事物的问题时,程序理性对于理解用我们的概念词汇已无法理解或不能表述的事物来说无济于事。并没有什么有效的规则或程序来理解新的事物。如果有这些规则或程序,就不可能有什么新的事物要去面对,就没有什么在规范性上是遭受困扰或挑战的。然而,尽管有如下的事实,即总是有某些新事物在困惑或挑战我们,有某些事物逃避了我们理解事物的传统方式，可我们的政治思想传统却一般都忽略了它们，将其当作反常的政治情形，而不是以“正常的”、日常的形式来看待它们。一切审美的意义建构（sense-making）的转向，就这样被解释成偏离日常而转向“超常”（extraordinary），因此也被描述为对于政治来说是不合乎情理的（如果说不是危险的）基础。[1]

对政治“正常情形”的谈论是一种根本性的误导，因为它理所当然地认为有一个共享观点和可理解的世界，在其中，我们各种各样的实践都合乎情理，而且能够以可理解的，然而很大程度上是不受质疑的方式得到推进。如海德格尔和晚期维特根斯坦所指出的，这种关于事物的背景性理解（background understanding）是我们通过各种各样的日常生活实践而获得的一种前反思性的理解，这些实践揭示（disclose）了一个世界，它们既显现了又无可避免地预设着这个世界的可理解性的条件。[2]泽里利巧妙地概括了海德格尔和维特根斯坦的观点的政治意义：“就展现世界（opening up the world）（它曾借由语言、规则或概念向我们敞显过）这一意义而言，政治涉及的是论辩的交流。然而，正如雅克·朗西埃提醒我们的，在理解给出理由的尝试时，首要的理应是‘展现（这个）在此论辩能够被接受且产生某种

[1] 例如，哈贝马斯对卡斯托里亚迪斯（Castoriadis）关于新政治制度创立的著作的描述：“卡斯托里亚迪斯从创立某种制度的行为的有限案例中推导出政治的标准案例，接着他又从审美经验的视域将其解释为是从时间的连续性中喷发出来的某种绝对新鲜的事物得以创立的狂喜时刻。”[Habermas, *The Philosophical Discourse of Modernity,* trans. Frederick Lawrence (Cambridge: MIT Press, 1987), p.329，译文有变动]。有关施米特和哈贝马斯对审美经验在政治中的作用的理解之相似性的阐述，参见尼古拉斯·康普雷迪斯：《政治浪漫主义》（“Political Romanticism”），见迈克尔·吉本斯（Michael Gibbons）编撰的《政治思想百科全书》[*The Encyclopedia of Political Thought* (Wiley Blackwell, 2014)]。

[2] 对这种情况的更为充分的讨论，参见尼古拉斯·康普雷迪斯的《批判与揭显》（*Critique and Disclosure*），第30—148页，以及查尔斯·泰勒的《澄明与生活方式：海德格尔与维特根斯坦的相似性》（Charles Taylor, “Lichtung or Lebensform: Parallels between Heidegger and Wittgenstein”），见《哲学论争集》[*Philosophical Arguments* (Cambridge, MA: Harvard University Press, 1995)]，第61—78页。

影响的世界'……'展现'创造了一个语境,在此,视角会发生改变,我们习以为常的事物也将随之得到不同对待。"我吁请展现世界和打开新的规范性语境的论辩,在这种语境中,论辩能够被提出且被接受,这是敞显世界的论辩[1]。其"功能"不是通过"更好论辩的非强制性力量"获胜(哈贝马斯),而是"要为其他人展示另外的方式"(卡维尔)。[2]在论辩的语言游戏中论证有多种功能,但其关键是显露世界(world-disclosure),而不是使其正当化。泽里利恰当地提问,是否把政治化约成更好的辩论竞赛就是聪明的?但是,为什么要把论辩限制成正当化呢?如我所主张的,为什么不把论辩考虑成也是某种显露世界的实践呢?[3]为什么不让其在民主政治及其可能性的扩大化理解中都发挥"作用"呢?确切言之,民主政治既需要作为正当化实践的论辩,又需要作为世界显露实践的论证。

就此而言,判断和论辩的实践也是为了"使事物成为公共的"而"展现"新语境的实践,它们能改变被算作公共事物的事物(泽里利)。审美回应和审美判断有助于创造一个公共空间(在其中,事物,日常之物能够出现并持续存在)的方式,是伯克和阿伦特之间建立联系和可能聚焦的关键点。如帕琴・马克尔(Patchen Markell)在这本文集的文章《阿伦特、美学及"文化的危机"》中指出的,阿伦特对"文化的危机"的论述,是对维持那种空间"所需的某种注意和关心"的论述,而在那种空间中,事物能够出现并得以持续存在,既不作为可工具化的对象,也不作为纯粹的艺术品。在这种意义上,"文化"就是"在世性之间"(worldly in-betweenm),环绕着它,工作和行

[1] 康普雷迪斯:《批判与揭显》,第116—124页。
[2] 斯坦利・卡维尔:《帅与不帅的条件》(*Conditions Handsome and Unhandsome*)、《爱默生至善论的建构》[*The Constitution of Emersonian Perfectionism* (Chicago: University of Chicago Press, 1990)],第31页。
[3] 康普雷迪斯:《批判与揭显》。

动相互联系结合起来。马克尔对作为阿伦特《文化的危机》之基础的问题语境进行了小心谨慎的重构，他表明阿伦特远非进一步重复精英主义对大众文化的批评的陈词滥调，她的文章最主要关注的是受到威胁的“在世性显现空间”(space of worldly appearance)。她关注的是由于把“文化物品转化为一次性消费品”(马克尔)而使空间受到挤压与腐蚀的方式。受益于康德的《第三批判》的主要理念，即无目的的目的性和“扩展了的心智”的理念，阿伦特首先寻求的是理解在世性显现的条件，即物与人都要遭遇的“在世性条件”。不是为了例证偏离日常生活，审美转向通过关注事物的在世性显现的条件，例证了一种对日常生活的回归。正如马克尔如此切题地指出的：

> 阿伦特并没有……将无目的的目的性与对象本身的某些特性捆绑在一起，而是以对待某种对象——潜在意义上任何对象——的方式对其进行定位：无论何时，我们将一件艺术品与其直接的使用要求分开，以便于能以某种不同的方式与之面对面，或如康德所说，能对它不由自主地显示出来的外观欣赏流连，并将这个对象究竟好在哪的问题扩展到更大的问题，即“这个世界看起来是怎样的，什么样的事物会在其中出现”(阿伦特《文化的危机》)，那么，我们就正在为审美经验，或者——最好说——既是审美的又是政治的经验创造条件。

如果“文化危机”是对在世性显现的关注和回应的危机(这只是关注和回应的必要条件)，那么审美转向就是让日常生活回到其作为受威胁的和救赎性的显现空间——公共事物可以在其中出现、持续存在并作为自身的空间这一意义上来。在刘易斯·R.戈登(Lewis R. Gordon)的文章《法农的去殖民化审美》中，把显现(appearance)

的审美问题和政治问题转换成另一种表示：显现、非显现或黑人作者的消失的问题。“如果他或她的作品专门针对黑人读者，就会有一个直接的受众群体，但也会有一种奇怪的对隐藏的肯定和对非显现（non-appearance）的预设。而如果仅针对白人读者，则意味着要消除自我和黑人的世界，因为白人世界所要求的往往是对现实的自恋式反映或将现实当作这个世界所希望的那样去肯定。”（戈登）

将弗朗茨·法农的《黑皮肤，白面具》作为其出发点，戈登密切关注的是法农把写作看成“知识的去殖民化任务”的方法。但是这种任务也必然具有一个审美维度。如果“知识的去殖民化需要将人类心灵的自由置于她或他如何思考的层面”，那么，作为一位黑人作家，法农所不得不说的，“需要以不同的方式说出来”。

因此，法农不得不面对的问题是，如何以一种使不同的、自由的思考方式成为可能的方式进行写作。这也是现代政治思想的审美问题之一，即发声的问题与失语的威胁，法农帮助我们依据知识的去殖民化之持续过程去发现：“理解黑人异化是如何与人类异化联系起来的……他勾勒了一个更激进的计划作为《黑皮肤，白面具》的主题，即人类的一体化，以摆脱一群人与其他人之间的破碎关系所导致的灾难。”（戈登）

法农并不主张沿着现代主义实验和形式主义的道路走下去，就好像黑人作家所面对的问题是找到一种适合的激进的美学方法论一样；而是如戈登所展示的，它是把黑人作家的问题与“生活现实的问题，与对于人类来说，组织一个在其中他们得以真正生活的世界意味着什么这一类的发问”（戈登）连接起来的事务。这当然是一种想象那种世界的事务，将它从现在投射到未来，并从未来返回现在的问题，也就是说：是将诗学、理论和政治缔结成联盟的问题。换另一种方式说，它是富有意义地和建设性地将乌托邦思考与民主政治连接起来的问题。然而，总体来看，我们所生活的这个时代，与这种联结格格不入，因为它既怀疑乌托邦思考，又耗尽了乌托邦的能量。[1]但是，如果我们仍然怀疑乌托邦思考的价值，不能再生出乌托邦的政治能量的话，我们又能提出什么对事物现状的替代性方案呢？

利亚·哈罗（Lia Haro）与雷蒙德·科尔斯（Romand Coles）在他们的文章《驶往彼岸的旅途：超越乌托邦的诗学、政治与理论的交叉运动》中直接面对这个问题。如他们所指出的："过去二十年里种种事件所引起的回响已以不同方式宣告了乌托邦的死亡，同时也似乎表明，我们已以某种方式超越了（beyond）乌托邦。如果真的超越了乌托邦，那我们现在怎么去想象并实现关于可说与可思之物的激进替代方案呢？"用阿德里安娜·里奇（Adrienne Rich）的话来说，如果没有"感觉、看见我们原本无法感觉和看见的事物，并在我们本应缄口不言之处找到表达形式的能力"，政治将会是什么，它能够做什么？朗西埃在写作时回应了这种思想："政治恰恰意味着这个，即你在原本不指望说话的时间和地点说话。"缺乏这种在原本期望我们"闭嘴"之际说话的能力，留给我们的"政治"就是"僵死权力"的政治或"标准政治"，一种压缩的政治空间，在其中，民主政治被某种官僚化政党篡夺，被政治精英垄断，被行政技术人员去政治化，由于生硬无情的制度过程和程序而造成了麻木不仁，这是一种通向死气沉沉、犬儒主义、被动性和政治碎片的政治。[2]

[1] 关于乌托邦能量的耗尽，参见哈贝马斯《新的晦暗不明》[J. Habermas, *The New Obscurity* (Cambridge, MA: MIT Press, 1989)]，第48—77页；温迪·布朗：《历史之外的政治》[Wendy Brown, *Politics out of History* (Princeton: Princeton University Press, 2001)]，第138—173页；以及康普雷迪斯的《批判与揭显》，第245—280页。

[2] 我在这里意译了安德烈亚斯·卡列万斯（Andreas Kalyvas）对"常规政治"的描述，引自《民主与超常政治》[*Democracy and the Politics of the Extraordinary* (Cambridge: Cambridge University Press, 2008)]，第6页。卡列万斯花费了很大力气去克服平常与超常的二元对立，但是仍然陷于其术语之中，部分的是（转下页）

哈罗与科尔斯反对屈从于没有可靠的关于"标准政治"的替代性方案的思想，他们颇有说服力地指出需要重新思考美学、理论与政治之间复杂的对抗关系，因为三者的分隔"会枯竭我们的跨越能力，从而每天只能按部就班地做命中注定的事情"。沿用阿德里安娜·里奇的观点，他们指出，政治就如诗歌一样，需要我们"与剥夺我们的语言并使我们沦为被动受害者的状态交锋"（里奇）。但是从政治上讲，那些状态是什么呢？它们是我们一般等同为政治的状态吗？如果这种状态把我们化约成被动的受害者，那么，这是不是说，在政治中我们真正的能动性（agency）和自由才是至关重要的？

这正是阿伦特在宣称"政治的意义就是自由"时所想的。在这种意义上，自由不仅仅是免受干涉的自由（否定的），或自我合法化的自由（积极的）；它是"使某些先前并不存在的事物（它并不是既定的，甚至并不是作为认知或想象的对象，因此严格地讲，它不能为人所知）成为存在的自由。"[1]"使某些先前并不存在的事物成为存在"，并不是要无中生有，而是以一种新方式去理解事物，这种方式在以前并不合乎情理。这牵涉一场有关事物意义的战斗，主要通过"与剥夺了我们的语言表达的状态交锋"而实现。不是把剥夺语言表达理解为处于没有语言的状态中，而更应理解为处于一种我们的语言逐渐对我们的需要失去知觉，无力理解逐渐变得隐晦、难懂和压迫性的事物的状态之中。就是在这种状态中，我们感到好像变得无声或消音了。就是在这种状态中，我们发现自己被剥夺了语言表达；在这种状态中，我们了解事

（接上页）因为他并没有利用审美转向的资源。关于克服平常与超常之间的二元对立的不同方式，参见尼古拉斯·康普雷迪斯的《开端启新的观念：规范与自由的浪漫主义根源》（"The Idea of a New Beginning: A Romantic Source of Normativity and Freedom"），见《哲学浪漫主义》（*Philosophical Romanticism*），第32—59页，特别是第40—47页。

[1] 汉娜·阿伦特：《过去与未来之间》[*Between Past and Future* (New York: Penguin, 1993)]，第151页。

物的自由要经受考验，其时“僵死权力”似乎正支配着我们，我们不能表达对某种事物的不同观点，不能开启先前不可能出现的事物的可能性，并且不能将其显现为现有事物秩序之真正的替代选择。

在这种阿伦特式的意义上，自由不能理解成一种“权利”或某些在形式上或本质上与法律类似的事物。当我们将自由当作我们的声音问题来谈论的时候，我们谈论的不仅仅是在我们必须遵守的法律和政策上发出声音的权利；我们正在谈论的是，终止某种条件、某种事物的状况，在这种条件状况中，我们被“化约成被动的受害者”。终止这种状况需要逐渐形成另一种理解事物的方式，理解事物究竟意味着什么。它涉及赋予声音给“何为‘人类的可能’这一意义的延伸”（里奇），并用我们的声音来表达它，因为它需要的就是我们的声音，如果我们的境况确实要表达出来的话。正如哈罗与科尔斯富有启示意义的“屎尿的政治”（这种政治由孟买贫民窟居民在“厕所节”呈现出来）所展示的那样：“一方面，拒绝为贫民窟居民所使用的厕所是阶级不公正现象的强有力的隐喻，而另一方面，它也可以用来比喻自我生成的替代性方案”。阿尔琼·阿帕杜莱（Arjun Appadurai）——哈罗与科尔斯摘录了他关于孟买厕所节的著述——提醒我们，在印度，“你与自身屎尿之间的距离就是阶级区分的真实标记”，它意味着“屎尿的政治则是对其的反转，羞辱与受侵害转化为技术主动性与自我尊严的演练过程”。[1]哈罗与科尔斯把屎尿的政治形塑为政治诗学的组成部分，将其比作里奇所说的“真正的革命诗歌”，而通过这种革命诗歌，“那些被表现为无以容忍（难以忍受）的事物成为其自身转变的形象”。因此，与如下错误的但得到广泛

[1] 引自本文集哈罗与科尔斯的文章，原出自阿尔琼·阿帕杜莱（Arjun Appadurai）的《渴望的能力》（“The Capacity to Aspire”），见《文化与公共行为》[Vijayendra Rao and Michael Walton.eds, *Culture and Public Action* (Stanford: Stanford University Press, 2004)]，第79页。

支持的假定相反，即认为把某些以前并不存在的事物转变成存在的自由，需要天才、艺术家或其他远离日常生活关注的英雄行为。屎尿的政治的颠倒，正是在其可能性被否定或剥夺的地方，使某物得以存在。孟买穆斯林贫民窟居民对屎尿的政治进行了转变性的重演，因而在其最平凡的日常显现层面引人注目地展示了，美学、理论与政治的重新连接，怎样使以前不能以可理解的面目出现的东西呈现出来。

在我的文章《承认与接受：对"我们都是动物的生命"的规范回应形式》中，我对J. M. 库切(J. M. Coetzee)的小说《动物的生命》进行了解读，该小说的主要人物伊丽莎白·科斯特洛(Elizabeth Costello)，与威胁着要剥夺她的语言表达并将其化约成被动的受害者的状态进行交锋。小说中的主人公遭遇了不断的认识失败，这种由文本角色带来的承认的失败与被选择来对其做出回应的评论家带来的失败一样多，科斯特洛的语词和行动被认为是奇异古怪和不可理喻的。她的斗争不是在承认(recognition)政治理论意义上为承认而作的斗争，而是使自己被别人或自身所理解的斗争。在斯坦利·卡维尔(Stanley Cavell)的意义上，它是一种为认可(acknowledgment)而作的斗争。她为认可而进行的斗争与《玩偶之家》中的娜拉·海尔茂(Nora Helmer)非常相似，即使不是完全匹配。正如娜拉指出了约翰·罗尔斯(John Rawls)的《正义论》中存在漏洞的情形一样，伊丽莎白·科斯特洛也指出了政治承认理论中的漏洞，它同样不能认可和理解不公正和苦难的形式，正如青年马克思的著名论述，"不要求享有任何特殊的权利，因为威胁着这个领域的不是特殊的不公正，而是一般的不公正"[1]。

通过伊丽莎白·科斯特洛这个角色及其形式，《动物的生命》一

[1] 卡尔·马克思(Karl Marx)：《黑格尔法哲学批判》("Towards a Crilque of Hegel's Philosophy of Right")，见《卡尔·马克思选集》[*Karl Marx: Selected Writings*, ed. David Mclellan (Oxford: Oxford Univ. Press, 1977)]，第72页。

次又一次地提出了问题，即："当我们对正在应对的是什么，或者对向我们提出的要求为何尚不甚明了之时，我们应该怎样对某事或某人做出回应，我们能否有意义地去谈论正确或者错误的回应，就像在此类情形中一样——作为读者，作为密友，作为公民，作为人类？什么能够引领我们进行规范的言说？当这个他者在我们面前显得不可思议（正如伊丽莎白·科斯特洛的情形），以及，当这个他者与其显示给我们的一样，对其自身也同样难以理解之时，我们该如何辨别我们应给予一个'他者'的回应形式？我们该从何处开始？而'他者'可能会从正义的回应中得到什么，也就是说，在任何意义上它都是正义的，而非冷酷、麻木、漠然？"这是《动物的生命》的中心主题和组织原则："关于我们应该怎样回应和答复，应该怎样回答或尝试回答他者的问题。一句话，人类在面对痛苦时的回应能力或此种回应能力之匮乏的问题。"我认为，这要求一种特定的规范的回应形式，我将其称为接受，借此我指的是一种应答能力的形式：作为应答能力的接受。[1]

对于伊丽莎白·科斯特洛——她正在要求我们逐渐接受迄今为止一直还未被接受的事物——来说，它将意味着要对改变我们生活的呼吁做出应答。在把动物的生命关注为过得好或坏，可以交流或缺乏交流的生命时，科斯特洛和库切吁请我们重新反思生命，即人类和非人类生命应该如何生活，这正是苏格拉底在《理想国》中提出来的问题。

然而，对于苏格拉底和柏拉图来说，只有人类这一动物的生命才是至关重要的，与之相反，科斯特洛和库切却让我们看到，在我们如何回答这个问题上人类和非人动物的生命其实都同样至关重要。有时某种被要求的观看，需要与那种尚未得到理解的东西交锋，需要处

[1] 关于这种接受性理念的深入阐述，参见尼古拉斯·康普雷迪斯的《接受性、可能性与民主政治》("Receptivity, Possibility, and Democratic Politics")，见《伦理学与全球政治》(*Ethics and Global Politics*) 2011年第4卷第4期，第255—272页。

在某些我们尚未熟悉的地方，需要与习惯性的盲视的方式作斗争，因此也需要仿佛是第一次那样努力地看，去看一下什么通常已经在那儿了。这种交锋可能通过文学得以激发，文学能够以复杂模糊的方式向他人呈现另外的方式，并将政治理论家赶出我们的假定，即如何更好地、政治地理解事物的假定，从而使我们对我们的概念词汇的不充分性更加保持警觉。它可能也使我们更具包容性地对学院论证形式和合法化实践的力量并不那么自信，而更为灵敏地与别人一起适应对新的思考与推理方式的需要，这种方式本身必须得到新的培育。

我们需要培养新的感知和回应形式的理念，也是梅丽莎・奥雷(Melissa Orlie)的文章《出于对尘世生活的爱：现代主义与自然主义之间的尼采和温尼科特》的最主要的观点。根据奥尔多・利奥波德(Aldo Leopold)的主张，即我们不仅需要看得更好，也需要更好的"眼睛"来看，奥雷引出一种对尼采的解读，强调他吁请"对不断拓展的情感体验范围保持清醒意识的要求。因汇入我们主导性的感知、意愿、判断和行动之中而得到了拓展的情感反射，使我们对生命视角的根基更有清醒意识，此种开拓性的情感意识还使我们的竞争性感知和情感进入我们有意识的生命之中，伴随着它们，进入生命的各种不同的可能性之中，尤其是，进入生命中那些可能引发我们的愤怒或形成我们对生命的怨怼的方面。对更为丰盈的情感体验保持觉醒，首先是会促进了感觉，继而则担负起对尘世生活领域加以肯定的使命，这种尘世生活领域比我们根据出身与惯习轻易所趋的范围更为广阔"。如尼采指出的，它召唤我们去"学会更多地把美视为事物中必然的东西"。这里所涉及的学习过程就是在宽泛和包容性意义上的审美。奥雷把自己定位于对尼采进行自然主义和现代主义式的解读之间，她指出："我们对于这个世界的爱以及对这个世界的美的发现，依赖于审美判断和审美行动，而它们与自然的方式相反的程度，和与自然的方式保持连续性的程度并无二致。"如果我们"能够被以这样的方式为我们所爱的事物所打动”，我们就能够“使其变得美好，而不再被轻蔑和怨恨”。正如尼采提醒我们的，在这种意义上，人们必须学会，爱是一种让我们自身得到感染的日常实践，一种形成接受的实践，它使不可见者可见，使不可听者可听。

“对比我们根据出身与惯习轻易所趋的范围更为广阔的尘世生活领域加以肯定”，这一使命需要接受和支持一系列悖论的容纳性，唐纳德·温尼科特(Donald Wirmicott)把“过渡现象”(例如过渡对象和过渡空间)的出现确认为是必然的。这些相应地又依赖于一种规范性立场，后者允许它们“被感知而不是被构想，被感觉而不仅仅在头脑里概念性地被体验。总之，如果能够承受‘不知道’(not knowing)的态度得以体现时，人们才能够接受悖论”。对待事物的规范性立场“不是由全知全能的幻想所驱动”，而更应该是由关注和耐心所引导的，由于其“慷慨”和“陌生怪异之物”而得到回报，如尼采对爱默生(Emerson)做出回应而写道的，它将“抛却了它的面纱，呈现出新奇的、无可言状的美”。

事物的这种自我揭显发生于我们呈现我们的“慷慨”之际，即我们不能抓住和把握它们，而是在接受和回应它们之际。这就是爱默生所言的，作为我们“启蒙模式”(mode of illumination)[1]的东西。

---

[1] “务必注意我们的启蒙模式。当我同一个学识渊博的人交谈时，或者当我一个人独处时，我总是有些很好的想法，但我并不立刻感到满意，这就像我渴了的时候喝水，冷了的时候烤火不会顿时解渴、回暖一样。不会的！我首先获悉我接近一个新的美好的生命区域。通过我坚持不懈地读书或思考，这个区域显示出它本身更为深远的迹象，就像它是在闪光之中，突然发现了它的深沉的美丽与宁静，就像笼罩着它的云雾每隔一段时间就散开，把里面的群山显露给渐渐走进的旅行者，山脚下绵延的是一片宁静无边的草地，草地上羊群在悠闲地吃草，牧羊人又是吹笛，又是跳舞。然而人们觉得从这个思想领域来的每一种见解只是一个开端，后面显然还有持续。这不是我造出来的，我只是到了那里，看见了已经在那里的一切。”爱默生：《经验》(Ralph Waldo Emereon, “Experience”)，见《爱默生随笔集：第一、二集》[*Emerson Essay: First and Second Series* (New York: Vintage, 1990)]，第254—255页。

“启蒙”不是作为因果律形式的能动效应的结果，而是作为接受形式的能动效应的结果。

这不是我造出来的，我只是到了那里，看见了已经在那里的一切。[1]

所有我所知道的只是接受。我既然存在，我就该拥有，但我并未赢得，当我想着我赢得过什么的时候，我发现并未赢得。[2]

然而，我尚未发现许多东西是从千方百计企图实现思想世界的尝试中获得的。[3]

我将万物的这种昙花一现、不可捉摸的特点看作我们自身处境的最丑陋的部分，当我们把十指攥得最紧的时候，它反而让物体从指缝间溜走了。[4]

在这些非凡的洞察之中——是对我们既有的认知能动性与实践能动性的哲学概念的倒转，而不是回归到不用脑子的经验主义——爱默生把思想重新构想为需要暴露人类的脆弱性——通过经验，通过它在世界上所遭遇的，能被“标志、触摸和留下印象的一种存在的脆弱性”。一种可以被经验“标记”、“震惊”、“留下深刻印象”生命的脆弱[5]。在《善恶的彼岸》第295节中，有对这种爱默生式直觉的回应。在那里，尼采写道：“心灵的天才，他使一切叫嚷者和自喜者

[1] 爱默生：《经验》，见《爱默生随笔集：第一、二集》，第255页。

[2] 同上书，第261页。

[3] 同上书，第262页。

[4] 同上书，第243页。

[5] 这些引自爱默生的段落阐述了他把“接受”作为康德的能动性理念的一种颠倒的主张，关于爱默生这些段落的评论，参见卡维尔·斯坦利《这个崭新而难以接近的美国》[*This New Yet Unapproachable America* (Albuquerque: Living Batch Press, 1989)]，第108—114页；以及尼古拉斯·康普雷迪斯《批判与揭显》，第203—210页。

默然倾听，他整饬粗粝的灵魂，给他们品尝一种新的期望——把他们如一面镜子般放平，上面映照出深沉的天空；心灵的天才，他教会笨拙和急躁的手踌躇而温柔地抓握……心灵的天才，经其触碰之后，再继续上路时，每个人都会更加富有，而且并非是受了恩赐或者震撼，也不像是因为意外之财而庆幸或紧张，而是其自身富有了，比之前更新鲜了，被打开了，在融融的风中披离荡漾；也许更不确定，更为轻柔，更加脆弱与破碎，但充满了希望，那些尚未得以命名的希望。”奥雷引用了这段来自尼采的话，给政治理论家指出了尼采思想很多尚未看到的一面，尼采“将接受性召唤到依然不够可爱的人类心灵之中来”。

在阿雷塔·诺弗尔（Aletta Norval）的文章《“在天空写下一个名字”：朗西埃、卡维尔，以及平等铭写的可能性》中，她表示，卡维尔、爱默生，其实还有尼采对接受与回应政治的关注，如何可能而且事实上必定要对朗西埃所强调的破坏性表演政治与歧感政治做出补充[1]。如她指出的，“对于朗西埃和卡维尔来说，至关重要……的是言说和被倾听的可能性”。然而，他们对阻碍或使言说和倾听成为可能的过程的思考并不相同。不过，两者都对“言说与超越言说（就此而言，它包括对‘看’与‘展示’的强调）之间的关系”感兴趣，尽管朗西埃倾向于关注常规政治（“政治秩序”）的断裂和中断，而与之相对，卡维尔“显然聚焦于回应性问题”，通过聚焦于此，有可能更好地理解创建时刻（founding moments）与制度化进程（processes of institutionalization）、超常政治与日常政治之间的张力关系。

诺弗尔指出朗西埃不能充分地说明“民主挑战在现有秩序中找

[1] 一系列丰富的对“接受性政治”的可能性的思考，参见阿雷塔·诺弗尔、詹妮弗·尼戴尔斯基（Jennifer Nedelsky）、雷蒙德·科尔斯和尼古拉斯·康普雷迪斯等人关于此议题的专刊，见《伦理学与全球政治》（*Ethics and Global Politics*）2011年第4卷第4期（尼古拉斯·康普雷迪斯为该杂志客座编辑）。

到一个立足点的那种进程”。不仅仅是简单指出朗西埃思想中的这种缺点，还指出这种缺点是朗西埃不重视回应性与接受性而造成的后果[1]，她还发现朗西埃著作体系中的资源，能够与卡维尔对回应的强调连接起来。为了回答“与创建行动息息相关的能量、自由和想象”如何可以保留在日常政治的日常形式中的问题，她聚焦于朗西埃的文本，在这里，政治秩序的观念化并没有在未分化的、同质的政治秩序与中断的、破坏性的民主介入的总体效果之间构建一种不可消除的二元对立。那些文本的焦点在于世界敞显（world disclosure）的形式[2]，诺弗尔指出，世界敞显“能发挥朗西埃心目中那种破坏性和疏离的作用，但……也能以并不充当治安秩序牺牲品的方式，将此种疏离铭刻到某种存在方式、某种习性之中”。将朗西埃的破坏性断和疏离的实践与卡维尔式的回应实践连接起来，诺弗尔在朗西埃和卡维尔之间发起了一种有前景的建设性对话。在任何情况下能够调动起来的，是他们共同坚持的政治观的功能，据此，什么是可见的、可听的，什么是能够出现的问题，都不可避免地属于政治事务。现在如果还有什么事物是政治思想中的审美转向能够得到最清晰与显著认同的也就是这个了。毕竟，就是此点在根本上使政治成为审美。

在《毯子、屏幕、投射：或电影的要求》中，大卫·帕纳贾（Davide Panagia）借鉴了卡维尔，特别是他关于电影本体论的著作《看见的世界》，勾勒了一种“显现政治学”。事物出现或它们不能出现；当它们出现时，那些显象如其所假设的事物一样且同时召唤着某种“注

[1] 我已经对朗西埃关于政治的论述中缺乏接受性或回应性概念的思想进行了类似的批判。参见尼古拉斯·康普雷迪斯的《接受性、可能性与民主政治》（“Receptivity, Possibility, and Democratic Politics”），第260—262页。

[2] 关于“世界敞显”理念的多维层面以及批评的可能性，参见尼古拉斯·康普雷迪斯的《批判与揭显》。

视事物的能力……关心的意义上……足够引起人们的注意和看的关心”。卡维尔将这种对事物的接受和留意关注，与“将某种事物当作某种事物来看或对待的人类能力”连接起来，也与早期海德格尔现象学的主体与晚期维特根斯坦的概念考察连接起来。但恰恰是某种事物作为什么而出现，它作为某种事物的可理解性，对我们来说可能是一个迫切或令人困惑的问题。与康普雷迪斯和奥雷的文章一致，帕纳贾主张，可以对这个问题做出一个暂时而不是最终的回答，当我们让自己被某种东西，如被“人性的面相”触动时，我们由此会反对我们自己“对其他人类的可用来视为潜在的人类，视为未完成的（甚或是新的）人性面相的某种东西的拒绝或不-接受”。

既然卡维尔声称投射到屏幕上的人类作为“人的某种东西……不同于任何其他我们所知的事物”（WV26）而出现，既然如帕纳贾正确地指出的，我们如何回应“一个他者的人类的某种东西的投射”问题，“对于卡维尔来说，这在伦理、审美以及本体论层面上，都是同一个问题”，那么不考虑电影的诉求，在某种意义上就是不尊重“投射在电影上的人的某种东西”。卡维尔与英美专业哲学对电影意义的长期忽视（总体忽视文化意义的一部分）进行论战，这迫使他努力解决那种问题，卡维尔对那种问题的回答使电影的诉求得到合法化。“为什么是电影？在人类某种东西在屏幕上的显象中……不同于任何其他我们所知的事物？”某种程度上，专业哲学一直忽略了电影的诉求，它已经错过一些“不同于任何其他我们所知的事物”的人类的某种东西，由于错过那种人类的某种东西，其人类意识也就出了问题。

同一观点可以在普遍性的另一层面得到构建，那时它不只是“为什么是电影”的问题，而且是“为什么是审美”的问题。在无视政治的审美维度的意义上，政治哲学和政治理论都错过了某些“人类的某种东西”——它们只有通过探究和体验的审美模式才能出现。那么，在这种语境下谈论政治思想中的审美转向，就是要谈论那些之前从未出现过的事物如何通过某种变化而得以出现，这种变化不仅在于我们理解事物的变化，而且也在于事物得以理解的意义的变化。再重复一下，事物如何出现或是否出现是一个深刻的政治问题。在这一点上，这部文集可以说是紧密贴合雅克·朗西埃的文章《审美维度：美学、政治、知识》的。在文中，朗西埃勾勒了一种“也可称之为一种平等的方法”的“哲学的审美实践”。以康德有关审美判断的论述为起点，朗西埃讨论了三种可能发生的对事物的理解方式，例如理解宫殿的情形。可以将宫殿看成知识的对象，可以将其看成欲望的对象，也可以将其看成“既不是知识对象，也不是欲望对象”。这第三种方式“摆脱了高级官能（知识的）与低级官能（欲望的）之间的等级关系，即，以一种积极的‘既不……也不……’（neither/nor）的方式而得以摆脱”。这样一种“对理解的不同官能之间等级关系的拒绝包含着社会等级的某种中立化”。通过这个，预演了一种作为平等方法的哲学审美实践。

当然，这并不是审美作为政治的典型图景，朗西埃的部分批评策略是用各种不同的，为人们所广泛认可的布尔迪厄的观点来反对这种图景。根据布尔迪厄的观点，审美判断是被意识形态遮蔽而同时也支持的社会等级的转换。为了突出这两种图景之间的差异，朗西埃引用了刊载于法兰西1848年革命期间一份工人报纸上的系列文章。朗西埃把一个细木工关于工作日的日记系列文章解读为《判断力批判》（特别是康德对无功利判断的论述）的“个人化的措辞”——以既不/也不的积极形式来进行判断，没有给予知识能力和欲望能力两者任何社会特权或认识特权。这个木匠叙述了他躺在一个豪华房间的地板上的日子，他这样做所采取的方式可能符合布尔迪厄所描绘的审美幻象。因为这个细木工的自由想象与他的双手所从事的劳动断开了联系，所以它似乎创造的仅是一种自由的幻象，而在同时又重新强调了真正的社会等级和现有的财产与权力的关系。

但是，朗西埃主张对这个细木工的经验进行另一种解读：

> 不在意宫殿真正属于谁，不在意包含在宫殿之中的贵族的浮华与人民的汗水，这就是审美判断的条件。此种无知（ignorance）与那种隐瞒了财产之现实性的幻觉无关，而毋宁说，它就是建构一个新的感性世界的方式，这是在财产拥有与不平等的世界之中的平等世界。这样一种……对工人经验身体的拆解成为工人政治发声的条件……审美判断发挥作用，就仿佛宫殿不是一种可拥有和支配的对象……这种“仿佛”并非幻觉。它是对感性进行重新分配，是对必定要根据高级和低级官能，高等或低等阶层的划分来发挥作用的角色进行再分配……
>
> 所有事情都围绕着“仿佛”的状态在转动……美学意味着工人的眼睛可以从其双手分离，他的信念可以与其所处的环境脱节。

对于朗西埃来说，每一件事情都围绕着那种“仿佛”的状态运转，就如阿德里安娜·里奇所说的一样，即每一件事情都围绕着“‘如果……将会怎样？’（*what if*）也就是对可能性（这个问题那些垂死的力量不会问津）”[1]来运转。如果我们与政治事物的关系，或与政治“对象”的关系，并非基于掌控和占有，通过这种关系，政治的“对象”不再是作为知识的对象或欲望的对象，而是重构为在朗西埃意义上的平等实践的对象，阿伦特意义上的自由的对象，卡维尔意义上的认可的对象，爱默生意义上的接受的对象，以及尼采意义上的肯定的对象，那又会怎么样呢？去发动并支持这种政治，一种被重新激活的民主政治，它不会停止对“如果……将会怎样”的发问，不会停止判断

[1] 阿德里安娜·里奇：《那里发现了什么》（Adrienne Rich, *What is Found There*, edited by Haro and Coles in this volume）。

和行动，“仿佛”事情可能是另外的情形那样，而不是像它们早已被予以感觉的那样，它将意味着什么，它会要求我们做什么？对于我们的怀疑的耳朵来说，这难道听起来不是太乌托邦、太审美了吗？哈罗与科尔斯加入了这种回应：

> 难道这些……话题讨论，不会大大超越生活现实所设定的界限与可能性，以至于有脱离实际政治生活与行为版图的危险吗？“诗学消息”究竟同权力、治理、协商、生死之事，以及政治改变的日常机械性劳作之间存在怎样的联系呢？在充满技术官僚与行政管理逻辑的当代政治文化中，要在政治中培养审美感受性，很容易被看作是毫无价值或甚至只是具有破坏性的消遣……我们得承认，在一种非诗学的环境中（正如我们自身所处的环境）确实存在着难以置信的挑战，但同时，我们也认为，与毫无用处的浪漫主义不同，那种富有诗学使命与感知能力的审美能量，正是我们以真正具有变革能力的方式来应对这些挑战迫切需要之物。当其他一切事物都无法产生长久改变时，是时候让我们踩着踢踏舞的舞步，走向新的政治介入模式了。事实上，每一个熟悉美国黑人传统中踢踏舞艺术背后的激进反-文化历史的人都知道，这种舞蹈曾鼓舞着黑人的反-公共空间运动，而这些方式激励并预示了创造性抗争的一段漫长历史。

这种坦率和充满希望的回答可能会强化而不是缓解怀疑论者对审美政治的疑虑。但是，很难理解怎么会有一种没有审美维度的政治，那时，唯一可能的政治是“常规政治”、“死亡权力”或致死权力的政治。我们还能够想象一种民主政治吗——如果在其中，不同的视听，以及看到或听到以前不可能看到或听到的东西的可能性，不再是一种政治的可能性？我们还能想象一种政治吗——如果在其中，日常生活表象的空间中什么能出现，什么不能出现的问题，不再是一种政治问题？我们能想象一种政治吗——如果在其中，“你是不同的，你认识到的问题也是不同的，你的世界由此不同”，只不过是一种无用的浪漫主义？[1]当然，任何对这些问题的经验测试都将不得不假定要检测的是什么；即，审美是政治可能性本身的条件。但是不管它采取什么形式，那种“仿佛”和“如果……将会怎样”的政治，只能在一切多重维度的审美是既定的表现性的政治形式的意义上才是可持续的。如刘易斯·R.戈登结合另一种非裔美国艺术形式所指出的，革命者也“必须唱起蓝调…… 因为他们的目标是理解和改变生活”。

[1] 关于浪漫主义及其当代可能性的不同看法，参见尼古拉斯·康普雷迪斯的《浪漫主义》(“Romanticism”)，见《牛津哲学与文学手册》[*The Oxford Handbook of Philosophy and Literature,* edited by Richard Eldridge (Oxford: Oxford University Press, 2008)]，第247—270页。

第一部分

审美政治、判断与在世性事物

第一章 “令人欣喜的恐惧”：埃德蒙·伯克* 与民主革命的美学

杰森·弗兰克

康奈尔大学

致谢：本文从政治理论工作坊的听众提问中获益良多。这些听众分别来自三一学院（康涅狄格州哈特福德）、西北大学、宾夕法尼亚大学、社会研究新学院和洛杉矶的加利福尼亚大学。我要感谢琳达·麦克斯维尔、邦妮·霍宁、安德烈·蒙若、艾拉·梅尔斯、安妮·诺顿、巴奴·巴谷与利博卡·斯坦利，他们均对我的初稿提出了深刻见解。孙康敏则在研究和编辑方面提供了巨大帮助。我也非常感谢我的同事以撒·克拉姆尼克，我们围绕本文主题及相关话题展开的诸多谈话使我受益匪浅。

摘要：本文研究伯克的美学思想，意在领会其政治思想中核心却含糊的范畴：关于“权威”的概念。伯克的崇高理论定义了人类在其自身的服从性中所带有的一种本能的“欣喜”。这是将人类社会秩序与等级自然化的情感机制，也是“骄傲的屈服”、“高贵的服从”与“高尚的自由”等伯克式定义的心理学基础。然而法国大革

---

* 埃德蒙·伯克（Edmund Burke, 1729—1797），爱尔兰政治家、作家、演说家、政治理论家和哲学家，他曾在英国下议院担任了数年辉格党的议员。他最为后人所知的事迹包括他反对英王乔治三世和英国政府、支持美国殖民地以及后来的美国革命的立场，也包括其后来对法国大革命的批判。对法国大革命的反思使伯克成为辉格党里保守主义的中坚人物，他以“老辉格”自称，反对党内提倡革命的“新辉格”。伯克也出版了许多与美学有关的著作，并且创立了一份名为《年度纪事》(*Annual Register*)的政治期刊。他经常被视为英美保守主义的奠基者。——译者注

命以及英国激进派对法国革命的狂热接受却导致了伯克政治美学的戏剧化转变，由此崇高不再与惊讶、新奇以及高贵的迷惘相关，而是与古代律法穿越时代流传下来的历史遗产的庄严相关。伯克的反-革命性著作记录了他从崇高的超越性的政治美学向内在性政治美学的转变。伯克对民主革命的美学批评话语对当代理论者们研究民主权威的审美维度提供了有益的方向。

> “从法兰西被谋杀的君主政体的坟墓中，在远远超出一切事物，曾压制了想象、挫败了人类勇气的可怕外表之下，催生了不可胜数的、未成形的幽灵。”
>
> ——埃德蒙·伯克《论弑君和平信札》

埃德蒙·伯克是以现代政治保守主义先驱的形象活在大众的想象中的。他对保守主义的支持与约翰·洛克对自由主义的持守或卡尔·马克思对共产主义的坚持一样：作为一位具有奠基意义的思想者，确定了界定意识形态话语的基本参量（克拉姆尼克1977[1]）。然而，他的学术建树并未得到广泛认可。他常被当作是一位实用主义的改革者、启蒙运动中浪漫的批评家、遵从自然法则的基督教哲学家，在最近的研究中，他还被认为是一位英国君主制的审慎的批评家与文化区分主义的理论家（莫里1993；斯坦利1958；梅塔1999）。这些均阐明了伯克著作序列中丰富各异的思想范式，但却无法给读者以确定的阐释性结论，也使我们无法将伯克的思想归入某种既有的用来框定政治思想学术成就的范式之中。

在既往对伯克政治思想的研究中，通常忽略的一个中心要素就是其美学思想。伯克的读者常常认可学者尼尔·伍德的观点，即他

[1] 此处为原作者所采取的注释方式，译文尊重原作者的注释方式，用括号标出并直译，具体书目、作者版本信息见本章最后参考书目部分。下同。——译者注

所说的“伯克对政治事件与理论的回应富有美学张力”，同时人们也日益意识到伯克的美学思想或许可以为其更为明晰的政治学著作提供健全的理论框架，找到某些贯穿其多样性的一致性（弗尼斯1993；伍德1964；怀特1994；希德森1988；伊格尔顿1989；奥尼尔2011；吉本斯2003）。尽管C. B. 麦克弗森曾一度将伯克的美学思想视作“几乎没有理论兴趣”而轻易打发掉了，但一些伯克的研究者却认为，其美学思想提供了“某种将伯克的社会学与政治学观点统一起来的因素”，而这使得“伯克留给人类的庞杂的话语体系在一定程度上具有连贯性与系统性”（麦克弗森1980，19；伍德1964，42）。

伯克政治美学的这个转向有其历史原因，因为在一些最富洞察力与影响力的同时代人（既有仰慕者也有批评者）阅读其著作（尤其是其反-革命性著作）时，他们强调的正是伯克政治思想的美学维度。例如伯克的两个最激进的批评者，玛丽·沃斯通克拉夫特[1]与托马斯·潘恩[2]都曾专门著书指责伯克将政治生活审美化的倾向，同时

---

[1] 玛丽·沃斯通克拉夫特（Mary Wollstonecraft, 1759—1797）是一位18世纪的英国作家、哲学家和女权主义者。在她短暂的写作生涯中，她写就了多篇小说和论文、一本旅行书简、一本法国大革命史、一本行为手册以及一本童书。《女权辩护》（1792）是沃斯通克拉夫特最知名的作品；在这本书里，她提出：女性并非天生低贱于男性，只有当她们缺乏足够的教育时才会显露出这一点。她认为男性和女性都应被视为有理性的生命，继而还设想了建立基于理性之上的社会秩序。她曾住在巴黎，和法国革命的领袖成为朋友。回英国后，1797年和威廉·戈德温结婚，后死于难产。其女玛丽·雪莱后嫁雪莱为妻，成为著名女作家。——译者注

[2] 托马斯·潘恩（Thomas Paine, 1737—1809）：英裔美国思想家、作家、政治活动家、理论家、革命家、激进民主主义者。生于英国诺福克郡，曾继承父业做过裁缝，后来做过教师、税务官员，之后投身欧美革命运动。1792年他被选入法国国民公会。1802年在杰弗逊总统的邀请下，潘恩返回美国。1809年6月8日在纽约格林尼治村林苑路59号去世，享年72岁。美国独立战争期间，他撰写了铿锵有力并广为流传的小册子《常识》，极大地鼓舞了北美民众的独立情绪，也被广泛视为美国开国元勋之一。后来受到法国大革命影响，潘恩撰写了《人的权利》，成为启蒙运动的指导作品之一。今日之美国是自由民主的代名词，而最早提出“自由民主论”的，便是这位“美国体制之父”，他将半生心血，都倾注在《常识》这本不到50页的政论小册子里。美利坚合众国的名称也出自潘恩。——译者注

也为法国大革命做出辩护。就作品本身而言，这些都是政治理论的经典著作。与他们一样，我也将美学视作伯克政治思想的中心。他们对伯克的阐述一般旨在探讨伯克是如何阐明“权威”（authority）概念的，这一概念在其政治思想中占据中心，但同时也被普遍认为颇为含糊。但本文想阐明的是伯克的美学思想与其“权威”概念之间的内在关系。这种内在关系最先出现在其《关于崇高与美的起源的哲学探讨》（1756）（简称《探讨》）一书中，但也可以在其此后诸多政治论著以及一系列敦促美洲殖民地和解、批判发生在印度的英国帝国主义的腐败的议会演说中（自18世纪70年代起）找到痕迹。然而，最充分阐释这一关系的还是他著名的、对法国大革命的攻击，这不仅表现在他的《法国革命感想录》（*Reflections on the Revolution in France*, 1790）（简称《感想》）中，也包含在诸如《新辉格党人对旧辉格党人的呼吁》（*Appeal from the New to the Old Whigs,* 1790）（简称《呼吁》）、《给尊贵的勋爵的一封信》（*Letter to a Noble Lord*, 1796）、《论弑君和平信札》（*Letters on a Regicide Peace*, 1795-1796）（简称《信札》——译者注）（这是伯克1797年逝世前发表的最后一部著作）等重要文本中。

本文分两部分展开。第一部分主要概述伯克的美学思想是如何在《探讨》一书中展开的，力图强调崇高在其阐述中的中心地位，揭示伯克如何运用“崇高”这一创新性概念定义人类在服从中得到一种自然的、本能的“快乐”，并将这种激情铭刻到人类的经验结构与主体性之中去。[1]崇高理论早期思考的是人类社会秩序与等级自然化的情感机制，这对于理解伯克将个体自由与权威（他将此置于其政治思考的核心）之间的关系定义为一种补充关系而非敌对关系来说

[1] 丹·奥尼尔颇有洞见地写道：“伯克在《探讨》一书中阐述的主体问题，正是一种可被理解为权力效果的个人的主体形式。”（O’Neill 2011, p.2.）

至关重要。这是伯克阐释一系列重要概念——诸如“骄傲的屈服”、“高贵的服从”与“高尚的自由”等概念——的心理学基础。关于“权威”的更富有质感的、泛经验式的阐释便是来自这些反思，而非来自伯克著作中有关因袭（prescription）的部分（虽然政治理论家们通常强调其在司法层面的作用）。

文章的第二部分，则转向伯克对法国大革命所造成的奇异景观的描述。在他的那些“反-革命”的著作中，伯克指明了一种将不同阶级的革命者及其海峡对岸的狂热崇拜者都激活且团结起来的、令人不安的审美快感。正是在这种新兴的时代习气中，“开创者的纯粹快感”变成了政治行动的“独家指南”，与之相随的是伯克所确信的权威与“有秩序的社会自由”（《呼吁》184，71）的破坏性后果。伯克极具革命性地认为不可意料和不可辨识的事物具有高于一切的美学价值并将此置于其强调的中心，而大革命所带来的激进民主之崇高与其早期美学思想的中心元素正存在某种令人不快的相似性。围绕法国大革命政治事件所产生的快感使伯克的美学思想发生了一个转向，由此崇高不再与惊讶、新奇，以及具有生产性的或使人高贵的迷惘等特质具有天然的联系，而是与古代宪制跨越时代流传下来的，内在于历史遗产之中的庄严性紧密相关。伯克的《感想》记录了其思想如何从超越的崇高美学向内在的崇高美学转变，后者已与其在民主革命时期所体现的危险而肆意的内在性不同。

美学与权威

在《探讨》一书开篇的几页论述中，伯克声明他将要提出的不过是“关于我们的激情的确切理论以及关于其普遍来源的知识”（1998，51）。伯克写道，《探讨》一书将考察世界上客观对象的属性——它们的颜色、尺寸、气味、声音等是如何通过自然的整合规律影响到身体，又是如何透过身体在体验到它们的主体那里引发特定的感情的。这意味着伯克与18世纪对美学的普遍理解有密切关联，即将之视作一门建立在经验、感觉、判断基础之上的学科。由此，伯克提供了一种关于人类情感尺度的归纳性与经验性的考量，也对产生了它们的客体的具体属性进行了详细讨论。通过将人类理解力与理性之外相对较弱的能力诉诸人类对外部世界本能反应的可靠一致性，他试图为品位的合法性提供一个牢固的基础。在这个意义上，对伯克来说，所有的客体都是审美的，这一点使得特里·伊格尔顿将《探讨》一书描述为一种“关于感觉的微妙的现象学”（伊格尔顿1989，54）。

对政治理论家来说，对伯克的《探讨》所作的这种概括描述，有两个问题。首先是他企图为审美判断建立一个普遍但非常独特的标准，普遍性是指不同的文化与阶级均可共享，独特是因其根植于个体对感性经验的评价。其次是伯克彻底弱化了产生这些判断的理性的作用。正如他在导论章节“论品位”（这一部分是在《探讨》一书的第二版添加上去的，以回应大卫·休谟的同名文章）中清楚讲述的那样，伯克——通过把审美评价定位为对物理感觉的某种统一的和肉身性（corporeal）的反应，力避主观主义的陷阱——将美仅置于观看者的眼中，且将美学降低为不可靠的诞妄或幻象的领域。感知的一致性显然要比理念或观念上脆弱的认同要来得结实，因此伯克将这些判断的权威归根于人类身体对环境的自然反应。就像此后的那些保守的政治思想家一样，伯克促使其读者凭直觉行动并相信他们的“上帝赋予”的感知力和“未受教育的情感”。伯克试图为社会的情感共识建立一个自然的基础。如果审美判断是不稳定的，那么在此基础上建立起来的社会同情以及与之相关的整个社会与政治生活的构造也将是不确定的。大卫·布罗米奇（David Bromwich）称伯克美学的“生理学主义”（physiologism），不是根植于习俗或传统，而是根植于人类共有的感觉器官上（布罗米奇 1989；也可参阅瑞恩 2001）。“我们确实如此，同时我们也必须假设”，伯克写道，“既然人类的身体器官拥有相同的构造，那么所有人必定共享相同的感知”（1998，65）。

通过将审美评价建立在身体反应的基础之上，伯克使美学摆脱了人类理性的不确定性指令。伯克在其后的政治学著作中屡次重申了其对理性能力的贬低，而《探讨》一书则对这个主题给予了最有力的理论阐述。“情感的产生源自我们身体的机械性构造”，伯克写道，“也源自我们精神的自然框架与构造”，而不是源自我们“理性能力”的不确定性指令（1998，91）。伯克偶尔也会被称为“一个理性时代的非理性哲学家”，或被称作“启蒙运动的掘墓人”，然而，这些常见的描绘其实都是基于其对启蒙运动本身漫画化的极度理性主义的观点，而伯克的晚期著作其实也对这一观点做出颇多推进（科班 1960）。在18世纪盎格鲁人的学说中，尤其是在深深影响了伯克的苏格兰思想家（弗朗西斯·哈金森、大卫·休谟以及亚当·斯密等）所倡导的道德情感主义（moral sentimentalism）中，审美与道德判断对理性作用的贬低是十分普遍的。对伯克而言，本能的情感反应是审美和政治判断中更加可靠的指引。

伯克相信对外在世界的本能反应既是自然的，同时也是带有神圣目的的。如果相信我们未被损坏的感官意识，我们就得以追随某种来自神意的命定的权威，并可以与宇宙的和谐秩序达成一致，在这个宇宙秩序里，所有的事物与所有的人都被分配在合适的位置上。“当造物主的智慧有意让我们被外物影响时，依靠的不是他所构想的软弱而不稳定的理性”，伯克写道，“而是，他赐予其力量与特性……在理解力试图渗入或对抗它们之前，就已经抓住了这颗灵魂”（1998，142）。世界的神圣秩序激活了这些情感，这些情感又反过来支撑着宇宙的神圣秩序。尽管受启蒙主义影响极大，但伯克还是坚信有神论的“存在之巨链”，这也是旧式的伊丽莎白女王时代世界观的核心部分：一个“永恒社会的伟大原始对照物……这个社会承载着所有物质的和道德的自然，每一个生命都处于其命定的位置”（1987，85）。正如唐·赫佐格（Don Herzog）所写，对伯克来说，这意味着“政治远远超出了国王、议会等诸如此类的范畴，相反，规则与权威的关系弥漫于宇宙的所有有序的规则之中”（赫佐格1991，340）。基于这一套充满等级意味的形而上学理论，伯克对道德自主概念进行了批判，其中《探讨》发挥了重要作用（参见斯科尼文德1998）。伯克写道，道德的主体性要求人类“趋向于顺服”，但“这只能由外在于人类自身的权力才可能实现”。在“理解力”甚至是“意志”能够做出评价或评判之前，“抓住感觉与想象”的直觉式审美反应，是造物主在其“设计的施行”中抓住人类心灵的方式——伯克还使用了“吸引”（enchain）这一术语。

伯克关于美与崇高的著名理论，包括在其最早的论述中曾混为一谈的诸多范畴，都是基于这种对物质世界的本能反应，且最后交织成一套充满等级意味的形而上学理论。而这一切，均开始于某种享乐主义的、对快乐与痛苦的计算。伯克将快感、生殖冲动以及取悦社会他人的渴望联系起来，将同情心与各种爱的形式归类为这种（相对微弱的）渴望，并将其与美联系起来。崇高与痛苦相连，因此也与自我保存、孤独和恐惧相联系。这是迄今为止，伯克理论最强劲的动力机制。“我将美称为一种社会属性”，伯克写道，因为它可以激发“亲切与喜爱的情感”，从而引导我们“心甘情愿地与激发这种情感的对象建立一种关系”（1998，89）。对伯克来说，美是：“身体的……特性，由此而产生的喜爱或某种与之类似的情感。”伯克将美视为社会性的重要构成要素，是人类历史固有的组成部分，承载着构成跨越时代的社会关系；它诱使人们期待和平共处与快感，或者换种说法，就是它促进了文明化社会规范的重建。“美的事物”是通过同情与模仿的方式发挥作用的，“人们相互让步……其极致即是取悦于所有人”

（1998，95）。美引起“相互的服从”而不是权威。然而，它总是萦绕着一种使人衰弱的可能性，即身体“过度的放松状态”所带来的“软弱怠惰状态”（1998，164）。在伯克的著作中，美这个概念本身就与衰落、文化耗竭以及社会和政治生活的苍白化存在着某种指示性关系。

尽管伯克《探讨》一书的标题意在对美与崇高做一番探讨，但他真正关注的其实是崇高。随着朗吉努斯《论崇高》（*On the Sublime*）一书于1739年的英译与出版，伯克与其他同时代英国学者均关注语言的“狂喜”力量，均有意对它“将我们带离自身”（朗吉努斯［1957］1991）的能力做一番经典的希腊式探究。正如安德鲁·阿什菲尔德（Andrew Ashfield）与彼得·德·博拉（Peter De Bolla）的著作中所描述的，18世纪的崇高话语之典型特色就是“将活力、灰暗、分裂、无限、强力与恐惧赞颂为一组新的积极的美学语汇”（阿什菲尔德、博拉，1996）。但对伯克来说，“恐惧是崇高的主要法则”，尽管他也强调崇高不能简单地等同于恐惧。如果有令人恐惧的事物直接威胁着我们，我们对它就不会有任何审美评判；恐惧全然地控制了我们的判断力。对于这样的对象与事例，伯克写道：“是无论如何也无法给予我们任何欣喜感的，而纯粹只是恐怖的。”然而，“如果保持一定的距离，再加上一些变化，恐惧可能有所改变，它们可以是令人欣喜的”（1998，86）。这样一来，理解伯克的崇高理论的关键词汇就是“令人欣喜的恐惧”，这也被伯克描述为“崇高最真实的功效与最真正的检测”（1998，24）。崇高是一个具有唤起性的词汇，但在伯克的美学中，却是一个带有机械主义意味的词语。他在概念上将“欣喜”（delight）与“愉悦”（pleasure）区分开来，他认为，欣喜“表达的是一种伴随着痛苦与危险之去除的感觉”（1998，84；重点为作者所加）。与愉悦不同，欣喜是有关“坚固、强烈、严峻、自然”的激情，而愉悦则是怠惰、舒适的体验；欣喜更多地活跃于主体坚毅与“努力”的感觉中，它不仅仅是一种放松。我们在恐惧中获得欣喜——我们自然地适合于体验崇高感——对伯克来说，这证明我们生活在一个被可怕力量所主宰的神奇世界，而对于人类来说，这种强力永远是一个不解谜题。崇高与模糊神秘，以及与认识盲区均存在着本质联系，它超越了人类探讨与理解的极限。在《探讨》一书中，自然神论的加入是一个关键性的问题，伯克清晰地将崇高与人类理性不可企及的、充满力量的神圣感联系起来。当我们试图关注这种"全能的力量"时，伯克写道，"缩回到我们天性的渺小之中，并在其面前湮没……即便我们欣喜，我们的欣喜也是带着战栗的"（1998，111）。伯克写道，这种"有益的恐惧"是一切"真正的宗教"的本质，也是伯克式崇高的核心标志（《探讨》，112）。约伯[1]与旋风的恐怖遭遇即是伯克崇高概念的一个范式性的文学示例，弥尔顿笔下可怕的脱离恩典而堕落的撒旦亦是如此。

伯克认为与崇高相一致的激情，首要的就是"惊惧"。借此，他指的是一种震惊或具有破坏性的、理性的无能为力。崇高的次级效果是"艳羡、敬畏与崇敬"（1998，101）。这个顺序很重要：先是惊惧，然后是敬畏，本文讨论伯克对法国大革命的审美回应时，我将回到这个命题。《探讨》一书中最长的章节是讨论"力量"，伯克将其描述为"崇高的首要来源"（1998，107），因为它与人类无法使用和掌握的、超越了工具理性计算的事物等同。斯蒂芬·怀特（Stephen White）近来将伯克列入"道德人文主义者"行列，以此与政治自由主义范畴中恣意或宽泛的人道主义者形成对照[2]。然而，伯克在《探讨》一书中所强调的并不仅仅是对人类有限性基本体验的乐观评价，而是人类在面对更大的力量（然而在此我们感到了欣喜）时的恐惧体验。如果康德后来关于崇高的理论使得个体能够凭直觉感知到自身的理性能

---

[1] 圣经人物，因上帝与撒旦打赌的"天上序幕"而受试探，在苦难中仍不放弃信仰，后被上帝祝福。参见《圣经·旧约·约伯记》。——译者注

[2] 作为理解怀特1994年著作的补充，可参阅怀特2009年的作品。我从霍尼格（Honig 2010）那里截取了"道德人文主义者"这一有用术语。

力，因而有效地提高对个体效能、包容度与力量的认识，那么，伯克的崇高理念则解释了我们对自身的服从性天然而深刻的情感依附（康德2000）。伯克的崇高将等级制政治嵌于人类主体性的中心。在其影响深远的、有关人类生活中权威的指令和激发作用的种种阐释中，崇高理论处于经验主义的核心，这也使得其权威理论根植于自然性情与情感倾向的土壤中。

迄今为止，美与崇高所讨论的都是与权威相关的命题，因为它们达成了伯克所说的受影响主体的“服从”。不过，在美的范畴内，主体是被最终受其控制的对象逢迎讨好或温柔迷惑而“服从”的。伯克写道，美的对象在我们中产生一种“令人感动的”默许状态，在那种状态里，我们面临迷失在令人愉悦的家庭式交流的同情里的风险。许多与伯克同时代的研究者已经将社会对美的约定俗成与风俗的惯习性权威联系在一起（弗格森1985）。玛丽·沃斯通克拉夫特将伯克美学的这个要素作为她对伯克《感想》一书中对传统权威的“女性”式屈从进行批判的基础（沃斯通克拉夫特1995）。然而，即使在美的情形中，伯克也强调审美反应的首要关键在于，它与人类的好奇心以及出人意料的、新事物的价值相关。《探讨》的开篇章节被命名为“新奇”（Novelty），接着伯克写道：“一定程度的新奇，必然存在于每一个影响我们心智的事物之中；而在我们内心之中，激情也必然或多或少伴随着好奇。”（1998，80）在《探讨》中：“习惯和习俗总是不断地侵蚀着我们生命之初所拥有的鲜活感觉……彼时整个人在各方面都是苏醒的，新奇的光泽新鲜地投射在我们身边所有事物身上。”（伊格尔顿，1989）

伯克的崇高理念对新奇的这种评价一般神化了。崇高将我们从“平庸与冷漠”中分离出来（1998，138）。崇高破坏了惯习，违背了团结，标志着经验的突发性转变。据此，崇高对象促使想象力预见了一个超越经验性存在的领域。它“使想象力期待着更多的东西”

（1998，118）。《探讨》中所定义的崇高是一种超越性的制定秩序的权威，如果没有这种制定秩序的权威，社会生活中令人愉悦的同情心与“相互服从”将堕落为一种空洞的模仿与重复的熵的状态。在伯克看来，一个纯粹的美的世界将是一个可怕的受制于人类工具理性的计划、使用和计算的不再让人着迷的世界。因此，伯克的崇高理念就像是法兰克福学派的成员们对启蒙工具理性的批判理论的前身（霍克海默[1]1974）。伯克并不主张崇高的社会效用，崇高的功能在于赋予国家以王权的光环，这对确保其主体的顺服至关重要。更确切而言，他不是要将崇高观念降低到社会实用的层面，实用性会破坏其居高临下的权威性。伯克写道，“当力量仅仅限于有用性，仅仅是为我们的利益与快感服务时，那它就不会是崇高的，因为只要不服从于我们的意志需要，它就不会令我们愉悦；而要想符合我们的意志需要，它就必须受我们控制，因此它不可能成为一个崇高和权威性概念的源泉”（1998，109）。我们不能混淆家养马和这样的马：“它的脖颈上悬挂着惊雷……它用猛烈与暴怒吞噬着大地”（1998，108）。一种脱离人类控制的、可怕的过剩、危险的超溢，定义了伯克的崇高概念。

大多数政治理论家往往都忽略了伯克崇高观念的这个方面，尽管他们对伯克的权威理论进行了详细阐述，但关注点却多是伯克著作中“因袭”的作用，即“对任何从古至今流传下来的制度产生的一种发乎自然的、忠实的崇敬”（卡拉姆尼克1977）。大卫·休谟曾对因袭式权威做过著名的论述，他写道，“时间和习俗赋予权威以各种政府形式以及王位继承方式；甚至那些最初只是建立在不义和

[1] 马克斯·霍克海默尔（Max Horkheimer, 1895—1973），是德国第一位社会哲学教授，法兰克福学派的创始人，20世纪30年代致力于建立一种社会批判理论，他提出马克思主义就是批判理论，提出要恢复马克思主义的批判性，对现代资本主义从哲学、社会学、经济学、心理学等方面进行了多方位的研究批判。——译者注

暴力基础之上的权力，随着时间的推移，也会成为合法的和义务性的”（休谟，1973）。伯克1782年的众议院演讲主题也与这种观点相似，“我们的制度是一种因袭制度，它唯一的权威性源于很久以前它既已存在”（*W* 7, 94）。伯克将因袭制权威的概念纳入有关历史发展的规范阐述中：制度性秩序（先于法国大革命）的出现极其缓慢，它是无数细微的、审慎的判断的结果，呈现为一种习得性的智慧，它优于任何由个体设计乃至一代人的设计所构想出来的理性筹划。

那些主要通过因袭的视角来理解伯克有关权威的论述的读者，会将专注点集中于国家的合法性权威上，因而会忽略权威在生活某一方面的运作与它在无数其他方面产生共鸣或相互作用的程度。潘恩在他的《人的权利》(*Rights of Man*)中深刻意识到了伯克有关权威论述的这个维度，他写道，伯克把社会设想成“一片收税关卡大门组成的荒野”（潘恩1989b，86）。关注因袭使得研究者们可以有效地将伯克关于权威的理论与18世纪其他占主导地位的观点——一方面是与社会契约传统相关的立场，另一方面则是与功利主义相关的立场，做出比较，这遮蔽了伯克把权威视作由审美反应所维持的社会关系的复杂网络的看法。正如伯克所写的，政治共同体不是建立在“喧闹、混乱的选择基础上，它是历史与一代代人的审慎选择，它是千万次选择，而非一次性选择所形成的制度，它是由特定环境、不同时机、各种气质、性情、道德、礼仪以及人们的社会习惯所形成的”（*W* 7, 95）。对伯克来说，权威不仅是纵向分散在各代人身上的，也是横向贯穿、高度交织的社会互动实践。权威不是抽象地存在于民族国家的正式法律制度中，而是交织于产生和维系这些制度的日常生活的主体经验之中。

伯克对复杂的等级制关系之社会装配（assemblage）的强调，不仅是他关于权威论述的核心，也是他关于自由论述的核心。伯克认为自由或解放不是“脱离了各种关系的”、孤立的抽象化概念。相反，他认为自由是按照具体情况置于生活经验之中的。“像共同生活的其他事物一样，社会和公民自由也是混杂且不断被修正的……并根据每个共同体的气质与环境而形成形式的无限多样性。”（1998，429）这就意味着自由要嵌入稠密且“无限复杂”的权威关系网络之中，正是这种权威关系网络形塑并定义了社会生活。在著作《新辉格党人对旧辉格党人的呼吁》中，伯克声称在其多年的公共生活中，他一以贯之地宣扬并身体力行一条原则，那就是信奉一种“有秩序的社会自由”（《呼吁》，71）。在其作品中，他用一些鼓动性的或貌似悖论性的短语对这一核心观点做出了不同的表述，譬如面对“奴役”甚至“完全丧失自由”时的“骄傲的驯服”、“庄严的服从”或“高尚的自由精神”。在英语词汇里，伯克将其称为“自愿的不平等与依赖”（《全集》7，295）。所有这些陈述都遵循同一个自由的理念，即自由虽然受权威或阶级的束缚，但通过这种束缚，自由也得以巩固甚至变得尊贵。伯克从未对这个原则做过系统的理论阐释——这不是一个“抽象思辨”的问题——但几乎完全接近于他对崇高理念的阐述。这种崇高理念使他得以识别出人类可以自由地从其自身所服从的世界中找到某种本能的、有尊严的快乐。“我们敬畏上帝”，伯克写道，“我们充满畏惧地仰视君王，对高尚事物怀有崇敬之心。为什么？因为当这些理念进入我们的头脑之时，我们**自然而然**地受其影响；而其他情感都是错误的、虚假的，且可能破坏我们的心智……从而导致我们在理性的自由面前无所适从”（1987，76）。崇高体验的结构与伯克所确认的这种令人尊敬的服从别无二致，并将其锚定在整个社会与政治生活的关系之中。

关于这种理念的运作，伯克提供了大量具体的例子。在这些例子中，“人类的学府”（the school of mankind）是伯克政治理论化的最初模式(《书信集》,260)。比较著名的是,伯克在《感想》中将高贵的自由与无耻的放荡做出了对比,前者是在继承古老制度的权威之下运作的,而后者则与“法国式自由”联系在一起。因为英国人总是倾向于从外部和更高的角度看待他们的自由——“本着继承原则”——自由精神不仅没有消失,反而被加强了,且生机勃勃。

自由精神其本身虽然导致暴政和过分,却总是仿佛圣徒化了的祖先们在场一样,被一种令人畏惧的庄严所调和……就靠了这种办法,我们的自由变成了一种高尚的自由。它有一种庄严壮观的面貌。它有一部家谱,有显赫的祖先们。它有它的标识以及它的旗舰纹章。它有它的肖像画廊、它的纪念铭文、它的记载、物证和勋衔……所有你们的辩士们都做不出任何东西能比我们所采取的途径更好地适应于维护一种合理的而有气概的自由。(《感想》,30)

这个美学化的段落回应了《探讨》一书中对崇高问题的思考,“我们熟悉了那些可怕的事物之后就无危险可言了”,尽管它更为强大,却会产生“一种极度鼓舞人心的充盈感和欣喜感”(1998,96)。通过将自由置于崇高的继承性这一时间性的概念中,伯克有效地抬高了自由。这不仅仅是关于过去的权威,也是审美标记物的权威,借此,过去就留存于人类经验之中,为其增添“庄严壮观的面貌”。崇高所具有的压倒性力量提升了自由的质量,也赋予了自由“惯习性的、与生俱来的尊严”。即使没有解决伯克著作中关于自由与权威之间富有生命力的张力关系,崇高的体验仍然卓有成效地维持着,这是通过把崇高体验置于主体本身的天性(disposition)状态来实现的。伯克强调等级制非但没有磨灭个体自由,反而激发且丰富了这种自由,崇高是理解这一强调的关键。这也是伯克对那个时代的自然平均主义所发起的主要挑战，尽管崇高理论自身将面临的挑战是他所称的那个时代“最令人惊异的景象”，即旨在推行概念性平等的大革命。

革命景象

法国大革命“激起了英国社会自1640年代国内战争以来对政治原则最大规模的公共争论”（汉姆施艾尔-蒙克2005）。在1790年代，有关大革命的争议涉及政治领域最根本性的问题：政治合法性的基础是什么？公民最基本的权利与义务是什么？政府的合理目的以及政府权威的适用范围为何？是谁被赋予了政治上的话语权与行动权？政治现代性的意义及边界变得岌岌可危。较之其他作品，伯克的《法国革命感想录》一书在英国引发了最为广泛的公共争论。没有哪本书比它更清晰地框定了这场争论的中心关注；有超过七十本著作与宣传册子对伯克攻击国民议会（National Assembly）以及英国的激进主义崇拜者的做法做出了回应。在由伯克著作所引起的这一系列重要争论中，有一个问题并未得到政治理论家们的足够重视。正如约翰·巴利尔（John Barrell）所论述的那样，像想象力这样的审美范畴“在18世纪末的政治写作与演讲中出现的频率着实令人惊讶”，成为“政治争论的对象，且其强度不亚于主权、自由与宪法等政治大词方面的争议”（巴利尔2000，4）。在所有核心问题中，伯克所要问的是，在民主革命时代，政治美学是否仍有其安身之所。

今天的读者常常吃惊于伯克在其著作中甚少探讨法国大革命的深层原因，却花大力气去剖析革命场景的种种细节，分析此等景观在公共空间中所鼓动的情绪——或未被鼓动的情绪。正如琳达·M. G. 泽里利所论述的那样，在《感想》一书中，“说服力主要就是引导读者与作者在情感上感同身受”（泽里利1994，75）。这一点以伯克对玛丽·安托瓦内特[1]被涌入凡尔赛宫的无序民众所侵犯的那段并非十分出名的戏剧性描绘中即可见一斑。这一幕，使伯克“自然而然”地流出了愤怒的眼泪，却也引来了他的批评者的嘲弄或讥讽。对伯克来说，王后具有“高贵的阶级”、“血统的伟大荣光”、“个人的优雅”和“外表的完美”，而这一切恰恰是谴责1789年10月6日发生的“残暴景象”的重要准则。伯克的批评者将他的这种“忧郁”视为“纯正的纨绔习气”甚至更糟。他“爱惜羽毛”，潘恩曾经用像回忆录那样的笔触写道，“但却忘记了垂死的鸟儿”（潘恩1989b）。然而尽管这一单个的小插曲并不怎么有名，但是伯克对戏剧性景象和审美反应的详尽阐述却贯穿其反-革命著作的始终。在这些文本中，伯克笔下的公众通常被视为剧场的观众（梅尔文1975），这也清晰地体现了伯克的“戏剧性政治理论”（希德森1988）。

这种美学思考在伯克对1789年事件做出首次回应的写作中即已体现，并逐渐成为伯克对革命做出评价的框架。在8月9日写给查拉蒙德公爵的一封信中，伯克写道：“我们对于国内一切事情的思考已停滞不前，因为我们已经被在我们的邻邦且世世代代为竞争对手的国家里出现的奇特场景震惊了——那是怎样的一群观众，怎样的一群演员啊！英国为法国这场为自由而战的斗争目瞪口呆，不知道该是鄙视还是鼓掌！”（《书信集》）尽管伯克很快克服了最初的摇摆不定，但其内心的震惊从未完全消退。伯克将法国大革命比作“一个傲慢张狂的血腥剧院”，应像世人评价戏剧一样对其进行评价，或者如同伯克所相信的那样，是一出荒诞怪异的“悲-喜剧场景”。这种使思想停滞不前的惊讶和惊奇的最初反应与其关于崇高的早期论述产生共鸣，但在其反-革命的著作中却因其早期著作中所预示的转

[1] 玛丽·安托瓦内特（Marie Antoninette, 1755—1793），法王路易十六的王后，死于法国大革命。——译者注

变方式而发生了某种变化。在《探讨》一书中，崇高是某种不可言喻的超越体验，可以防止社会生活退化成狭隘的工具理性，但在其反对革命的著作中，它变成一种内在于历史性的体验，这一点在《感想》一书中通过继承古老制度而激发一种高贵的自由而得到了最好的体现。如果伯克早期关于崇高的论述赋予了癫狂的惊奇以优先地位，那么他的反-革命的著作则强调曾经作为次要特征的崇拜与敬畏。崇高依然占据着伯克关于权威论述的核心地位，然而那种超越性的崇高最终被历史性与传统的内在崇高所取代。[1]伯克的一些评论者（其中以玛丽·沃斯通克拉夫特为最著名），觉察到了他的这种思想转变，并由此而对伯克做出了批评，她呼吁，伯克早期的美学思想即可有效地对其晚期的政治分析做出批评（参见布莱克莫尔1997）。伯克美学思想的这个转变实则源于其所面对的1789年革命后全新的、不可预见的政治形势。

在理查德·普赖斯[2]发表《论国家之爱》（“Discourse On the Love of Our Country”）后，伯克马上发表《感想》一书做出最直接的回应。普赖斯是影响力较大的反对派大臣，活跃于那个时代的政治改革运动之中，他的讲话是为了“解释我们对国家、自然以及社会基础所应尽的义务，以及对应该加以培养的爱的正确表达”（普赖斯1991，77）。他也意识到，对国家之爱部分源于共同的历史记忆。普赖斯在伦敦革命协会关于1688年“光荣革命”（Glorious Revolution）的第一个百年纪念日发表了这些言论。然而，普赖斯的讲话最终宣称，那些仅仅源自习俗或来自他称之为“蒙蔽理解力的可怜的片

[1] 这或许是理解伯克著作中纯粹“自然”与由历史积累的“技术”之间张力的一个途径。

[2] 理查德·普赖斯（Richard Price, 1723—1791）是一名英国道德哲学家、牧师、数学家，在宗教信仰上，他是一个不墨守成规的新教徒；在政治上，他的立场也十分激进，曾撰写宣传檄文为美国独立革命鼓与呼，与美国众开国元勋关系密切，同时，普莱斯也极力支持法国大革命。——译者注

面喜好”（普赖斯1991）的政治义务，任何形式都是不合法的。对普赖斯来讲，人们对1688年制宪方案，尤其是对其互相关涉的真理、美德、自由等观念的忠诚，所证实的是对启蒙原则的一种理性亲近，而不是那种效忠于国土、国家，特别是国族传统的非理性偏见。普赖斯致力于构想一种启蒙式的爱国主义，这种爱国主义旨在“纠正和纯化”爱国之情，使其成为“公平和理性的行为准则”（普赖斯1991）。在当代民主理论词汇中，普赖斯展示了“宪政爱国主义”（constitutional patriotism）的早期情形，在此，政治上的依附关系产生于对普遍性规范、原则，以及那些尽管不完美但却被铭写于典章制度之中的价值的理性恪守，而不是来源于对特定文化认同的情感依附（参见缪勒2007）。

在《感想》一书中，伯克用了很大篇幅去反驳普赖斯对1688年制宪方案的激进的洛克式解释（波科克1987，xi），伯克认为，1688年革命是使古老宪制焕发活力的原则性延续，而不是其土崩瓦解的标志。然而，伯克对普赖斯的批判也涉及人类依附与政治共同体因何产生等更为根本的问题：政府的权威最终是否建立在人民意志的同意之上，或这种权威是否已经铭写在合法的先例之中？在进入这样的争辩之前，最好回答一个在逻辑上具有优先性的问题，即首先是谁构成了人民，又是什么可被定义为联合人民的依附关系（弗兰克2010）。普赖斯和其他激进派，在很大程度上假设了一种前政治性的集体身份——“人民”——的一致性。伯克对此却不肯苟同。

在《呼吁》一书中，伯克对精确确认人民虚拟（fiction of the people）的合法授权所面临的困境做出了最为清晰的阐述。在书中，伯克对激进派的批评做出了回应，认为“在野蛮状态下是不存在人民这个概念的。仅仅是一群人却并不具备集体的能力。人民的概念是一个集合体的概念。它完全是拟制的（artificial），就像所有通过共同协议而确立起来的其他法律假设一样”（《呼吁》，169）。伯克并没有将“共同协议”定义为多数人同意的原初时刻。他正确地指出，多数法则的权威性以围绕决策程序进而达成初步一致为前提，这一点还只是对必须毫无异议地形成集体认同的困境做出回应（霍尼格2007）。然而，伯克并未止步于这一吊诡时刻，而是设想了一个“民族意识”（peoplehood）的概念，将其视作权威的效果（effect），并非将其作为权威的基础来看待。伯克写道，人民是“通过某种训练”，形成“长久服从的习惯”而产生的（《呼吁》，171）。他们通过分子般细微的权威关系而形成，这种关系本身即是重要的审美命题。

伯克并不认同普赖斯和其他激进主义者极力通过对理性媒介做出澄清，而过滤掉政治的情感依附。伯克写道，激进主义者是要“剥夺人们所有的爱国之情”，而不是将其置于更为坚实的原则上。对伯克来说，激进主义者的意图在于将政治的权威性建立在个体的理性同意的基础之上，它只是为“人民的反叛与动乱作了精神准备”，用怀疑替代了义务，并“荼毒下层社会的精神”（赫佐格1998）。然而，在此，伯克反民主修辞的背后却是某种有关政治归属的审美维度的阐述，这一维度并不像其激进的批评者所认为的那样不堪一击。伯克在此处的观点与其对传统、偏好和习俗的向心性的强调，以及对理性组织体系和计划无法产生此类政治依附的强调不无关系。“人们并不是由一纸协约或印章捆绑到一起的”，伯克写道，“他们是在相似性、适应性与同情心的牵引下联系起来的”（《信札》，317）。然而，仅仅由此，人们通常将伯克视作保守的传统主义者的理由还不够充分，因为它忽略了审美机制的重要性，正是审美机制确保且维持了这些至关重要的相似性、适应性与同情心。譬如，对于伯克来说，它忽略了统一的想象力在产生集体依附与权威感的过程中所发挥的重要性。

思考一下，伯克是如何设定公共生活、家庭依附以及家庭权威之间的关系的。伯克写道，我们被我们国家的“古老偏好”与“无须理由的惯习”所包围和影响，而这些首先就根植于家庭这样一个“小团体”上(《感想》,173)。在伯克看来,地方性习俗纽带,尤其是家庭生活的温情依恋,可为更大的、对国家的公共情感和爱提供“一种基本的训练”。“我们赋予了政策结构以血缘关系的形象,用我们最亲密的家庭纽带理解我们国家的宪法;把我们的基本法律纳入家庭情感的怀抱之中……保持我们的国家、我们的家室、我们的坟冢和我们的祭坛,使之不可分离,并受到它们相互结合并相互作用的仁爱的鼓舞。”(《感想》,30)赋予“政策结构”以“血缘关系”的“形象”的好处是,可以通过感知,将本来孤立的领域——国家、家室、坟冢、祭坛等统一起来,从而弥合政治归属感与家庭依附之间的裂痕。正是具有联合作用的形象在此类领域建立了不可分割的联系,在“相互作用的仁爱中产生温暖的联系”。在强调动人形象在公共生活中的构造力方面,以上这些并非伯克的单一的例子。譬如,当伯克引入家庭“小团体”这一概念时,他写道,这种地方性的“住所与休憩之地”是“一个宏大国家的诸多缩影,在此,人们的心灵会找到某种充盈的情感”(《感想》,173)。伯克对政治上富有成效和团结一致的形象的强调,必须根据他对审美反应及其对获得同情(以美为例)以及对统治性权威的服从(以崇高为例)而对审美反应及其重要性所进行的阐述来理解。对伯克来说,民族意识就是通过感觉(senses)而得以维系的;“人民”首先是一个感觉的共同体(community of sense)。他不仅坚持既定传统的熟悉的权威性,而且坚持认为,在“贵族勋章”、“肖像画廊”、“纪念性铭文”中的感知呈现,是团结社会共同体,并为其感性依附提供了标识物的,尽管这一点很少被人注意或被阐释。

伯克肯定“令人欣慰的幻念”和优雅举止的重要性,以及它们使“权力变得温和”、“服从变得自由”,君主权力服从于“社会尊重那条柔软的项圈之下”的重要作用,并对其调和“各种不同的生活侧面”的能力做出肯定,这些也正是对普赖斯有关政治依附的去审美化阐释做出的一种审美回应。在引人注目的概括性段落——对王后所受侵犯做出戏剧性描述后，伯克担忧，一切“令人欣慰的幻念”和“美妙的帷幕”都被粗鲁地撕掉了，而这可能会剥夺公民生活的魅力，正是这种魅力通过“在我们自己的估价中把公民自身提升到有尊严的地位”，从而使公民生活变得高贵且得以维系；这种剥夺也会将政治贬低为野蛮的物质主义，用赤裸裸的暴力替代有尊严的权威。正如共同体的形象通过吸引集体的视野而凝聚人民一样，权威的感性标识既能使人民驯服，也能为其标明权力的界限。这些就是伯克所说的“合法推定”。没有这些，“法律只有通过暴力才能够起作用”。“在每一幅远景的末端”，革命运动及其支持者们，“看到的只有绞刑架”（《感想》，68）。

因为伯克将革命定义为对权威的野蛮解体，是一种剥除其修饰物，并将其贬低为冰冷的实用性与工具理性的政治，因此，他的文章引出了“民主革命年代”政治美学的作用这一重要问题。伯克认为，法律规则需要“**令人愉悦的幻觉**”，因为这些感性标志支撑着法律本身的权威。“将公众的深情厚爱与风尚相结合，有时候是需要作为补充的，有时候是作为矫正措施的，它们始终是法律的辅助手段。一位智者同时也是一位伟大的批评家对于诗的结构所提出的那句箴言，对于国家也同样是适宜的：诗歌只有美是不够的，还得有深情（Non satis est pulchra esse poemata, dulcio sunto）。每个国家都应该有一套风尚的体系，使一个教养良好的心灵愿意去享受它……要使我们爱我们的国家，我们的国家就应该是可爱的”（《感想》，68）。正是这种爱，伯克认为普赖斯在试图将公共权力从其嵌身其中的社会关系的密集网络中分离出来时，就忽略掉了这一点。伯克的“身体政治”（body politick）是对天赐的权威链的公民表达，它将人与人、公民与政府、政府与教会以及教会与上帝连接在一起。存在的巨链使得伯克的反–革命的写作充满活力，就像一个统一的隐喻，联结着他那些分散的例证与富有魅力的形象，赋予其整体以修辞与诗意的力量（沃尔泽1967)。他所依赖的是存在于神圣、自然、宪法及家庭秩序之间的“哲学类比”。伯克写道，“我们存在之令人敬畏的创造者”，就是“对我们现有的位置的创造者”，他还认为，我们的职责与我们在该秩序内的特定位置密切相关。

如果说，《探讨》一书将审美反应描述为此种“部署”(disposition)与“编排”(marshaling)的必要条件，那么伯克的反-革命的著作则描绘了一个此种美妙的和谐已被不自然地打破的世界。因此，审美反应，尤其是崇高所带来的压倒性激情，不再是神圣与自然部署的可靠的指示物。伯克写道，“在这种奇异的充满虚浮与邪恶的混乱中”，“所有事物都像是脱离了自然”(《感想》，9)。伯克将政治革命比作非自然的性暴力，其认为法国大革命颠倒了自然的“秩序、等级与区分”的观点，在对玛丽·安托瓦内特寝宫暴乱的阐述中被赋予了感性与形象化的形式。[1]这个场景对于《感想》对大革命做出整体描绘来说充当了某种提喻的功能，在这样一个令人难忘的例证中，伯克反对革命的错综复杂的阐述得到了具体表达。正如大革命意味着对习惯于“扮演其指定角色”之人的否定，它也引起了他所描述的，在革命景象的旁观者眼中，革命就是自然感觉的失序与涣散：“耻辱夹杂着愤慨，笑与泪、轻蔑与恐惧轮番上演。”

伯克对社会角色与审美反应间相互作用关系的解体的强调可在《探讨》、《吁求》与《法国事务随想录》等著作中寻到踪迹，然而，在“雅各宾恐怖”结束六年后，这一观点才在《论弑君和平信札》中得到充分论述。对伯克来说，伴随着大革命的结束，审美反应，尤其是对崇高的审美反应，已不再致力于使主体服从于旧制度环环相扣的权力机制，而是支持主体从事威胁自然等级与秩序的颠覆活动。对伯

[1] 琳达·M. G.泽里利在此处注释道“伯克关于社会危机的生成密码”。(泽里利1994，p.60)可参阅赫兹1985。

克来说，法国大革命并不只是一种政治权威取代另一种政治权威，即共和制取代君主制。他认为，这种仅仅是关注“命名”（nomenclature）的做法，是肤浅和充满误导性的[1]。与其将法国大革命理解为常见的、古老的政府革命的当代案例，伯克更愿意将其理解为对“本质上违抗所有其他政府形式的体系”的肯定（《信札》，250）。在这里，伯克所说的“政府”（government），不仅仅是指国家机构，而且还指人类行为遵从“社会生活规则”的多样化路径。“政体”是由一群“特定分子”组成的，这些“分子”在社会权威的组织中联合起来。譬如，在法国，这些“分子”就存在于“贵族阶级的尊严、绅士阶层的荣誉、牧师的虔敬以及对最高王权的敬畏之中”（《信札》，326）。法国大革命所带来的无序震荡了整个规范着社会生活的相互联系的权威关系的集合，从而威胁着私人财产、家庭、工厂与学校。其后果将贯穿“生命的所有关系”而被感觉到（《信札》，315），伯克写道，它不仅存在于统治者与被统治者之间、贵族与平民百姓之间、牧师和其所教化的教友之间，更存在于雇主与雇佣者之间、丈夫与妻子之间、父母与孩子之间。它威胁的简直就是“整个社会的破坏与解体”（《信札》，325）。它“颠倒了所有事物的自然秩序，将原本应该置于地上之物高高置于空中”。

伯克写道，给秩序的这种民主性颠覆提供保障的，不仅仅是“一种旧事物的新权力”，“而且是一种还有新物种的新权力”（《信札》，360）。这种新兴权力之史无前例的特性对那些将伯克关于大革命的阐述置于苏格兰启蒙传统框架之中的学者提出了挑战，此种框架关乎野蛮和文明的主题（参见奥尼尔2007）。斯蒂芬·怀特对伯克的解读也许更具说服力，他强调，伯克最为关注的是具有鲜明现代性特

[1] 民族，伯克写道，“是以道德为中心的，而不是地域的简单组织，或教会共同体的简单命名”（《信札》，326）。

征的人类意志的爆发,这是一种令人不安的、对整个社会生活领域不受控制的人类能动性(agency)的肯定。怀特将之描述为"崇高的人格化",因为"崇高体验的对象越来越多地与人类主体性的壮举相联系……人类自身现在制造了一种人类的无限性,以此取代之前的无限性:上帝或者命运"(怀特1994,75)。没有人比伯克曾经的朋友,后成为劲敌的托马斯·潘恩更能对这种趋势做出人格化表达的了,他在《常识》(*Common Sense*)一书中宣称,"我们自身拥有让世界重新开始的力量"(潘恩1989a)。潘恩——一个靠自我力量而成功的人,是1790年代大众主权激进理论最有影响力的人物——所代表的既是这种肆无忌惮的人类意志之个体维度,同时也是其集体维度。

正是这种粗野的能动性力量与恣意革新所带来的、无所不在的威胁感,刺激了伯克的反-革命的写作。肆意妄为与自我实现将社会不同群体联合起来,伯克认为这就是法国大革命产生的主要原因。金融投资商、哲学文人以及来自"第三等级"的野心政治家们的利益与动机也许千差万别,但都被贯穿于现代生活的共同的"可怕能量"联合起来,毫无羁绊的意志脱离了历史背景与语境限制。所有这些群体都参与到政治行动中来,"行动的理由是解放智识,使其对社会秩序做出整体批判和整体重构"。法国大革命是这种意志的自主性在历史上得以出现的明证和令人震惊的标志;法国政治的大革命其实有其长期准备,那就是"情感、举止与道德观念"的革新。对伯克来说,大革命揭示了"偶然性与政治联合的世界比我所能想象的要庞大得多"(《全集》51)。的确,比伯克在其早期著作,诸如《探讨》一书中所看到的要庞大得多。大革命挑战了伯克曾经的信仰,即"自然"可以一致地为品位设定普遍法则。

法国大革命对自然秩序的破坏,使得伯克对其早期美学理论的核心确信产生了怀疑,因为他意识到,伴随着这种持续不断的意志的爆发而来的,往往是一种新奇、危险的审美感知:激进民主之崇高。当伯克继续用审美范畴去评判或评价法国大革命及其进程时，他的美学理论不得不在新的政治环境的压力下发生改变。特别是，他对崇高的理解在其后来的著作中发生了变化，但他的主要关切仍直接来自其早年的美学理论并对其做出回应。这种变化的主要特征在《呼吁》一书中被表达得最为清晰，在该书中，伯克写道，不是任何一致的意识形态或社会或经济的利益，而“仅仅是一种创始者（beginner）的愉悦”联合并刺激了英国的革命者及其激进的崇拜者（《呼吁》，184）。开创新事物的力量所带来的快感，是一种审美感知，它有助于伯克阐释在1794年“恐怖”之前，广大欧洲公众对不断上演的大革命景观普遍所持的赞赏态度。借助这种审美感知，“随心所欲的意志……一步一步地，侵蚀着每位公民的心智”。“它不过是给既定秩序带来困扰，为特定事业授以名目的天性”（《呼吁》，185）。法国大革命所带来的危险不仅是其教义中的颠覆性内容，也是由大革命景象所产生的对重新开始的感知的无限蔓延。“所有对祖国的爱，所有虔诚的崇敬和对法规与习俗的依附都从我们的脑子里统统抹去，这样的立场不会带来任何东西……除了引发一系列阴谋与叛乱，时而也会侵蚀他们中的始作俑者，但总是会荼毒我们的国家”（《呼吁》，184）。

这种开创新事物的快感贯穿于伯克诸多反-革命的著作之中。譬如，在《感想》一书中，他写道，对于革命者来说，“廉价的、不流血的变革，无罪恶感的自由，对其品位而言似乎过于平淡寡味。必须代之以巨大的场景转换，必须追求壮丽的舞台效果，必须存在某种宏大的景观，以唤醒被慵懒的享乐所麻痹的想象力”（《感想》，57）。在《信札》中，它体现于革命者在“丑化、贬低、扭曲和撕裂（上帝形象）”后所获得的“欣喜”之中（《信札》，163），即伯克在别处描述为“把一切搞得支离破碎的……天性倾向”的欣喜。它也体现在伯克将政治与道德中的哲学热情与抽象推定联系起来的令人目眩神迷的原乐(*jouissance*)之中，在“我们人类专有的自信”以及源自所谓“孤注一掷的(政治)变革雄心”的“永无餍足的天性”之中(《呼吁》，266)。这种激进民主崇高和重新开始的快感，在伯克看来，与某种尽弃前嫌、从头再来的剧情，即与既“鼓舞人心的、大胆的”又“寡廉鲜耻的”民主雄心本身密切相关。

对法国大革命的审美欣赏及其创新所带来的快感与伯克早期的崇高美学之间有着某种令人不安的相似性。在《呼吁》一书中，伯克貌似引用了《探讨》的观点，他写道，“我们的天性是这样的，我们对享乐充满厌倦而深受希望鼓舞；在我们对所处环境习以为常之后，就会对长期拥有的利益不再敏感，而新事物之华而不实、未经尝试、模棱两可的前景，将其自身展现为一种冒险精神，而这种冒险精神或多或少地存在于每个人的心里”(《呼吁》，76)。按照汤姆·弗尼斯的理解，伯克担心他关于崇高的著作会被普赖斯等激进主义者利用为支持大革命的激情。伯克担心他的美学会成为“激进主义借此来表征大革命的模型”(弗尼斯1993)。很显然，伯克所担心的是对待大革命的“兴奋与狂喜”，而不是“轻蔑和愤慨”的态度(《感想》，9)。或许正是这种担忧导致弗朗西斯·弗格森所说的“(伯克)对自然阐述的非自然性”观点的形成(1985)。由于对判断和同意有一种不容置疑的诉求，伯克的反-革命的著作似乎更主要的是强调诉诸自然的重重困难。如果说，大革命颠覆了伯克对审美判断之稳定的自然秩序的信念，那么它也激发了我们今天所熟悉的显然是“伯克式”的论点，即相信习俗、偏好、习惯——总之，艺术——就是(*is*)人类的自然(《呼吁》，218)。[1]伯克是通过对崇高阐述的变化来做出此种回应的，即从掌握超越自然的崇高转变到掌握内在于人类历史的崇高。伯克反-革命的写作赋予了传统本身崇高的庄严性，它们不再与

[1] 布朗姆维希(1989)曾讨论过这种观点的起源。

麻木的重复相对立，而是与革命政治所带来的惊厥性意外相对立。在这些变化立场中，伯克的崇高概念扮演着不同的角色，早期以震惊为主要特征，后被至高无上的崇敬和敬畏所代替。在上述所引用的有关英国先祖遗产之“庄严壮观的面貌”的段落中，我们几乎可以清楚地看到这种对崇高的重塑，但绝不仅止于此。伯克不像潘恩等激进主义者，他们企图揭示历史起源的暴力因素，并将其置于批判理性之下；而伯克所祈求的是永久隐藏于岁月迷雾之中的，人类难以接近的起源。伯克将人类历史理解为某种不可言喻的谜团，因此需要的是虔诚的敬畏之情，而这种情感是粗野的革命人士无法体会的，因为其本意就是要通过攻击那些曾有助于维系传统的形象和符号来打破古老政体的权威（参见加姆伯尼1997）。在伯克反-革命的写作过程中，内在性美学巧妙地取代了其早期著作中的超越性美学，崇高，也与美一起，适应于人类所创建的世界。

结　论

对伯克思想最富见地和影响力的激进批评家——分别是玛丽·沃斯通克拉夫特和托马斯·潘恩——而言，伯克竭力保留权威“美妙的帷幕”源于其对社会与政治生活的审美维度的断定。他们反对伯克反-革命主张的复魅化的争辩，与民主革命时代对政治美学的地位的争辩不谋而合。18世纪90年代的伯克的批判者们惊人地一致反对伯克将美学置于政治生活言论的中心地位。许多人都认为伯克提倡回到不可信的、非理性的权威，而这种权威正基于通过“非凡形象的光辉”所造就的公共迷幻与魔力之中。沃斯通克拉夫特写道，伯克将“暴政原则”裹挟在“华丽的帷幕”之中，还用“仪式性壮观的迷人浮华”转移其读者大众的想象。（沃斯通克拉夫特1995，52）

在潘恩的《人的权利》一书出版的年代，它是销售量仅次于《圣经》的英语出版物，为后来更多的自由民主理论确立了一个影响深远的先例。不同于沃斯通克拉夫特极其敏锐地去思考伯克的政治美学，潘恩非常轻蔑地将美学，也包括伯克特别强调的崇高范畴，视作几乎与政治无关的东西而忽略不计。潘恩写道，“当作者和批评家们谈论崇高时”，“他们没有看到它多么接近荒谬。正如埃德蒙·伯克谈论崇高与美的作用那样，批判家们所谈论的崇高就像是浓雾中唯一可见的一架风车，通过想象可以变形为一座飞翔的山脉，或是一个大天使，或为一群飞翔的鹅”（潘恩 1989b，45）。潘恩强烈希望政治能摆脱这种想象的狂想曲。潘恩的风车意象将伯克定义为一个不合时代的人，无限怀旧地渴望回到“堂吉诃德式的无意义的骑士时代”。潘恩嘲笑伯克为政治权威“精心打造了一副面具”，将其根植于从未得到充分阐释的“合法性假设”之上，不过是一种借助于魔力的统治手段；是“国家与贵族阶级的傀儡表演”的一部分。潘恩认为君主政体本身与通过感性魔力进行的统治以及通过美学起作用的权威之间存在本质联系。潘恩在力求消灭君主政体的同时，也在着手消除君主制权威的非合法性基础。对潘恩来说，君主政体代表着最初的政治异化，也就是一种政治偶像崇拜的形式，在这种形式下，人民自身所产生的权威呈现为一种怪异的感性形式，即呈现为其自身的生命，同时也支配着创造它的人民。它是隐喻带来的迷惑（潘恩 1989b，135）。潘恩写道，在英国，主权存在于纯粹的“隐喻之中，在每看一次要付六便士的伦敦塔展出……；说（主权）寓于其中是更接近于理性一步，因为任何无生命的隐喻不过是顶礼帽或便帽而已。我们大家都知道，崇拜亚伦的金牛是多么荒谬……但是人们既然看不起别人做这种荒唐事儿，自己为什么还要继续去做呢？”（潘恩 1989b，94）潘恩的民主偶像破坏论是无比信奉我们具有摆脱这些神秘化“策略”与“装置”来表达民主权威的能力的。他把英国的隐喻规则与法国的“国家”自证式规则相对比，然而，如果“国王”或“君主政体”，对国家来说并非必需的，如果贵族头衔就像“魔术师的魔术棒所画出的圆圈一样，把人的幸福范围缩小了”（潘恩 1989b，97），那么民主的人民是否真的就如此轻易地将自己从隐喻规则中解放出来了呢？或者从“一个词语构成的巴士底狱”中解放出来了呢？潘恩所设想的民主，他大加颂扬的人民真的会像其作品所要求的那样，轻而易举地从政治美学中解放出来吗？

《常识》一书与《人的权利》一样，对君主政体进行了毫不妥协的攻击，它从多个角度展开：社会契约理论、道德情感主义，甚至是《圣经》的历史。在美国，正如潘恩的著名习语，“法律就是国王”（“THE LAW IS KING”）（潘恩 1989a，28）。美国人民拒绝被君主这一个体角色所奴役，而更愿意遵守自然所规定与法律所体现的单纯的共和原则的权威。然而读者常常忘记潘恩的这一著名习语是在阐述国家仪式的环境下产生的，他主张将“世俗荣耀”归给功利主义的政府，即“用最少的国家成本，达到个人幸福的最大化程度”的政府。

如果庄严地规定某一天要宣布（新成立政府的）宪章；让发表的宪章以神圣的法律，即《圣经》为依据；让我们为宪章加冕，从而使世人知道我们是否赞成君主政体，知道北美的法律就是国王……但为了预防以后发生滥用至高权威的可能，那就不妨在典礼结束的同时推翻国王这一称号，把它分散给有权享受这种称号的人民。（潘恩 1989a，28）

我们该怎样做呢？破坏主权力量的隐喻真的就可以使那些先在的人民摆脱权威吗？或者说，这具有破坏性的脱冕仪式及仪式化分配本身真的可以为他们所宣称的人民与民主权威赋形吗？仪式真的能带动它打算大肆庆贺的实体吗？

约翰·亚当斯在革命战争接近尾声的时候写道：“社会科学”，

“不会有大的改进，除非人民一致认识或意识到自己就是权力的源泉……变革必须始于人民自身……他们必须学会尊重自我，而不是崇拜他们的仆人、他们的将军、他们的上将、主教和政治家”（亚当斯1854，540）。亚当斯认为，这种虔诚的自我尊重的景象是人民产生持久的政治能力的关键所在，尽管在1780年代，他也和伯克一样开始恐惧那种肆无忌惮的民主的傲慢。

伯克与亚当斯等保守主义者或许比潘恩和普赖斯等激进主义者对革命景象与其所产生的民主的能动性力量之间的密切关系看得更清楚。他们明白在大众统治中存在着迷人的、崇高的事物，而新兴的民主太过于依赖和激发大众想象，而这是其最热忱的提倡者所否认的。当然，伯克与亚当斯二人都相信，“人民的总量”（the gross mass of people）只有通过对伟人的集体尊崇之情才能整合成人民，伟人就是那些被人民视作天生的领导者并且是“任何合法成立的大集体之关键要素”的人物。“当你去扰乱这种和谐时”，伯克写道，“当你打破这种美妙的秩序时……当你将普通民众与其特定的首领分开，从而使其分裂为敌对的阵营时，在一个逃兵与浪子的种族里，我不再知道还有什么是可以召集它的人民的可敬的事物”（《呼吁》，176）。

此外，大革命已无可逆转地改变了大众凝视的方向。它已“将所有事物的秩序颠倒”，将“肖像画廊……置于住宅之内”（《感想》，60）。对伯克来说，人民的自我关注的场景——既是演员也是观众——一味地关注着自身恣意改革的民主能力，同时也进一步地被此番景象所激励，这是激进民主之崇高最危险的本质。而其效果，对伯克来说，就是走到教化的反面。它并不会激发真正的伟大与道德情操，而是成为“世界上最无耻的事情”（《感想》，82），因此，它无法提供更高的视域去审视和判断自身的行为。在大革命期间，参与反叛的民主的人民是萦绕于整个欧洲的政治想象的幽灵。这种正在形成的民主，与人民为摆脱其“固有的首领”所进行的自我关注与平等主义的场景，对伯克来说，预示着一个没有底线的无神的世界。

托克维尔[1]曾“在某种宗教恐怖的压力下”写作《论美国的民主》一书，这种恐怖正源于“无可抗拒并延续了好几个世纪的革命景象”（托克维尔2003，15）。他写道，在民主体制内，“人民掌管政治世界，如同上帝掌管宇宙一样。这是所有事物的源头与终点；每件事物都从中生发，并回归此原点”（托克维尔2003，60）。人民的权威——令人恐惧的，但也是不明确的；绝对的，但永远也是回撤性的——或许就依赖于对其自身崇高性的某种普遍意识，尽管大多数的倡导者——无论过去或现在——都对这一观点加以否认，然而一些极具洞见的批评家还是充分理解了这一点。伯克虽然并未公开地讨论此问题，但是他的政治美学却使我们得以辨认出崇高民主权威的大致轮廓，这种崇高民主权威，按照克劳德·勒福尔[2]的描述，产生于“某种对不可理喻、不可掌控的社会的体验，在这种社会中，人民据说是拥有主权的，当然，其身份认同也将不断遭受质疑”（勒福尔1986，303–304）。伯克瞥见了民主权威的这些困境，而这正是潘恩等民主主义理论家所忽视或搁置不顾的，此种困境至今仍然存在。为了让我们重新面对这种困境，并表明美学或者可以为介入此问题提供某种语言，现代保守主义的反-民主理论的奠基者，相较于民主革命的预言家，或许会教会当代民主理论家更多东西。

---

[1] 托克维尔（Tocqueville, 1805—1859），法国历史学家、社会学家。主要代表作有《论美国的民主》第1卷、《论美国的民主》第2卷、《旧制度与大革命》。——译者注

[2] 克劳德·勒福尔（Claude Lefort，1924—2010），法国当代哲学家，青年时代曾一度成为马克思主义者，后为政治哲学在法国复兴的代表人物，对民主和极权主义的批判性理论有一定的影响。——译者注

参考文献：

1. J. 亚当斯（Adams, J. 1854）：《致约翰·杰布的信：1785年9月10日》（“Letther to John Jebb, 10 September 1785”），参《约翰·亚当斯全集》，第9卷（*Works of John Adams, Vol.9*, Bostonn: Little, Brown and Company, pp.538–543.）。

2. A. 阿什菲尔德（Ashfield, A.），P. 德·博拉（De Bolla, P.1996）编，《崇高：英国十八世纪美学理论读本》（*The Sublime: A Reader in British Eighteenth-Century Aesthetic Theory*. Cambridge: Cambridge University Press.）。

3. J. 巴利尔（Barrell, J. 2000）：《想象国王之死：象征性背叛、弑君幻象：1793—1796》（*Imagining the King's Death: Figurative Treason, Fantasies of Regicide, 1793–1796*. Oxford: Oxford University Press.）。

4. S. 布莱克莫尔（Blakemore, S. 1997）：《阳刚女、阴柔男：〈人的权利〉对伯克的女性化》（“Hic mulier, Haec vir: The Feminization of Burke in Rights of Men”），见《互文性的战争：玛丽·沃斯通克拉夫特、托马斯·潘恩与詹姆斯·麦金托什作品中的埃德蒙·伯克与法国大革命》（*Intertextual War: Edmund Burke and the French Revolution in the Writings of Mary Wollstonecraft, Thomas Paine, and James Mackintosh*. London: Associated University Presses. pp.26–39.）。

5. D. 布罗米奇（Bromwich, D. 1989）：《继承的选择：从埃德蒙·伯克到罗伯特·弗罗斯特的自我与共同体概念》（*A Choice of Inheritance: self and Community from Edemund Burke to Robert Frost*. Cambridge, Ma: Harvard University Press.）。

——（1995），《作为伯克批评家的斯通克拉夫特》[“Wollstonecraft as the Critic of Burke”, *Political Theory* 23 (4) pp.617–634.]。

6. E. 伯克（1689）：《埃德蒙·伯克全集》[*The Works of the Right Honorable Edmund Bueke* (third edn) 12 vols. Boston: Little, Brown.]。

——（1984），《埃德蒙·伯克书信选》（*Selected Letters of Edumd Burke*, Harvey C. Mansfield ed., Chicago: University of Chicago Press.）。

——（1987），《法国革命感想录》（*Reflections on the Revolution in France,* J. G. A. Pocock ed., Indianapolis, IN: Hackett.）。

——（1998），《关于崇高与美的起源的哲学探讨：及其他大革命前的著作》（*A Philosophical Enquiry into the Origins of the Sublime and*

Beautiful : And Other Pre-Revolutionary Writings. New York: Penuin Classics.)。

7. A. 科班(Cobban, A. 1960):《埃德蒙・伯克与十八世纪的起义：伯克、华兹华斯、柯勒律治、骚塞政治与社会思想研究》(*Edmund Burke and Revolt Against the Eighteenth Century: A Study of the Pplitical and Social Thinking og Burke, Wordsworth Coleridge and Southey*. London: Allen & Unwin.)。

8. A. 德・托克维尔(de Tocqueville, A. 2003):《论美国的民主及论美国论文两篇》(*Democracy in America and Two Essays on America*, G. E. Bevan trans., I. Kramnick intro. London: Penguin.)。

9. T. 伊格尔顿(Eagleton, T. 1989):《埃德蒙・伯克的美学与政治思想》("Aesthetics and Politics in Edumud Burke" in *History Workshop* 28, pp.53–62.)。

10. F. 弗格森(Ferguson, F. 1985):《崇高的合法化》("Legislating the Sublime" in *Sudies in Eighteenth-Centurt British Art and Aesthetics*, R. Cohen ed. Berkeley, CA: University of California Press, pp.128–147.)。

11. J. 弗兰克(Frank, J. 2010):《选民时刻：后革命时代美国的人民扮演的角色》(*Constituent Moments: Enacting the People in Postrevolutionary America*. Durham: Duke University Press.)。

12. T. 弗尼斯(Furniss, T. 1993):《埃德蒙・伯克的审美意识形态：大革命时期的语言、性别与政治经济》(*Edmund Burk's Aesthetic Ideology: Language, Gender, and Political Economy in Revolution*. Cambridge: Cambridge University Press.)。

13. D. 加姆伯尼(Gamboni, D. 1997):《艺术的解体：法国大革命之后的圣像破坏与涂鸦》(*The Destruction of Art: Iconoclasm and Vandalism since the French Revolution*. London: Reaktion Books.)。

14. L. 吉本斯(Gibbons, L. 2003):《埃德蒙・伯克与爱尔兰：美学、政治与殖民崇高》(*Edmund Burk and Ireland: Aesthetics, Politics and the Colonial Sublime*. Cambridge: Cambridge University Press.)。

15. I. 汉姆施艾尔–蒙克(Hmpshire-Monk, I. 2005)编,《法国大革命的影响：1790年代的英国文本》(*Impact of the French Revolution: Texts from Britain in the 1790s*. Cambridge: Cambridge University Press.)。

16. N. 赫兹(Hertz, N. 1985):《美杜莎的头颅：政治高压下的男性歇斯底里》("Medusa's Head: Male Hysteria under Political Pressure"), 见《行至尽头：精神分析与崇高论文集》(*The End of the Line: Essays on*

Psychonalysis and the Sublime. NewYork: Columbia University Press, PP.199–250.)。

17. D. 赫佐格(Herzog, D. 1991):《伯克的难题》[“Puzzling Through Burke” in *Political Theory* 19(3), pp.336–363.]。

——(1998),《下层秩序的精神侵蚀》(*Poisoning the Minds of the Lower Orders*. Princeton, NJ: Princeton University Press.)。

18. P. 希德森(Hindson, P.1988):《伯克政治思想的戏剧理论》(*Burker's Dramatic Theory of Politics*. Aldershot: Avebury.)。

19. B. 霍尼格(Honig, B. 2007):《决议与审议之间：民主理论中的政治悖论》[“Between Decision and Deliberation: Political Paradox in Democratic Theory” in *American Political Science Review* 101(1), pp.1–17.]。

——(2010),《安提戈涅的双重律法：希腊悲剧与人文主义政治》(“Antigone's Two Laws: Greek Tragedy and the Politics of Humanism” in *New Literary History* 41, pp.1–34.)

20. M. 霍克海默尔(Horkheimer, M. 1974):《工具理性批评》(*Critique of Instrumental Reason*. New York: Seabury Press.)。

21. D. 休谟(Hume, D. 1973):《人性论》(*A Treatise of Human Nature*, L. A. Selby-Bigge ed. Oxford: Clarendon.)。

22. D. A. 凯瑟尔(Kaiser, D. A. 1999):《浪漫主义、美学与民族主义》(*Romanticism, Aesthetics, and Nationalism*. Cambridge: Cambridge University Press.)。

23. I. 康德(Kant, I. 2000):《判断力批判》(*Critique of the Power of Judgment*, P. Guyer ed. Cambridge: Cambridge University Press.)。

24. I. 克拉姆尼克(Kramnick, I. 1977):《埃德蒙·伯克的愤怒：矛盾重重的保守主义者画像》(*The Rage of Edmund Burke: A portrait of an Ambivalent Conservative*. New York: Basic Books.)。

——I. 克拉姆尼克编(1999),《埃德蒙·伯克入门》(*The Portable Edmund Burke*, New York: Penguin.)。

25. C. 勒福尔(Lefort, C. 1986):《现代社会的政治形式：官僚制、民主制、极权主义》(*The Political Forms of Modern Society: Bureeaucracy, Democracy, Totalitarianism*. Cambridge, MA: MIT Press.)。

26. 朗吉努斯(Longinus, [1957] 1991):《论伟大的写作·论崇高》[*On Great Writing* (*On the Sublime*) , G. M. A. Grube trans. Indianapolis: IN: Hackett.]。

27. A. O. 洛夫乔伊(Lovejoy, A. O. 1936):《存在巨链：对一个观念的历

史的研究》(*The Great Chain of Being: A Study of the History of an Idea.* Cambridge, MA: Harvard University Press.)。

28. C. B. 麦克弗森(Macpherson, C. B.1980):《伯克》(*Burke*. New York: Hill and Wang.)。

29. U. 梅塔(Mehta, U. 1999):《自由主义与君权：十九世纪英国自由主义思想研究》(*Liberalism and Empire: Study in Nineteenth-Century British Liberal Thought.* Chicago: University of Chicago Press.)。

30. P. H. 梅尔文(Melvin, P. H. 1975):《伯克论戏剧性与革命》[Burke on Theatricality and kevolution", in *Journal of the History of Ideas* 36(3): 447–468.]。

31. J. 莫里(Morley, J. 1993):《埃德蒙・伯克》(*Edmund Burke*. Belfast: Athol Books.)。

32. J. - W. 缪勒(Müller, J. - W. 2007):《宪法爱国主义》(*Constitutional Patriotism*. Princeton, NJ: Princeton University Press.)。

33. C. C. 奥-布里兰(O'Brian, C. C.1992):《伟大的旋律：埃德蒙・伯克的主题自传与评论选集》(*The Great Melody: A Thematic Biography and Commented Anthology of Edmund Burke*. Chicago: University of Chicago.)。

34. D. 奥尼尔(O'Neill, D. 2007):《伯克-沃斯通克拉夫特的争论：原始、文明与民主》(*The Burke-Wollstonecraft Debate: Savagery, Civilization, and Democracy*. University Park, PA: Pennsylvania State University Press.)。

——(2011),《伯克作品中的崇高、美与政治》("The Sublime, the Beautiful, and the Political in Burke's Work"),见《感受性科学：读伯克的哲学探讨》(*The Science of Sensibility: Reading Burke's Philosophical Enquiry*, K. Vermeir and M. Funk Deckard eds. Springer.)。

35. T. 潘恩(Paine, T. 1989a):《常识》,见《托马斯・潘恩：政治性写作》("Common Sense", in *Thomas Paine: Political Writings*, B. Kuklick ed. Cambridge: Cambridge University Press, 1–45.)。

——(1989b),《人的权利》("Rights of Man". in *Thomas Paine: Political Writings*, B. Kuklick ed. Cambridge: Cambridge University Press, 57–264.)。

36. R. 鲍尔森(Paulson, R. 1983):《革命的表现：1789—1820》(*Representations of Revolution, 1789–1820.* New Haven, CT: Yale University Press.)。

37. J. G. A. 波科克(Pocock, J. G. A. 1987):《法国革命感想录：绪论》("Introduction" in *Reflections on the Revolution in France*, J. G. A. Pocock

ed. Indianapolis, IN: Hackett, vii–lvi.）。

38. R. 普赖斯，（Price,R.1991）：《论国家之爱》，见《政治性写作》（“A Discourse on the Love of our Country” in *Political Writings,* D. O. Thomas ed. Cambridge: Cambridge University Press, 176–196.）。

39. V. L. 瑞恩（Ryan, V. L. 2001）：《哲学的崇高：伯克的理性批判》，见《意识形态历史杂志》[“The Physiological Sublime: Burke’s Critique of Reason” in *Journal of the History of Ideas* 62(2): 265–279.]。

40. J. B. 斯科尼文德，（Schneewind, J. B. 1998）：《自治权的发明：现代道德哲学史》（*The Invention of Autonomy: A History of Modern Moral Philosophy.* Cambridge: Cambridge University Press.）。

41. P. J. 斯坦尼斯，（Stanlis, P. J. 1958）：《埃德蒙·伯克与自然法则》，安·阿伯：密西根大学出版社（*Edmund Burke and the Natural Law.* Ann Arbor: University of Michigan Press.）。

42. L. 施特劳斯（Strauss, L.1953）：《自然权利与历史》（*Natural Right and History.* Chicago: University of Chicago Press.）。

43. M. 沃尔泽，（Walzer, M. 1967.06）：《政治思想中的符号主义角色》，见《政治科学季刊》[“On the Role of Symbolism in Political Thought” in *Political Science Quarterly* 82(2): 191–204.]。

44. S. K. 怀特（White, S. K. 1994）：《埃德蒙·伯克：现代性、政治与美学》（*Edmund Burke: Modernity, Politics, and Aesthetics.* Thousand Oaks, CA: Sage.）。

——（2009），《后现代公民气质》（*The Ethos of a Late-Modern Citizen.* Cambridge, MA: Harvard University Press.）。

45. M. 沃斯通克拉夫特（Wollstonecraft, M. 1995）：《关于男性与女性权利的辩护》（*A Vindication of the Rights of Men and A Vindication of the Rights of Woman*, Sylvana Tomaselli ed. Cambridge: Cambridge University Press.）。

46. N. 伍德，（Wood, N. 1964）：《伯克政治思想的美学维度》[“The Aesthetic Dimension of Burke’s Political Thought” in *Journal of British Studies* 4(1): 41–64.]。

47. L. M. G. 泽里利（Zerilli, L. M. G. 1994）：《地狱的复仇女神：伯克“法国大革命”叙述中的女性角色》，见《象征女性：卢梭、伯克与穆勒思想中的文化与混乱》（“The ‘Furies of Hell’: Women in Burke’s ‘French Revolution’” in *Signifying Woman: Culture and Chaos in Rousseau, Burke, and Mill.* Ithaca, NY: Cornell University Press, 60–94.）。

第二章　“我们感到了我们的自由”：汉娜*·阿伦特思想中的想象与判断

琳达·M. G. 泽里利

芝加哥大学

关于汉娜·阿伦特有关康德政治哲学的系列讲稿，有批评者说，阿伦特忽略了政治判断中最重要的问题，即有效性(validity)问题。此文将表明，阿伦特其实是对这个一直困扰着她的批评者的问题做出了回应的，但有一个重要警告：她并不认为有效性是政治判断的最重要的问题——对人类自由的肯定才是。

关键词： 政治判断、政治自由、汉娜·阿伦特、判断力批判、修辞

---

* 汉娜·阿伦特(Hannah Arendt，1906年10月14日—1975年12月4日)，原籍德国，20世纪伟大的、具原创性的思想家、政治理论家之一。早年她在马堡和弗莱堡大学攻读哲学、神学和古希腊语，后转至海德堡大学雅斯贝尔斯的门下，获哲学博士学位。1933年纳粹上台后流亡巴黎，1941年到了美国，1951年成为美国公民。同年，《极权主义的起源》一书出版，为她奠定了作为一个政治理论家的国际声望。她认为极权主义起源于19世纪的排犹主义和帝国主义。流亡之前，阿伦特以一个犹太人的身份协助犹太组织工作，为此曾被纳粹政府关押过。去美国之后，她为流亡者杂志《建设》撰写评论；做过肖舍出版社的编辑；1952年担任过“犹太文化重建委员会”的负责人。自1954年开始，阿伦特在美国加利福尼亚大学、普林斯顿大学、哥伦比亚大学、社会研究新学院、纽约布鲁克林学院开办讲座；后担任过芝加哥大学教授、社会研究新学院教授。随着《人的境况》、《在过去与未来之间》、《论革命》等著作的出版，阿伦特成为20世纪政治思想史上令人瞩目的人物。1975年12月阿伦特因心脏病突发去世。——译者注

作者注释：感谢玛丽·迪兹、克里斯丁·弗罗拉、格里格·格纳迪格、迈克尔·汉察德、彼得·麦耶斯、米卡·拉·瓦克-曼迪、乔治·萨尔玛，尤其是本尼·宏尼格，感谢他们对这篇论文的帮助。本文的编辑工作由琳达·M. G. 泽里利完成。

Political Theory, Vol. 33No. 2, April 2005 158-188

DOI: 10.1177/0090591704272958

说理的终点是说服。

——维特根斯坦

在现代,从未有一种政治的审美化,因为政治根本上就是审美的。

——雅克·朗西埃

汉娜·阿伦特在《康德政治哲学讲稿》(*Lectures on Kant's Political Philosophy*)中提出了一个核心问题,即审美判断与政治判断的关系。[1]在阿伦特这一令人费解的,去世后才发表的文本中,阿伦特坚持认为康德在第三《批判》中有关审美判断的论述为政治判断提供了模型:两种判断形式关注的都是作为显象的显现(appearances *qua* appearances),并都提出了普遍性的诉求,同时却避开了真理标准和具有认知判断与逻辑判断特征的规则之下的包摄原则(譬如三段论:所有的人都终有一死,苏格拉底是一个人,所以,苏格拉底也会死)。

在阿伦特的解释中,政治主张和审美主张一样,都是康德所说的"反思性判断"的典范,与"决定性判断"不同,在反思性判断中,规则是没有被给定的。阿伦特写道:"如果你说'多美的一朵玫瑰花呀!'你得出此判断,并不依赖于你要首先说:'所有玫瑰都是美的,这朵花是一朵玫瑰,所以这朵玫瑰也是美的。'"(*LKPP*,第13—14页)[2]

---

[1] 关于政治作为审美实践的论述,请参阅凯南·弗格森的《判断力的政治:美学、认同与政治理论》[Kennan Ferguson, *The Politics of Judgment: Aesthetics, Identity, and Political Theory* (Lanham, MD: Lexington Books,1999)],以及F. R. 安格斯米特的《审美政治:超越事实与价值的政治哲学》[F. R. Ankersmit, *Aesthetic Politics: Politic Philosophy beyond Fact and Value* (Stanford, CA: Stanford University Press, 1996)]。

[2] 同样的观点也可以倒过来说:譬如,我可以看着一朵玫瑰花并做出鉴赏判断,宣称它是美的。但是如果我对许多单个的玫瑰做出比较从而得出判断:(转下页)

那么，在反思性判断中，你所面对的将不再是"玫瑰"的普通范畴，而是特定的这一朵（*this*）玫瑰。这一朵玫瑰是美的，不是玫瑰的普遍特性所给定的。对于这一朵玫瑰的美来说，没有任何必然性。关于美的断定不是建立在对象之客观存在（就像认知判断一样）的属性之上的。这种断定属于感觉结构（structure of feeling），而非概念范畴。康德写道，"美不是花自身的属性"（*CJ*, §32，第145页），而仅是对快感的表达，这种快感是由作判断的主体在欣赏的反思性模式中感觉到的。

阿伦特坚持认为，政治判断不能是真实断定，这一看法令那些在其他地方与她尚有共鸣的读者颇感困惑，如著名的就有尤尔根·哈贝马斯。他多少有些谴责阿伦特将政治审美化了，也就是说，阿伦特将政治领域等同为意见（opinions）领域，而意见是不能通过有效性的理性过程来检验的，它不过是对趣味的有效判断。哈贝马斯坚信，阿伦特转向康德《判断力批判》中关于审美判断的论述，表明她拒绝为政治和公共辩论提供一种"认知基础"。这在"知识与意见之间留下了无法通过论辩弭平的巨大鸿沟"。[1]赞同哈贝马斯的这种批评的罗纳德·贝纳尔（阿伦特的康德讲稿的编辑），同样强调阿伦特思想中有关"说服性判断与令人信服的真实之间的重要对比"问题。贝纳尔想

（接上页）玫瑰普遍是美的。那么，我的判断就不再只是审美判断，而是建立在审美判断之上的逻辑判断。伊曼纽尔·康德：《判断力批判》（Immanuel Kant, *Critique of Judgment*, trans. Werner S. Pluhar. Indianapolis, IN: Hackett, 1987, §8, 59.），以下出自此著作的引文以*CJ*缩写加节次与页码序号表示。

[1] 尤尔根·哈贝马斯：《汉娜·阿伦特的交往权力概念》（Jürgen Habermas, "Hannah Arendt's Communications Concept of Power"），见《汉娜·阿伦特：批评文集》（*Hannah Arendt, Critical Essays*, ed. By Lewis Hinchman and Sandra Hinchman. Albany: State University of New York Press, 1994），第225页。另一类似的观点，参阅阿尔布莱希特·维尔默的《汉娜·阿伦特论判断：理性的未成文原则》（Albrecht Wellmer, "Hannah Arendt on Judement: The Unwritten Doctrine of Reason"），见《判断、想象与政治：来自康德与阿伦特的主题》（*Judgment, Imagination, and Politics: Themes from Kant and Arendt*, ed. By Ronald Beiner and Jennifer Nedlesky. Boston: Rowman & Littlefield, 2001），第165—181页，引文出自第169页。

要弄明白的是，为何阿伦特没有认识到“所有人类判断，包括审美（当然也包括政治）判断都包含必不可少的认知维度”（如果你对你正在下判断的艺术有所认识，你会对艺术做出更好的判断）。贝纳尔指出，康德式的方法把知识排除在政治判断之外，“让人们不能再说有些判断是‘不属实的’（uninformed），也让人不能再对获取知识的不同能力做出区分，而这种区分能让人们承认，有些人更具有下判断的资格，而有些人则少有这种资格”。[1]

阿伦特是否割断了论辩（argument）和判断之间的关联呢？在我看来，这种指责完全偏离了靶心。阿伦特的观点并非要将论辩排除在审美判断或政治判断的实践之外——虽然有些事物或有些人能够阻止我们在公共语境中进行论辩——而是要迫使我们去思考，当我们将政治实践简化为关于更优论据间的较量时，我们在做的究竟是什么。阿伦特所反对的不是论辩这一点，而是反对这样的假设：即认为论辩程序中的一致性必然产生结论的一致性，因此可以通过提供证据的方式实现政治领域的一致性。阿伦特所面对的是一个棘手的问题，在这个问题上，她的批评者们坚持对政治主张进行理性裁决，但忽略了：我们在人类事务中对必要性的深层感知。如果阿伦特排除了主导着哈贝马斯思想的合法性问题，她认为我们在有关正当性的实践中已越来越趋向于强制性，这转而会破坏作为特殊物的特殊性，以及政治言说（包括论辩）恰是在此得以出现的空间。[2]阿

---

[1] 罗纳德·贝纳尔：《释文：汉娜·阿伦特论判断》（Ronald Beiner, “Interpretive Essay: Hannah Arendt on Judging”），见汉娜·阿伦特：《康德政治哲学讲稿》［*Lectures on Kant's Political Philosophy*, ed. by Ronald Beiner（Chicago: University of Chicago Press, 1982）］，第36页。

[2] 参阅达纳·维拉：《阿伦特与海德格尔：政治的命运》［Dana Villa, *Arendt and Heidegger: Fate of the Political*（Princeton, NJ: Princeton University Press, 1996.）］，第72页。为阿伦特反对哈贝马斯辩护的另一观点，请参阅丽莎·简·迪施：《汉娜·阿伦特与哲学的界限》［Lisa Jane Disch, *Hannah Arendt and the Limits of Philosophy* (Ithaca, NY: Cornell University Press, 1994)］。

伦特看到，我们正趋向于从理由（reasons）空间进入原因（causes）空间：逻辑推理从思想的对话工具（借此，我们的目标是赞同）转变成思想的独白工具（借此，我们总是强迫它）。哈贝马斯所称的“内在于言说中的理性要求”正面临变成维特根斯坦所说的“逻辑上必须（must）的强硬性”的危险。[1]

通过对这些盲点（它们致力于对阿伦特的未竟事业，即未形成有关判断的论述的批判）进行思考，我们应该问的是：为什么阿伦特认为自己需要对判断能力做出论述？判断可以成为哪个问题的答案？根据贝纳尔的理解，问题是：“如何断定自由？”阿伦特认为，在判断能力中存在某种事物，它“允许我们在特殊物的偶然性中体验一种积极的快感”，这一点贯穿其全部著作，且在《意志》（*Willing*）的最后一段以及《精神生活》（*Life of The Mind*）第2卷被明确地提出来。贝纳尔接着写道：

> 阿伦特认为，人类通常觉得自由的“可怕的责任”是一种不可承受之重，他们总是用宿命论或历史进程观之类的信条来规避它，事实上，可以断定人类自由的途径只有一种，那就是，通过反思与判断，从人的自由行动引发快感。[2]

在敏锐地确认了阿伦特有关判断的著作中情感的重要性以及自由这一中心问题后，贝纳尔继续——在我看来非常令人费解——认可哈贝马斯上述批评观点，这忽略了阿伦特所理解的自由命题（即，

---

[1] 路德维希·维特根斯坦：《数学基础评论》（Ludwig Wittgenstein, *Remarks on the Foundations of Mathematics,* ed. by G. H. Wright, R. Rhees, and G. E. M. Anscombe. Cambridge, MA: MIT Press. 1996），第1页，第121页。以下该书的引用以*RFM*缩写表示。

[2] 贝纳尔：《释文》，第13页。

如何确认人类开端启新的能力)，同时也将判断问题完全当成了对主体间的有效性的一种确定。曾在哈贝马斯的框架之下进行思考的西拉·本哈比(Seyla Benhabid)，在试图理解阿伦特转向第三《批判》的原因时也抓住了这一决定性的阐释立场，她写道："阿伦特在康德的审美判断原则里看到的是……确定公共领域中主体间达成共识的程序。"[1]该“程序”是从非个人观点进行想象性思考，并形成康德所说的“扩展的心智”的过程。这种阐释一旦到位，本哈比也发现，转向康德不仅是令人奇怪的，而且大错特错。

或许情况确实如此。如果你主要关注的是政治领域中主体间的有效性，那为何不转向更具经验性和实践性的理性形式，比如亚里士多德的实践智慧(*phronesis*)概念[2]呢？为何还要转向高度哲学化的文本呢？它至多只是对那种假定与他人一致，而不必是真实认同的有效性做出了高度形式化的阐述而已。更糟糕的是，它只是涉及主体自身的愉快感或只是预设了一种全体的认同，那有什么理由要认可这样一种并非客观，而只是主观的有效性形式呢？在判定孰是“正确的”(是阿伦特还是其批评者)之前，让我们首先试着理解判断能力究竟是什么，以及它为何会与民主政治相关。

判断与新事物的问题

就最宽泛的意义而言，判断是一种官能(faculty)，它使我们得以对经验进行整理和理解。无论是出于认知目的而须与概念相联系

[1] 西拉·本哈比：《汉娜·阿伦特的不情愿的现代主义》[Seyla Benhabib, *The Reluctant Modernism of HannahAredt* (Thousand Oaks, CA: Sage, 1996)]，第188—189页。本哈比发现“阿伦特思想中规范性的空白”，以及其转向第三而非第二《批判》，是阿伦特拒绝或无法提供“政治的规范性维度”的一个更“令人不安”的例证(本哈比：《不情愿的现代主义》，第193、194页)。

[2] 参阅维尔默《汉娜·阿伦特论判断》，第166页；以及贝纳尔《释文》，第134页。

的对象的特殊性，还是出于政治生活的目的而须被组织成叙事的事件的特殊性，判断都赋予了人类经验某种一致性与意义。无论是我看到那里有“一棵树”，我在收音机里听到关于“非洲近期饥荒”的评论，还是在报纸上读到有关“两性战争”的社论，我都立即介入并见证了一个判断实践。然而，判断能力在人类所有活动中存在之普遍，让我们几乎不将其视作判断，不视为我们(*we*)都在做的事情。在认知判断中，这一点尤为突出，因为，在这类判断中，我们似乎只是在汇报一种独立于我们的判断之外的事实(譬如，我看到那儿有一棵树，是因为那儿真有一棵树。我看到两种性别，因为确实存在着两种性别，等等)。

康德——以及之后的维特根斯坦——开始质疑这一想法(即认为认识仅取决于类似知觉的心理学事实)，并强调判断在对人类有意义的任何事物中都具有至关重要的作用。因为一般而言，判断是思考包含在普遍性之下的特殊性的能力，或者，如康德所说，是“在规则之下进行归纳的能力，即决定事物是否隶属于既定规则……的官能”[1]。没有判断的官能，我们就不能获得知识，因为缺失包摄特殊性的规则，我们只能说“这个”和“这个”，而不能称其为经验对象的事物(譬如，这个“女人”或这个“男人”)。康德认为，每一个“对象”只有在概念中通过识别才能存在。

根据在康德所说的“决定性判断”(即逻辑判断和认知判断)中起作用的这种识别逻辑，很难理解——正如哲学家自己认识到的——新的对象或事件，即那些不能按照旧有序列的连续性或根据已知来解释的事物是如何可能存在的。然而，阿伦特所说的“新事物的问题”，并非我们如何了解特殊物的认识论问题；它也不是在一个只有通过因果法则方可认知的现象世界里如何保持主体自由的道

---

[1] 伊曼努尔·康德:《纯粹理性批判》[Immanuel Kant, *Critique of Pure Reason*, trans. and ed. by Paul Guyer and W. Wood. Cambridge, MA: Cambridge University Press, 1977B)],第171页。

德问题。[1]新事物的问题是一个政治问题，是关于我们，即民主共同体的成员在一个我们既不能控制，也无法准确预知其因果关系的对象与事件的世界里，如何将人类自由确认为政治现实的问题。阿伦特对我们在这种确认上的困难作了生动描绘：

> 不论何时，当我们面对可怕的新事物时，我们的首次冲动是以一种盲目的、无法控制的反应去识别它，这种反应强劲到足以铸造一个新词；而我们的第二次冲动则似乎是通过彻底否定我们看到了任何新事物，或通过假装这些事物与已知事物相差无几而重新获得对它的控制；只有第三次冲动才能够引导我们回到我们在最初看到或认识到的那些事物上。也正是在此，真正的（政治）理解开始了。[2]

与政治相关的这种判断中最为紧要的，不是知识而是理解，或进一步而言，正如阿伦特说的，是“使知识具有意义”的理解。关键是要试着在一个由并非出于我们自身选择的关系和事件所组成的世界里感到如同在家中一般自在，无须屈从于各种形式的宿命论或决定论——它们的另一面孔就是作为主权（sovereighty）的自由理念。[3]

---

[1] 汉娜·阿伦特：《精神生活·Ⅱ：意志》[Hannah Arendt, *The Life of the Mind. Two: Willing*(New York: Harcourt Brace Jovanovich, Inc, 1978)]，第28—34页。

[2] 汉娜·阿伦特：《理解与政治》(Hannah Arendt, “Understanding and Politics”)，见《理解文集，1930—1954》(*Essaysin Understanding,1930–1954*, ed. by Jerome Kohn. New York: Harcourt Brace, 1994)，第307—327页，此引文见第325—327页。汉娜·阿伦特认为，“(继承)标准的缺失”，“仅仅是道德(与政治)世界的灾难，当我们假设人类个体没有能力根据自身而对事物做出判断之时，除了对已知规则的应用之外我们无法期待更多”。见汉娜·阿伦特：《什么是政治？》[*Was ist Politik?* ed. by Ursula Ludz (Munich: Piper Verlag, 1993)]，第22页。以下来自本文的引用以*WIP*表示，所有翻译为作者完成。

[3] 在阿伦特的观点中，极权主义是一个限制我们的判断官能的典型事件，因为“竖立在欧洲人民心灵里的死亡工厂”使我们面对的是史无前例的无意义感。我们如何判断一个展现出“我们的思想范畴和判断标准”都已遭受破坏的事件？(阿伦特《理解与政治》，第313页)。阿伦特认为，如果我们还固执地坚守(转下页)

我们以肯定非主权(nonsovereign)的人类自由(即,产生于政治共同体之内,而非外在于它的自由)的方式,最终接受既定事物(即那些既不能被遗忘,也无从改变的过去)的能力,只能通过判断的批判性实践才能获得。这种实践不能建立在"自主原则"的基础之上。休谟将"自主原则"直陈为哲学妄想(即认为自身彻底从形成了我们的初始理解的习俗或偏见中解放出来,理性便会批判地做出判断的观念)[1]。没有什么地方是外在于我们由此而做出判断的这种初始理解的。当我们寻找化外之地却发现无处跨越之时,司空见惯的做法就是把判断实践的这种无根据的根据视作好像是它决定了我们在这个世界会遭遇什么,或者它莫名就是一成不变的。在这种情况下,对意义的前认知性理解便从民主政治的可能性条件,以及我们在这个瞬息万变的世界中的批判性定位,转变成了阿伦特所说的"世界观"(worldview),正是这种世界观"使我们免于体验(与尝新),因为所有真实的事物都在(它)那里已经被给定了"(*WIP*,第21页)。

因此,一种以自由为中心的判断实践不能因循规则来加以塑造,而遵循规则正是康德所说的决定性判断的主要特征。为了获得对社会编排及生活形式之无根据的根据的批判性把握,而不是屈从于外部立场的诱惑,我们需要形成一种不被规则制约的判断实践。无须概念中介的判断是我们可以很好地学习与实践的日常技巧。[2](不

(**接上页**)那些不再面向经验讲话的规则,那是因为我们习以为常的并非任何特殊规则的实体,而是拥有做出判断的规则这一事实。见汉娜·阿伦特《思考与道德考察》["Thinking and Moral Considerations," *Social Research: Fiftieth Anniversary Issue* 38, no. 3 (Autumn 1971)],第416—446页,尤其是第436页。

[1] 关于判断(Urteile)与偏见(Vorurteile)之间的关系,可参阅*WIP*,第17—23页。

[2] 这一观点在塞缪尔·弗莱施哈克尔的《自由的第三种概念:康德与亚当·斯密的判断与自由》[Samue l Fleischacker, *A Third Concept of Liberty: Judgment and Freedom in Kant and Adam Smith* (Princeton, NJ: Princeton University Press, 1999)]中得到了强调。他也认为自由与判断能力的形成有着深刻联系。然而,与阿伦特不同,他从自由传统内部建立了一套判断理论。

过）它总是有可能面临这样的危险，即，为了理解那些来自我们自身的挫败感或不充分感的政治现实，我们将重返已知的概念或规则。如果我们还想最终接受新对象和新事件，对那些在我们的参照体系中尚无一席之地的，或对于纯粹只是维系规则的规则而言，还只是作为异常现象保存下来的事物，我们需要形成判断的官能。形成此种官能比后基要主义（postfoundationalist）政治思想家们所强调的对偶然性的确认要内涵丰富得多。或者，更好的说法是，它包含着对连贯性与意义的创造，而这并未完全抹除偶然性，因而也是对自由的创造。[1]

确切而言，阿伦特所坚持的是，知识对象无论如何都不是判断力自身的批判层面形成之处。批判性层面只出现在这样的情形中，即康德所称的，在决定性判断吃紧或受挫之处，真正的判断才得以开始。也就是这样一种情形：在此，判断不会产生知识（就像是概念尚未给出一样），在判断中所获得的共通感或诸官能之间的和谐也不再处于知解力（即概念能力）的合法性之下，而是达到某种自由的一致。正如我们将要看到的，在"诸种官能的自由游戏"中，想象力不再特别受制于识别逻辑，因为识别逻辑要求重现不在场的对象，从而与知解力之受概念支配的线性时间保持一致。想象力，当其在自由之中被思考时——没有任何事物迫使我们这样去思考它——不必受

[1] 对阿伦特来说，形成判断之肯定自由的能力所要求的远不止于对偶然性的承认。尽管她也强烈捍卫偶然性，反对西方哲学传统对必然性的同等强烈的捍卫，但她坚持，我们要能够对新的政治对象和政治事件做出判断。我们需要能够在其自由中判断它们，即产生一种连续性意识，而这种连续性既不是我们的前理解所给定的，也不会被已知概念的运用而消耗殆尽。单纯只是肯定对象或事件的偶然性并不是在追求意义，而意义是判断能力的核心。当我们面对"特殊物的偶然性特征"时，并没有认真对待其中始终存在的一种诱惑，即假设了某种对世界缺乏关心的立场，仿佛"你想强加的任何秩序、任何必然性、任何意义都可以发生"。阿伦特《历史的概念》（"The Concept of History"），第89页。

制于因果法则，而是生产性的(productive)、自发性的(spontaneous)；不只是对已知事物的再生(reproductive)，更是新形式和新形象的创生(generative)。

将想象的生产性作用置于判断能力之最显著地位，我就可以从阿伦特的未竟事业出发去形成一种政治判断的理论了。尽管十分倚重于康德的第三《批判》，但阿伦特从未真正在其自由之中思考想象问题，因为她从未将其当作再生性事物之外的事物来思考。当我们意识到再生性想象必定依赖理解能力，因此也依赖于概念，而这很难与阿伦特强烈反对将认知视为政治判断的任务这一观点相一致时，阿伦特对想象力的有限思考就更令人奇怪了。这种对判断实践中无须概念的想象力之自由游戏的忽视，是阿伦特对此主题的分散思考引来诸如哈贝马斯等思想家对之既挪用又批评的原因之一。对于哈贝马斯等人来说，有效性是一个在阿伦特这里未得到解答的问题，它给阿伦特的整个论述带来了非连贯性的危险。

这种指责中所假定的是这样一种政治概念，即把政治当作是对意见之“不可贯通的多元主义”(哈贝马斯语)的裁定[1]。为了裁定那些相互矛盾的主张，我们需要一条能够确立其正确性(correctness)的路径。因此，哈贝马斯坚持认为，政治意见必须具有某种认知基

[1] “一旦论辩有望对利益的普遍性做出检测，而不是听任于表面上的终极价值取向的不可贯通的多元主义，实践问题的决断式处置的有限性就被克服了”，哈贝马斯写道，“不是多元主义的事实在此遭受质疑，而是那种认为通过利益普遍化的论辩无法摆脱保持着特殊性的事物的主张遭到了质疑”。在上述引文的基础上，理查德·伯恩斯坦在阿伦特那里发现了一种类似的主张：“判断力必须将自身从‘主观私人化情境’中解放出来。”理查德·伯恩斯坦：《在客观主义与相对主义之间：科学阐释学与实践》[Richard Bernstein, *Between Objectivism and Relativism: Science Hermeneutics and Praxis* (Philadelphia: University of Pennsylvania Press, 1983)]，第220页。然而，阿伦特对于意见的多元性的理解并不同于哈贝马斯。对她来说，在判断力的运作中，这种多元性应该加以保留而不是去克服。我在拙著《女性主义与自由的深渊》[*Feminism and the Abyss of Freedom* (Chicago: Chicago University Press, 2005)]第四章讨论过这种区别。

础，并服从于确证的理性程序。尽管阿伦特的批评者们与哲学客观主义或任何一种形而上学的真理概念都保持了距离，但他们从不会去考虑这种可能性，即可能存在一种民主政治所特有的有效性形式，它不以将规则应用于特殊物为基础。所以说，他们事实上从未看到阿伦特其实早已对他们孜孜以求的有效性问题做出了回答，且提醒世人：她并不认为有效性自身对于政治判断而言是最重要的问题，或者说是政治判断的任务——对人类自由的肯定才是。

理性言说的修辞基础

> 无论什么情况下，人们在对他们所属的共同世界的事物下判断时，其判断所蕴含的信息总比事物本身要多。其下判断的方式，也会在某种程度上揭示（disclose）出其自身是何种人来，这种不自觉的揭示将获得一种有效性，以至于将其自身从个体的独特性中解放出来。[1]

阿伦特在此引入了两个重要观点：(1) 判断行为在下判断的人之间产生了有意义的关系，即揭示“那个人是谁”，也就是一种公共的而非私人的人物角色关系。(2) 这种作为下判断之人的自我揭示获得了某种有效性（即征求他人的认同），在一定程度上它将达成某种无偏私性（即将他人列入考虑范围）。[2]

---

[1] 汉娜·阿伦特：《文化的危机》（“The Crisis in Culture”），见《在过去与未来之间：政治思想的八种练习》（*Between Past and Future: Eight Exercises in Political Thought*. New York: Penguin, 1993），第221页。以下文中所引简称为*CC*。

[2] 相对于她（譬如，一个美国的白人中产阶级妇女，必然与其相类似的人共同拥有某种特性）而言，某人是谁？这是对出现在故事以及言说它的其他人工制品中的人类行动的一种独特展现。参见汉娜·阿伦特《人的境况》[*The Human Condition* (Chicago: Chicago University Press, 1989)]，第181、182页。

阿伦特写道，一个人在判断行为中所发现的，既有他与其他判断主体的不同，也有与他者之间的共性。

> 我们都很清楚地知道，当我们从什么是令人愉悦的或令人不快的问题中发现（或没能发现）一种亲密关系时，可以多么迅速地识别彼此，也能多么明确地感觉自己属于（或不属于）彼此。（*CC*，第223页）

以鉴赏活动（“它使我愉悦或不快”）为基础的判断，差异与共性都允许出现，而且这种出现绝不会在判断之前被给定。判断可能会对我与某些人形成了共同体的感知表示怀疑，并显示出与其他人形成新共同体的感知。这种对共同体的发现不是与决定性判断相关的规则遵循（rule-following）所能保证的。阿伦特论道，规则遵循强迫着每一个拥有理性力量的人，且原本能在孤立中完成。

怀着这种对现代性的主观主义（subjectivism）的深刻批判，阿伦特转向审美判断是基于她所称的人类境况之根本，但大多数时候被否认掉了的现实，即复多性（plurality）。阿伦特认为主体间性不是基于人类的共同本质（譬如，理性）或共同经验（譬如，阶级、种族或国家归属）。不过，阿伦特通过复多性所理解的也不是一种本体论条件，而是这样的事实：“人们（men），而不是人（Men），栖居在这个地球上。”如果复多性被当作一个政治概念来理解，那它指的就是，当我们决定什么将被算作我们共享或共同世界的一部分时所需考虑的事物。判断就是让我们能在这种鲜明的政治意义上思考复多性的活动。按照康德对鉴赏判断的阐述，阿伦特认为，政治判断中这种至关重要的有效性并不只是要求一个人“与其自身达成一致（逻辑的无矛盾原则），而是……在于能够‘站在其他任何人的位置上去思考’”（*CC*，第220页）。就其性质而言，这种判断是主体间性的，也反映了看待和理解世界的途径的多样性。

判断所产生的种种在世性关系之关键就在于，它开启了一种从多元视角看待同一事物的能力。用阿伦特的话说，就是与何为政治地看事物（“真正从不同角度看事物，这就是政治”）[*WIP*，第96页]等同的一种能力。这种看事物的方式的源头是“荷马的客观性”（Homeric objectivity）（从相反的立场看同一事物的能力：既从阿喀琉斯也从赫克托耳的立场去看特洛伊战争）。[1]将这种荷马式的看转变成多元视角的看的能力的，是公共言说的日常实践，即“公民之间的相互交谈”。阿伦特继续道：

> 在这种不断的交谈中，希腊人发现，我们共同拥有的这个世界通常可从无数不同的角度看待，从而让最多样化的视角协调一致。从在雅典公民面前智者派所呈现的无止境的争辩之流中，希腊人学会了将自己的观点、自己的“意见”（世界向其显现或敞开的方式……）与其公民同胞交流。希腊人也学会了去理解——不是将彼此理解为个体的人，而是从彼此的立场去看待同一个世界，从全然不同甚至总是对立的层面看到相同。（*CH*，第51页）

读者很容易把阿伦特的“意见交流”以及“智者派所呈现的无止境的争辩之流”错认为修辞的言说概念，在此，修辞只被理解为一种形式（由比喻与形象构成），它使得一定的内容（由理性前提和终

[1] 荷马的这种无偏私性至今仍是我们所知的客观性的最高类型。它不仅超出了仅属一方或自己人的共同利益（直到我们的时代，这几乎都代表了所有民族历史编纂学的主要特点），也抛弃了胜利或失败之间的非此即彼。（现代人觉得它已经对历史自身的“客观”判断做出了表达。）[汉娜·阿伦特：《历史的概念》（“The Concept of History”），见《在过去与未来之间：政治思想的八种练习》（*Between Past and Future: Eight Exercises in Political Thought*. New York: Penguin, 1993），第41—90页，引文见第51页。以下文中所引用*CH*缩写表示。]

极原则[*archai*]构成)对其交谈者而言更具有说服力。"不断交谈"就成为修辞试图让对话者明白某事物所采用的不同伪饰的表达。如果人类理性的运作像大多数西方哲学家所设想的那样,它将按照逻辑规则来理解事物。生而为人注定是政治的,政治在此可理解为不间断的修辞性交谈。

将阿伦特对政治言说的阐述与作为说服技巧的修辞学观点区别开来的,是她执意坚持的一点:政治言说并不由以修辞形式精心装扮的真理组成,而是由各种意见"在我看来"(it appears to me)组成(*CH*,第51页)——此外无它。阿伦特写道,与这种政治言说相反的是"言说的哲学形式……,它与知识以及对真相的寻找相关,因而要求一个令人信服的证明过程"(*CC*,第223页)。这个过程使逻辑推理的规则遵循成为必要:即,从我们坚信其无可置疑的前提出发而做出推断的必要。

通过将复多性作为主体间的有效性的条件而不是其问题,阿伦特将意见形成与政治判断的问题从认识论领域(涉及的是概念之于特殊物的运用以及知识/真相所要求的理性判定)转移到了政治领域(涉及的是意见的形成和自由的实践)。就展现世界(opening up the world)(它曾借由语言、规则或概念向我们敞显过)这一意义而言,政治涉及的是论辩的交流。然而,正如雅克·朗西埃提醒我们的,在理解给出理由的尝试时,首要的理应是"展现(这个)在此论辩能够被接受且产生某种影响的世界"[1]。这种展现就是语言之诗性的、修辞的和创造世界的能力,哈贝马斯认为这一点与其所坚持的语言的合理交流使用完全不同,后者使"可批判的有效性所要求的主体间的

[1] 雅克·朗西埃:《歧义:政治与哲学》[Jacques Rancière, *Dis-agreement: Politics and Philosophy*, trans. Julie Rose (Minneapolis: University of Minnesota Press, 1999)],第56页。

识别”成为可能[1]。与哈贝马斯不同，朗西埃与阿伦特观点相似，认为修辞性语言是我们能通过证据认定其有效性的任何事物的前提条件。证据发挥作用，立基于从可接受的前提做出推理。而“展现”创造了一个语境，在此，视角会发生改变，我们习以为常的事物也将随之得到不同对待。

我们可以联系哈贝马斯的意图来理解这些问题。哈贝马斯通过借助埃内斯托·格拉西（Ernesto Grassi）而试图将语言的修辞层面与理性层面分开。作为阿伦特的同时代人、海德格尔的学生，格拉西批判性地考察了理性话语的本质及其在哲学传统中的地位。格拉西写道，根据那种传统，“诉诸形象与隐喻，或一整套修辞学所特有的手段”，“只不过是使自己‘更易于’吸收理性的真实”。[2]不过，扭转局面的是，他质疑了这样一个观点，即认为修辞性言说不仅低于理性或哲学言说，且与之截然不同。

> 证明（*apo-deiknumi*）意味着以某事物为基础，**显示**某事物确实是某事物……。必然的、证明性的言说是一种通过追溯其终极原则或**本源**（*archai*）来确立现象的定义。很明显，任何证据以及由此而来的知识的最初本源都无法自证，因为他们不可能是必然的、证明性或逻辑性言说的对象；否则，它们就不会是最初的断定……但是，如果最初的断定不

[1] 尤尔根·哈贝马斯：《在事实与规范之间：关于法律和民主法治国的商谈理论》[*Between Facts and Norms: Contributions to a Discourse Theory of Law and Democracy*, trans. William Rehg (Cambridge, MA: MIT Press, 1996)]，第20页。尤尔根·哈贝马斯：《现代性的哲学话语：十二次讲座》(*The Philosophical Discourse of Modernity: Twelve Lectures*. Cambridge, MA: MIT Press, 1987)，第204页。哈贝马斯指责德里达，在其他“后现代”思想家中，他对语言的修辞能力的突出超过了其解决问题的能力。

[2] 埃内斯托·格拉西：《作为哲学的修辞：人文主义传统》[Ernesto Grassi, *Rhetoric as Philosophy: The Humanist Tradition* (Carbondale: Southern Illinois University Press, 1980)]，第26页。以下文中所引以*RP*表示。

是证明性的，那么，我们用于表达这类判断的话语本身又有什么特征呢？显然，这类言说不可能具有理性–理论的特性。(*RP*，第19页)

格拉西的回答简明扼要，他指出："那种构成了哲学或理性言说之基础的象征性或暗示性(*semeinein*)的言说，恰好提供了证据在此得以最终形成的框架。"这种象征性的言说：

> 直接就是一种"展示"(showing)——因为"形象的"或"想象性的"也是本源意义上的"理论的"[*theroein*，即"看见"(see)]之意。它是隐喻性的：它表明事物拥有一个意义，而这意味着，通过形象，通过所展示之物，言说传递着(在隐喻意义上)某个意义。这种言说将一个意义"带至眼前"。

格拉西写道，理性言说的基础，"在其结构中是且必须是一种想象性语言"(*RP*，第20页)。这个结论彻底改变了理性言说与修辞性言说之间的关系："'修辞'这个术语暗示着一种全新的意义；'修辞'不是一种外在说服的技巧；而是作为理性思考之基础的言说。"(*RP*，第20页)

那么，将理性言说与修辞性言说区分开来的，就不再是前者形成于种种前提，在阿伦特对逻辑推理的生动描述中，这些前提犹如铁铸的"律法"，"最终根植于人类大脑的结构之中……(它们)……与那些规定了我们的身体功能的驱动型必然一样具有相同的强制力"。[1]格拉西质疑的不是阿伦特描述的必然(necessity)的意义，而是其来源：必然性存在于产生相信的图像(images)与形象(figures)之中，而不是存在于逻辑推理得以产生的终极原则之中，更不是存在于人类大脑的普遍结构之中。正如维特根斯坦所说，给予我们一个必要

[1] 阿伦特：《人的境况》，第171页。

性意义或“抓住我们注意力”的，是“一幅图画（picture）”[1]。我得赶紧补充的是，正如理性言说的本源是假的一样，这种图像，除了时间和空间之外也并不是必然的和普遍有效的。只有作为实践的一部分时，图像才具备意义与必然性；因此，它会随着时间而改变。修辞是实践活动（即，具体的个人在具体语境中彼此对话）这一事实，是追求永恒真理的哲学传统拒绝它的理由所在[2]。对阿伦特来说，判断的主要任务就是在人类事务（human affairs）中松开我们对真理与必然性的执念。这种松开需要不同的图像与实践，需要新的意义生产的方式。

学会政治地看

我们已经看到了，阿伦特根据从多重视角看同一对象的能力，构想了一种政治判断的官能。阿伦特以此种能力来反对她所说的“智者派的诡计”，即，一种反转论辩的策略，正如古代怀疑论者所认为的那样，他们得出的结论是：没有判断是可能的（*WIP*，第96页）。阿伦特写道，尽管诡辩家在削弱教条主义和教导公共言说技巧上曾举足轻重，但在某种程度上，“重要的不是那些反转辩论或颠倒论断的人，而是有能力真正从多重视角看事物，同时也意味着政治地看事物的人”（*WIP*，第96页）。阿伦特意识到了公共领域中辩论的价值所在，但她对判断的阐述却显示出这样两种情形之间的差异：一方面是受更好的论辩所强迫或质疑任何强迫性论辩的可能（怀疑主义）；另一方面则是学着去看待这个世界在所有共同拥有它的人眼中的样子。

[1] “图像将其自身强加给我们……有趣的是图像确实将其自身强加于我们。如果不是这样的话，像‘覆水难收’这样一个句子，对我们有任何意义吗？”（*RFM*，I § 14）维特根斯坦对“符号机器”的图像做出了研读，认为它存在于逻辑必然性，即我们的“逻辑必要感”的语言游戏之根源处（同上书，I，§§ 121–122）。

[2] 埃内斯托·格拉西：《离奇的隐喻》[Ernesto Grassi，*Die unerhörte Metapher* (Frankfurt am Main: Anton Hain, 1992)]，第27、29页。

对这种差异的强调使阿伦特的论述既指向格拉西对修辞概念的人文主义传统的恢复，也指向了维特根斯坦作为语言游戏之根基的图像概念。她强调的是从不同角度去看，从而形成不同的图像意义。

我之前说过，审美判断具有主观有效性，而不是客观有效性。然而，如果认为审美判断不是理性的，就是承认（基于阿伦特的批评）我们对何为理性这一问题（即，一种以给出证据为基础的思考方式）有着相当狭隘的理解。这不仅包括哈贝马斯谴责阿伦特从康德的第一《批判》中盲目继承的科学理性，也包括在话语伦理中与论辩的核心作用相关的实践理性。根据斯坦利·卡维尔（Stanley Cavell）对康德的第三《批判》的解读，我们或许可以质疑这样的观点，即理性是基于程序协议而达成结论一致的问题。毕竟，康德的全部要点在于对休谟之类的批评家做出回应，休谟曾声称审美判断中公认的一致性的匮乏表明其理性的匮乏。尽管康德否认美学会成为一门科学或审美判断可以被证明，但他坚持认为，当我们审美地下判断的时候，我们的判断并不仅仅是主观性的。康德说，我们说"这幅画是美的"与"我喜欢加纳利白葡萄酒"并不相同。如果说"这幅画对我而言是美的"就显得有点荒谬。（*CJ*, §7, 第55页）对美的判断假设了与他者的一致性。因为缺少概念，这样的判断展示出一种必然性："只能被称为范例（*exemplary*）的必要性，即一切人（*everyone*）对一个被看作是某种无法指明的普遍规则之实例的判断加以赞同的必然性"（*CJ*, §18, 第85页）。[1]

他者是否这样认同则是另一回事。康德认为，在任何情况下，我的判断的有效性并不取决于他者的经验性赞同。然而，如果我的判

[1] 康德写道：这种必然性具有特殊的类型：它不是理论的客观的必然性，在那里我们能先天地认识到每个人在我称之为美的那个对象上将感到这种愉悦；它也不是实践的客观的必然性，在那里，这种愉悦通过某个纯粹理性意志（它充当着自由行动者的规则）的概念而成了一条客观规律的必然结果，而且只是意味着我们应当绝对地（不带任何别的意图）以特定方式行动。（康德，*CJ*, §18, 第85页）

断的有效性不取决于此种赞同，也不能在证据的基础上迫使其认同，那我们何苦还要去交流观点呢？康德这样说：“只要允许我们对于某些事物是可以争执的，那么我们就必然会有对此达成一致的希望”（*CJ*, §56，第211页）。这种希望表明这些判断并非只是主观的，而是正如卡维尔所强调的那样，尽管无法保证达成一致，争论仍会继续存在。不排除达成一致的可能性，但审美判断的有效性却并不取决于它。我们希望人们可以支撑他们的判断，但即便赞同其论辩，我们也不一定要同意其结论。举例来说，我可以接受你为什么认为这类画是美的（例如它在艺术史上独一无二的地位、艺术家对色彩的生动运用或某种观点的表现），但仍可以不同意你对美的判断。这种不同意在你看来可能会认为我趣味不够，但却不是在误解的意义上。

这表明此类判断的理性属于另一类型。卡维尔文借用康德关于审美判断的主观有效性的概念，提醒我们关注理性论证中的关键因素——“范式与支持”（pattern and support）的概念，而不是结论的一致。斯蒂芬·马尔霍尔（Stephen Mulhall）对卡维尔的观点的剖析如下：

> 卡维尔并非建议逻辑或理性是（支持、反对、回应的）范式存在的问题，而不是（结论的）一致性问题；他是想表明，将逻辑或理性看作范式的一致性问题而非结论的一致性问题可能会是一种更具成效的思考。特定的范式或程序是否确保那些有能力遵循它们的人达成一致性结论，这是理性的某一类别或某一层面区分于另一类别或层面的部分原因。但在所有领域将理性从非理性区分开来的，是（承诺）言说和行动范式或程序的一致。[1]

[1] 斯蒂芬·马尔霍尔：《斯坦利·卡维尔：对日常的哲学叙述》[Stephen Mulhall, *Stanley Cavell: Philosophy's Recounting of the Ordinary* (Oxford: Oxford University Press, 1998)]，第26页。

那么，问题就不是审美判断缺少理性。就像阿伦特所解读的那样，在第三《批判》中，康德并不反对为审美判断赋予理性[1]。那些无法支持她的判断的人根本不是在进行审美（康德意义上）或政治（阿伦特意义上）的判断，而仅仅是在表明某种主观偏好。康德所反对的是这样的观点，即认为理性可以迫使他人在审美判断上达成一致。在相互矛盾的判断之间作选择时我们才会考虑标准，但这些标准绝不能作为某个判断是正确的证据。因此，从来没有一个单一的论辩能够或应该说服每一个有理性能力的人，不管其立场或语境如何，也不管它是否为某个特定的审美判断或政治判断。这就是为什么将这些要素都考虑在内的修辞是在这类判断所特有的对话中一种可行的言说模式的原因所在。

换言之，审美与政治判断是可以论证的，不过是以特定的方式。审美与政治判断属于对话（interlocution）的范畴，康德称其为"*streiten*"（争执或争论）而非"*disputieren*"（论辩）。这就是说，使一种对话产生一致性的，是以说服为基础，而不是基于无可辩驳的证据（*CJ*，第56页）。"辩论（*disputieren*）"假设双方可以通过限制在规则之内的观点交流达成一致，而这些规则是根据概念逻辑和客观知识制定的（与决定性判断一样）；如果缺乏概念或无法通过提供证据而达成一致（与反思性判断一样），则会发生"争执（*straiten*）"。然而，尽管缺少通过证据达成一致的客观必然性，争论仍会继续，因为每一个判断主体都有能力发表审美主张，它假设了与他者的一致性，并试图用他或她的观点来说服他们。

阿伦特说道，在政治领域试图以论辩说服他人就是"给予一个解释——不是为了证明，而是为了能够说清楚一个人怎样形成观点，以

[1] 参见康德，*CJ*，§34，第149页；也可参考斯坦利·卡维尔《言必所指？》[Stanley Cavell, *Must We Mean What We Say?*（Cambridge: Cambridge University Press, 1976）]，第88页。

及为何会形成这种观点。”(*LKPP*，第41页)她并不反对这样的主张(对哈贝马斯的交流中“朝向相互理解”的实践理性概念来说非常重要)，即讲话者如果被质疑，他应当——哈贝马斯则会说是必须——有能力证明自身言说行动的合理性。阿伦特反对的是，认为一致性必然来自我们对辩论的论证过程及其原则的全盘接受。阿伦特接受了康德的洞见，认为我们可以很好地遵循甚至接受用于维护某个判断的论证，但不必接受其结论。尽管没有任何一方犯错或无法理解某一特定的判断是完全正确的，歧论——甚至是深层次的分歧——仍然是可能的。这听起来略显奇怪，因为我们习惯于认为，结论的一致性来自前提与程序的一致性，或遵循着这样的方式——任何接受前提和程序而不接受结论的人，要么是犯错了，要么是心智不健全。在我们运用概念而下判断的情形中，或多或少都存在这种情况。

然而，一个与其读者的判断相反而判断自己的诗是美的诗人，可以接受以诗歌惯例(譬如韵律、技巧等)为基础而提出的批评——但仍可以固执地坚持自己的写作理念(*CJ*，§32，第145页)。1848年，那些在《感性宣言》(*Declaration of Sentiments*)[1]上的签名者，也就是，那些断定男人与女人生而平等，因而与美国建国先父们以及大多数19世纪的美国人持不同判断的人们，他们可以接受男人与女人在自然本性上是不同的，但仍可以坚持自己的观点。当我们面对共识的不同时刻之间这些显而易见的矛盾时，我们所坚持的既不是非逻辑的，也不是非理性的，而是那些就明确的概念而言尚未被表达的价

[1] 又称“权利与感性宣言”(Declaration of Rights and Sentiments)。1848年，参加美国第一届妇女权利大会的100名与会者(68名妇女和32名男性)发表了此宣言，并在宣言上签下了自己的名字。他们模仿美国《独立宣言》的第一句话“人生而平等”，创造性地提出了“男人和女人生而平等”的观点，谴责女性在生育、教育、财产权、婚姻和选举等诸多方面的不平等遭遇，呼吁女性作为一个公民所应有的政治、经济、宗教乃至家庭上的合法权利。这份文件代表着美国历史上第一次女权主义浪潮的开端。——译者注

值。为了期待由此而产生一场论辩，我们在审美判断和与之相似的政治判断中所坚持的（正如要求性别平等所表明的），并不一定是某种不可化约的非概念的事物（如让-弗朗索瓦·利奥塔尔在对康德的崇高的偏好中所论证的那样）[1]。相反，我们所坚持的，是对其超出认知判断中的普通用法的概念做出想象性延伸，以及对自由做出肯定。我们是以进一步增强自身的反思性判断力为基础，最终放弃这种判断（正如康德的诗人所为的），还是在一个宣示了我们的不公的世界面前仍坚持这种判断（正如《感性宣言》的签署者所做的那样），这都必须做出自我判断，并努力说服他人接受我们的观点。因此，这里涉及一种想象性的"概念（例如，平等）的展示"，用康德的话来说，即"以无限的方式使得概念得到扩展。"（*CJ*, §49，第183页）

这种试图说服别人接受自己观点的能力并不取决于逻辑功能。我们可能拥有所谓更好的论辩力，但依然可能无法说服对话者（这并不是因为他们缺少能力，而是因为未能理解什么是好的论辩）。说服别人的能力取决于引出标准（elicit criteria）的能力，标准既是对眼前的特定情形发话，也须与特定的谈话者产生关联。这是一种修辞能力，从根本上讲，就是创造力与想象力，可以将"美"这类词或"生而平等"这类短语，以其他人可接受的方式，投射到新的语境中来。这并不是因为其他人（必然）已经认同了这种投射（或如果认真思考就将必然认同），而是因为他们被带到新事物面前，使他们以不同的方式形成对特定对象与事件的反应。论点的提出类似于"示范"

[1] 让-弗朗索瓦·利奥塔尔：《崇高分析讲稿·康德〈判断力批判〉》[Jean-François Lyotard, *Lessons on the Analytic of the Sublime* (*Kant's "Critique of Judgment," §§23–29*), trans. Elizabeth Rottenberg. Stanford, CA: Stanford University Press, 1994]。利奥塔尔在康德的鉴赏判断中找到了抵制通过证据的给定而达成共识的东西。尽管这有其正确性，但利奥塔尔倾向于排除达成一致的任何一种可能性。由此，他转向崇高美学领域，在这里，想象力与理性被置于不断的战斗（Wiederstreit），或毫无解决可能的争端之中。

（*examples*），康德坚持认为，范例是审美判断的不可少的“助推器”：它们展示了无法根据既定的前提理性地推导出来的种种联系。如果论辩具有“力量”，那它更是一种想象性的“看”（用阿伦特的话来说）的载体，而不仅仅是那种无可辩驳的逻辑。它的力量绝不可能脱离正在下判断的人及其说话时的语境。因此，不存在关于两性平等的终极或决定性的论证，也不会有关于美的终极或决定性的论证。所有关于政治或审美的论辩都必须在一系列特殊物的关系中进行，这些特殊物会因时间、地点而各有不同，同时它们也吁求着我们所共同拥有的东西。

共 通 感

通过援引康德，阿伦特强调，鉴赏判断绝不仅仅是主观的（趣味无争辩［*de gustibus non disputandum est*］），而是有其“主观的有效性”，这需要“与他者，即与我知道我必须最终与之达成某种共识的人有一个预期的交流”（*CC*，第220—221页；*CJ*，§18-22）。这种预期的共识取决于共同感知（common sense）或共通感（*sensus communis*），它“正是‘私人感知’的对立面”（*CC*，第222页）。阿伦特写道：“共通感”，

> 向我们揭示了这个世界的特质，它是一个共有的世界；我们将之归于这样的事实，即我们完全私人的和“主观的”的五种感官及其感知信息可以将其自身调整为非主观的、“客观”的世界，我们共同拥有这个世界并在此而与他人分享。（*CC*，第221页）

对共通感的诉求不是努力促成共同体标准的一致。与康德相似，阿伦特承认，经验层面的共同体在其判断中可能存在着严重的

分裂[1]。此外，康德还说，根据对既定共同体的通常理解来进行判断，“总是依赖概念，而不是按照情感来下判断，尽管这些概念通常只是些模糊意识到的原则”（*CJ*，§20，第87页）。然而，对康德来讲，致使概念模糊不清的恰恰是它与情感的关联：它只是修辞性的。在《判断力批判》中，康德批评修辞是一种完美的欺骗，“不值得任何尊重”。修辞被指责为“是对严肃的知性事业进行谈判的艺术，仿佛它是一种想象力的自由游戏”。正如罗伯特·道斯塔尔（Robert Dostal）所观察到的，“阿伦特想要肯定的，就是这种想象力的游戏”。道斯塔尔写道，对于康德来说，演说家的艺术（ars oratoria），“在某种程度上也意味着说服的艺术”，它借助“美的幻象”欺骗我们，使我们“不能自由做出判断”；与康德相反，阿伦特断言：“与我们对等的观众的修辞性论辩解放了我们”[2]。对阿伦特而言，通常被当作公共言说之日

---

[1] 康德并不把共同体的标准作为判断的根据：每当一个主体提供一个判断证明他具有鉴赏力（关系到某些对象）时，我们都要求主体是独立地做出判断，而不需要在别人的判断中到处摸索……若把外人的判断当作自己判断的规定根据，这就会是他律了。（康德，*CJ*，§32，第145-146页）

这是汉斯-格奥尔格·伽达默尔（Hans-George Gadamer）的争议性主张的基础，他认为康德的共通感很不幸地标志着与西塞罗（Cicero）、维科（Vico）、沙夫茨伯里（Shaftesbury）的理念相左，对于西塞罗等人来说，共同感是一种立基于道德与公民共同体的认知方式。汉斯-格奥尔格·伽达默尔：《真理与方法》[Hans-George Gadamer, *Truth and Method*, trans. Joel Weinsheimer and Donald G. Marshall (New York: Continuum,1989)]第1卷，第2章。亦可参阅埃内斯托·格拉西《共通感与想象力的优先性：维柯哲学的当下意义》[Ernesto Grassi, “The Priority of Common Sense and Imagination: Vico’s Philosophical Relevance Today”, *Social Research* 43 (1976): 553-580]，引文来自第560页。关于对伽达默尔的观点做出的批判，可参阅利奥塔尔的《讲稿》。阿伦特在《康德政治哲学讲稿》（*LKPP*）（第70—72页）中令人印象深刻的讨论，将共通感理解为既不是一种先验原则（康德），也不是一种知识的公共模式（伽达默尔），而只是一种标识了公共性与可传达性的，而非私人性的方式。

[2] 罗伯特·J.道斯塔尔（Robert J. Dostal）在《判断人类行为》（“Judging Human Action”）一文中对康德进行了引用，见《判断、想象与政治：来自康德与阿伦特的主题》[*Judgment, Imagination, and Politics: Themes from Kant and Arendt*, ed. by Ronald Beiner and Jennifer Nedlesky (Boston: Rowman & Littlefield, 2001)]，第139—164页，引文来自第154页。道斯塔尔指责阿伦特忽视了康德思想中理性的重要价值。

常实践的修辞，是人类自由的条件；它以新的方式为我们打开了世界。这种开放取决于我们的想象的官能，阿伦特的批评者们总是想将它保持在理性与知性的控制之下的官能，唯恐想象力把我们引向歧途，成为把意见粉饰为真理的雄辩家。

为了理解修辞的想象性特征，我们需要认识到的一点是，当我们追求共通感时，我们并不是在追求一套固定的意见，而是在追求可交流的事物。远不同于事先对一致性的保证，共通感允许差异的视角出现，并使之可见。共通感不是立基于永恒真理之上的静止概念，而是某种创造性力量，这种力量生成了我们对现实的感知。它立基于语言的形象能力，因此容易遭受改变。正如格拉西（追随维科、西塞罗）所描述的那样，“共通感，存在于理性程序之外，而在独创性（ingenuity）范畴之内，因此具有创造性特点”[1]，它立基于“天才（ingenium）的活动，这种活动在于对事物之间关系或相似性的捕捉”（*RP*，第8页）。这些关系位于其术语之外：它们不是事物本身内部给定的，而是一种创造。它们：

> 从来不是永久有效的，从来不会绝对“真实”，因为它们总是在与空间、时间相关的有限情境中产生；也就是说，它们是可能的，看起来是真实的，但仅在“此地”（here）与“此时”（now）的界限之内才是真实的，在此，那些人类必然要面对的需求与问题将得到满足。（*RP*，第10页）

格拉西写道，通过这种天才的活动，“我们在感觉意识中超越了摆在我们面前的事物”（*RP*，第8页）。不同于逻辑推理的推导活动（它“必须限定自身去寻找在前提中业已存在的事物”）（*RP*，

---

［1］格拉西：《共通感与想象力的优先性》，第565页。

第97页)，天才是有关发明(invention)的艺术。在没有逻辑关联的显象之间创造性地发现其中的关系，这就是彻底的想象力的发挥。

这种在判断中无须概念而发挥作用的想象力，并不是一种使不在场变为在场的再现(re-presentation)能力(用康德的话来说，是“再生性想象力”)。在第三《批判》中，康德强调的不是想象的再生(reproductive)能力，而是其生产性(productive)或创生性(generative)的能力：

> 在鉴赏判断中，想象力必须在其自由中被考察。这意味着，这种力量一开始就不能被视作是再生性的(在此，它受联想律的支配)，而是被视作生产性和自发性的(作为直觉的任意形式的创造者)。
>
> (*CJ*,“对分析论第一章的总注释”，第91页)

阿伦特对判断的阐述并未把康德对想象力的阐述当作一种生产性力量(她将天才与创造对新的审美对象的判断紧密联系起来)。然而，她也清楚地认识到，想象力对打破以同一性为基础的经验界限起着关键作用：即，考虑多样性与肯定自由。由此，阿伦特声称，想象力(而非理性或理解力)是卓绝的政治官能，但是——又一次地，正如她的批判者大失所望的——她从未解释为何突出想象力的作用对于她将政治判断视为无规则限制的实践而言会如此重要。如果想象力只具有再生性，它将落入理解力的法则之下(正如它在认知判断中所起的作用一样)，而不是处于自由游戏之中(正如它在审美判断中所起的作用一样)。未能说明想象力在审美判断和政治判断中的生产性特质将会影响我们理解阿伦特著名的关于“代表性思索”(representative thinking)的论述。

政治想象力
（或“在我实际并不存在之处以自身身份存在和思考”）

我们已经看到，阿伦特对有效性进行了重新塑造，这种有效性将适用于离开多样性便无从思考的民主政治。对于她的批评者来说，有效性只有通过理性主张的话语裁定，也就是，只有通过将特殊性从普遍利益中分离开来才能获得。因此，只有当意见和判断从完全是私人的利益中纯化出来才能获得无偏私性——但尽管如此，所留下的也还是一种利益形式，只是现在这种利益在一种非超验的意义上可以说是理性和普遍性的。阿伦特尽管也认为无偏私性是政治意见或判断的条件，她借由无偏私性所理解的，却与康德所说的（在审美判断中概念不再起任何作用，因为概念涉及对象且引入了利益）意思相近，也就是说，阿伦特所理解的是一种愉悦，或“我们与对象存在的呈现相关联”的喜好。阿伦特注意到，利益与对象的目的相关，其能力就是服务于某一目的：“利益在此指的就是有用”。（*LKPP*，第94页）而按照康德的看法，概念在此是被排除出去了的，因为概念会将审美——阿伦特将称之为政治——判断与实用的家政学（economy）以及因果关系纠缠在一起[1]。阿伦特写道：“离开其功能和实用性就不能思索和判断”，这表明了一种“功利主义心态”和“市侩主义”。她继续道：

[1] 正如康德所解释的，审美和目的论判断的任务是一种无须概念，因此也无须“目的”（目标[*Zweck*]）的判断。但是，判断只有在我们假设自然具有一个我们能辨认得出且潜在地可以认识的秩序时，因而也就是具有目的性（合目的性[*Zweckmässigkeit*]）时，才是可能的。因此，审美判断具有“无目的的合目的性”或“无目的的目的性”（*Zweckmässigkeit ohne Zweck*）。

希腊人对这种威胁着政治领域的市侩主义深表质疑，……因为，它以对制造行当奏效的同一种效用标准来判断行动，要求行动获得一种预设的目的，且允许它利用一切有可能接近此目的的手段。（*CC*，第216页）

对于阿伦特（她认为“手段–目的”式的思考是对展现行动和言说中的自由的一种否定）来说，对利益的引入，无论是私人的还是普遍的，都是引入了一种工具主义的态度。如果她的批判者们除了根据客观有效性之外就无法思考无功利观点的话，那是因为他们还不会像她那样将自由问题当作中心关切，因此也从不会认为有必要放弃作为一切判断之坐标零点（ground zero）的对象。对于他们而言，主体间的关系是经由对象的中介作用形成的，因此也是通过理性和智性的运作以及对概念的运用加以传达的。

根据阿伦特的看法，没有概念能够决定观念的形成，这种形成无须（并非首要）主体对客体的一种关系，而正是这种关系定义了认知判断。不妨说，与对象的关系是通过主体与其他主体立场之间的关系，或更确切而言，是通过虑及他人对同一对象的看法而被传达出来的。阿伦特将这种主体间性关系描述为“代表性思索”：

我从不同视角思考某一既定事物，通过将那些不在场的人们的立场呈现在我的头脑里而形成观点，也就是，我代表着他们。这一代表化的过程并非盲目地采纳那些有不同立场的人们的真实见解，因而得以从不同视角看待这个世界。这既不是移情（empathy）的问题，尽管我确实努力成为或感觉像是别人一样，也不是计赞成票或加入多数人的问题，而是在我并非真实所在之处，以我自身的身份存在和思索。当我沉思一个给定的问题时，在我脑海里呈现的人们的立场越多，我就越能更好地想象，如果我处于他们的位置将会如何感觉和思考，如此，我的代表性思索的能力就会越强，而我的最终结论、我的观点也会更有效。[1]

阿伦特说，康德将这种代表性思索称之为“扩展了的心智”(enlarged mentality)(*CC*，第220页)，或更准确而言，是一种扩展了的思索方式(*eine erweiterte Denkungsart*)，其可能性条件不是理解力的官能，而是想象力[2]。这种从其他人的立场看问题的官能，使得扩大了的思想没有成为一种扩大了的同情或成为多数人的意见。阿伦特写道：想象力是一种手段，

[它]能从其特定视角看待事物；它足够强大，能与过于贴近的事物拉开一定的距离，这样我们就可以毫无偏颇或偏见地看待和理解事物；它足够宽广，可以在相隔遥远的深渊之上架起桥梁，直到我们能够将那些远离我们的事物看成或理解为仿佛就是我们自身的事务。[3]

这就是想象力的中介作用：它既不在视角之上运作，仿佛它们是以纯粹客观性的名义而存在的超验物；它也不与这些视角处于同一层面，仿佛它们是需要我们加以承认的种种认同。而毋宁说，

[1] 汉娜·阿伦特《真理与政治》(“Truth and Politics”)，见《在过去与未来之间：政治思想的八种练习》[*Between Past and Future: Eight Exercises in Political Thought* (New York: Penguin, 1993)]，第227—264页，引文出自第241页。

[2] 这一过程就是“扩展的思维方式”，在此，“我们将自己的判断与别人做出比较的不是现实的，而毋宁是可能的判断，因此将自身置于每个别人的位置上。”(康德，*CJ*，§40，第160页)正如康德，阿伦特确实并没有排除其他人的真实判断在我们自身判断中的作用。但是，她也没有质疑他所说的，扩展了的思维并不是立基于将我们所听说的意见再-呈现给自身，或将自身位置转换成另外一个人的位置。见*LKPP*，第43页。

[3] 阿伦特：《理解与政治》，第323页。

想象力能够使我们“在我们并非真实所在之处，以自身身份存在和思索”。

为了解开这一非同寻常的扩大的思索构想的秘密，让我们来思考一下作为此构想之基础的某种特定的艺术，也就是阿伦特所称的：“驾着想象力去访问(go visiting)”(*LKPP*，第43页)。艾利斯·马瑞恩·杨(Iris Marion Young)对这样一种想象地占有他人立场的艺术作出评论，认为它假设了社会位置中的一种可逆性，这种可逆性否定了结构化的权力关系，并最终否定了差异性。杨写道，“对话的参与者之所以能够将他者的视角考虑进去，是因为他们已经听到了那些被表达出来的立场”，而不是因为“下判断的人从他人视角想象世界的样子”[1]。同样地，丽莎·迪施(Lisa Disch)对这个概念也做出了批判，认为：

> 单个的人能够对与某一情境相关的不同视角中的每一种视角都做出想象性期待。正是这种预设对移情(阿伦特在其有关代表性思索的阐述中是否定了它的)的某一方面进行了复制；其效果就是对差异的消除。[2]

因此，无论是杨还是迪施都同意，有关扩大的思索的观念必须建立在真实对话，而不是想象性对话的基础上。正如贝纳尔写道的，这种“在实际的(而非假想的)对话者之间真实的对话”，设定了政治判断所特有的有效性或普遍性的参量，其条件就是共同感觉(common

[1] 艾利斯·马瑞恩·杨：《非对称互惠：论道德尊重、好奇及扩展的思索》(Iris Marion Young, “Asymmetrical Reciprocity: On Moral Respect, Wonder, and Enlarged Thought”)，见《判断、想象与政治》[*Judgment, Imagination, and Politics*, ed. by Ronald Beiner and Jennifer Nedelsky (New York: Rowman & Littlefield, 2001)]，第205—228页，引文出自第225页。

[2] 迪施：《汉娜·阿伦特与哲学的界限》，第168页。

sense)[1]。我们能够证明这种批判是合适的，也可以说想象力不能取代倾听别人的观点，但是，尽管如此，想象力依然是必要的，因为经验层面的言谈使我们不可能听到所有相关的看法。不过，这样做也有可能会接受暗含在这样一种批评中的想象力概念，即认为此种能力最好是真实对象，包括他人的真实意见的替身，在最坏的情况下，则是按照运用想象力的主体的利益来行事，因而造成对对象的曲解。[2]

与强调真实对话以及“话语伦理”中的“人与人之间的关系”(以相互理解或承认为中心)不同，阿伦特对想象力的调用是要形成第三种视角，从这里，我们可以从他人立场去观察或尝试去看待事物，同时也保持了一定的距离。阿伦特并不像康德那样贬低真实对话的重要性，而是再一次像康德那样，她强调一种我们借以做出判断的独特的外在性(*outsideness*)位置。正是这第三种视角，阿伦特牢记在心，当她说想象性的拜访时，所涉及的不是“作为个体的人彼此之间”的相互理解，而是“从彼此的立场看待同一世界，在非常不同甚至通

---

[1] 罗纳德·贝纳尔：《重读汉娜·阿伦特的康德讲稿》(“Rereading Hannah Arendt's Kant Lectures”)，见《判断、想象与政治：来自康德与阿伦特的主题》[*Judgment, Imagination, and Politics: Themes from Kant and Arendt*, ed. by Ronald Beiner and Jennifer Nedlesky (Boston: Rowman & Littlefield, 2001)]，第91—102页，引自第97页。贝纳尔、杨以及迪施都有一个共同观点，即认为阿伦特错误地转向了康德，因为她的真正兴趣在于可作为判断之基础的经验的社交性，而康德却并非如此。我发现，将阿伦特的共通感归于经验性概念是一种误导，仿佛普遍性声音就是投票的结果。反过来断言康德的共通感只是超验的概念而非经验性问题，这同样也是误导。康德有诸多朝向真实社会实践的判断，他并未把它们当作与审美判断毫不相干的事物而打发掉，而是从中仔细辨认我们彼此协调的存在。

[2] 这种认为想象是经验的和再生性的狭隘理解，是和对规范性政治主张之地位的某种假设，以及政治所特有的理性联系在一起的，两者构成了哈贝马斯话语伦理的中心：(1)政治主张是认知性的，可被当作真理主张对待；(2)政治主张的正当性需要言说者介入论辩正当性的真实实践中。即便是反对哈贝马斯对非连续性的指责而为阿伦特有关政治判断的非认性知阐述做出辩护的人(例如，丽莎·迪施)也这样想当然：(1)因为他们从未真正找到反驳的方式；(2)他们对定义了我们的政治理解的有效性问题心存感激。

常是对立面之处看到相同”。在此，至为关键的是理解另外一个人（*person*）与理解世界（*world*）之间的差异。正如阿伦特所言，这个世界并非我们认识的对象，而是“使事物在此具有公共性的空间”。[1]

对于阿伦特而言，这种通过运用想象力而得以可能的理解，关系到我们于实用的家政学和因果关系之外去看待对象与事件的能力。“在我实际并不存在之处以自身身份存在和思考”是这样一种立场，其获得不是当我们去理解他人，从而将我的私人见解屈从于普遍利益（正如在话语伦理中那样），而是当我从多样性的立场（不是认同的立场）看这个世界时，对于它而言，我总是某种意义上的外来者（outsider），同时，对于作为行动者的我自身而言，我也是某种意义上的外来者[2]。这就是阿伦特在关于康德的讲稿中所描述的“旁观者”（spectator）的位置。旁观者是这样一个人，通过运用想象力，他能够以一种去功利的方式，也就是一种不仅摆脱了私人利益，而且简直是（tout court）摆脱了利益（也就是说，摆脱了任何实用性标准）的方式对整体做出反思。然而，如果想象力只是再生性的或受概念支配的（正如阿伦特自身似乎也设想过或至少从未质疑过的），它有可能也能达成某种无偏私性，阿伦特的读者会将之与旁观者立场联系起来，也就是，一种普遍利益的无偏私性。但是，我们就此能理解那些在实用的家政学与因果关系之外的对象与事件吗，也就是，会在其自由之中去理解它们吗？

康德镇定自若地表达他对“法国大革命”这一世界性历史事件的热情。康德说，尽管从行动的人的道德立场而言，他将不得不对其做出谴责。但是，从旁观者的角度，他却可以从这个事件中找到有关

---

[1] 汉娜·阿伦特：《所剩为何？惟剩语言》(Hannah Arendt, “What Remains? The Language Remains”)，见《理解文集：1930—1954》[*Essays in Understanding, 1930–1954*, ed. by Jerome Kohn (New York: Harcourt Brace, 1994)]，第1—23页，此引文来自第20页。

[2] 对于哈贝马斯而言，这是典型的意识哲学的第三种对象化配置的观念。见哈贝马斯：《现代性的哲学话语》，第297页。

进步的“征兆”(signs)。这些“历史的征兆”并不是由与理解力保持一致的再生性想象呈现出来，或按照认知规则做出判断的事实。而是，正如戴维·卡罗尔(David Carroll)所言，这些征兆“指涉着未来，在某种意义上，这种未来是他们所期待的，但却根本不能确定”[1]。“法国大革命”并不能为旁观者提供认知上的确证，即认为人类是不断进步的；但正如阿伦特写道的，它通过“向未来打开新的视野”而激励着“希望”(*LKPP*，第56页)。这个世界–历史性的事件，是一场这样的“革命”，它预示着我们无从知晓，但必须被展示出来，被呈现出来的事物，即：人类自由。

旁观者的这种肯定自由的立场“并没有告诉我们该怎样去行动”，阿伦特这样评论康德的热情(*LKPP*，第44页)。因此，我们从这种无偏私的立场看到的，不是普遍利益或任何一种可引导政治行动或进一步判断的事物。旁观者的判断与目的性毫无关联。确实，“即便与此一事件(法国大革命)相关的目的眼下尚不可得，即便国家宪制的革命或改革最终会流产”，阿伦特通过引用康德论道，没有什么可以破坏被事件所激发出来的希望(*LKPP*，第46页)。对于一个新事件而言，从旁观者的视角平静地在其自由之中去理解它，不是朝向任何一种经验性目的的手段，因此，判断的有效性永远不能带来目的的实现。有效性更应该与对自由的肯定联系在一起，它扩展了一种非常特殊的客观性，阿伦特将这种客观性与政治领域，即，一种从尽可能多的立场看待对象或事件的客观性或现实感联系起来。就像是荷马把历史判断放置一边而对希腊人与特洛伊人都高唱颂歌所带来的那种“客观性的最高形式”，康德对于法国大革命的判断也这样扩展了我们对真实的感知，因为这种感知拒绝以胜利或失败，或以任何利益和目的为基础去下判断。

---

[1] 戴维·卡罗尔：《在康德和利奥塔尔之下重述政治：从审美到政治判断》[David Carroll, “Rephrasing the Political with Kant and Lyotard: From Aesthetic to Political Judgments,” *Diacritics* 14, no. 3 (Autumn 1984): 73–88]，引文来自第82页。

正如康德所言，那种能够立即扩展我们的现实感和肯定我们的自由的判断，只有在诸官能处于“自由游戏中”时方才可能。只有在想象力不再受制于概念（由知解力给出）或道德律法（由理性给出）时，这样的判断才会发生。对于康德来说，法国大革命是一个世界-历史性的事件，对此，我们没有认知的规则。在自由游戏中，想象力不再服务于概念的应用。但是，当其对法国大革命致以热情的时候，概念的应用原本不是康德所在意的任务，因而也没有为行动提供任何概念和规则。在其自由中去判断对象与事件，扩展了我们对共同体的感知，不是因为它告诉我们什么是可以在道德或政治上加以证明的，因此我们应该去做什么；而是因为它扩展了我们对何为真实的或何为可交流的事物的感知。

判断创造了政治空间

判断是建构和发现共同体及其限度的方式，但这并不意味着它将或必定会把蓝图转变成政治行动。判断无须为行动提供指南，事实上，甚至会与任何行动准则产生根本分歧——正如康德在对法国大革命的热情中所体现的那样——这一点对于阿伦特的主张而言至为关键，即她认为旁观者立场是一个我们无须借助概念的中介（以呈现某种利益为基础）即可看到整体的立场。与贝纳尔等批评者认为的——阿伦特抛弃了她的“积极生活”或否定判断对于政治的重要性相反，阿伦特反对根据政治行动的规范性基础的产生来定义这种行动[1]。旁观者并不产生可作为行动或其他判断之原则的判断。他

[1] 贝纳尔：《释文》，第92—33页。贝纳尔认为，阿伦特最早关于判断的思考（即《文化的危机》和《真理与政治》）反映出她对下判断的公民的真实对话行动的关注，而在其后来的著作中，阿伦特描述了一个孤立的判断主体，这个主体“倚重的是对想象的他者之可能的判断，而非真实对话者的真正判断”。（同上书，第92页）

们创造的是空间(*space*)，在此，政治判断的对象、行动者与行动自身都能够显现出来，因而改变了我们对所属的这个共同世界的感知。

如果世界是一个使事物公共化的空间，那么判断就是一种改变着我们将如其所是地看待事物的实践。在这个由判断创造出来的空间里，判断的对象显现了出来。她写道：

> 旁观者的判断创造了一个空间，没有它，这些对象根本无法出现。公共领域是由批评者和旁观者们组成的，而不是由行动者或制作者(makers)构成。这些批评者、旁观者都处于行动者的位置。(*LKPP*，第63页)

“旁观者”不是另外一个人，而只是与共同世界相关或存在于其中的不同模式。这种重心的转移，相当于行动与判断之间关系的一次哥白尼式转折：没有下判断的旁观者以及与判断相关的人工制品(例如，叙述和故事)，行动将毫无意义，它将消失得无影无踪——它将不再是一种建构世界(a world-building)的行动。阿伦特将这种转换归之于康德，但是，也是汉娜·阿伦特自己在对康德的独特解读中发现：是旁观者的判断行动，而不是其判断对象或其制作者创造了公共空间。

通过提醒我们注意判断行为是对公共领域的建构，阿伦特强调，审美理论可称之为有关接受(reception)的实践。但是，她似乎低估了判断对象自身潜在的变革与创生性贡献，以及艺术家、表演者或制作者的创造性活动。与阿伦特相反，康德不仅强调了旁观者，同时也强调了艺术家的作用及创造性想象的形构力量，即一种以新的、不常见的方式——他称之为“天才”(genius)——呈现对象的能力。在对“审美理念”(aesthetic ideas)的讨论中，康德对想象力作了这样的描述：“其在从现实自然给予它的材料中创造出仿佛另一个自然这方

面，是极为强大的。”（*CJ*, §49，第182页）确实，“我们甚至也可以改造自然”，而且，

> 在此过程中，我们感到了摆脱想象的联想律运用（它与经验性事物［即，再生事物］相联系）的自由；因为尽管自然界是按照联想律借给我们材料的，但我们能够将材料加工成非常不同的东西，即成为超过自然的东西。（同上，着重号自加）

这种呈现的官能是这样的，它“引起许多思考，但却没有任何一种确定的思考，即，没有（确定的）概念是适合它的，因此也没有语言能够完全表达它，并使我们完全理解它”（同上）。这种审美呈现“努力追求某种超出经验界限的事物”（因此，它们被称为“审美理念”，并且是“理性理念”的对应物），但尽管如此，它们也还是一些呈现物（presentations）。这种呈现的官能在审美理念的展示中起作用，康德写道：“它以无限的方式扩展了概念自身。”（*CJ*, §49）想象力能够以这样的方式影响或安排材料，我们由此创造出种种非因果联系，甚至是新的自然。如果说概念自身在此与其说是被排除了，不如说是以一种无限的方式被扩展了，那么，这对于我们怎样思考我们自身的政治（阿伦特的）或审美（康德的）活动是有重要意义的。

我们可能会问，这样一种想象力的概念–转化活动是否仅限于天才的活动？尽管康德倾向于认为鉴赏是一种“剪除［天才］之翼”，使其与可交流之物（他人能够依循且赞同的事物）相提并论的官能，同时他也认为，在试图领会某个作品的时候，旁观者（包括作为表演者或艺术家而存在的旁观者）也被要求发挥想象力的作用。所以，用这种方式，我们对可交流事物的理解并非是静止的，而是动态的（dynamic）。毕竟，想象力不仅仅是在创造新的判断对象时才“处于自由游戏之中”的，我们进行反思性判断时亦然。如果阿伦特将生

产性想象的官能专门与天才联系起来，赞同康德的天才附属于趣味的观点，那可能是因为，她决意要强调判断中复多性的重要意义。正如她在别处所主张的，与孤立的天才相反，“旁观者只有以复数形式存在”（*LKPP*，第63页）；需要考虑复数性，考虑他人的立场，这是政治或审美判断与逻辑或认知判断区分开来之处。阿伦特关心的是公共性的创造，是判断对象在此得以出现的空间的创造。

但是，当然，像1848年《感性宣言》之类的文本，在做出一个共同判断（这已由每个签署者逐个地实现了）的同时，也提出了一种想象的“对象”（它不仅可引发未来判断，也刺激了作判断的旁观者的想象力，并扩展了其对可交流事物，即对可被当作共同世界的一部分的事物的理解）。这样一份文件就像艺术品一样，其潜在是陌生化的：通过运用可交流的事物（譬如《独立宣言》中提出来的观念：所有人生而平等），可以扩展为我们对什么是可交流事物的理解。假设所有人的一致性（“我们坚信这样的真理不证自明”），这样一份文件创造性地以这样一种方式（通过再次援引康德对生产性想象的阐述）——“通过为其打开对未来的无边展望而鼓舞人心”（*CJ*，§49），而将平等概念（再次）呈现出来，而这种呈现，是被任何一种平等概念的逻辑性展示排除在外的。

每当我们讨论起诸如平等或权利等问题的逻辑外延时，我们都会遗漏对这个概念的这种创造性扩展。毕竟，政治平等的原初概念是确定的，是从历史上白种、有财产的男性公民的关系中确立起来的。《感性宣言》并不只是将此概念作为一个规则应用于新的特殊物（妇女）身上，而在于，它展示了一种与审美理念更为类似的平等理念。这种审美理念（再一次援引康德的话）是“一种激发了很多思想的想象力的展示，但是，对它而言……没有（确定的）概念会是合适的”。因此，这种由展示所“激发”的“思想”，总是会超出概念的术语。“它以无限的方式扩展了概念自身”。这种扩展并非逻辑性的——平等概念自身并不包含将自身延至被褫夺了公民权的群体的机制——而是想象性的：我们创造了事物之间并不存在的新的关系（譬如，在平等概念与性别关系之间，或在人权与劳动的性别区分之间）。每一种政治概念的外延通常都包含了对世界的一种想象性的开放，它让我们去看，去连接事物间尚不存在（在任何一种必然的或逻辑的意义上）的关系，从而去创造超出其术语之外的种种关系。政治关系总是在其术语之外：它们并不涉及那么多将特殊性包摄在概念之下的能力，而是涉及某种想象性因素，即一种看见或锻造新关系的能力。

为了提醒我们对概念的这种创造性扩展加以关注，我想提出另一种方式：既不同于哈贝马斯在认识论层面上把第三《批判》排除在与政治共同体相关的事物之外，也不同于利奥塔尔通过康德的崇高而对哈贝马斯做出的一种批判性回应：肯定"异识"（*differend*）或"冲突"（*Wiedrstrieit*），也就是对一种无论如何都不可解决的冲突的许可。强调想要获取任何一种我们可称之为"政治"的冲突之永久解决方案的不可能性，这一点固然重要，但是，利奥塔尔的理解倾向于排除一切关于共同体的可经政治性调停而达成共识的可能性。利奥塔尔排除了哈贝马斯在其定位为相互理解（即，证据的交流）的政治中所认可的那种"*disputieren*"（论辩），同时也排除了民主政治所特有的一致性，即通过说服性言谈的"争论"而达成的"协定"（*übreinkommen*）。确实，对阿伦特来说，（政治）是对此种对话的偶然获取（也就是，通过共同判断而建立一个共同体），而在利奥塔尔那里，这更是一种危险的"经验现实主义"幻觉。[1]

---

[1] 利奥塔尔：《讲稿：18》，同样的批判可参阅戴维·卡罗尔的《毁灭之后的共同体：文化、政治与"公共空间"》（David Carroll, "Community after Devastation: Culture, Politics, and the 'Public Space'"），见《政治、理论及当代文化》[*Politics, Theory, and Contemporary Culture*, ed. by Mark Poster (New York: Columbia University Press, 1993)]，第159—196页。

利奥塔尔看到了阿伦特的其他批评者所遗漏的重要事物：在其自由中加以思考的想象力，它开启了一个有关共同体的问题，这个问题不可能由聚焦于证据交流的政治实践来解决，因为这样的实践倾向于隐匿了这一点：人们在互相理解时相互误解，同时又对误解之源熟视无睹的。但是，就有关共同体之不同概念的提出上，利奥塔尔所提供的也不过是在说，共同体总是在进行中的，总是可被期待的，但，永不可得。这一耳熟能详的理念被许多认同政治之后的政治理论家所采纳。尽管我们应该对构成共同体的排他性保持足够的警惕，但问题仍然是，一个立基于自由实践之上的更为民主的共同体将怎样形成？在共同体中，我们以什么为基础而与他人相处？在共同体的创造中，那种肯定着自由的判断所起的作用究竟如何？

结　　语

我以哈贝马斯认为阿伦特在政治领域排除了论辩的作用作为本文的开始。格拉西告诉我们，理性言说是建立在修辞的、无根据的前提之上的；而卡维尔则向我们表明，审美判断在某种意义上是可争辩的——也就是康德所说的“争论”(streiten)。强调“争论”比“辩论”更适合政治性的对话，我赞同利奥塔尔对自由主义之类的政治交流理论的核心观念的质疑，这种观点认为，所有冲突原则上都是可以解决的，因此他们提出了理性论辩的主张。理性论辩是遵从概念逻辑和证据给出规则的。那种认为我们能够以这种方式讨论不同立场的观点，阻挡了这样的问题，即什么能够当作一个经验性概念的证据呢？在由此而得以推断的共同前提缺席的情况下，证据原本是无从得到的。

阿伦特拒绝通过证据而获得共识，她既没有否定政治领域中论辩的位置(正如哈贝马斯极力主张的)，也没有排除达成一致的可能性(正如利奥塔尔要我们去做的)。她的见解是,政治判断不必避开所有认识论主张。她套用卡维尔的阐述,提醒我们,我们与他人的关系以及与世界的关系是建立在某种不同于认知(knowing)的事物之上的。维特根斯坦发现,“知识建立在认可(acknowledgement)之上”,即建立在将某事物当作某事物的模式之上,这是知识的条件,同时也是在参照我们所知的事物的关系(例如,思考多样性)行事。譬如,我们在说同性恋婚姻之类的政治问题时需要我们做出判断,这并不是排除认知问题。而是,我们有关事物存在的认知判断(也就是说,其功能或目的或能力是为了完成某一目的或用途)并非我们被要求去做的那样,正如康德所说,不同于植物学家,当其宣称这朵花是美的时候,他被要求的只是把花解释为植物的受精器官(*CJ*, §16,第76页)。我们对于植物的这些情况了然于心,正如我们能很好地理解非异性恋实践的某些事实一样。然而,审美判断或政治判断却要求我们对我们所认知的事物做出不同的思考:将花儿视作是美的,而不是对其用途的考虑,将非异性恋正常化(nonheteronormative)的性别实践视作共同世界的一部分,而无须考虑它所能担负的社会功能。与对其大加指责的批评者们相反,阿伦特对政治领域的认知论主张的批判不是:当你做出政治的判断时绝不能做出认知判断;而是,别将认知判断与政治判断混为一谈。其他一些事情也是需要的,因为政治判断所显示的并不是事物的某种特质,而是关于提出这样的问题——“他是谁?”——的人的政治意义。

正如阿伦特所认为的,我们可以无须概念而下判断,因为我们没有被限制在辩论(亦即,以证据为基础,从确定的前提得来的一致性)中;我们能够借此创造而理解对象与事件的新形式与新形象。我们无须宣示冲突便可争论那些对象与事件的意义。在此反思性判断的过程中,我们拒绝将自身限制在以概念为基础的证据上,而是去改变我们对什么是公共的或共享的事物的感知：由此，我们改变了世界，改变了空间，在此，事物具有了公共性。随着时间的推移，那些反思性判断所给出的新形式和形象，也将成为曾一度僵硬的规则，它也会要求想象力的回应去打破那些受规则控制的封闭实践。正如康德一样，阿伦特强调将判断作为一种活动（而非将判断当作活动的结果），一种对所有人都有效的判断，将之延伸到判断主体的活动之外，而且能被别的主体以类似于规则的样式加以运用。

我们在政治判断中所肯定的，不是对一套规则的理性协定（也就是说，就像是它们被编入了宪法一样——尽管它确实能给人那样的体验）做出认知性保证的体验，而是体验为一种愉悦、一种共享的感性。正如康德所说，或按照阿伦特的说法，当我们做出审美判断或做出政治判断之际，“我们感到了我们的自由”。如果说在判断中获得的愉悦并非源自对对象的直接领会，而是来自反思（也就是，它出现在与判断自身的关系之中），那么，我们就被抛回我们自身的实践：我们从所持有的事物（其真相是不证自明的）中找到了愉悦。给予我们愉悦的是我们如何做出判断，也就是说，我们在其自由之中判断事物与事件。我们不必再去坚持这些真相是不证自明的，就像我们不必坚持男人和女人是平等的，或那朵玫瑰是美的一样；没有什么可以强迫我们。在我们所坚持的事物中，没有什么是必然的。我们如此坚持的，是对我们自由的一种表达。在判断中，我们将肯定我们的自由，并且将发现我们共同拥有的事物的性质与限度。这是从阿伦特的政治判断阐述中所能学到的简单却至关重要的一课。

琳达·M. G. 泽里利为芝加哥大学政治科学系教授。

著有《象征女性：卢梭、伯克与穆勒思想中的文化与混乱》[*Signifying Woman: Culture and Chaos in Rousseau, Burke and*

Mill (Cornell University Press, 1994)]、《女性主义与自由的深渊》[*Feminism and the Abyss of Freedom* (University of Chicago Press, 2005)]，以及2014年出版的《走向判断的民主理论》(*Toward a Democratic Theory of Judgment*)[1]等著作。

[1] 该书已于2016年由芝加哥大学出版社出版，更名为*A Democratic Theory and Judgment*。——译者注

第三章　阿伦特、美学及“文化的危机”

帕琴·马克尔
芝加哥大学

汉娜·阿伦特促成了诸多审美的转变，但如果说这些都是某个单一思想的不同变奏则显得有点蛊惑人心。这个思想是指阿伦特诉诸审美经验的自主性，而为与之相似的政治的纯粹性做出解释和辩护。譬如在《人的境况》中，阿伦特用一种戏剧表演的语言描述了“行动”，即“卓越（*par excellence*）的政治行动”[1]。她坚称真正的行动必须不被政治以外的种种考虑束缚，尤其是道德规范的束缚。这个立场与马丁·杰伊（Martin Jay）在“为政治而政治”[2]（la politique pour la politique）的口号中捕捉到的那种声名不佳的“世纪末时代”（fin-desiècle）的审美主义遥相呼应。但如果有读者认为《人的境况》的政治唯美主义因其忽视行动的结果[3]而显得岌岌可危，则会有其

[1] H. 阿伦特（1958）：《人的境况》（Arendt, H. *The Human Condition*. Chicago: University of Chicago Press, p.9），以下缩写为*HC*。

[2] M. 杰伊（2005）：《经验之歌：现代美国与欧洲在一个普遍命题上的变奏》（Jay, M. *Songs of experience: Modern American and European Variations on a Universal Theme*. Berkeley: University of California Press, p.176），另参见M. 杰伊（1992年春）：《作为意识形态的“审美意识形态”，或政治审美化意味着什么》（“The Aesthetic Ideology' as Ideology; or, What Does It Mean to Aestheticize Politics”, *Cultural Critique* 21, pp.41–61）。

[3] 关于阿伦特使道德从属于美学的观点，参见G. 卡提卡（1983）的《汉娜·阿伦特：政治、意识、罪恶》（Kateb, G. *Hannah Arendt: Politics, Conscience, Evil*. Totowa, NJ: Rowman and Allanheld），以及（2006）：《爱国主义及其他错误》（*Patriotism and Other Mistakes*. New Haven: Yale University Press.ch.6–7）。

他人反驳这并非她的最终结论。1958年后，随着阿伦特将注意力从“行动”（action）转向“观看”（spectatorship），借助理智而令人尊敬的伊曼努尔·康德，她开始重新思考美学与政治的关系。康德在第三《批判》中对审美判断的研究，就人们如何“反思性地”做出判断，即特殊情形必须在预先不提供普遍原则的情况下加以评判，提出了更广泛适用的经验。但是正当康德有可能帮助阿伦特“驯服”《人的境况》中关于行动的审美化概念，而使政治无须服从于道德之际[1]，阿伦特对康德理论的借用也激发了她对政治自主性承诺的另一种担心；那就是，它和与之平行的审美自主性信条一样，都是问题严峻的——也是意识形态的——它错误地将立基于排除了身体需要和物质利益的特定的政治模式一般化了，而康德自身也以同样的方式将“趣味”提升为某种纯粹的快适，从而使哲学又回到特定的与无功利的感官知觉相关的欧洲高级文化的体制。[2]

本章将讲述一个非常不同的关于阿伦特与美学的故事，尤其是关于一篇通常被认为标志着阿伦特从《人的境况》中被认为是“无节制的审美主义”转向其后期作品中“过于精致的康德主义”的文

---

[1] D. 维拉（1992年5月）：《善恶的彼岸：阿伦特、尼采与政治行动的审美化》（Villa, D. “Beyond Good and Evil: Arendt, Nietzsche, and the Aestheticization of Political Action”, *Political Theory* 20 no.2, p.292），以及杰伊：《审美意识形态》，第56页。

[2] 对于阿伦特对康德主义的批判，参见W. E. 康诺利（1999年6月）：《对纯粹政治的批判》，《为何我不是一个世俗主义者》（Connolly, W. E. “A Critique of Pure Politics”, *Why I Am Not A Secularist*. Minneapolis: University of Minnesota Press.）；J. C. 克劳森（2010年6月）：《汉娜·阿伦特的反原始主义》（Klausen, J. C. “Hannah Arendt's Antiprimitivism”, *Political Theory* 38, no.3, esp. pp.411–16）。关于康德美学更广泛的关注参见T. 伊格尔顿（1990）：《美学意识形态》（T. Eagleton, *The Ideology of the Aesthetic*. Oxford: Blackwell.），以及P. 布尔迪厄（1984）：《区分：对品位判断的社会批判》（Bourdieu P. *Distinction: A Social Critique of the Judgment of Taste*. Cambridge, MA: Harvard University Press.）。有关康德自己旨在将美学判断从社会等级中分离（以及对阿伦特的讨论），参见I. 斯托雷：《政治的品位：康德美学、判断和归属于世界》（Storey, I. *The Taste of Politics: Kant's Aesthetics, Judgment, and Belonging in the World*. Ph. D. diss., University of Chicago, 2012, ch.1）。

章:《文化的危机》(“The Crisis in Culture”)。最初它只是作为《在过去与未来之间》的总结篇而在1961年发表[1]。初看上去,作为对高级文化标准的坚决辩护,《文化的危机》看起来就像是康德美学的展开。文章的前半部分涉及的是直至20世纪50年代末期,关于大众社会的文化命运的层出不穷的争论,包括对将文化降至娱乐的深刻抨击;而后半部分则包括对第三《批判》的延伸讨论。但是,这种理解却颇具误导性。《文化的危机》并不代表阿伦特背离了早期的作品,反而是她在《人的境况》中借助康德已经开始进行或着手努力的问题的延伸——清晰地阐述广阔而丰富的行动自主性的概念,而不会将“积极生活”(*vita activa*)(劳动、工作和行动)的构成性活动限制在单独的或极度强化的领域之内[2]。为此,她并未调用康德而为美学的纯粹性做出辩护,以反抗大众文化的入侵,《文化的危机》把对康德的独特解读与对文化生活和美学中朝向纯粹化冲动的尖锐“批判”联系起来;阿伦特认为,通过将其转化为社会地位的通用货币、审美和政治公正的标志,这种冲动扼杀了它本应加以保护的美的显现(appearances),侵蚀了它本应努力展现的判断的力量。

在接下来的讨论中,我会重建《文化的危机》的三个重要背景来论证我的观点。第一个背景是基于阿伦特早期的作品,尤其是她在《人的境况》中对工作和艺术品问题的论及。第二个背景是基于康德的《判断力批判》,尤其是基于其试图清晰阐述美的判断的根基并辨别它与道德的关系中所呈现的一种体系性的模糊。第三个也是

---

[1] H. 阿伦特(1961):《文化的危机:社会和政治的意义》,《在过去与未来之间:政治思想的八种练习》(“The Crisis in Culture: Its Social and Its Political Significance”, *Between Past and Future: Eight Exercises in Political Thought*. New York: Vintage),以下简称CC。此文的引用将包括原始版本的页码(初版)和2006年的企鹅(Penguin)版本的重编页码。

[2] 我延伸了P. 马克尔(2011年冬)在《阿伦特的工作:论〈人的境况〉的架构》中对《人的境况》(*HC*)的解读(Markell, P. “Arendt's Work: On the Architecture of The Human Condition”, *College Literature* 38, no. 1, pp.15–44)。

最广泛的背景是基于阿伦特的文章介入其中的关于大众文化的持续争论，尤其包括阿伦特在纽约知识界的两个故交：克莱门特·格林伯格（Clement Greenberg）和哈罗德·罗森伯格（Harold Rosenberg）对这些争论的贡献和对康德的援引。在这些背景下去解读，《文化的危机》将向我们展示，就像最初对康德的道德哲学心存疑虑一样，对康德美学同样心存疑虑的阿伦特，是如何找到一种方式来调动第三《批判》的某些方面去对抗那些迎合品味可能产生的负面影响的，这些负面影响包括对“高级”文化与“低级”文化的等级区分的强化，对美与实用的严格分离，把审美判断转变为专家的职权，以及把审美观念的稳定主体部署为意识形态斗争的武器，等等。

1

我们通常认为阿伦特对康德美学的兴趣是继《人的境况》一书后的一个发展方向。正如罗纳德·贝纳尔所指出的，阿伦特对康德的第三《批判》的延伸性讨论始于1961年，即在《人的境况》问世三年之后[1]，以英文发表的文章《自由与政治》与《文化的危机》。不过，实际的时间间距其实并没有这么大。这些文章的最早版本来源于1958年春夏在欧洲的演讲，当时《人的境况》正在出版社付印[2]。

[1] R. 贝纳尔主编（1982）：《释文》，见汉娜·阿伦特《康德政治哲学讲稿》（Beiner, R. ed. “ Interpretive Essay” in *Lectures on Kant's Political Philosophy*. Chicago: University Chicago Press, p.101, 166, note30）。

[2] 汉娜·阿伦特（1958）：《自由与政治：一个讲座》（“Freiheit und Politic: Ein Vortrag”, *Die Neue Rundschau* 69, no.4, pp.670–94）（1958年5月在苏黎世的讲座）；阿伦特（1958年12月），《文化与政治》（“Kultur und Politic” *Merkur* 12, no.12. pp.1122–45.）（来自1958年6—7月在慕尼黑举行的一次会议），《文化的危机》（*CC*）是这篇文章与阿伦特1959年夏天在波科诺斯发表的有关大众文化的评论的混合（[Spring 1960], “Culture and Politics”, *Daedalus* 89, no.2. pp.278–87）。前者主要是阿伦特前半部分的来源，后者则主要作为她下半部分的来源，尽管她进行了大量的修改，并在整个文章中增添了几页新材料。对于（转下页）

此外,阿伦特的通信和笔记也表明,1957年8月,在她将《人的境况》的终稿交付芝加哥大学出版社后,她在这些文章中与康德的交集其实早在她对卡尔·雅斯贝斯(Karl Jaspers)的《死亡哲学》以及康德的第三《批判》的阅读(这显然是她的老嗜好了)中即已产生了[1]。阿伦特的康德主义转向与其完成《人的境况》有着明显的关联,这也很难让我们认为她对康德的兴趣代表了对该书立场的一种彻底重估。阿伦特很有可能在拾起雅斯贝斯和康德时会为自己可以开始新的主题而感到欣慰。无论如何,她已被重新思考《人的境况》的难题所深深吸引了,就像是在其刚刚完成的手稿里紧随而来一个松散的结尾。(菲利普·拉甫[Philip Rahv]在《党派评论》中写信给阿伦特时说的,《文化的危机》的早期版本给他一种这样的印象,“可能书的某一部分在某种程度上并不合适”。从学术上来说,他错了,但有些东西他还真说对了。[2])掌握《人的境况》与《文化的危机》的关注点之

(接上页)《文化与政治》的新翻译和编辑注释参见阿伦特(2007):《对文学和文化的反思》中的“文化和政治”(*Reflections on Literature and Culture*, Susannah Young-Ah Gottlieb ed., Stanford University Press, pp.179–202. and pp.331–333.)。书目信息参见阿伦特(1996):《我想了解:生活与工作的自身信息》(*Ich will verstehen: Selbatauskiinfte zu Leben und Werk*, Ursula Ludz ed., Munich: Piper)。

[1] 阿伦特于1957年8月5日将《人的境况》的手稿送到芝加哥大学出版社(汉娜·阿伦特致亚历山大·莫林,1957年8月2日,芝加哥大学出版社记录,芝加哥大学图书馆特别收藏研究中心,第39箱,文件夹1)。她阅读了《大哲学家》(*Die Groben Philosophe*n)紧接着开始阅读《判断力批判》,这要么是同时,要么就在雅斯贝斯的书之后便影响到了《人的境况》一书(汉娜·阿伦特致卡尔·雅斯贝斯,1957年8月29日,见H. 阿伦特与K. 雅斯贝斯[1992],《通信集:1926—1969》[*Correspondence, 1926–1968*, Lotte Köhler and Hans Saner ed., Robert and Rita Kimber trans. New York: Harcourt Brace Jovanovich, pp.316–319]);H. 阿伦特(2002):《思索日记:1950—1973》(*Denktagebuch, 1950–1973*, Ursula Ludz ed., 2 vols. Munich: Piper, 569ff);关于阿伦特对康德解读的更多内容参见D. 马歇尔(2010年4月):《汉娜·阿伦特的判断理论的起源及特点》(Marshall, D. “The Origin and Character of Hannah Arendt's Theory of Judgement”, *Political Theory* 38, no. 3, pp.367–393)。

[2] 菲利普·拉甫致汉娜·阿伦特,1958年11月7日,见《党派评论:1944—1964》(“Partisan Review, 1944–64”),汉娜·阿伦特论文,华盛顿哥伦比亚特区国会图书馆手稿部。

间延续性的最好方式是去注意康德以及《判断力批判》对《人的境况》所产生的微妙但却重要的影响。

康德的第三《批判》在《人的境况》的第四章曾短暂出现，用于阐释"工作"(work)。"工作"是三种人类活动之一，它们共同组成了阿伦特所说的"积极生活"。阿伦特的书通常被认为是对这三种活动的不同做出明辨的努力，所以每类活动都被限定在其自身领域，防止被其他领域渗入。在别的地方，我曾经争辩过，对《人的境况》中这种"辖域的"解读有过度简化之嫌[1]，但是这本书的主要目的之一确实是要恢复阿伦特所说的劳动与工作之间"非同寻常"的区别；事实上，当阿伦特同意在芝加哥大学的"沃尔格林系列讲座"(Walgreen Lectures)上作演讲时(《人的境况》就是基于这次演讲)，她最初打算把它们称作"我们身体的劳动和我们双手的工作"[2]。在阿伦特的词汇里，"劳动"是一个循环的过程，借此人类能够满足他们的生理需求，而工作则牵涉持久物的生产，这些持久物又能使产生它们的活动长久地得以维持。持久性使工作成为工具性原则——也就是手段和目的的分类原则——之最纯粹的表现。因为只有在工作中，活动在其终点意义上的"目的"才与其目的性意义上的"目的"是一致的，而且也只有在工作中，手段和目的才确实会保持不同。劳动产品不像工作产品，一旦生产出来就"再次成为手段，成为生存和劳动力再生产的手段"(*HC* 143)。

然而，在这章的中间部分，阿伦特提出了一个问题：手段和目的之间的区别在工作中并不如看起来那样绝对，所以也不是工作和劳

[1] 马克尔：《阿伦特的工作》。

[2] 阿伦特：《人的境况》，第79页；汉娜·阿伦特致杰罗姆·科尔文(Jerome Kerwin)(1955年5月22日)，沃尔格林基金会论文，芝加哥大学图书馆特别收藏研究中心，第2箱，文件夹17。这个短语，最初来源于洛克，作为关于劳动的第一个章节的标题。

动的最大区别。[1]阿伦特现在解释道，工作的产品很可能是“其生产手段的目的”，也可能是“制造过程的目的”，但是“可以说，它绝不是自身的目的，至少并不只是作为一个使用对象”(*HC* 153)。相反，就像劳动产品在消费中可以“再次成为手段”一样，在被使用或被用于交换其他有用物品时，工作产品也会成为进一步目的的手段。阿伦特总结道："制作活动内在的效用性标准之困难就在于，它所依赖的手段和目的关系就像一个链条，在这个链条中，每个目的在其他情境中又可再次被用作手段。换言之，在一个严格意义上的功利主义世界里，所有目的都注定是暂时的，很快会转化为下一步目的的手段。”这种“无止境的手段-目的链”侵蚀了阿伦特曾试图确立的劳动与工作之间牢固的分界线，工作充满了恶性循环，是对生物性生命的自然循环的模仿(*HC* 153-154)。

这个问题使阿伦特开始转向康德，因为他似乎对此困难提出了解决方案。阿伦特说道："终结手段-目的链”的方式就是“宣布一个事物或另一个东西‘自身就是目的’”，这正如康德在绝对命令中的某个陈述(*HC* 154)所做的那样[2]。但是阿伦特并不赞成这一策略，她认为这是工具主义的完善，而不是其对立面，因为它将人类作为一种神圣不可侵犯的目的而与一切其他事物区分开来了，由此使人类可以作为一种手段。更引人注目的是，阿伦特不仅将批判延伸至了康德的道德哲学，也延伸到了其美学。她写道：

[1] 此段和下一段取自马克尔的《阿伦特的工作》，第28页及其后若干页处理的是同样的问题，但不是根据第三《批判》。

[2] 参见I. 康德(1966)，《道德的形而上学基础》，《实践哲学》[“Groundwork of the Metaphysics of Morals” in *Practical Philosophy*, Mary J. Gregor ed. and trans. Cambridge: Cambridge University Press, pp.78-80(Akademie4: pp.428-429)]，接下来在括号或方括号内的所有对康德的引用都将包括Akademie英文译本的页码显示。

> 康德并不想表述或概念化其所处时代的功利主义原则，相反，他最初是想要将手段–目的范畴限定在适当的位置上，防止它用于政治行动领域。但是，正如他对人类对待唯一不是“为了使用”的物品，即艺术品（他说我们在此得到“非功利的愉悦”）的态度，所作的另一个著名同时也具有内在矛盾的解释一样，他的公式也并不能否认其功利主义思想根源。因为将人确立为“最高目的”，也默许他“（如果可以的话）让整个大自然都服从于这个最高目的”，即把自然和世界贬低为纯粹的手段，从而剥夺了它们的独立尊严（*HC* 156，括号为阿伦特所加）。

这里几乎只是顺便涉及了艺术、审美判断以及第三《批判》，但也并不完全是这样，因为在此章的结尾，它们有望来一个巨大的转折，在此，阿伦特突然从对使用物（use-objects）的思考转向了对艺术品（works of art）的思考，阿伦特将彻底直面其自身的工具主义批判，以及为了限制工具主义而对康德的策略做出否定。一方面，这种批判已经显示出阿伦特竭力区分劳动与工作的不确定性，至少工作是根据有用物品的生产来加以思考的。另一方面，同样的批判也说明阿伦特并不能通过认定自身即为目的，因而有别于且高于劳动与工作的人类活动的某个第三领域来回应此一问题，因为这是她已加以排除的康德主义策略的另一个版本。阿伦特对这个问题的回应至少部分回避了她自身在概念区分中的那种“辖域的”理解。在有关“工作”的章节中，阿伦特一句简单却非常关键的话放大了此种转变，在此，她重申继而又反对了这样的观点，即认为在只适合根据用途加以判断的物品与只适合做出审美判断的艺术品之间存在巨大区别：“可以确定的是，普通使用物品不能也不应该被认为是美的；尽管它具有形状且能被看见，但也不能被视为美的或丑的，或两者之间的某物。”（*HC* 172–173）在《人的境况》后续章节中，同样的转变还体现在有关工作与行动的文本与概念的相互交织中，比如，“以物理形态存在的‘之间’”不能与言语和行动所产生的无形的“之间”分开，而是会被言语和行动所“覆盖”和“超越”。在其显现之中，言语和行动是由物理的“之间”所引起或实现的（*HC* 182–183, 173）。在《人的境况》之后，阿伦特对工作与行动之间这种交互关系领域，以及维持它所需的某种注意和关心进行了命名：她把它称之为“文化”（*CC* 225[222], 218[215]）。

使阿伦特在《人的境况》和《文化的危机》这段极短的时间间隔内做出改变的，不是她较大的理论议题，而是她对康德的评估，尤其是对康德的道德哲学与其美学之间关系的理解。在《人的境况》中，她将康德思想的这两个领域视为平行的，它们建立在这样的基础之上，即，每个领域都表明了某种成问题的纯粹主义，分别关于“人道”和“无功利的愉悦”。与此相反，1957年阿伦特重新阅读第三《批判》后，她对康德的调用却通常是基于康德的道德哲学与美学之间根本的非连续性。前者指特定的人类行动应该服从以绝对命令表达出来的普遍法则，而后者则指在普遍法则并未预先给出的情况下对特殊物的判断。但是这并不一定意味着在1957年前，阿伦特不曾把握第三《批判》的独特性；因为正如我们现在看到的，阿伦特对康德的道德哲学和美学之间关系评判的转变，反映了《判断力批判》中本身一个真正的问题，即阿伦特所意识到的，康德对审美批判的纯粹形式特征描述的模糊性。因此阿伦特的康德转向不仅包含对康德理解的修正，也包含了一系列解释性的决断，借此，阿伦特构建了一个特别的、异质性的康德主义分支（她认为这是一个可以进一步发展《人的境况》之反纯粹化、反辖域化议题的问题），由此，也防止了审美批判向受规则制约的道德蜕化。

2

康德的第三《批判》不仅是现代美学理论的奠基之作，也是康德的一种理论抱负，即努力解决其哲学体系的几个根本问题，这在他之前的两大批判中即已变得尤为尖锐[1]。这些有关纯粹理性与实践理性的批判曾力图通过明确区分其对象领域，且阻止每一领域“渗出其专有的范围”，从而更稳妥地提出了关于这些能力的断言[2]。但是这种领域界定工作的结果就是使这两个领域——“自然概念领域”和“自由概念领域”（*CJ* 63［5: 175–176］），被一个“不可估量的鸿沟”分开了。尤其是它们对人类如何能获取某种自信语焉不详，这种自信就是，自然世界——一个我们在此终将必然实现自由的世界——是合乎我们的目的的。通过分析判断能力，第三《批判》回应了这个问题。康德认为人类可以通过判断力表达对“目的性”的敏感性，尤其不仅仅是在自然中的表达。尽管运用判断力并不能提供任何自然目的性的科学知识，但它至少可以使我们放心，自然界除了大量中立的因果法则外，还有其他更多的东西。因此判断充当了康德所说的在自然概念领域和自由概念领域之间的“中介物”（intermediary）。这是“把哲学的两部分合二为一的方式”（*CJ* 64［5: 176–177］）[3]。然而，这也意味着康德在第三《批判》中将面临的独特挑战，即他现在必须将其之前作品中业已使用的同样的批判技巧转向新的目的，即对判断力进行精确的界定和区分，从而使其在前两大批判中分离的能力重新联

［1］参见保罗·盖耶（Paul Guyer）对第三《批判》在康德体系中的位置描述及其在《判断力批判》中对伊曼努尔·康德的“导读”（*Critique of the power of judgment*, Guyer, P. ed. Guyer, P. and Matthews, E. trans. Cambridge: Cambridge University Press, esp. pp.xiii–xxiii.），此后缩写为*CJ*。

［2］史密斯·N. K.译（1965），康德：《纯粹理性批判》［Kant, *Critique of Pure Reason*. New York: St. Martin's, 26 (B xxiv)］。

［3］将“目的性”作为连接《判断力批判》的两个部分的中心线索，参考R. 朱克特（2007）：《康德关于美与生物学：对判断批判的解释》（Zuckert, R. *Kant on Beauty and Biology: An Interpretation of the Critique of Judgment*. Cambridge: Cambridge University Press），朱克特在第368—382页还讨论了《判断力批判》的中介作用。

系起来[1]。在由这个问题所定义的空间里，在康德关于审美判断的基础以及美学与道德的关系的论述中，一种模糊性（ambiguity）出现了。[2]

在《判断力批判》的前几部分，这种关系看起来似乎很清晰。"美的分析"区分了美的事物所带来的满足感与在直接的"快适"中所获得的满足感（*CJ* 91–92［5: 205–206］），以及与在寻找"善的"事物（不管是工具理性的善或是"善本身"，即"道德善"）的过程中的愉悦感（*CJ* 92–94［5: 207–209］）。康德认为，所有这些其他种类的满足感都必然在其对象中包含着某种利益（无论是感觉上的、实用主义的，还是道德的），而鉴赏判断则因其回应于"对象的纯粹表象"而是去功利的（*CJ* 90–91［5: 205］，着重号另加）。此外，与对善（包括道德善）的判断不同，鉴赏判断并不依赖可对事物加以归纳的概念的有效性。康德说："为了去寻找一些善的事物，我通常必须知道这个事物应归属于哪一类，也就是说我必须对它有一个概念。"去判断一个工具是否有用，我必须明确它的最终用途；去判断一种行为是否符合道德善，我必须将其运用到其意愿本身为善的概念中。但是"为了在某事物中找到美，我却无须这样做"（*CJ* 93［5: 207］）。因此，康德宣称，"鉴赏判断并不是认知判断（既非理论的也非实践的判断），它不以概念为**依据**，也不以之为**目的**"（*CJ* 95［5: 209］，着重号原有）。这就是为什么"没有任何规则可以借此而强迫某人承认某事物是美的"——这是阿伦特发现康德美学最吸引人的特征之一（*CJ* 101

［1］这一任务的难度可以在康德对其政治隐喻的不确定性处理中看见。即使他坚持认为判断是理性和理解之间的"中介"而不是具有作为"领域"的特定对象领域的第三种官能。他补充道，判断必须有，"如果不完全是它自身立法，那么它仍然具有寻求法律的一个正当原则，"不过它也"可以有某些疆界和特定的构造"（*CJ* 64［5: 177］）。

［2］因为这一节专门讨论鉴赏或美的判断，我交替使用这些术语和"审美判断"，但对于康德而言，"审美"是一个更为宽泛的范畴，而且《判断力批判》也只有一半涉及它，它的第二部分介绍的是自然有机物和自然界的目的性之"目的论"判断。

[5: 215])。

但是，如果鉴赏判断确实奏效，那么，是什么把它们与纯粹只是对快适的判断（这也是非认知的）区别开来呢？康德建议，在判断对象是美的之时，我们真正讨论的是我们把这个对象呈现给我们自身，我们的认知能力——想象力和知解力——被带入某种特定状态，即他以不同的叫法称之为“生气勃勃”、“自由游戏”或“和谐”的状态。在这种状态下，我们可以从对这种主观条件的反省意识中获得愉悦感（*CJ* 102 [5: 217], 104 [5: 219], 168 [5: 287] ）。这种自由游戏状态下的愉悦仅仅在于它表达了某种适恰（fit），但并不是在事物的表象与某种确定概念之间，而是在事物的表象与我们的“一般”的认知能力之间的一致（*CJ* 102–103 [5: 217–218])；这是一种注定不清晰，但却使康德得以将鉴赏判断确定为介于感官满足的非概念化愉悦与将特定对象归入明确概念之下的知解力的熟练运用（或在类似情况下，根据概念而决定意志的理性的运用）之间的中间道路的表达。对象的表象与我们一般的认知能力之间这种含混的一致性——你可以把它叫作“无概念的概念化”——在康德的主张中得到了进一步阐述，即鉴赏判断最终取决于对象的表象及其所激发的主观状态是否表现出“无目的”的目的性，或“纯粹形式的目的性”（*CJ* 105–106 [5: 220–221])。[1]

然而重要的是，康德至少用两种不同的方式帮助我们理解这种一般的、含混的一致感以及无目的的目的性这一与之紧密关联的观点。一方面，康德对“自由游戏”和“生机勃勃”等语言的使用可能表示这里所说的含混是个时间（*time*）问题，是主体可以在延伸的、未完成的概念化活动中获得纯粹审美愉悦的问题——也就是，表示这

[1] 在“无目的”（ohne Zweck）这个短语中，我将“Zweck”一词的翻译从“目标”更改为“目的”，以呈现“无目的的目的性”（*Zweckmäßigkeit ohne Zweck*）和“无法则的法则”（*Gesetzmäßigkeit ohne Gesetz*）（无法则的合法性）之间的相似性。

种表象可能用这些术语或这个角度或以另一种方式来思考，但最终并未（或者曾经可能）选定一个特定的概念。当其描述我们“流连于对美的思考”，并在“没有进一步目标的认知能力的占有”中找寻愉悦的方式时，康德似乎是在鼓励这种解读（*CJ* 107［5: 222］）。另一方面，康德提及目的性的“纯粹形式”时，可能想要说明这里所涉及的含混是个抽象（*abstraction*）的问题，也就是：鉴赏判断回应着——可以说是在一瞬间——与所有事物的表象所共有的某些结构特征的在场或缺失。当康德重申鉴赏判断并不依赖于“事物应该是什么样子”的概念时，他又似乎在鼓励这种理解。康德认为，相反，审美判断需要从众多特殊目的中“抽象”出来，以至于除了纯粹形式在“旁观者头脑中表象的主观目的性”之外，“不剩下任何东西”。（*CJ* 112［5: 227］）

很多问题都与这一差异难脱干系，对于无目的的目的性的第二种理解将康德与某种现象范围的窄化联系到了一起，这种窄化带来的就是对美的纯粹判断。“自由的自然的美”（比如花），以及不“表示”或“代表任何事物”的人类创作，都是纯粹的鉴赏判断的直接候选对象（*CJ* 114［5: 229］），但是正如迷人的颜色或装饰的混合，“如果它们诱使人们将其自身作为美的判断依据”，实际上会“破坏鉴赏判断”（*CJ* 109［5: 227］），并因仅仅是快适而腐蚀趣味。那些有明确目的的事物（康德提到建筑、马和人类），也可能要求我们根据某一完善标准进行判断，从而“破坏”鉴赏判断的纯粹性。这就是为什么在考虑这些事物时，我们必须要严格地从其特定目的以及他们要我们采用的概念中进行“抽象”（*CJ* 114–115［5: 230–231］）的原因所在[1]。这种审美的形式主义甚至延伸到了艺术的创作。然而，康德并

［1］康德允许对鉴赏进行不纯粹的判断，以回应“依附”美，而不是“自由”美。在此，我们认为，我们从对象中所获得的审美满足是与对象的“性质”相适应的，因此也和我们在其与概念的一致性中所获得的知性满足相符合。然而，对这种性质的判断可能具有“规定的规则”——即“美与善相统一”的规（转下页）

未要求艺术净化自身，但他确实建议，如果一个对象被判断为美的，那些富有想象力的美的艺术的生成质料必须明确遵守形式规则。康德说，对于一个艺术家而言，“观念的丰富和原创性并没有不如想象力在其自由之中与知解力的法则相适应一样必要。对于前者所产生的丰富性来说，如果处于无法则的自由之中，则将毫无意义；然而，判断力是一种将其与知解力协调一致的能力”。康德继续说道，只有通过“将清晰和秩序引入思想的丰富之中”来“剪断”想象力天才的“翅膀”，艺术家们才能创造出“可以在不断发展的文化中得到持久和普遍认可并惠及后代的对象”（*CJ* 167［5: 287］）；而且，似乎也正是因为这样的对象才最适合将观众的能力——“在其自由之中的想象力”和“具有自身法则的理解力”——带入同一关系之中（*CJ* 167［5: 287］）。注意，在这两种特征中，康德已从将自由归因于不同官能之间（*between*）的持续关系——一幅与无目的之目的性的前一个观点相一致的图画——转变到更为静态的画面，在此，想象力成为无法则的自由的载体，而知解力则成为法则的来源，它们之间的关系已被确定且分好等次。被理解为纯粹形式的无目的之目的性在此成为类似于规则的纯粹形式，成为表达了某种“归摄原则——不是**概念**之下的直觉原则，而是概念**能力**（也就是知解力）**之**下的直觉或呈现**能力**（也就是想象力）原则”的一种安排（*CJ* 167–168［5: 287］）。

然而讽刺的是，用这种方法去指认无目的的目的性这一概念时，康德实际上已经开始模糊鉴赏判断与善的判断，尤其是与道德善（这个概念原本就是要确保的）之间的区别。根据目的性的“纯粹形式”

（接上页）则（*CJ* 114–115［5: 229–231］）。关于这一区别对于全面理解康德的纯艺术理论的重要性，参见D. 科斯特洛（2007年春）的《格林伯格的康德与当代艺术理论中美学的命运》（Costello, D. “*Greenberg's Kant and the Fate of Aesthetics in Contemporary Art Theory*”, *Journal of Aesthetics and Art Criticism* 65, no. 2, pp.217–228）。

而对“无目的的目的性”做出的阐释，结合康德的建议——目的性之纯粹形式应在将想象力的自由归摄于知解力的法则之下（虽然不是在任何可能会执行的特定法则之下）的状态中被表现出来，我们可以由此精确了解康德对道德法则运作的阐释。“那会是哪种法则呢？”康德在《道德的形而上学基础》（*Groundwork*）中询问道，“它的表象必须决定它的意志，甚至无须考虑它可能带来的效果，为了能绝对地且不受限制地将意志称作善。”它不可能是一条特定法则，因为特定法则有所目的，且因为倾向于实现其目的而需要被遵守。因此道德法则必须存在于“自身纯粹的合法性（*bloße Gesetzmäßigkeit*）中，无须拥有为某些行动而设立的法则基础……如果责任不处处都只是空洞的幻想和荒诞的概念”[1]。康德仔细阐明道，法则关注的不是行动的“质料”，而是它的“形式”[2]；而且它本身也可以被定性为“纯粹的合法形式”（*bloße Form der Gesetzmäßigkeit*）或“纯粹的立法形式”（*bloße gesetzgebende Form*）[3]。但是如果这一观点正确，就像康德极力尝试表达审美判断的特殊性那样，对道德善的判断经常是概念性的，那么由表象之“纯粹形式的目的性”所带来的判断能力的决定性（可以根据在其自由中的想象力被归摄到在其法则之中的知解力来加以理解），与通过绝对命令所带来的意志的决定性相比，其概念性既不会多，也不会少。

不必为这种结果感到惊奇，因为为了实现第三《批判》的更大目的，在该书的创作过程中，康德逐渐回归他之前所摈弃的东西。其中最著名的就是，通过将美定义为道德的“象征”，此书前半部分的审

[1] 康德：《基础》第56—57页，译文有变动。

[2] 同上书，第69页（4：416）。

[3] 康德（1997）：《康德论道德形而上学》，见《伦理学讲演录》[Kant, I. “Kant on the Metaphysics of Morals”, in *Lectures on Ethics*, Heath P. and Schneewind, J. ed. Cambridge: Cambridge University Press, p.267 (27: 501)]；《实践理性批判》，见《实践哲学》[“Critique of Practical Reason”, *Practical Philosophy*, p.162 (5: 29)]。

美判断的“辩证法”就接近尾声了（*CJ* 225–228［5: 351–354］）。但同时，这些更大的目标也似乎让康德用力过头。为了使美成为道德的象征，康德必须采纳对“无目的的目的性”的一种解释，那就是将审美判断的诸能力投入道德分析的类似物中。康德说道，想象力的自由与知解力的法则之间的一致，与自由意志和普遍法则的一致相类似（*CJ* 228［5: 334］），但是如我已经提过的，康德的初衷并非要为美学和道德架起桥梁而是要瓦解它们之间的差别。因此阿伦特早就建议，在康德的无功利的美的概念与其道德法则理念之间的深度平行，根植于人类自身即是目的的理念，不能因为对康德的肤浅误读而被忽视，因为它抓住了第三《批判》的一些重要内容。同时，第三《批判》中存在着某种不一样的“无目的的目的性”概念，这一概念最终并未服从于美学与道德之间建立平行关系的系统性任务，但可以帮助我们理解阿伦特在1957年重读第三《批判》时发现的这种可能性，以及她出于自身目的而在使用康德的观点时不得不进行的解释性工作，这一点既不同于康德，也与她同时期的其他康德主义者区分开来。

3

自19世纪末以来，大众社会文化的意义和前景就一直是美国知识界争论的话题。争论者涵盖了从主张道德化的部长到主张住房改革的改良主义者，再到众声嘈杂的狂热主义者。但是汉娜·阿伦特在《文化的危机》的前半部分所介入的特定对话，历史更短，其所涉及的人物角色也更狭窄。其重心位于所谓的“纽约知识分子”（New York intellectuals）圈子，他们是一个相对松散的作家群体——大多数是犹太人；他们中有许多人是经历过美国马克思主义繁荣以及20世纪三四十年代激进抱负衰退期的老兵；在战争期间和战后，一些人转而十分强硬地反共——在那些年里，其机构中心和所青睐的出版阵地包括《党派评论》(*Partisan Review*)、《评论》(*Commentary*)、《政治学》(*Politics*)和《异议》(*Dissent*)等杂志[1]。这些期刊发表了一系列有关先锋艺术和文学以及它们与社会政治生活之间关系的文章；讨论有关“高级的”、“流行的”、“大众的”和“中庸的”文化之间的关系，以及有关人类技术创新自由的成果、休闲的发展、高等教育民主化和战后繁荣所带来的消费主义等文章[2]。这些文章听上去有种夸张的悲观，其中最为甚者是阿伦特的朋友德怀特·麦克唐纳(Dwight Macdonald)，他曾两次修改他写于1944年的四页论文《流行文化理论》，并将其转变成长篇大论来辩驳“大众文化传播”，直至1960年，这篇文章已增加到74页，因而不得不在《党派评论》上分两期发表。[3]

---

[1] 关于此环境参见A.瓦尔德(1987)的《纽约知识分子：20世纪30年代至80年代反斯大林主义左派的兴起与衰落》(Wald, A. *The New York Intellectuals: The Rise and Decline of the Anti-Stalinist Left from the 1930s to the 1980s*. Chapel Hill: University of North Carolina Press.)；N.朱蒙维尔(1991)的《关键十字路口：战后美国纽约知识分子》(Jumonville, N. *Critical Crossings: The New York Intellectuals in Postwar America*. Berkeley: University of California Press.)，以及H.威尔福德(1995)的《纽约知识分子：从先锋到制度》(Wilford, H. *The New York Intellectuals: From Vanguard to Institution*. Manchester: Manchester University Press.)。

[2] 纽约知识分子的著作中，对大众文化主题进行的勘查参见朱蒙维尔的《关键十字路口》，第四章。

[3] D.麦克唐纳(1944年2月)：《流行文化理论》(Macdonald, D. “A Theory of Popular Culture”, *politics*, pp.20–23)；(1953年夏)《大众文化理论》(“A Theory of Mass Culture”, *Diogenes* no. 3, pp.1–17)；(1960年春)《平民文化与中产阶级文化》(“Masscult and Midcult”, *Partisan Review* 27, no.2, pp.203–233.)，以及(1960年秋)，no.4, pp.589–631。“大众文化的传播”这个短语总结了文章的第二版(17)；其他的段落是从最终版本中抽取出来的(627)。麦克唐纳可能是最夸张的大众文化评论家之一，但他也是一个幽默的人，他说，观察当今如《生活》(*life*)杂志那样的“均质化”趋势，就像是“9张雷诺阿画作的彩页后面跟着一幅旱冰马的画”。他写道：“我们大众社会的捍卫者，就像芝加哥大学的爱德华·希尔斯(Edward Shils)教授一样——他当然是一个社会学家——将《生活》杂志现象看成是大众教育的令人振奋的尝试——想想，9张雷诺阿！但是，这匹旱冰马出现了，最后雷诺阿和这批马平分秋色。”(《平民文化与中产阶级文化》，第213页)马并非麦克唐纳的发明，参见《他愉快地摇啊摇》[“Merrily He Rolls Along”, *life* (19 May 1952), p.168.]。

然而，这个批评团体并不仅仅是反对所有现代发展而捍卫传统文化标准。比如，从最开始，《党派评论》的一个突出特色就是它的编辑们对文学和艺术现代主义有很深的投入，这部分是对这本杂志与共产党决裂的一种回应（与对莫斯科审讯的披露同步）[1]。甚至在杂志的早期，编辑们就特别担心一种简化了的官方政党机构的文学批评，它源于将马克思主义视作"机械唯物主义"这一根本误解，即假定"经济基础直接决定整个上层建筑"[2]。在新的独立杂志的创刊号中，他们宣称，当他们"意识到[该杂志]只对一般的革命运动负有责任的时候"，他们"拒绝为任何有组织的政治表达尽义务"，并指出在"文学的兴趣"与"派系政治的兴趣"之间做出区分是他们对文学的"审美主义"（aestheticism）负责[3]。确确实实，早期的《党派评论》通过强化文学的独立性而竭力追求一种广义上具有革命性的社会政治议程，并与康德在第三《批判》中所采取的策略产生共鸣。如果对于康德来说，对审美判断的界定，是对人类自由与自然之间关系的调和做出承诺的话，那么，对于《党派评论》而言，审美现代主义，通过划定文学和政治之间的界限，也以同样的方式承诺了在自由与历史力量之间的调和。

这种思想形式的典范是克莱门特·格林伯格（Clement Greenberg）的《前卫与媚俗》（"Avant-Garde and Kitsch"），它被证明是"纽约知识分子"对大众文化批判做出的最重要贡献之一。这篇文章于1939年秋季发表在《党派评论》上，并在随后的几十年里

---

[1] 见瓦尔德《纽约知识分子》，第75—79页。有多位"编者"，但其中关键的是威廉·菲利普斯（William Phillips）和菲利普·拉甫（Philip Rahv）。

[2] W. P. 菲尔普斯（Phelps, W. P.）与拉甫（1934年6—7月）：《革命文学中的问题与视角》（"Problems and Perspectives in Revolutionary Literature", *Partisan Review* 1, no. 3, p.6）。有关断裂及其背景，参见T. A. 库尼（1986）：《纽约知识分子的兴起：〈党派评论〉及其圈子：1934—1945》（Cooney, T. A. *The Rise of the New York Intellectuals: Partisan Review and its Circle*, 1934–1945. Madison: University of Wisconsin Press.）。

[3] 编辑声明（1937年12月）（*Partisan Review* 4, no.1, p.3）。

被广泛转载[1]。格林伯格在那个时候是一个30岁的有抱负的作家，曾对托洛茨基主义抱有同情，他自1936年以来便向格林尼治村的文学和政治圈进军，后来成为美国当代绘画和雕塑方面杰出的评论家和阐释者。在1939年初，格林伯格给《党派评论》的编辑写了封信，信中对德怀特·麦克唐纳有关苏联电影的近期评论提出异议。格林伯格认为，这些评论在某种程度上高估了俄罗斯农民对媚俗的表面的趣味，而其原因可以归咎为受制于苏联国家机器的掌控。麦克唐纳鼓励他把这封信扩充为一篇论文。结果令人震惊。[2]格林伯格说道，“同样的文明同时产生了两种如此不同的事物，比如T. S.艾略特的诗歌和锡盘街音乐（Tin Pan Alley song），或者是布拉克的一幅画和一张《星期六晚邮报》的封面”（*CEC* 1: 5–6），每一个对组中的后者都是一个媚俗的例子，都是“西欧和美国的大众开始城市化并建立了所谓的普及文化的工业革命的产物”（*CEC* 1: 11）。这些新的城市大众与传统上属于他们的民间文化格格不入，“迫使社会给他们提供一种适合其自身消费的文化”，也就是适合这类“对真正文化的价值不敏感”的人的文化。结果是发展出一种专门致力于生产媚俗的利润丰厚的行业，也就是：对“真正”文化的机械的、刻板的、简化的粗制模仿，媚俗提供了“替代性经验和虚假的感觉”，因此是“我们时代生活中虚假事物的缩影”（*CEC* 1: 12）。

文学和艺术先锋派与媚俗力量相反，自19世纪中期以来，由于存

---

[1] 格林伯格（1986）：《前卫与媚俗》（Greenberg, C. “Avant-Garde and Kitsch” ），见《文集与批评》（*The Collected Essays and Criticism*, John O’Brian ed., vol. 1.）；《认知与判断：1939—1944》（*Perceptions and Judgments:* 1939–1944. Chicago: University of Chicago Press, pp.5–22）。所有关于格林伯格著作的引用都将来自这个4卷本（以下略写为*CEC* 1, *CEC* 2，等等）这是他原始文本的再版，而不是收集在《艺术和文化》（1961）中频繁修订的版本。

[2] 见约翰·奥布莱斯（John O’Brian）对《文集与批评·卷一》的“导读”；F. 罗本菲尔德（1997）：《克莱门特·格林伯格：一种生活》（Rubenfeld, F. *Clement Greenberg: A Life*. New York: Scribner.）以及A. 马奎斯·戈德法布（2006）的《艺术独裁者：克莱门特·格林伯格的兴起与衰落》（Goldfarb Marquis, A. *Art Czar: The Rise and Fall of Clement Greenberg*. Boston: MFA.）。

在着某种革命思想的氛围，它们就已经开始拒斥资产阶级价值观，但是最终，它“否定了革命的政治，同时也否定了资产阶级的政治”，而支持“为艺术而艺术”(art for art’s sake)和“纯诗”(pure poetry)——对于格林伯格来说，这些术语不是指声名狼藉的感官主义，而且是指高度自律、完全自反性地潜心于“[艺术家或诗人]自身技艺的媒介”(*CEC* 1: 7–9)。目前尚不清楚格林伯格认为这种先锋艺术和文学的政治力量究竟是什么。一方面，他认为先锋艺术的资金支持基础在其所不屑的统治阶级之内“迅速萎缩”(*CEC* 1: 22)，这可以视为预言或对煽动所作的最后的努力，即对一种有可能重新激发社会主义运动的文化危机的感知，正如格林伯格在文章最后一段中所暗示的那样(*CEC* 1: 22)。另一方面，这种暗示的虚弱也可解读为对30年代革命理想无能的一种忏悔。尽管是无意识地，它将先锋派艺术的社会意义重新诠释为对西方尤其是美国自由的一种表现，这是一种格林伯格将积极参与其中的阐释[1]，这样的阐释也可以视作是冷战的某种准备(事实上，美国新兴的以文化为引导的冷战政策与经济援助的大规模扩张之间的张力关系，就是要通过让欧洲人了解“美式消费主义”的好处，从而削弱国外的共产主义和中立主义，而这将重新激发一些纽约知识分子在四五十年代对大众文化的焦虑[2]。)然而，格林伯格将真正的先锋文化与虚假的

[1] 对《前卫与媚俗》的理解，比如，可参考S. 居尔布特(1983)《纽约如何盗取了现代艺术的观念：抽象表现主义、自由与冷战》(Guilbaut, S. *How New York Stole the Idea of Modern Art: Abstract Expressionism, Freedom, and the Cold War*, Goldhammer, A. trans., Chicago: University of Chicago Press.)自33页以后的论述。有关居尔布特对纽约派艺术及艺术家更为宏大叙事的限度的分析，见D. 克雷文(1999)的《抽象表现主义作为文化批判》(Craven, D. *Abstract Expressionism as Cultural Critique*. Cambridge University Press.)第40—50页，以及I. 桑德勒的《抽象表现主义和美国经验：一种重新评估》(Sandler, I. *Abstract Expressionism and the American Experience: A Reevaluation*. Lenox, MA: Hard Press Edition, ch.5.)。

[2] G. 斯科特–斯密斯(2002):《非政治文化的政治：文化自由大会、中央情报局与战后美国霸权》(Scott-Smith, G. *The Politics of Apolitical Culture: The Congress for Cultural Freedom, the CIA and post-war American hegemony.* London: Routledge, p.56.)。

其他文化区别开来，这一点比其在1939年明确的政治特征更为重要。他认为，媚俗的愉悦之所以可怕，不仅仅是因为它们失之简单，而且是因为它们“直接”(immediate)。俄罗斯农民可以从伊利亚·列宾(Ilya Repin)的戏剧性战斗场景中获得乐趣是因为在某种意义上，列宾在画面中，在其呈现的故事里融入了令人愉悦的效果；然而，那些在一幅毕加索画作前沉思的“有教养的观众”(cultivated spectator)，则只会在“经过第二次位移，即，作为对那幅画所留下的直接印象的一种反思的结果时，才会感到愉悦”(*CEC* 1: 16)。也就是说，列宾的画作所涉及的是“生活与艺术之间的无间断性”，没有理解“只在艺术中方可找到的价值与在别处找到的价值之间的区别”，而在先锋艺术那里，这个区别就是艺术的试金石(*CEC* 1: 15–16)。无论格林伯格是希望先锋艺术去调和自由与马克思主义历史法则之间的关系，还是只是调和自由与体现在各艺术媒介中的物理性法则的关系，甚至只是在这篇早期文章中所提出的真正的审美快感概念——与能激发此种快感的各种事物的概念之间的关系，都可从一种宽泛意义上的康德主义来加以识别。[1]

---

[1] 格林伯格1943年在其著作中第一次明确地提到《判断力批判》(*CEC* 1，第161页)，尽管早在1931年他就读过康德(暂不清楚是哪篇文章)(C. 格林伯格[2000]:《哈罗德信件：美国知识分子的形成》[*The Harold Letters: The Making of an American Intellectual*. Van Horne, J. ed. Washington, D. C.: Counterpoint, p.43])。格林伯格在其20世纪40年代和50年代的著作中曾反复提及康德，并于1950年在黑山学院召开了一场关于康德《判断力批判》的研讨会，但在《现代主义绘画》发表后(即其1960年关于美国的演讲和散文)，格林伯格才开始对艺术现代主义概念与康德哲学之间的关系进行明确解释(*CEC* 4，第85—106页。另见约翰·奥布莱恩在*CEC* 3中的“导论”[p.xxii])。直到1970年代在本宁顿学院召开研讨会后，他的作品才真正对康德美学有进一步的解读：C. 格林伯格(1999):《自制美学：对艺术与品位的考察》(Greenberg, C. *Homemade Esthetics: Observations on Art and Taste.* New York: Oxford University Press)。有关格林伯格对康德的挪用的重要讨论，见T. 杜韦(1966)的《杜尚之后的康德》(*Kant After Duchamp.* Cambridge, MA: MIT Press, esp. ch. 4)；J. 盖格(1999.10)的《约束与惯制：康德与格林伯格论审美判断》(“Constraints and Conventions: Kant and Greenberg on Aesthetic Judgement”, *British Journal of Aesthetics* 39, no. 4, pp.376–391)；M. A. 奇塔姆(2001)的《康德、艺术，与艺术史》(*Kant, Art, and Art History*. Cambridge: Cambridge University Press, pp.87–99)。

在接下来的十年里，格林伯格将先锋派的典型特征这一早期概念发展成一套颇具影响力的艺术批评文集的基本原则，尤其是对当代美国抽象主义艺术及其欧洲直系艺术前辈们做出了重点关注。通过宣称最好的现代艺术，正如先锋艺术一直所做的，应是对每种艺术自身独特的媒介所施加的限制不断进行自我指涉式的探索与检验——比如绘画受由画板的平面性这一根本事实所施加的限制[1]——格林伯格将自己定位为总体的艺术现代主义的阐释者和倡导者，同时也是最得时代之先，或最具倒退性倾向（指政治立场意义上——译者注）的批判者和实践者。在这种批判实践中，格林伯格陷入了康德第三《批判》中曾一度出现的类似困境。康德认为，审美判断并不包括将预先给出的概念应用于特定情形，因此这些判断并不能以科学的或道德的方式来证明，与此契合的是，格林伯格坚信——有时引用康德——审美判断不能“被证据或逻辑的规则所约束”（*CEC* 3: 216）。尽管被指责为教条主义，但他宣称，他“并未对艺术做出规定”，而只是对自己的快乐做出回应（*CEC* 2: 205），事实上，他对“艺术中任何教条式规定”都很反感，因为“历史趋势”和现有的“风格的等级”都“无法支配未来”（*CEC* 2: 19）。然而，对其属于规范教条主义的指控却并非毫无根据，这并不是因为他对特定的作品表达了强烈的判断，而是因为他一再声称对某一特定作品的审美反应很可能于事无补：比如某位艺术家“尽管自身已彻底被立体主义所吸引，但他却从来没有忘记我们时代的绘画艺术为了成就伟大而必须前进的方向”（*CEC* 1: 99）；“仅有当今的抽象艺术跟随了这一主流”（*CEC* 1: 171）；再比如，在强迫自己花费数月时间来完成他的画作

[1] 在格林伯格的早期作品中，关于这一点的一些重要陈述和相关观点包括《走向新拉奥孔》，*CEC* 1，第23—38页；《抽象艺术》，*CEC* 1，第199—204页，以及《架上绘画的危机》，*CEC* 2，第221—225页。

后，巴齐奥蒂[1]才会变得“更加优秀”；以及马瑟韦尔[2]的《年轻姑娘》(*Jeune Fille*)指明了“他实现才能而必须前进的方向”(*CEC* 1: 240)，等等。

对格林伯格来说，使这些声明脱离伪善的——尽管这并不能使它们与其自称的反规范主义相一致——正是他对康德曾一度称之为审美判断的基础的理解，用格林伯格的术语来说，也就是意味着对先锋作品专注于自身媒介的理解。在《前卫与媚俗》出版后一年，格林伯格在《党派评论》发表的下一篇文章——《走向新拉奥孔》(“Towards a Newer Laocoon”)中详细阐述了这个想法。在这里，重要的是，他对“纯粹诗歌”和“纯粹绘画”进行了更为明确的区分，以揭示各自的效果。他论道，诗歌永远不能完全像绘画那样纯粹。一首先锋诗歌“仍然提供了意义的可能性，但也只是可能性”。如果对它们中的任何一首诗进行过于精确的解读，这首诗将失去其效果的绝大部分，这就是通过接近意义的边缘来激发无限可能性的意识，但却永远不会超过边缘(*CEC* 1: 33)。但是由于“在造型艺术中将媒介独立出来更容易”，格林伯格继续讲道，“先锋绘画和雕塑可以说比先锋派诗歌的纯粹性要高得多”，在这种纯粹性中，“作品的纯粹造型或抽象品质是唯一有价值的东西”。简言之，纯粹的诗歌追求无限的暗示，而造型艺术追求其最低限度(*CEC* 1: 34)。与康德理解无目的的目的性的两种方式极其类似，最后，格林伯格倾向于与康德保持相同的方向[3]。类似的后果是：当审美判断概念的不确定性被用于发展其

[1] 威廉·巴齐奥蒂(William Baziotes, 1912—1963)，美国抽象表现主义画家，受超现实主义影响很大，作品充满想象力。——译者注

[2] 罗伯特·马瑟韦尔(Robert Motherwell, 1915—1991)，美国第一代抽象主义艺术大师，版画家，也是“纽约学派”(New York School)的主要成员之一。最著名的作品是系列画《西班牙共和国挽歌》，其画作以有机形状和深色的运用为特点。——译者注

[3] 另外，格林伯格后来坚持“在不可分割的瞬间”把握一幅画的统一的重要性，这在抽象画中比较容易，因为使“眼睛进行这种漫游(在空间和时间上)的诱惑”更少，见《抽象艺术的案例》，*CEC* 4，第80页。

对象的抽象性时，它清空了所有无关紧要的事物，只剩下其赤裸的、物质性的支撑。如此，批评家和艺术家才算是获得了标准——不是永恒的实践理性的标准，而是历史的标准，这种标准由于“历史”，由于“特定的艺术传统之特定时刻的到达”而显得“势在必行”（*CEC* 1: 37）。出于类似的原因：在一个前所未有的繁荣时期，出现了巨大的新的艺术品或类似于艺术产品的市场，在格林伯格看来，这将给艺术家们带来某种不可抗拒的诱惑，使其沉迷于未受教育的大众的低级庸俗或中庸偏好中，也许只有以紧迫的声音说出审美判断，才似乎有可能带来希望，即工业世界才可能在某种程度上，对高雅文化传统是友好的，或变得友好。[1]

4

当我们在这样的三重背景下——《人类的境况》的写作轨迹、康德第三《批判》的模糊性以及“纽约知识界”关于大众文化论述的特点——来看《文化的危机》时，这篇文章的一些重要但却经常被忽视的特点就鲜明地显示出来了。比如，在文章的第一部分中，也包含了有关大众社会对文化现象带来的危险的有力论证，这个论证常被认为是她的中心观点。但事实证明，这一论证与50年代盛行的大多数关于大众文化的最具影响力的评论大相径庭。当然，有一些重要观点是重叠的。把消费社会定义为是一种道德败坏的生物，认为它拥有巨大的食欲并将“吞噬”和“摧毁”文化对象（*CC* 207［203–204］）的观点与麦克唐纳如出一辙，不过阿伦特的言辞相对温和，相比之下她对这个问题的处理也相当简短。同

［1］对于格林伯格在与这个问题进行的持续斗争，请参见《当代美国绘画和雕塑的前景》，*CEC* 2，第160—170页；《专题讨论：美国艺术的现状》，*CEC* 2，第287—289页，以及《我们文化的困境》，*CEC* 3，第122—152页。

样地，阿伦特也不认为随着时间的推移，消费社会“将会变得更有文化内涵，而教育已经完成了它的使命”（*CC* 211［208］），这一观点似乎与格林伯格和麦克唐纳也并无二致，而与颇为乐观的爱德华·希尔斯（Edward Shils）相反。希尔斯断定这些批评者之所以“对大众文化不满”，部分是因为“他们的社会主义期望受挫”[1]。然而，阿伦特拒绝这种乐观情绪的理由却有其独特性。阿伦特没有提到民主化之不可避免的拉平效应，也没有提到标准的缺失或稀释。“高级”文化和“低级”文化之间的区别并不是她理论词汇的重要组成部分。她不像格林伯格那样对“无知的俄罗斯农民”（*CEC* 1: 15）或者那些更喜欢轻松的享乐而非艰难的愉悦的大众，以及那些不再“像以前那样对低俗趣味感到羞愧”（*CEC* 1: 288）的人愤愤不平。事实上，她指出，“相对而言，大众社会的新问题”“并不是因为大众本身”而产生的，而是因为娱乐产业的结构性倾向，即将持久的文化物品转化为一次性消费品，从而使人们的注意力偏离了这些物品作为“在世性显现空间”的一部分（*CC* 211［208］）的状态。

更重要的是，阿伦特关于文化和大众社会的独特辩论只出现在她文章的第一部分的最后几页。第一部分主要用于阐述一个截然不同的观点：对文化最初的和更严重的威胁并非来自大众社会，而是来自阿伦特所说“好的”（good）社会或“有教养的”（educated）社会（*CC* 204［201］）。她解释道，问题不在于好的社会即传统意义上的市侩，缺乏“对艺术的兴趣”（*CC* 201［198］）。问题在于，好的社会对文化进行工具化，将之作为社会地位的标志和社会进步的手段，

［1］E. 希尔斯（1972）：《白日梦与梦魇：对大众文化批判的反思》，《知识分子与权力及其他文章》（Shils, E. “Daydreams and Nightmares: Reflection on the Criticism of Mass Culture”, *The Intellectuals and the Powers and other Essays*. Chicago: University of Chicago Press, pp.248–264）（初版于1957年）。

也就是阿伦特称之为"文化的"或"有教养的"市侩主义的趋势（*CC* 202［199］）。这种态度不亚于消费者社会所体现的态度，因为它剥夺了文化对象"最重要和最基本的品质"，从而腐蚀了判断的力量，这一"抓住和打动读者或观众"，或"吸引我们的注意力并打动我们"的持久力量（*CC* 203–204［199, 201］）。她总结道："有教养的市侩，问题并不在于他读了经典，而在于他阅读经典是出于别有用心的自我完善的动机，而并未意识到莎士比亚或柏拉图可能要告诉他比自我教养重要得多的事情；问题是他遁入了'纯诗'的领地，以使自己的生活远离现实"（*CC* 203［200］）[1]。当然，阿伦特并非单纯与审美的纯粹性诉求保持距离。她只是担心，当这些诉求成为社会地位的象征时，实际上会扼杀他们所声称的对艺术的审美回应。在这一点上，她与格林伯格之类的大众文化批判者截然不同，后者倾向于认为审美区分和社会区分两者相互关联：在历史上就是不可分割的。按照格林伯格的阐述，过去，"高雅文化"总是由"鲜明的阶级划分"所维系，而且从其长远预期来看也是不可分割的，因为在40年代末和50年代初，格林伯格能够想象到的高雅艺术的唯一出路，就有赖于这些新富裕的"美国普通人"通过提高"自我修养"来提升"社会地位"（*CEC* 2: 163）。

确实，《文化的危机》有时会被解读为是对"文化市侩主义"倾向的控诉，而这种倾向恰恰体现在格林伯格等人对大众文化批判的主导模式中。例如，想象一下阿伦特是如何开始这篇文章的：并不是着手于大众文化的现象，而是着手于知识分子对大众文化的兴趣明显增加（他们已对这个话题投入了"无数的研究与探讨课题"）的一种回溯式考察。她补充说，"正如哈罗德·罗森伯格

［1］这句话继续说道："——例如，像土豆饥荒这样'散文性'（prosaic）的事情——或者透过一层'甜美和光明'的面纱来看待它。"

所指出的那样，他们的主要效果是‘为媚俗艺术添加知识维度’”（*CC* 197［194］）[1]。阿伦特对其朋友罗森伯格的观点的援引［罗森伯格通过“行动绘画”（action painting）概念对战后美国的抽象（艺术）进行了不同的阐释，这种解释使其在50年代成为格林伯格艺术批判的眼中钉］是重要的，并不仅仅因为她将罗森伯格调用为有关这一主题——媚俗——的权威代表，而这一主题又与格林伯格密切相关，这样，就像两名批评者的对抗正逼近顶点，所以她的同时代读者肯定都会被其撼动[2]。更深刻的原因在于，阿伦特对将文化简化为社会地位的工具的批判，与罗森伯格自身对大众文化问题的视角独特的攻击之间在参考点上有着密切关联。早在1948年，在一篇为《评论》所写的《独立思想群体》（“The Herd of Independent Minds”）的评论文章中（引人注目的副标题是“先锋派有自身的大众文化吗？”），罗森伯格戏谑性地提出，“大众”文化的鲜明特征并不是其受众的宽泛视野，或其观众较低的社会地位，而是其力量来自对“共同经验”（common experiences）（它属于第三人称的可描述的事实，即关于精神状态之可能或不能与他人分享的事实）的诉求，而不是来自揭示“共同情境”（common situations）的能力（从本质上来说，这是第一人

---

［1］阿伦特参考了她称之为“妙趣横生”的罗森伯格的文章：《流行文化：媚俗批评》（“Pop Culture: Kitsch Criticism”），文章收录在《新的传统》（*The Tradition of the New*, New York: Horizon, 1959），最初发表于《异议》（Dissent 5, no.1, pp.14–19）。

［2］其顶峰可以说是1962年格林伯格发表的作品《为何艺术创作拥有其坏名声》（Greenberg, C.［1962.3］, “How Art Writing Earns its Bad Name”, *The Second Coming Magazine* 1, no.3），更长的文章发表于同年12月的《文汇》（*Encounter*）杂志，再版于*CEC* 4，第135—144页；H. 罗森伯格（1962年12月）的《行动绘图：十年曲解》（Rosenberg, H. “Action Painting: A Decade of Distortion,” *Art News* 61, no. 8, pp.42–44），此文再版于1982年的《焦虑的对象》（*The Anxious Object*. Chicago: University of Chicago Press, pp.62–63）。他们之间的竞争被重新关注为对战后美国艺术的一种全面展示，见N. L. 克里布拉特（2008）：《行动/抽象：波洛克、德库宁以及美国艺术》（*Action/Abstraction: Pollock, de Kooning, and American Art.* Kleeblatt, N. L. ed. New York: The Jewish Museum）。

称的问题,即一个人与有意义的事实、事件和可能性之间的关系)[1]。从这个观点来看,罗森伯格认为,即使是一些小型的、自觉的专门组织,如"类似于《党派评论》的反大众文化机构"的"智识领袖",也可以在小范围内参与到大众文化动态发展之中去,但他们必须将文化对象视作通过某种共同的,即使是纯化的经验,重新产生群体团结的机会。他总结道:"大众文化金字塔的顶点与其基础是由相同的材料构成的。"[2]

阿伦特的论战目标并不像罗森伯格那样明确,但《文化的危机》

[1] H. 罗森伯格(1973):《独立思想群体》,见《发现当下》(Rosenberg, H. "The Herd of Independent Minds", *Discovering the Present*. Chicago: University of Chicago Press, pp.24–8)。罗森伯格在对罗伯特·沃肖(Robert Warshow)的辩驳中提出了经验和情境之间的区别,罗伯特·沃特认为,1930年代的"共产主义经历"对大多数当代美国知识分子来说都是构成性的,但罗森伯格说这种主张将共产主义视为一个"群体事件",即通过引用历史现象来缝合当代群体的方式,而这种方法的代价是省去了其中事件对不同个体来说可能是"重要的"或"相关的"的不同方式。在麦卡锡时代及其后的时代,这种将共产主义转变为仅具有"大众文化意义"的事件的担忧(25),对罗森伯格和阿伦特而言都将具有新的意义。在《保守自由主义与罪恶的过去》("Couch Liberalism and the Guilty Past")一文[这篇文章是罗森伯格在1953年对另一篇文章做出回应的产物,最初在英国杂志《文汇》(由"文化自由大会"赞助)的第一期上发表,最近又被发表出来]中,罗森伯格对新一批出于对昔日激进的忏悔而走向反共立场的自由主义知识分子的形成进行了抨击(Rosenberg[1959],"Couch Liberalism and the Guilty Past", *The Tradition of the New*. New York: Horizon Press[written in 1955])。他这样做也呼应了阿伦特1953年对忏悔的前共产主义者的政治道德化的批判。(阿伦特[1994]:《前共产主义者》["The Ex-Communists," in *Essays in Understanding*, 1930–1954, Kohn, J.ed. New York: Harcourt, Brace and Company],也可参见H. 阿伦特致K. 雅斯贝斯的信,1953年5月13日,见阿伦特和雅斯贝斯《通信集:1926—1969》,第209—217页)。我在《〈人的境况〉的体系结构》(*The Architecture of* The Human Condition)(正在撰写的作品)中对此背景之下以及阿伦特著作中的冷战早期政治的影响有更广泛,也更详尽的阐述。

[2] 罗森伯格:《群体》,第20—21页。罗森伯格没有说出具体的《党派评论》的作者,但是他确实提到了1947年和1948年出版的一系列文章,这些文章可以视为詹姆斯·伯纳姆(James Burnham),莱斯利·菲德勒(Leslie Fiedler)、威廉·巴雷特(William Barrett),也许还有菲利普·拉甫的作品。克里布拉特在讨论"行动/抽象"的文章中,忽略了《群体》中这一核心线索,他将这篇文章简单地视作罗森伯格反对"大众文化之压迫性"的表达(7)。

与他对大众文化批评主义的反思性批判产生共鸣，这不仅仅出现在她对他作品的引用中。在这篇文章的开篇部分，阿伦特一开始就暗示文化的“更根本的问题”是它与社会总体的关系，不仅包括“大众”社会，也包括“好的”社会。她还指出，美国人很难注意到这个更为根本的问题，因为美国“虽然对暴发户的野蛮的市侩主义至为熟悉，但对欧洲社会中同样令人厌烦的文化的和有教养的市侩主义却只知一二，而在这种社会中，文化已经获得了‘势利’的价值”。她说这就是为什么“如此众多的大众文化批评家对拥有美好而高雅的社会的黄金时代的向往”如今“在美国比在欧洲更盛行”的原因所在（*CC* 198［195］）。阿伦特在心里想到了谁，在此并无直接明示，但在她的一篇更早的文章（《文化的危机》的前半部分以此为基础）中更清晰地说明了这一点。她写道：“不幸的是，如果走出大众文化和大众社会的困境和矛盾，可能会出现对某种并非更好，而是有点儿过时的事态的不合理的和无用的渴望，急切而不加批判地接受这些明显势利的和市侩的术语（如高等、中等和低等），这是某种不妙的征兆。”[1]难怪罗森伯格会以热情洋溢的笔调给《纽约时报》写作关于《在过去与未来之间》的书评，他特别挑出了《文化的危机》，尤其是对其中有关大众文化批评家的“肤浅向往”的几行文字做出了特别表扬。[2]

5

阿伦特在《文化的危机》的前半部分对文化市侩主义现象的担忧为文章的后半部分埋下了伏笔，特别暗示着她将转向康德，借用康

［1］阿伦特：《社会与文化》，第280页（着重号自加）。

［2］H. 罗森伯格（1961年7月30日）：《我们赖以生存的概念》（“Concepts We Live By”, *The New York Times*, BR6）。

德的第三《批判》来阐述审美判断的概念，以此反对将审美判断作为社会进步的工具或社会地位的标志。阿伦特不仅坚持美学和道德之间存在区别（*CC* 219–220［216］），而且通过放弃对“无目的的目的性”的独特的理解，使她比康德坚持得更加彻底。“无目的的目的性”最终曾使康德把美当作道德的象征，这也是对格林伯格的批判方案而言十分有效的康德主义的独特版本。阿伦特对康德思想的这种主导倾向的抗拒在她对审美判断之有效性范围与本质的处理中清晰可见，这是她在“纯粹审美判断的演绎”中探索康德的主张时所涉及的一个主题，即判断需要培养一种“扩展了的心智”（enlarged mentality），通过这种方式，下判断的主体可以“在其他人的立场上进行思考”（*CC* 220［217］）[1]。正如其他读者已经注意到的，她与康德最大的差别在于，她认为判断“从来都不是普遍有效的”，并主张只有在“判断者设身处地站在他的位置上对其加以考虑的他者”那里才有效（*CC* 221［217］）。［在巴德学院个人图书馆收藏的英文版《判断力批判》中，阿伦特反复抨击翻译者将“Allgemeinbeit”译为“普遍性”（universality），并用“一般性”（generality）加以替代。[2]］然而，在这一差异的表面之下，康德和阿伦特在鉴赏判断的根基问题上还有更为重要的分歧。

当康德在“演绎”中提出“扩展了的心智”这一主题时，他似乎已借助目的性的“纯粹形式”来理解无目的的目的性，即将其理解为抽象运作的产物。因为他认为在鉴赏判断中，我们从我们表征的各类偶然事件（也是我们的表象容易被魅惑和被情感所玷污之处）中“抽象出来”，从而“将自己置于他人的立场”，而且“只关注”我们自身的表象状态的“形式特殊性”（*CJ* 174［5: 294］）。如此，可以使我们获得“全人类”的一致同意，因为在一个判断行为中发挥作用的所有官能之间的形式关系在整个物种中都是相同的（*CJ* 170［5:

［1］这些是阿伦特对*CJ*，第174–175页（5, pp.294–295）中的短语的使用。

［2］这是J. H. 伯纳德（J. H. Bernard）的翻译（New York: Hafner, 1951, repr. 1964）。

290]）。对于阿伦特来说则相反，“扩展了的心智”的运作不是通过从质料中抽象出来并走向我们的表象形式，而是通过想象的运用来实现的，或者正如阿伦特后来在关于康德的演讲中所说，是通过一个“位置”（position）来实现的，在其中，我们想象性地将自我置于既非特定他者的主体性，也非一般人类的主体性位置上，而是关于他者的在世性（worldly）立场或位置：即“他们所处的位置，就是他们所受支配的在世性条件”[1]。换言之，在《文化的危机》中，阿伦特提出并发展了我们之前讨论过的康德关于“无目的的目的性”的两个概念中的第一个概念，即，将鉴赏判断的基础定位于自由游戏在时间上延伸的、未完成的活动中，她明白这不仅仅是主体官能与对象之间的关系，而且是在与他者栖居的世界里，或朝向这个世界的一种存在方式。

需要重点强调的是，康德和阿伦特在这一点上的不同，并不仅仅是考虑所有（*all*）他者的立场（康德）与考虑某些（*some*）他者立场（阿伦特）之间数量的差异。对康德来说，扩展了的心智中所涉及的抽象运作，允许在我们自身的主观状态层面与碰巧也在观察同一对象的任何他者的主观状态之间预设某种统一性。这为罗森伯格所说的“共同经验”的期望奠定了基础。而对于阿伦特来说则相反，扩展了的心智所涉及的想象力发挥构成的是罗森伯格所说的“共同情境”，在此，人们与他人分享的不是一种心智状态而是一种定位，在这种境况中，相同的在世性对象对他们来说是“相关的”（pertinent）或“切题的”（relevant）[2]。这一差异对于以鉴赏

[1] 阿伦特：《康德政治哲学讲稿》，第43页。在《文化的危机》中，阿伦特还没有运用想象的概念来解释“扩展了的心智”这一概念，但她确实反复提到了他者的“位置”和“观点”。

[2] 罗森伯格在用“相关的”（pertinent）这个词来谈论“群体”中经验和情境的区别，参见《群体》，第24页；阿伦特对“切题的”（relevant）的使用，例如*HC*，第51页和第179页，我特别感谢和丽娜·祖克尔外丝（Lena Zuckerwise）就*HC*中“切题”的含义所作的讨论。

能力去抵制道德主义和文化市侩主义而言有着至关重要的意义。诚然，康德坚持认为鉴赏判断是不能被证明或被证伪的，这似乎是对付自命不凡或自以为是的解药（*CJ* 166［5: 285］），但是美学的不可证明性仅仅意味着试图说服某人进入某种感觉是没有任何意义的。它使我们坚信——就好像在我们之间——一个没能看到这朵花或这个艺术品之美的人，只是被更直接的感官满足所侵蚀。事实上，康德提醒我们，扩展了的心智的运作涉及“与其说将一个人的判断力提升到实际的程度，不如说只是提升到他人可能达到的程度”，因为他人的实际判断可能会受人类对魅惑和情感的敏感性的影响，或被开化不足等原因所侵蚀，而他人可能有的判断则是他们只要判断正确即可达到的判断。它们代表着一种视域，在此，不同主体的审美回应，经过适当净化，可以将其对“人类理性”的表达融入其独一性之中（*CJ* 173［5: 293］）。阿伦特在关于康德的演讲中也会提到他人可能的和实际的判断之间的这种区别。然而，对她来说，区别并不在于将扩展了的心智与处于不纯状态的实际判断将面临消失的观念联系在一起，而只是为了提醒我们，在扩展心态时，我们根本不需要想象“别人脑子里到底发生了什么”，我们的责任是考察他者的在世境况，而不是其精神状态。[1]因为在世境况并不能决定栖居于其中的人的实际判断——处于同一境况中的两个人可能会以不同的方式来判断同一个事物——我假想如果处于别人的立场我会做出的判断仅仅是他者可能的判断。因此在阿伦特的惯用法里，可能与实际之间的差距并非堕落的标志，而是人类多样性之不可约事实的标志，是打消共同情境会在共同经验中发生的期待的方式，以及对这种期望受挫时可能出现的傲

［1］在阿伦特对康德的解读中，探讨了“扩展了的心智”和移情作用的不同之处，参见L. 泽里利（2009）：《朝向判断的女性主义理论》（Zerilli, L. “Toward a Feminist Theory of Judgment”, *Signs* 34, no. 2, pp.313–314）。

慢和道德主义的检验。

对于阿伦特而言，这一切并不意味着审美判断纯粹只是歧见性的（dissensual）。她承认，当人们“在什么是愉悦和不愉悦的问题中发现了某种亲切关系”时，会“认出彼此”，并“感觉他们属于彼此”（*CC* 223［220］）。然而，阿伦特特别反对将趣味理解为某种“本质上高贵的组织原则”。审美判断吸引她的原因似乎在于，这可能是发现人们之间以及人与对象之间一种令人惊讶的亲密关系——摆脱确定判断之现有的身体网络的亲密关系——的场所。因此，她关于发挥趣味官能的范例之一就是“大逆不道”的歧见者西塞罗的宣言：“在天堂的入口处，我宁肯和柏拉图一起犯错，也好过与其对手一起正确地思想。”她明确地将此与一群科学家的趋同判断，以及专家们对美的权威判断做出对比，他们认为“就像大多数人训练我们的心智那样，他们训练了他们的感官”，因此发现“美的强迫性并不比真理少（也就是强制性的）”（*CC* 225［222］）[1]。事实上，人们很容易将《文化的危机》解读为对这样一种歧见性的亲密关系的敏锐表达，尤其是根据阿伦特似乎是在同一次修订中在文章中添加的三种元素：在开篇段落中对罗森伯格关于媚俗观察的令人惊讶的引用；她对西塞罗做出注释的最后三个词，“在我与人和事物的联系中，我拒绝被强迫，即使是被真理，甚至是被美强迫”（*CC* 225［222］）；以及文章的最后一句话：“无论如何，我们要记住罗马人——第一批和我们严肃地对待文化的人——他们思考一个有教养的人应该是这样的：他现在与过去都知道如何在众多的人、事物与思想之间去选择他的同伴。”（*CC* 226［222］）

最后，就像阿伦特转向康德美学并不是为了支持，而是为了削弱

［1］有关阿伦特将品位作为艺术-现实世界的客观品质与发生于行动中的自我表露之间的桥梁的讨论，参见马克尔的《阿伦特的工作》（Markell, “Arendt’s work”），与斯托雷的《政治的品位》（Storey, *The Taste of Politics*, ch. 3.）。

趣味范畴的部署，这种部署建立或确保的是判断主体间的社会等级，而当其涉及判断的对象时，也会产生类似的后果。在这一章的前面，我已经指出，阿伦特在《人的境况》中对艺术作品理念的阐述，充当了工作的观念与行动的观念之间的连接点，而在阿伦特的写作中这些观念之间的转换是通过一个引人注目的中心点得以发生的。在此，她不再认为艺术作品是对某种特定的持久物品类的命名，而是认为美的判断适用于“任何有形的和看得见的对象”，包括普通的使用对象以及我们通常所认为的艺术品（*HC* 172-173）。在《文化的危机》中，阿伦特重新阐述了这一思想的两个方面，再三地将艺术品和使用对象区分开，并坚持认为，“如果我们想判断一个对象，即使是普通的使用对象，也应根据其使用价值，而不是根据其外观——也就是它是美的还是丑的，或介于两者之间——加以判断，我们就不得不死死地盯着它”（CC 210［207］）。在关于艺术品和其他物品区别的声明中，阿伦特提出，关键的区别在于“艺术品是人为地与消费和使用过程分离的”，这种“可以通过多种方式实现”的分离，就是产生“特定意义上的文化”之物（*CC* 209［206］，着重号另加）。然而，“分离”理念的关键在于，当阿伦特第一次将它作为理解艺术品类的一种特殊性方式时，她对艺术品本身的属性只字未提。例如，因某些物品从直接的实用语境中分离而说其是“无目的的”，根本就不等于说它们就属于那种激发审美愉悦体验的特殊对象的范畴，因为它们展示的是“目的性的纯粹形式”，或因为它们除了物理媒介的形式特性之外没有任何别的参照物而被净化。阿伦特并没有以这种方式将无目的的目的性与对象本身的某些特性捆绑在一起，而是以对待某种对象——潜在意义上任何对象——的方式对其进行定位：无论何时，我们将一件艺术品与其直接的使用要求分开，以便于能以某种不同的方式与之面对面，或如康德所说，能对它不由自主地显示出来的外观欣赏流连，并将这个对象究竟好在哪的问题扩展到更大的问题，即

“这个世界看起来是怎样的，什么样的事物会在其中出现”（*CC* 223［219–220］），那么，我们就正在为审美经验，或者——最好说——既是审美的又是政治的经验创造条件。[1]在区分的过程中，改变的不是对象而是对象的背景和环境：它的情境，我们与它的关系，以及我们借此而与彼此发生关系的情境。谈论“文化的危机”就是谈论我们与在世性对象发生关系的情境之危机，即对其显现的无反应（unresponsiveness）或不在意（inattentiveness）。不断地宣传审美特质的标准，或竭力使高级艺术免受庸俗大众的破坏，或誓死捍卫其纯粹性（美学的或政治的），都不能解决这个危机。相反，解决方案就在其症状与根源之中。

这一章的早期版本曾在西方政治科学协会会议上，以及加州大学洛杉矶分校、圣母大学、多伦多、康奈尔和德保罗等地方发表过。我感谢所有听众和我在芝加哥大学举办的有关阿伦特和美学研讨会的参与者。我特别感谢乔舒亚·迪恩斯塔格、凯南·弗格森、安德烈·弗兰克、尼可·科姆普里迪斯、詹姆斯·马特尔、凯利·麦克布赖德、基尔斯蒂·麦克卢尔、大卫·帕纳贾、特拉西·斯特朗、琳达·M. G.泽里利、莉娜·扎克威瑟，以及所有同行的评论和谈话。这一章的研究和写作得到了美国学术协会和芝加哥大学社会科学部的资助。

[1] 如果康德的策略是让美成为善的象征，人们可能会说，阿伦特的策略是强调善对美的依赖，或者更广泛地说，是对显现（appearances）的依赖——她在暗示某物的有用性（*usefulness*）与其外观（*look*）是相互关联的（*HC*，第173页），这与她对柏拉图有关理念的理论之独特解读是有共鸣的。她提出，在将理念表示为“标准、尺度和行为准则”（借此，极其不可靠的人类事务的世界就可能屈从于更稳定的秩序）时，柏拉图只将美作为善的附属。（*HC*，第225—226页）

第二部分

诗学、理论和乌托邦政治

第四章 法农的去殖民化审美

刘易斯·R. 戈登

康涅狄格大学

人不能生活在一个没有价值的世界里。

——阿兰·洛克

我来到这个世界并渴望理解万物，我的头脑中充满回到世界之源的渴望，而现在我发现自己是在其他物体中的物体。

——弗朗茨·法农

法农的读者通常会认为他是一位诗人，这并不是说他有意在写诗，而是其作品总是充满诗意。从某种程度上说，这一写作特点是受艾梅·塞泽尔（Aimé Césaire）的影响。艾梅·塞泽尔是著名的马提尼克岛籍诗人，也是他创造了"黑人精神"（Negritude）这一术语。这一术语最初指超现实主义，后指非洲和非裔加勒比学生于20世纪30年代在法国组织的泛非洲运动[1]。另一方面，这也是由于法

[1] 见艾梅·塞泽尔（Cesaire, A.1995）：《返乡笔记》[*Notebook of a Return to My Native Land* (*Cahier d'un retour au pays natal*). Rosello, M. with Pritchard, A. trans., Rosello, M. intro., Newcastle upon Tyne, UK: Bloodaxe Books] 对这一运动富有洞见的批判性研究，见F. 阿比奥拉·艾尔雷尔（2011）的《黑人文化认同运动：在法语非洲和加勒比地区文学与思想中的探索》（*The Negritude Movement: Explorations in Francophone African and Caribbean Literature and Thought*. Trenton, NJ: Africa World Press）；也可参看D. 琼斯（2010）的《生命哲学的激进话语：黑人精神、活力论和现代性》（*The Racial Discourses of Life Philosophy: Negrittude, Vitalism and Modernity*. NY: Columbia University Press）。

农的哲学倾向，这可追溯至其童年时代就接触了亨利·伯格森（著名的法国籍犹太哲学家、诺贝尔文学奖得主）的作品，以及其终生对让-保罗·萨特（法国非犹太籍哲学家，尽管他最想以作家的身份被人熟知，却拒绝了诺贝尔文学奖）思想的兴趣[1]。然而，这些领域在法农思想中并非简单的聚合，因为除了黑人精神和欧洲的生命哲学（lebensphilosophie）以及存在主义之外，还存在黑人思想自身带来的挑战以及强加于黑人思想上的挑战。黑人思想家被认为是反思想的，这使得那些令他或她得以出现的资源充满了讽刺、悖论以及愤世嫉俗与徒劳无益的抵抗。

对法农风格的评论随处可见。戴维·马塞和以其思想为基础的瑞兰德·拉巴卡认为法农的作品只是“修补术”[2]。然而，如果我们将法农带离黑人知识分子传统所提出的问题，即阐明黑人的人性所面临的挑战将导致人们对试图提出此类想法的方式做出反思，这个概念就会出现。例如阅读安娜·朱利亚·库珀的《来自南方的声音》以及W. E. B. 杜波依斯的《黑人的灵魂》，你可以发现这两篇文章在形式和结构上有着明显的相似性[3]。从某种意义上说，它们都是论文集。而从另一种意义上说，每一章又不完全是一篇论文，而是部分为诗歌，带点音乐性，在精神上引人入胜，而且通常也是批评性的。更早些时候，一方面有一些抗议性的作品，如大卫·沃克的《对世界上

[1] 关于他的传记评论，可参见A. 切基（2006）的《弗朗茨·法农肖像》（*Frantz Fanon: A Portrait*. Ithaca, NY: Cornell University Press），以及杰马伊·谢赫的纪录片《法农：他的生活、他的斗争、他的作品》（*Frantz Fanon: His Life, His Struggle, His Work*. ArtMatta Productions, 2001）。

[2] 戴维·马塞（Macey, D. 2002）：《弗朗茨·法农传》（*Frantz Fanon: A Biography*. New York: Picador）以及瑞兰德·拉巴卡（Rabaka, R. 2011）的《法农的形式：法农的批判理论与去殖民化辩证法》（*Forms of Fanonism: Fanon's Critical Theory and the Dialectics of Decolonization*. Lanham, MD: Lexington Books）。

[3] 安娜·朱利亚·库珀（Cooper, A. J. 1982）的《来自南方的声音》（*A Voice from the South*. Xenia, OH: The Adline Printing House），以及杜波依斯（Du Bois, W. E. B. 1903）的《黑人的灵魂》（*The Souls of Black Folk*. Chicago: A. C. McClurg & Co）。

所有有色公民的呼吁》，另一方面一些作品也包括对人类科学的沉思，如安忒诺尔·费尔曼的《种族平等》[1]。所有这些作品（包括法农的作品）都存在着黑人作家所面临的矛盾。如果他或她的作品专门针对黑人读者，就会有一个直接的受众群体，但也会有一种奇怪的对隐藏的肯定和对非显现（non-appearance）的预设。而如果仅针对白人读者，则意味着要消除自我和黑人的世界，因为白人世界所要求的往往是对现实的自恋式反映或将现实当作这个世界所希望的那样去肯定。接下来的任务就是打破这种分裂和思想的隔离，借此，思想观念才能超越其他所有人对黑人进行封锁、征服和压制的种族结构，从而得到清晰的表达。

法农的风格颇具讽刺性。尽管当他还是里昂大学医学专业的学生时便写了很多戏剧和文章，而他为世人所知晓的作品却是《黑皮肤，白面具》，他原本打算将之作为自己的博士论文[2]，但答辩委员会以不适合为由拒绝了他的论文申请，于是他很快，据说是在两周之内完成了一份满足委员会对实证研究期望的研究报告：《遗传性小脑脊髓退化的心理障碍和精神病症状：关于弗里德里希精神错乱的个案研究》，这也是他在1951年参加答辩的论文。虽然可以推测，答辩委员会认为他的第一篇论文中有问题的是其主题，但人们也可以推测，是他的写作方式使得委员会可能无法真正看懂法农在写什么。

---

[1] D. 沃克与H. 加内特（Walker, D. and Highland Garnet, H. 2007）的《沃克的呼吁，伴随其人生速写，以及加内特致美国奴隶的发言》（*Walker's Appeal, With a Brief Sketch of His Life, Also Garnet's Address to the Slaves of the United States of America*. New South Wales, Australia: Dodo Press［original, 1829］）；以及A. 费尔曼（Firmin, A.1999）的《人类种族的平等：19世纪海地学者对欧洲种族主义的回应》［*The Equality of the Human Races: A Nineteenth Century Haitian Scholar's Response to European Racialism*, Charles, A. trans. New York: Garland (original 1885)］。

[2] F · 法农（1967）：《黑皮肤，白面具》（*Black Skin, White Masks*, Markmann, C. L. trans. New York: Grove Press），我参考的是这个版本，而对其译文的修改则参考的是原法语版本（1952）［*Peau noire, masques blancs* (Paris: Editions du Seuil)］。

当今科学文献方面的研究者和学者们都很清楚，平庸的作品往往会因其固定的格式和例行的常规更容易发表。但这并不是说，如果全由白人教授组成的评判委员会看到了法农第一篇论文的意义，就不会否决它了。毕竟，为了维护种族秩序，大量关于非洲思想史的作品都被压制和遗弃了[1]。假设不涉及种族主义(不幸的是这似乎不可能)，最初这篇被拒绝的论文就是20世纪思想的经典之作，其影响力其实也已经渗透到了21世纪。因为这位26岁的医科学生提供了比他所提议的黑人一体化方案多得多的东西。法农理解黑人异化是如何与人类异化联系起来的——因为毕竟，在白天结束之时，黑色将是世界的尽头——他勾勒了一个更激进的计划作为其作品的主题，即人类的一体化，以摆脱一群人与其他人之间的破碎关系所导致的灾难。他认为，这样一项任务不仅需要在思想和行动层面上做出激进干预，也需要对实现这一任务所需的条件和方式进行激进干预。因此，其风格所导致的失败，恰好标志着它的成功，而同样地，其最初的成功也恰好标志了它的失败，因为这种成功会把它纳入可控范围之内。它的被否决反倒使其超越了自恋的方法论的颓废领域，以及学科意义上的实证科学的封闭通道。

法农在人们是如何(how)思考的基础上提出了人类解放的命题。这就意味着他要在方法论层面解决知识的殖民化问题。我们可以称之为知识的去殖民化任务，但法农说，这个任务需要的并不只是实现思想自由，还需要意识到，在某种程度上，思想的殖民化需要思想与赋予其意义的各种关系相脱离。法农认为，这种抨击与被殖民者被迫脱离使其生活本身具有意义的关系时所需的条件相连接，这

[1] 例如，伦纳德·哈里斯(Lepnard Harris)的文集《哲学诞生于挣扎》(Dubuque, Iowa: Kendall/Hunt, 1981)就因为没有白人受众而被所有哲学刊物编辑拒绝。他告诉我，因为假定一部关于美国非裔哲学的作品没有黑人读者就只能搁置一边，哈里斯为此花了将近十年的时间才找到一家有意扩展业务的非哲学出版社。

需要有超出修辞策略的常规预设（常规性预设的结果只是某种系统性的肯定）来做出干预。换言之，法农所不得不说的，需要以不同的方式说出来。

法农在《黑皮肤，白面具》中的“嗓音”（voice）如此具有在场性并非偶然。实际上他是以口述的方式把文章交给他的妻子乔茜·法农并由她打字完成的。结果就是给人一种感觉：这个年轻医生在来回踱步，停下来思忖，一会儿又举起手来这儿、那儿地说明指点一下，在作讨论时的某个片刻，他想要点一支烟，一边又看着烟灰缸，扮扮鬼脸，忽地，他站了起来，继而又慢慢坐下，重新安排好思路。在整个过程中，他就像是心理治疗师的病人，而他的另一半则在倾听、打字整理并将这些想法反馈给他，同时，他也以评论的方式加以叙述，因此这是一个元文本（metatext）。阅读《黑皮肤，白面具》需要了解从作者那里所表现出来的多重声音与立场，因为这本书罕见地兼具文本和元文本的特质，作者同时拥有相互对立的立场：一方面是内在主体，或在作品中吁求得到认可，它代表着朴素的黑人现代主体的立场；另一方面是作品批评性和元理论性的声音，它视投入其中的主体为待屠宰的羔羊。这两个对立的立场在作者那对其构想进行着口述的身体里交汇，它们发现自己在一场以失败为前提的战争中处于对峙状态，在此，一方的成功标志着另一方的失败。元批评要求改变社会结构，所以他的论证源于对主体未能实现体系之内的工作目标这一失败进行同化（assimilation）。换言之，朴素的主体则需要元批评的失败。

这种对“批评家”（critic）与“批评”（critique）的体察凸显了作为这一经典攻击方式之基础的存在主义维度，并使之成为所谓的“去殖民化反思”。这两个词（critic与critique——译者注）都源于希腊语中的“krinein”（决定），当其作为名词时，指的是决策者或裁判员（*kritēs*）。因此，在对某物做出批评时，唤起它的另一重意义并非疏忽，因为当事物受到批判之际，就是必须做出决定之时。做出这样的决定需要准则（*criteria*）：即对某物下判断或作决定所依据的标准和规则。因此，这种反思的存在主义核心就是使我们意识到必须做出选择，包括对呈现方式的选择，而如何做出选择则凸显了我们在这些选择中的投入，包括我们在这些实践中所维持的标准。这里有一个我们熟悉的存在主义主题在起作用，也就是关于严肃性的问题，价值的假定物质性可能会导致人们消除或遗忘对它们的责任。因此，法农的表达方式凸显了古老的实践理性思考。换句话说，读者不得不问法农在做什么，也可以说，他不仅思考了“我们要做什么”，而且思考了“我们能做什么”。

关于可能性的问题引发了失败的问题，对于法农来说，就是指向某种诊断，或更恰当地说，是一种社会诊断（sociodiagnosis），因为他认为常规的情境是一种有助于精神分析的社会现象：“如果不能在哲学层面上展开讨论——就是说人类现实的基本需求层面——那么，我愿意把讨论引到精神分析层面上——换句话说，就是引到‘失败’（在某种意义上也就是人们所说的发动机不打火）这一层面上。”[1]他的行动过程就是在失败的雷区开辟出一条道路来。从一开始他就宣布了种属定向性分析与个体化分析的失败，并提供了一种社会因素影响分析的路径，这条路径要求在意义的生产中承认文化生成的丰富性。然而，这一路径也提醒人们关注人类行动主体（agency）的作用：“人类社会不像生物化学过程，它离不开人类的影响。人是社会形成的原因。”（p.11）因为内外部失败的限制导致了其无法独立，所

[1] 法农《黑皮肤，白面具》，第23页。对此的讨论，参见L. R. 戈登（Gordon, L. R. summer 2005）在法农80岁诞辰纪念会上的文章《穿越不存在地带：对〈黑皮肤，白面具〉的一种解读》（“Through the Zone of Nonbeing: A Reading of *Black Skin, White Masks* in Celebration of Fanon’s Eightieth Birthday”, *The C. L. R. James Journal* 11, no.1, 1–43）。

以黑人（也被称为“黑色灵魂”）需要对其来源进行分析和祛魅，这一来源就是：“所谓的黑色灵魂其实只是白人建构出来的”（p.14，译文有修改）。这种建构是人类知解力的失败，如果我们愿意的话，它可通过各种盲目崇拜的产物来维护自己：包括语言，背弃信义的爱以及关于精神生活的如同法律般的原发性理论，等等。在各个方面，偏差和模仿的行为都揭示了失败。不是作为一个言说者或写作者，而是作为一个白人去说（去写），这使黑人的言说和写作成了某种模仿，因而不是真正的言说，不是行动主体的言说。即使受一个更广泛的结构影响，问题在于，黑人效应也应该被当作白人规范性的影子来看待。换句话说，这样的努力，就像一个白人所认为的：

> 没有什么比听到一个黑人正确表达自己更让人惊奇的了，因为他真正地安于白人世界了。有时我们会跟一些外籍学生交谈。他们的法语说得很糟糕：小克鲁索（又名布劳斯佩洛），生活富裕了。他给他们作解释，教他们，评改他们的功课。（p.36）

至少在拉康式符号学中，以爱的名义对规范秩序（性别差异在此具有本体论意义上的根本性）的预定期待将背负着殖民的重压而降临：不管是黑人女性还是黑人男性，其标准的中心都是白人男性，甚至不是白人女性。在宪法层面上，象征性期待会受类比论与还原论解释之间的真实关联所支配：在被殖民者的梦境生活中，一把枪就是一把“枪”（gun）。这一系列失败都是通过作者的自传来重新审视的，但因其个体性已经被心理图式标记，因而也不再只是自传。换言之，自我指涉（self-reference）的元结构意味着，当指涉到法农这个人时，其个体性叙事就失败了，因为他坍塌成了黑人，由此，其自传作为内心世界或神秘的自我报告的意义与普通自传就有所不同。换言之，那个出现在自传里的法农，是在对其可能性早已被否定的事物之高涨做出肯定。这样的展演简直不可思议。

法农那神奇的、自传式的、诗意的哲学思考就这样直接从那个因思考即将出版的作品而来回踱步的身体里抒发出来，述说着自我。在第五章“黑人的生活体验”（译文有修改）中，通过讲述一个被吓坏了的白人小男孩将那种固着的具象（embodiment）带入现实，这种述说就被打断了：

“‘肮脏的黑人（nègre）’，或者就是，‘瞧，一个黑鬼（nègre）！’”[1]

这一章的主题是“生活体验”，即愿意在一种结构性的强加的生活体验层面来讨论，它提出了一个关于主体（语言是由他说出，也是由他写出的）的问题。这个白人小男孩看到法农在里昂走着的时候，不禁惊叫出声。在小男孩的惊叹中被具体表达出来的语言让法农瞬间凝固了，也许还让人想起了但丁描述的地狱的中心——一个冰冷的仇恨与复仇的中心——他面临一场战斗，以抗争这冰冷的外部事物，在那里，他站在“外面”（outside），没有内在活动；换句话说，没有任何有意识的思想。对于法农而言，他已经达到了某种朴素（naivety）的程度，这使其可以游走于一个属于语言或文化的世界，一个作为可能性关系而存在的社会世界，其结果就是所谓的“跌倒”（fallen fall）：

我来到这个世界并渴望理解万物，我的头脑中充满回到世界之源的渴望，而现在我发现自己是在其他物体中的物体。

由于囚禁在这一使人压抑的客观中，我开始恳求他人。他们那救世主的目光扫过我瞬间变得平和的身体，还给我曾一度认为已经丢失的轻松，通过使我离开世界的方式，使我又回到了世界。但在那

[1] 由于nègre这个词的模糊性，既可指“黑人”（Negro），也可指“黑鬼”（nigger），我将从这一点开始引用法语术语。

> 儿，正好沿着背坡，我绊倒了，而他人则通过手势、态度、目光使我动弹不得，在某种意义上就像用一种染料来固定某种化学制剂。我发火了，我要求做出解释……但没有任何事发生。我发作了。现在，这些小碎片就是由另一个自我收集起来的。(p.109，笔者译，有修改)

法农所描写的关于自我的回忆是由其身体赠予他的，这个身体出现在镜子中，现在以一种不同于以前的方式被看到。毕竟，镜子变成了一种视角(perspective)，而从这个角度，法农原本假定自己属于对特定对象——黑人——有着共同态度的一类人，而现在，他却不完全认同这种假定了。通过以白人(以及其他反黑人的有色人种)如何看待黑人的视角来看待自己，他从某种反黑人(anti-nègre)的视角转变成了黑人自我(nègre self)的视角。尽管他并未将那个自我与他自己联系在一起，那个自我却从坠落中跌入其感知领域。结果造成了双重意识的两种运动。第一个是通过敌对大他者(Other)的眼睛看到自己，因而也是法农的文章竭力要使其黑人读者摆脱的被异化的现实。第二个是潜在的双重意识，是将第一种现实当作被构建的现实来实现[1]。这涉及对某种矛盾的展现，即将自我(跌倒后的跌倒)强加于世俗生活中自我的生命现实上，它将自身呈现为对冲突的文化逻辑(在此，曾经普遍的事物被特殊化)的辩证展示。对于法农

---

[1] 对这种双重意识的经典思考，见W. E. B.杜波依斯(2005年夏)的《黑人的灵魂》，而对此的讨论，参见P. 亨利(2005年夏)的《非洲现象学：其哲学启示》(“Africana Phenomenology: Its Philosophical Implications”, *The C. L. R. James Journal* 11, no.1, 79–112)；J. A. 戈登(2007)的《双重意识的礼物：理解被殖民者贡献的某种障碍》(“The Gift of Double Consciousness: Some Obstacles to Grasping the Contributions of the Colonized”)，见《后殖民主义与政治理论》(*Postcolonialism and Political Theory,* Persram, N. ed. Lanhan, MD: Lexington Books) 第143—161页；以及L. R. 戈登(2008)的《非洲哲学导论》(*An Introduction to Africana Philosophy.* Cambridge, UK: Cambridge University Press)，第73—80、174—177页。

来说，这种展示从其呼吁社会诊断时既已开始，并通过对失败的分析而得以延续。通过这种分析的激进性，它得以进一步发展，甚至挑战它的方法论假设："有一个方法消失的点"(《黑皮肤，白面具》，p.12)。这样即使方法论也必须受到批判，这意味着客体形成的激进性要求其规范性假设被放入括弧、被标注或被搁置。这一运动显然是现象学的，但因为它甚至不假定现象学是有效的，所以正如纳尔逊·马多纳多–托雷斯最近所言，它是去殖民的[1]。这种去殖民化的运动在潜在的双重意识的行动中凸显了现象学。

此外，我们在此所讨论的主题也是，人类对任何一种学科的、方法论的和风格策略的范围提出问题。法农想要解放人类，同时也提出了将人类作为研究主体或客体的问题。在一长串"非洲离散"(African Diasporic)批评家的影响下，法农明白，人类的不完整性对所有方法论或修辞学能够囊括人类主体的程度提出了挑战。要使人类能被任何单一的学科或方法囊括，需要在认知模型与人类之间建立一种同构关系。但这会将人类坍缩在与该模型的同一关系之中，最终导致人类认知的封闭。用句古话说就是，人类的现实也会变成一种物质。然而，如果物质可被定义为与其他事物无关的东西，那么，非关系型(non-relational)人类现实的概念就会出现。而当人类以可能性问题来面对这种封闭的否定时，这种模式就失败了。在人类世界，这相当于人类存在的社会性。换言之，人类不是一种事物，而是一种**关系**(*relationship*)。这种关系领域对单一学科能说出所需表述之物的程度提出了挑战。实际上，它要求的不仅是覆盖人类现实之维的广度，还需要在这些方法之间建立关联，最终实现一种超越学科和修辞简化论的交流模式。这也表明了人类现实的一个重要方面：

---

[1] N. 马多纳多–托雷斯(Maldonado-Torres, N.2007)：《反对战争：源自现代性下方的见解》(*Against War: Views from the Underside of Modernity.* Durham, NC: Duke University Press)。

从意指（signification）到象征（symbolization）的转变。与象征相关的“记号”（sign）是人类与许多其他动物共有的，它超出了其自身；而“符号”（symbol）——在希腊语中是“syn”（一起）与“ballien”（被抛）两个单词的结合——则通过人类各种有意义的关系将一系列具有解码性的记号组合在一起。人类共享现象学家所说的与意义模式之间的“主体间性”（intersubjective）关系，不仅能产生人类世界，而且在这个世界之内，也能产生新的意义形式，进而产生新的生活形式。

理解人类是关系性的，而且是由关系产生的结果，这会对日常价值生产的界限带来挑战。在此，美学超越了现代主义对艺术的价值期许，变成了生活现实的问题，它意味着人们可以去组织一个在其中他们得以真正生活的世界。前面的讨论就是主张，人类应该思考生活在一个人类世界里到底意味着什么。法农指出，殖民主义及其相关的认知秩序认为人类在本质上是有问题的，这无疑是由于人类存在的不稳定性和偶然性造成的。在一个所有筹划都是可控的和可预测的世界里，人类却极其烦恼地处于不稳定之中，甚至更糟的是，处于“亚稳定状态”（metastable）。至少前者还可以被流动性原则所支配，但在亚稳定之处，通过定位稳定性的行为即可超越稳定。换句话说，亚稳定所导致的是悖论（paradox），而不是矛盾（contradiction），在此，自我指涉通常会变成自我置换。

因此，描述这些问题的方法常常也会受到不正当的主体的制约。这种飘忽不定的研究所要求的写作方式，是对人类中心的反思与认定。因此，用某种单一的、同构的学科模型来说出所“是”，将会是对它的歪曲。此外，用跨学科的方法来解释它也将是一个错误，因为它可能是包裹在欧氏几何的二维逻辑中的交叉线条。要想进入人类（*human*）世界，就需要在多维度层面上进行生产（production）与揭显（disclosure）。人类交际性的多重维度，从诗歌到科学，从音乐和舞蹈到神性思考，以及从状语形式到疑问形式的语法层面，都有许多表现。换句话说，这需要一种不被征服或不受**学科性衰败**影响的写作形式。

学科性衰败是一种恋物主义，在此，通过对一门学科或其方法的过度投入，从业者可以逃离现实。结果就形成了一种唯我论，在这里，学科或其实践和方法都变成了一个"世界"。从学科衰败的角度来看，任务不是要明确阐述或理解现实；因为它使现实听命于学科期许的要求，所以从这样的角度来看，所有现实都是必将使现实具有意义的事物。它是衰败的，因为它假定了与现实同构的自身的完整性，它不再需要后来者，因而也无处生长，或无处可去。现实领域则总是超越学科所能达致的范围，通过对现实领域的实现，那种有生命力的学科将不断发展和成长，这是因为，作为对人类现实的表达，学科是一种有意识的结构。它们不断伸展，并在此过程中产生了知识。作为鲜活的人类现实的表达，它们也经历了疲惫与衰颓期，这导致学科反省往往会忽视学科形成的基本意图。最后，学科知识的沟通能力也因此无法对其衰退过程产生影响。最终，唯一的出路就是超越学科。它需要的是一种超越学科自身的悖论式行为——可以说是一种超越学科的学科。根据克尔凯郭尔的启示，让我们不妨将之称为"学科目的论中止"。正是在此，学科为了重建与现实的关系而超越了学科自身。[1]

法农在其著作中提到了所有这些问题，在其最初的作品中尤其如此。随着艺术和写作的发展，它提供了一种超越艺术的艺术形式（虽然没有明确将其作为一种艺术作品，但事实如此），一种超越写作的写作方式，或者更恰当地说，为了召唤它的现实，法农使写作通常不再只是写作本身，借此，他带来了一种写作的"目的论中止"。

---

[1] 更多关于此概念的讨论，参见L. R. 戈登（2006）的《学科性衰颓：艰难时期的生活思想》(*Disciplinary Decadence: Living Thought in Trying Times,* Boulder, CO: Paradigm Publishers)。

革命应该唱蓝调吗

法农更喜欢诗歌的媒介，对蓝调并不太在意。他做过这样的结论：

> 因此，蓝调——“黑人奴隶的哀叹”——的提出是为了赞美压迫者。这种小小的风格化的压迫是剥削者和种族主义者带来的。没有压迫，没有种族主义，就没有蓝调。种族主义的终结将敲响伟大的黑人音乐的丧钟……正如著名的汤因比所说，蓝调是奴隶对压迫的反抗。
>
> 时至今日，对于许多人甚至是有色人种来说，阿姆斯特朗（Armstrong）的音乐只有在这个角度才有真正的意义。
>
> 种族主义在膨胀，也破坏了实行种族主义的文化的形象。不管他们是要对其进行攻击还是将其粗俗化，文学、造型艺术、女店员的歌声、谚语、习惯和模式都恢复了种族主义。[1]

正如我们在引用《种族主义与文化》的段落中所看到的，对法农来说，为了一种新的人性而在确立新概念、设置物质性基础设施等方面促成根本的改变（这一点，他最终在《全世界受苦的人》末尾讲明了），就有必要明确呼吁蓝调的终结。[2]然而，我们必须思考，没有蓝调，力求现代社会转型和自由的斗争将会是怎样的呢？同时，是否正

[1] F. 法农（1967）：《种族主义与文化》（“Racism and Culture”），见J. 法农所编《走向非洲革命》（Fanon, J. ed., *Toward the African Revolution,* Haakon Chevaliet, H. trans. New York: Grove Press）。

[2] 见F. 法农（1963）：《全世界受苦的人》（*The Wretched of the Earth,* Farrington, C. trans. New York: Grove Press）。

如萨特在对黑人文化认同的讨论中所揭示的，蓝调必定具备与种族压迫和抵抗产生共生性关联的特征，以至于在争取自由的历史辩证法斗争之否定性时刻，蓝调将成为其唯一的绰号？[1]

正如法农一贯所说的，他的目标是革命。然而，在当代背景下谈论革命分子往往带有一丝怀旧的色彩，如果不是怀旧，那就是有些羞耻和尴尬，因为革命意识的全部意义在于向前看，这种怀旧情绪便颇具讽刺性。在新保守主义和新自由主义时代，对革命的怀旧情结体现了一种被封闭情绪所笼罩的精神，在此，即使是前进也似乎要根据向后的术语来理解[2]。人类的状况，如果不敢超越自由民主霸权的程序主义而为政治活动创建公共领域，会发现自己不断地被武力资源和逃避现实打断，因而不能对各种可能性进行探索。革命的问题归根结底是一种激进的社会变革，但是，促成社会世界的变革通常会伴随着其结果的进退两难，即关于我们是什么和我们应该成为什么的两难。这是一个以苦于物质救赎，同时又期待物质救赎为标志的时代的奇怪二元论。[3]

物质救赎之路在马克斯·韦伯的思想中曾得到过经典的构想[4]。然而，物质救赎伴随之下的现代化过程具有多重目的，这也是

---

[1]《黑色俄耳甫斯》(“Black Orpheus” trans. John MacCombie, in Steven Ungar, ed.);《〈什么是文学？〉以及其他论文》(*“What Is Literature?” and Other Essays*. Cambridge, MA: Harvard University Press, 1988)，第289—330页。

[2] 见保守主义与新自由主义的文学。例如，W. 布朗(2006)的《美国梦魇：自由主义、新保守主义和去民主化》(“American Nightmare: Neoliberalism, Neoconservatism, and De-democratization”, *Political Theory* 34, no.6, 690–714)。

[3] 参见：例如B. R. 巴伯(2008)的《耗竭：市场如何腐蚀儿童、弱化成年人、吞噬公民》(*Consumed: How Markets Corrupt Children, Infantilize Adults, and Swallow Citizens Whole*. New York: W. W. Norton)。

[4] 见P. 贝尔和G. C. 韦尔斯(2000)编译且作序的《新教徒的职业道德与新教伦理中的资本主义精神，资本主义“精神”及其他写作》(*The Protestant Work Ethic and the Spirit of Capitalism in The Protestant Ethic and the “Spirit” of Capitalism and Other Writings*. New York: Penguin Books)。

韦伯所说的“多神论”，其中包括世俗化的主张。这条道路承诺了某种改变，即从对生活现实的宗教伦理需求，转变为接近帝国主义的法律至上[1]。然而，将合法化作为对社会世界的现代征服的体现，这样的希望也伴随着各类限制[2]。在物质世界中，作为法律概念之基础的庄严（gravity）会被社会世界的这种公然沉降所困扰，庄重性由人类行为所创立，也会因这种行动主体的力量而面临死亡。然而，社会世界并非一个纯粹理性化的和可控制的世界。它也以有序的行动为前提，行动的枯竭则超出道德和法律之外，而位于信仰向上与向下的两极，以及对美丑的活生生的体验——即价值世界之中。[3]

在现代世界中，价值的问题，尤其是以其审美形式出现的价值，是对理性殖民的完整性做出抵抗之物。价值也是以自相矛盾的“逻辑”形式进行的评估实践，它要求即使是评价逻辑的来源也必须超越逻辑本身。一个人可以给自己的实践赋予价值，甚至就像尼采所说的，可以给“一个人的价值”赋予价值[4]。价值的这种超越能力使

---

[1] 见M. 韦伯（1978）：《经济与社会：阐释社会学概论》（*Economy and Society: An Outline of Interpretive Sociology,* Roth, G. and Wittich, C. ed. 2 volumes. Berkeley: University of California Press），以及A. 海勒（Heller, A. 1999）的《一种现代性理论》（*A Theory of Modernity.* Malden, MA: Blackwell Publishers）中的“价值”（“*Values*”），第200—220页。

[2] 例如，见琼·科尔莫夫和约翰·科尔莫夫（2006）编撰的《后殖民中的法律与失序》（*Law and Disorder in the Postcolony.* Chicago: University of Chicago Press）。

[3] 阿兰·洛克（Alain Locke）的《价值观与使命》（“Values and Imperatives”），见L. 哈里斯（1989）编撰的《阿兰·洛克的哲学：哈莱姆文艺复兴与超越》（*The Philosophy of Alain Locke: Harlem Renaissance and Beyond.* Philadelphia: Temple University Press and Søren Kierkegaard, Either/Or, Hong, H. V. and Hong, E. H. trans. [1987]. Princeton, N. J.: Princeton University Press）。

[4] 例如，见尼采《论道德的谱系》[Nietzsche, F., Kaufmann, W. and Hollingdale, R. J. trans., Kaufmann, W. ed. with commentary（1967），*On the Genealogy of Morals.* Hollingdale, New York: Vintage]，也可参见其《权力意志》[*The Will to Power,* trans. Walter Kaufmann and R. J. Hollingdale, edited, with commentary, by Walter Kaufmann, with facsimiles of the original manuscript (1967), New York: Random House]。

人们对其在社会转型过程中的作用产生了极大期望。为了继续进行殖民实践，体系性控制的主张必然包含一种反价值的价值，即一种反对价值开始出现的条件的价值。这种价值的来源在早期现代思想中最为明显，尽管其根源十分古老[1]。直到现在，它仍以人们熟悉的习语存在着，即"上帝的意志"。在一个由无所不知、无所不能和完全正义的上帝意志支配的世界里，我们发现自己总是不断地面对着人类的局限。我们所认为的不公正可能是我们自身局限所左右的结果。一个无限的存在才有可能从最初看来是不公正的事物中看到最终正义。这种理性化被称为"神义论"(theodicy)，(这个词)源于"上帝"(theo)与"正义"(dikè)，指的就是上帝的正义。如果上帝的工作完美并且本质上是正义的，那么，对我们来说，邪恶至少有两种解释：(1)世界上最终并不存在邪恶，所存在的只是其表象，和(2)邪恶在这个世界上出现乃人类自由的结果，它使得上帝的至善与邪恶的现实和谐共处。在这两种解释中，邪恶的概念与上帝无关。然而，我们应该怎么看待既无神又不公正的世界？我们该如何解释现代世界的不公正和苦难呢？对此，我们有各种说法，其中有两点考虑：(1)世界上最终没有不公正(尽管有苦难)，因为正义是一种价值，而价值最终不是"真实的"和"客观的"；或者(2)组织严密的知识体系和社会规章制度不应因坏人的癖性而受指责。在这些说法当中，我们不难发现某种以系统中心模式出现的上帝中心模式的世俗化翻版。

系统中心模式映现出偶像崇拜的持久语法以及那种将邪恶、不公正和丑陋现象归之于不可同化之物的做法。换句话说，具有讽刺意义的是，正是通过一种以世俗主义形式出现的对世俗的现代追求，神义论得到了延续。这种转移产生了新的理性化方式，同时也保持了非常古

[1] 相关讨论见J. 希克斯(1978)的《罪恶与上帝之爱》(*Evil and the God of Love*, revised edn, New York: Harper & Row.)。

老的合法化形式。上帝被新的体系标志所取代，“科学”和“政治体系”正是这种理性化的两个实例。科学的目标是认知，在知识的体系性生产中，科学成为严格性的终极来源。正如W. E. B. 杜波依斯在《黑人的灵魂》中所说的那样，政治体系的确立可能产生“问题人们”。这两种情况均来源于体系的完整与封闭，其矛盾性则必定是“外部”的。

因此，那些在政治上有所介入的革命思想家（如杜波依斯和法农）都面临着一场特殊的神义论战争就绝非偶然了。他们必须揭示体系（认识论的和政治的）的矛盾是内在的（internal），而这将带来对**替代方案**之需求的揭示。因此，这就形成了与其生活的社会规范性实践之间的某种双重关系。他们都必须将社会视作其本来的样子——从字面上看——就是以真实的方式去看，看到它的矛盾。对于革命者来说，他们的社会有一种寻求自我欺骗的映现之自恋的特征。革命批评家的工作——至少是革命知识分子的工作（包括艺术家）——就是消除这种自恋并使社会对其矛盾做出回应，但实际上，社会已将这一点实现为关于某个标志着世界末日的事件的误导性概念。

这种折回和双重愿景的语言，凸显出W. E. B. 杜波依斯的另一个洞见。在他对双重意识的观察中，隐含着他对诸多现代社会（它们每一天都依赖其贱民而生活着）隐藏的矛盾的指责。那么，该如何将正义调和为既是独立的，但又是所谓平等的？

揭示社会矛盾的事物多种多样。尽管散文能够提供理论思考，但也需要借助视觉和情感（sight and feeling）的力量。例如，对于爱迪生·盖尔的经典选集《黑人的美学》（1971）一书中所介绍的作家群体来说，艺术就其本身而言并不能为那些迫切需要社会变革的人做出辩护，尤其是以黑人权力的形式[1]。对他们来说，马克思论费尔

[1] A. 盖尔编（1971），《黑人的审美》（*The Black Aesthetic*. Garden City, NY: Doubleday Publishers）。

巴哈的著名的第11条纲领——关键是改变世界——中有一个艺术的维度。尽管黑人艺术作品的政治维度是众所周知的（通常在"抗议"的标题之下），尽管关于现代主义对抗先锋派、形式主义和超现实主义的经典诠释技巧一直被用于解释和评估这类作品，但对黑人创作作品时的存在主义维度的讨论仍不多见，而它对于解决法农酷似考古学的挑战却是至关重要的。这不仅是因为法农自身的哲学偏好，也是因为在欧洲现代性影响之下的黑人灵魂所带来的一些特殊的存在主义问题，包括在既被遮蔽又得以揭显的矛盾中标识出现代生活的种种异化形式。

现代欧洲生活的一个特点就是对它的许多主体的压抑，对其受苦者而言更是近似于（尽管其目标是全然）达到了社会消隐（invisibility）的程度。"存在"（exist），其词源学上的根基来自拉丁语对"ex（出来）sistere（站着）"之意的表达，意思是站出来，成为——在其他事物中——可见的事物。众所周知，黑人其实面临着过度可见性（hypervisibility）的问题，因此对于他们来说，存在一个悖论，即过度可见是不可见的一种形式。过度可见意味着被看见，但却是在被投射的、相异于自我的压力下，以压碎自我的方式被看见（"看，一个黑鬼！"）。我们把这种现象称为"认知闭合"（epistemic closure）[1]，它意味着以关闭探究与理解过程的方式被看见，即一种不被看见的看见，或者是没有疑问形态的被遇见，以及一种"无须了解更多"的"了解"。因为存在需要的是出现（emergence），这种有关人类处境的视角需要一个"开放性"（openness）的命题。换言之，人类总是某种超越他或她之直接沉淀物或永恒固定的要求的可能性。

---

[1] 更多关于此概念的讨论，见《法农与欧洲的危机》(*Fanon and the Crisis of European Man*)，第三章；以及L. R. 戈登（2000）的《实存的非洲：理解非洲存在主义思想》(*Existentia Africana: Understanding Africana Existential Thought*. New York: Routledge)，第4章。

更重要的是，由于这种根本上的不完整性，人类创造了集体活动的种种框架并最终以社会世界的形式而相遇。这个世界是一种意义框架，它通常超越了生活在此结构之中的人类个体的意图。实际上，人类将与其作为投影（投射的效果方面）的映现物相遇，而这些投影有多种形式，审美作品就是其中一种。

因此，阅读审美作品时要着眼于它的存在主义维度，这就意味着要考察人性形式显现为象征与意义的方式。为什么是象征和意义？因为尽管是人类活动（汉娜·阿伦特称为"工作"，也就是一种创造世界的活动）的结果，创造指向各种方向并超越自身[1]。就像大多数的符号一样，它"指向"（points）的是拥有一个创造者，作为被构建的和人工制作的现实而发挥作用，然后"指向"其自身的意义领域。"象征"（symbol）的希腊语词源是"syn"（"一起"）和"ballein"（"被抛"）。存在主义分析提出了有关"出现"的问题，并进一步将之当作自我与自我的疏离。换句话说，向内提出存在主义的问题将导向某种自我的置换，进而导致自我的闪避。因此，意义从其普通的类似于法律的结构——正如我们在辞书编撰（lexicogrphical）的定义［其希腊语词根指的是言说和词汇，而讽刺的是，"lexis"和随后在拉丁语中的"lex"，却是我们现在所知道的"法律"（law）］中发现的那样——转变为一种让生活变得有意义的新的、活生生的现实。拥有意义（have a meaning）和使有意义（to be meaningful）的区别在于，前者是"被给予的"（given）而后者是行动力量（agency）。正是意义与行动力量之间的联系引发了另一种存在主义的区别，即"解放"（不受阻碍的运动）与"自由"（随性的生活）之间的区别。自由要求有能力提出有意义的、未被给予充分关注的问题，并揭示想象力在人类境

[1] 见H. 阿伦特(1958):《人的境况》(*The Human Condition.* Chicago: University of Chicago Press)。

遇中的重要意义。如果人类没有想象力，生活会是怎样？幸福难道不就是充满实现梦想的可能性，而不幸则仅仅是生活在噩梦中，其希望只有通过某种想象的替代模式才能获得？这并不是说存在和自由需要幻想。关键在于，正如弗洛伊德所观察到的，我们与现实斗争，同时也做着“白日梦”。[1]就像儿童的白日梦是渴望长大一样，成人的白日梦中也有一个具有讽刺意味的成熟过程，这一过程超越了过多的“严肃性”。换句话说，生命需要生活的可能性。

托妮·莫里森在《最蓝的眼睛》[2]中对这样的主题进行了更为清晰的美学反思。正如加里·施瓦兹在其文章中深刻指出的，“托妮·莫里森在看电影”，束缚黑人“出现”的后果之一就是产生了模仿的动机[3]。模仿即失去自我的标准。原初、原型成为价值的生产者，因而对次级事物的分析总是绝对的。莫里森对处于美的种族化问题之核心的模仿进行了探索。她认为，模仿总是在一个向丑倾斜的不稳定斜坡上对“不及”(less-than)的事物进行分析，而混杂(种族、文化或其他)则总是苦于要被一致性所取代(看看作品开头以成人和儿童的语言形式表现出来那种代际乱伦的混杂所带来的丑陋)，这一探索将承认(recognition)辩证法的局限性提至显要位置。成为另外一种价值标准就是被淹没，因此，我们只能够以外来人的形式出现，甚至是外在于自我。当然，部分关于把黑人当作模仿对象的谎言

---

[1] S. 弗洛伊德(Freud, S.):《诗人与白日梦的关系》(“The Relation of the Poet to Day-Dreaming”)，见《性格与文化》(*Character and Culture,* Rieff, P. intro. New York: Collier Books, 1963)，特别是第36页。

[2] T. 莫里森(Morrison, T.):《最蓝的眼睛》(*The Bluest Eye*. New York: Washington Square Press, 1972)。

[3] G. 施瓦兹(Schwartz, G.):《托妮·莫里森看电影：通过模仿生命(芭芭拉·希捷)而建构种族理论》[“Toni Morrison at the Movies: Theorizing Race Through Imitation of Life (for Barbara Siegel)”]，见《黑人的存在：黑人存在主义哲学选集》(*Existence in Black: An Anthology of Black Existential Philosophy,* Gordon, L. R. ed. and intro. New York: Routledge, 1997. pp.111–128)。

是，黑人的原创作品也被全世界白人所模仿，而其真相却是，黑人和白人——以及，就此而言的棕色人种、黄色人种和红色人种的“克里奥尔化”[1](creolizations)。[2]我们在此看到了杜波依斯的双重意识主题的回归，因为黑人审美创作的原创性是作为白人规范性的矛盾而存在的，但白人主流在模仿它们时，却否认了其独创性。

存在主义和意义提出了我们称之为“符号性抵抗”的问题。隐含在标记和符号中的就是它们的这种置换，即它们总是指向自身之外的情形。对自由的思考往往以象征性形式呈现，正是因为它总是在超越，然而又对存在与价值的地位做出了重申。尽管莫里森的《最蓝的眼睛》在20世纪60年代黑人艺术运动兴起之后才出现，但它标志着存在主义反思的顶点，并揭示了白人承认辩证法的愚蠢。就像非洲式发型和黑人的拳头对于惧怕黑人平等的世界来说只是意味着暴力，就像“大声说‘我是黑人我骄傲’”对某些人而言意味着“我是黑人，我很危险”一样，法农所描述的那张臃肿而丑陋的脸，发现自己需要一场内部审视，这不是为了逃避，而是为了对行动主体做出修正，借此而为我们所急需的新的人性创造出不同的认知与审美条件。然而，问题在于，这样一种转换在政治上（也就是说，**外部意义上**）也展现了自身，这意味着，如果它使人停止行动，那么我们向内去寻求自爱并与自我厌弃作斗争，将不再可能。因此，写作的必要形

[1] 克里奥尔化（Creolization），即混杂化，指的是多种文化杂处之后相互融合产生全新的文化形态的过程，其最初的形式体现在语言方面，尤指加勒比地区在几个世纪的欧洲帝国主义殖民影响之下所形成的一种对标准英语进行了个人化和本土化重组的新的语言文化的杂交模式。——译者注

[2] 例如，见M. - R. 特鲁约（M. - R. Trouillot）：《全球化转变：人类学与现代世界》（*Global Transformations: Anthropology and the Modern World.* New York: Palgrave Macmillan, 2003），也可见M. 莫纳翰（Monahan, M.）：《克里奥尔化主体：种族、理性和纯粹政治》（*The Creolizing Subject: Race, Reasons, and the Politics of Purity.* New York: Fordham University Press, 2011），以及J. A. 戈登（Gordon, J. A.）：《克里奥尔化政治理论：通过法农解读卢梭》（*Creolizing Political Theory: Reading Rousseau through Fanon.* New York: Fordham University Press, 2014）。

式，就是在其与内在性或主体性的悖论关系中表达出这种向外行动的要求。

写作使人变成行动派

对法农来说，只关注政治而不去讨论行动是没有意义的。他认为，过度结构性的（系统发生的）和个人主义的（个体发生的）关于限制的阐述对黑人的存在颇具影响，因此有必要讨论行动。正如我们所看到的，在两者（系统与个人——译者注）之间是由社会世界所创造出来（社会发生）的事物，我们也应该注意到，不像生化过程，社会世界的延续需要人类。实际上，法农呼吁革命是因为他也呼吁改变社会世界。

当然，法农并不天真。他意识到，呼吁改变就相当于呼吁上帝的第二次死亡。当代世界有其自身的偶像，这些偶像代表着种族压迫和殖民主义的价值体系。因此，他所呼吁的转变，也需要对神义论动力学进行批判性的揭显。杜波依斯熟悉的"问题人物"主题，即承认自身完整性的体系存在着种种矛盾的主题，又回来了。法农通过披露语言征服错觉中的承认辩证法——将白人的喜爱当作合法化之源，以及与本章更为贴切的黑人精神的诗学等方面的荒谬揭示了这一点。法农与许多后来的黑人知识分子以及从事艺术运动的艺术家一样，曾认为黑人精神提供了诗学拯救的某种形式。它提供了一种爱黑人，因此也是爱自己的方式。但他从让-保罗·萨特的《黑色俄耳甫斯》（"Black Orpheus"）一文中了解到，这种退让需要绝对的信念，以避免陷入相对主义的消极时刻，即重新将欧洲人置于人类意义中心的时刻。爱黑人而不爱白人具有强化白人的反作用。用法农的话说："我不需要知道。"后来在《垂死的殖民主义》中，法农对把黑人创造的黑人精神的积极维度当作黑人行动主体的典范这一说法十分警惕[1]。但是，在《黑皮肤，白面具》的第五章中，当被剥夺了他"最后的机会"后，法农开始哭泣并消除了他与白人社会现实对抗的自恋式障碍。就在那时，他能够探索到反黑人种族主义的精神病理维度，也就是在那里，他清楚地看到，欧洲现代性所创造的世界缺乏正常的黑人成年人的概念。因为不管是在被驱逐的黑人、犯罪的黑人还是"被同化的黑人"那里，他们都是在对立中同时具有黑人性与正常性。前者是一种公认的交叉（黑人和罪犯被结合而成"黑人等于罪犯"，进而是"黑人/罪犯"），后者则是一种消除（黑人不等于常态/白人；因此同化等于白人/常态，这意味着"被同化的黑人"是"不是黑人的黑人"，这使得这一形象的存在模式处于矛盾之中）。如果黑人身份被锁定在这样一种畸形的范畴中，黑人如何才能形成健康的自我认同来获得解放？

在《种族主义和文化》及其著作《垂死的殖民主义》和《大地上的受苦者》中，法农探讨了文化反抗和社会转型的问题，这将广义上的美学作用摆在了显要位置。在所有这些文本中，悲剧性戏剧的主题都以权利竞争观念的传统方式来体现。殖民者的"权利"总是高于所有被殖民者的权利，而被殖民者的"权利"就是反抗殖民化并重新恢复他或她的人性。问题还被这些斗争主体进一步恶化，因为这些人并不是最初建立殖民地国家时的那些主体。换句话说，他们本身就出生于殖民环境中。在事先没有政治决议的情况下，这种相对权利主张的相互对峙，悬置了伦理的各种规定，但在悬置了伦理的世界里，除了暴力，还能期待什么？

这些文本是诗歌与历史共生的杰出实例，正如佩吉特·亨利（Paget Henry）在《卡利班的理由》（*Caliban's Reason*）中所表明的那

---

[1] F. 法农（1967）：《垂死的殖民主义》（*A Dying Colonialism,* Chevalier, H. trans., Gilly, A. intro. New York: Grove Press）。

样，这些文本揭示了他们对诸如“黑人艺术运动”等艺术政治化现象的看法[1]。特别有先见之明但却经常被忽视的，就是法农在《大地上的受苦者》里的观点，即民族意识必须取代民族主义。民族意识，即一个民族必须被建立起来。民族主义则依附于身份认同，有陷入种族中心主义、部落主义和种族歧视的危险。前者代表包容性的“我们”，它甚至包括为子孙后代创建一个世界的责任。后者却总是一种“我们对抗他们”的关系：“自我意识并不是要关闭沟通的大门。恰恰相反，哲学的思考教导我们它是沟通的保证。民族意识不是民族主义，而是赋予我们国际视野的唯一条件。”(《大地上的受苦者》，p.247）法农思想的存在主义维度在他讨论文化生产与社会转型的关系中表现了出来。实际上，他认为，存在先于本质，因此他坚持认为，艺术应该来源于斗争，而不是作为斗争的条件而被创造出来：“如果一个人因其行为而闻名，那么我们就会说，当今知识分子（也作为艺术家）的当务之急就是创建他的民族。如果是真正的创建，即这创建诠释了人民明显的意志并揭示了非洲人民的渴望，那么这种民族创建必定伴随着普遍价值的发现和鼓励。”（同上）在这一点上，法农将会反对任何一种以民族主义而不是民族意识为前提而进行社会转型的艺术筹划。然而，这个结论可能是不正确的。他观察到：“一个经常犯的错误，也是一个难以站住脚的错误，就是试图在殖民统治的框架内找寻本土文化的相应文化表达并赋予其新的价值。这就是我们会得出一个乍看起来似乎自相矛盾的命题的原因所在，即：在一个被殖民的国家中，最初级、最粗暴、最无差异的民族主义是捍卫民族文化最虔诚和最有效的方式。”（《大地上的受苦者》，p.244）法农的观点表明，有时候民族主义艺术对于规范性基础的形成是必要的，

[1] P. 亨利（2000）：《卡利班的理由：加勒比黑人哲学导论》（*Caliban's Reason: Introducing Afro-Caribbean Philosophy.* New York: Routledge）。

而通过这些基础，可以形成去殖民化实践斗争，最终引出民族意识反对民族主义的问题[1]。换言之，要使这个问题有意义，人民必须站在建设其民族的立场上。作为后殖民运动的一个条件，去殖民化问题至关重要。在此，我们看到了他对曾使其早年忍不住流泪的辩证元素有一种更为积极的重申，同时颇具讽刺意味的是，我们也看到了他为萨特观点的某个版本背书，萨特曾用此来支持黑人精神作为一种“反种族主义的种族主义”形式。

在这些讨论中，法农提供了一些关于在民族意识形成过程中被称为艺术的“符号性时刻”的洞见。因为尚未形成表达民族身份的新模式，身份认同的旧形式将成为国家认同的基础。尽管法农提到了各种各样的艺术实践，但毫无疑问，在他以及许多认为黑人革命的想象最初是受黑人精神所激发的人看来，诗歌是最享有特权的艺术活动。这就解释了为什么，尽管他对黑人文化认同不满，但他首先批判的却是蓝调。因为他认为蓝调与白人压迫的基础性条件更为相关，并将刺激对白人欲望做出最坏的映现。《种族主义和文化》中的控诉以更广义的形式回归了：“相信可以创造黑人文化就是忘记黑奴正在消失，正如那些使他们成为黑奴的人正目睹自己的经济和文化霸权在崩溃。”(《大地上的受苦者》, p.234）有鉴于新自由主义的全球主义的出现，历史并未证实法农的这一观察，但只要我们认为“黑人”的持久创作与种族主义剥削的新世界秩序存在必然的联系，这种观点仍然成立。这一论断本身依赖于功能主义的基础，在功能主义视野下，审美作品具有重要作用，而其作用并不能从美学方面，而

[1] 对这种区分的详细解释，见J. A. 戈登(2011)：《反对革命时代的革命：法农式民族意识在21世纪的意义》[“Revolutionary in Counter-Revolutionary Times: Elaborating Fanonian National Consciousness into the Twenty-First Century”, *Journal of French and Francophone Philosophy* (*Revue de la philosophie francaise et de langue francaise*), vol.19, no.1, 37–47]。

需要从政治角度进行评估。从这一点来看，对以诗歌为中心的辩护，就是将其与写作和言说联系起来，也就是与那些不是艺术家的知识分子联系起来。以这种方式，也就对词语的价值高于悲吟，以及对舞蹈的活力反抗做出了肯定。

但是，这种对蓝调以及由此延伸开来的黑人美学的评价是否成立呢？

蓝调思考，蓝调写作

法农对种族主义和殖民主义的反思以及在对黑人进行精神病理研究中发现缺乏正常标准的观察，最终使其提出了有关健康的意义问题。因为缺乏伦理基础，他在《大地上的受苦者》中所说的“希腊-拉丁基座”(Graeco-Latin pedestal)，也就是正义，其实现的可能性，也必须受社会力量重组的影响。因此，在缺乏正义的可能性的情况下，人们就会反思健康到底意味着什么。

在这里，我想要引用尼采早期作品中蕴含的社会健康理论，即他的古希腊悲剧理论。在尼采看来，健康不应该被认为是没病没灾，而应该被理解为一个有机体或主体或团体通过对生命的肯定来处理痛苦的能力。在《起源于音乐精神的悲剧的诞生》(*The Birth of Tragedy from the Spirit of Music*)中，他认为，古希腊人是通过创造悲剧来回应生活的不幸的。这种回应首先是以音乐和合唱形式呈现，但最终让位于更多的对话和英雄的出现。然而，英雄并没有通过无罪的申辩而得到释放，因为在悲剧中，这代表对立势力的和解——一个是狄俄尼索斯(音乐、流体、醉酒、女人和戏剧之神)，另一个是阿波罗(塑形艺术、秩序、和谐、形式和男性美之神)——虽然不同时期的侧重点不同，但每个实例都在表达着不管我们的灵魂有多好，生活总会给我们带来痛苦。尼采在悲剧观念中加入了一种堕落的理论，在此，生命会衰落，其价值亦是如此，这些价值通常会以虚无主义的形式表现。然而在整个成长期，却有着对充满活力的生命的肯定。

尼采可以很好地用来描述现代社会中黑人的困境以及对源自这种痛苦的审美回应，即蓝调。但是，在尼采对古希腊人的反思中，我们应该质疑这或许只是将黑人的苦难简化为种族主义和殖民主义。毕竟，黑人并不只是生活在这样的条件下。有时候，生活本身的情境性也会介入其中，而且正是生活的这些方面通常会在蓝调中被唱出来，会在蓝调诗歌中被哀叹，并成为蓝调的表演和视觉艺术基础。因此，蓝调并不只是一种种族主义的美学，也是现代条件下日常生活的主题。正如拉尔夫·埃里森在他那篇切中要害的文章——《理查德·赖特的蓝调》中所反映的：

> 蓝调是一种冲动，可以让痛苦的细节和一段残酷的经历在一个人痛苦的意识中鲜活起来，触摸它参差不齐的纹理并超越它，不是通过哲学的慰藉，而是从中挤压出的一种近乎悲剧的，或近乎滑稽的抒情诗体。作为一种形式，蓝调是一种用抒情方式表达出来的个人灾难的自传编年史。[1]

蓝调不应只是被简化为种族主义，这表明蓝调应被视为具有更广泛的作用。蓝调可以涉及生活中的任何一种痛苦。正因为如此，它本身已经成为现代性的主题。我们只须想想那些已经渗透到整个20世纪并继续延伸到21世纪的蓝调音乐的各种表现形式就知道了：摇摆乐、爵士、节奏蓝调、灵魂乐、摇滚乐、萨尔萨舞、桑巴、慢摇、卡里普索以及现在的嘻哈音乐。有趣的是，法农对比波普爵士乐大加赞

---

[1] 引自R. 埃里森(1964):《阴影和行动》(*Shadow and Act*. New York: Vintage, pp.78–79)。

赏，他认为这是寻求白人承认和仇富病态心理的丧失：

倒是殖民主义者成为本土风格的捍卫者。我们记忆犹新……当第二次世界大战之后，白人爵士专家们的新风格比如比波普爵士乐，就已明确成形。事实是，在他们眼中，爵士乐应该只是一个黑人老头的绝望的、支离破碎的怀旧情绪，他被困在五杯威士忌酒、对自己种族的诅咒和对白人的种族仇恨之间。一旦黑人开始理解自己，并以不同的方式理解世界上的其他的人们，他就会产生希望并迫使种族主义的世界后退，他的喇叭趋向流畅，他的嗓声也不那么嘶哑（《大地上的受苦者》，pp.242–243）。

法农对于比波普爵士乐的正确论述，也同样适用于蓝调及其他形式。蓝调的诸多方面体现了其自身的审美感受性（aesthetic sensibility）。蓝调音乐充满了反讽。它的悲伤体现了成年人对生活的理解，这种理解既清醒，又快乐。这是一种并非幻觉的幸福；这是一种作为领悟而非消遣的幸福。这是相比阳光而言的月光之美，尽管在阳光灿烂的日子里，蓝调可以让我们意识到在一览无遗的视野下有多少事物被隐藏。想想那些酒精所提供的麻木和蓝调所提供的领悟吧：麻木让我们一事无成，而所有蓝调作品却都提醒我们生活不是逃避而是要去面对。它用各种形式去表现这一点。譬如说，经典的蓝调结构总是充满重复，它揭示了生命周期的各种新的意义层次。在这个结构中，虽然一个故事被一再讲述，但可以从不同层面进行理解，其效果是一种宣泄，而在此之后，则是对起源点的重新理解。

讽刺的是，法农的《黑皮肤，白面具》符合上一段结尾对蓝调的结构性描述。在该作品中，法农讲述了一个故事，而这个故事在心灵启示的不断叠加的层面被重新讲述。在宣泄的那一刻——哭泣——清醒将与起初难以承受的现实对抗，即与毫无希望得到规范性认可的现实，与在其中承认辩证法必须被抛弃的现实进行对抗。

一点设想

法农实际上是在号召读者加入他的任务中去，即建构一个充满活力的世界，也是他所说的真正发展成熟的世界。对艺术家成功或失败的评价应该考虑到艺术本身作为一种社会变革的媒介所存在的局限性。毕竟，要求艺术改变世界可能超出了艺术的能力。当艺术在感觉层面上不再感动我们时，艺术还能保留多少艺术的成分？而政治改变是否就是艺术本身对情感的刺激？这并不是说审美领域不重要。我自始至终都认为，将我们栖居的空间改造成宜居之所是一个可行的维度。换言之，这是人类如何生活的一部分。

然而，宜居性问题在作者那里，是根据介入现实的目的论悬置原则。可以说法农作品中的人性使艺术与思想联系在了一起，因为与去殖民化理论表达相关的方法论资源要求解除关联的束缚，甚至在类型的层面上也是如此。因此，我们说人类需要理解，同时也是在说，通过一种偶尔的，稀疏而又强健的人类的可交流性而与另一不同的世界建立起联系，未来的倾听者也许已拥有了一种变形的耳朵。

因此，革命者必须唱起蓝调，因为他们的目标是理解和改变生活。我认为，法农不由自主就这么做了。

所以，让我们以开篇作结，用阿兰·洛克的题词来作一个简短的收尾："人不能生活在一个没有价值的世界里。"[1]

---

[1] A. 洛克：《价值观与使命》，见《阿兰·洛克的哲学》("Values and Imperatives", in *The Philosophy of Alain Locke, op. Cit.*, p.34)。

第五章　驶往彼岸的旅途：超越乌托邦的诗学、政治与理论的交叉运动

利亚·哈罗　杜克大学

雷蒙德·科尔斯　北亚利桑那大学

"僵死的权力遍布四周——在歌声消弭的森林里，在充满工业景观的夜里，它摧毁新生命并使其僵硬；在城市街道上，它虚掷光阴。我们想让人民拥有些不同的事物：不再认为我们身处一个陈腐保守的共和国，不再充满对幽灵的恐惧，对死亡的恐惧和对出生的恐惧。**我们想要别的东西**。(*We want something else*)"

——穆里尔·鲁凯泽(强调为我们所加)

诗歌的生命[1]

我们生活的当下以不平等、全球性毁灭、持续性危机与大灾难空前加剧为特征。与之相随的，是日报祷文与媒体风暴，它们不断宣称或暗示着事物现存秩序的宿命般的特性。这些物质生活的日常状况频繁地削弱着我们的理性与感性，使我们想象不出摆脱困境的任何路径。在弥漫着僵死权力的时代里，怎样的实践才会恳请和激发那种"不一样的事物"(something else)的到来呢？我们又如何才能融解被"幽灵恐惧"所僵化的感性和创造力呢？这种恐惧无休止地重

[1] 穆里尔·鲁凯泽：《诗歌的生命》(Rukeyser, Muriel. *The Life of Poetry*. Williamsburg, Mass: Paris Press, 1996)，第86页。

复着阿德里安娜·里奇（Adrienne Rich）[1]所说的那种“亘古不变的先锋性”。

在里奇“于我们当下可思或可说的边界线上探寻意义转换的诗学”[2]构想里，我们可能将会找到一些对这些问题的回应。文学、政治和理论中的这种追寻通常发生在乌托邦话语和实践领域。从其最佳意义上说，美学、理论和政治中的乌托邦冲动通常召唤我们对感知和存在进行一些改变，从而带来毁坏和超越既定结构的可能性。然而，过去二十年里种种事件所引起的回响已以不同方式宣告了乌托邦的死亡，同时也似乎表明，我们已以某种方式超越了（beyond）乌托邦。如果我们真的超越了乌托邦，那我们现在怎么去想象并实现关于可说与可思之物的激进替代方案呢？在这个问题上，我们又应该如何看待美学、理论与政治之间的关系呢？

1989年后，“历史的终结”被视作超越乌托邦幻象的条件。虽然这种说法与“末人”（last man）之间有着某种忧郁的关联，但在乌托邦愿景之终止这一问题上，所表现出来的政治与理论形式则几乎完全是肯定的。鼓吹这种说法的人认为，乌托邦愿望与现实世界的可能性之间的鸿沟虽然带来了压垮和破坏资本主义体制的合法性危机，但摆脱他者之后，获得全球性胜利的新秩序得到蓬勃发展，并大声宣告着全球共同繁荣的到来。然而，在不到十年的时间里，“9·11

[1] 阿德里安娜·里奇（Adrienne Rich, 1929—2012），当代美国著名诗人兼理论家，擅长描写女性在社会中的经历，被称为美国二十世纪后半期最有影响力的诗人之一，同时也是当代女权主义运动中极具影响力的人物之一。里奇强调诗歌与批评的政治与社会功能，在审美与政治的双重追求上有突出表现，曾多次获诗歌奖。其代表作有诗集《潜入沉船》（1973）、《二十一首情诗》（1976），以及评论集《那里发现了什么：诗歌与政治的笔记》（1993）、《人眼：社会中的艺术》（2009）、《可能的艺术：随笔与谈话》（2001）等。——译者注

[2] 阿德里安娜·里奇：《人眼：社会中的艺术》（Rich, Adrienne. *A Human Eye: Essays on Art in Society,* 1997–2008, 1st ed. New York: W. W. Norton & Co., 2009），第3页。

事件”以及随之而来的阿富汗战争和伊拉克战争的爆发，这些来自“外部”的爆炸从根本上动摇了“历史终结”的狂欢；而始于2008年的经济危机更是在全球经济秩序上为那场外部爆炸增添了持续的内部爆破。

终结乌托邦的精神迷狂导致了诸多忧郁的政治形式，而每一种形式都怀有特定的乌托邦乡愁。在美国，对极右分子而言，这种乡愁表现为“茶党”[1]的嘉年华形式，他们呼唤不受监管的资本主义，呼唤国家的守夜人，以及（自相矛盾地）呼唤一个不断君士坦丁化的基督教国家。在各种中立派（也吸收了许多之前的进步主义者）眼中，一个侧重管理的技术官僚型国家，合理惩处腐败，同时也能为市场化社会提供某些基础设施的支持，这样的国家成为他们心目中的灯塔。而在政治上无能的学院派极左分子那里，一种“新列宁主义”正伴随着对革命先锋派虚张声势地摇旗呐喊卷土重来。构成乌托邦乡愁的这些形式中的每一种，并非都有明显的乌托邦修辞，而是某种理解，即认为当整个体系得以合理阐述和体现时，这个体系会以一种理想的、持久的方式，而不是以自相矛盾地自我侵蚀和敌对的方式运行。

因此，在某种程度上，我们似乎更像是生活在一个重振我们所熟悉的乌托邦，而远非“超越乌托邦”的时代。人们确实可以这样认为，我们生活的这个时代之最显著的特征恰是由种种嘹亮且笃定的对乌托邦主题的重新表达构成的，而少有对业已表达充分且消耗殆尽的乌托邦理念发出“超越”的呼唤（哪怕是以最小的音量）。然而，在另一方面，讽刺的是，以这些形式出现的怀旧乌托邦主义却认为，他们只要停止“探寻边界线上的意义转换”的动态运动，也就是，停止对过去与当下做出批判性审视，从而对苦难做出创造性回应，并朝

---

[1] 茶党（Tea Party）不是一个政党而是草根运动，其性质为右派民粹主义运动，发端于1773年美国东北部的波士顿。其主要政治立场就是反对政府而推崇个人，谋求自下而上地改变现状，重塑美国政治格局。——译者注

着更具前景的替代方案努力，就算是超出了乌托邦。事实上，这正是死亡的力量。

我们敢肯定地说，如果要培养政治敏感性以及具有充分接受性与想象力的视角，从而将民主工作与行动带向可能的边界线，超越死气沉沉的现实裁定，让诗学（以及更为广义的美学）探寻与政治、理论的探寻两者交织，将是一项必不可少的任务。美学、理论和政治各自分离，则会枯竭我们的跨越能力，从而每天只能按部就班地做命中注定的事情。权力就深深植根于这种划分之中，因为它扼杀了想象的激进潜力，里奇将其定义为"感觉、看见我们本无法感觉与看见的事物，并在我们本应缄口不言之处找到表达形式的能力"。[1]这种审美感性与政治、理论的结合将增强我们驶向彼岸所需的能量，而三者分离，则会将诗降低为无关痛痒的游戏，将政治拘囿于汉娜·阿伦特所说的"行政管理"（administration），而理论则沦为现有秩序工具的重新组装。里奇曾写道："我们也许希望可以找到三种行动方式——诗歌、科学（理论）、政治——它们呈三角状交叠，带着独特的电流在彼此间移动，且贯穿我们的生活。"[2]但是我们该如何想象这种交流呢？

美学、理论与政治之间的关系绝非简单而直接的关系。里奇在雅各布·爱泼斯坦（Jacob Epstein）的雕刻艺术中阐明了三者之间既斗争又密切的相互关系，该雕刻作品重现了《圣经》故事中雅各布与天使的打斗情景："双方都用一只脚承载身体的全部重量，另一只膝盖则死死顶入对方的身体。"[3]里奇将天使身上的板状翅膀理解为现世"障碍物"的再现，而诗歌（和更广义上的美学实践）必须与政

[1] 里奇：《人眼：社会中的艺术》，第92页。

[2] 阿德里安娜·里奇：《那里发现了什么：诗歌与政治的笔记》（Rich, Adrienne. *What is Found There: Notebooks on Poetry and Politics*. New York: W. W. Norton, 2003），第6页。

[3] 同上书，第xiii页。

治——现世“障碍的信使”，也是苦难与梦魇的赠予者进行斗争，从而使自身不至于委顿且变得陈腐不堪。政治需要诗歌之膝攻击它的内脏，使其免受现实限制的迷惑。审美能量必须渗入日常民主行动和政治理论的基本构造之内，日常民主行动和政治理论往往正是通过美学来告知世人同时自身也从美学那里不断获取信息。这种美学必须关注尚未被主流体制与感性所发掘的日常可能性，从而使其发生改变。最后，理论必须成为政治与美学之间斗争的密切见证者，这样它才不会只是对一个因缺乏斗争而安之若素的世界图景的复制。然而，它们各自将重量承载于其独脚之上，这一事实也带来了某种互为关系的独立自主性，无此，一切都会功亏一篑。

接下来我们将探讨，在美学、政治和理论三者交叉共存的这种关系中，我们所认为的其各自不可磨灭的特征。我们将围绕雅各布和天使，即诗歌与政治之间的交缠，努力去辨明在与另一方相关联的情况下，各自的区别性特性与所背负的债务是什么。在这几十年间，美国诗人阿德里安娜·里奇与穆里尔·鲁凯泽是研究诗歌、理论及政治三者关系的最具反思性的作家。我们发现，里奇的文集《那里发现了什么》(*What Is Found There*)和《人眼》(*The Human Eye*)以及鲁凯泽的《诗歌的生命》(*Life of Poetry*)为我们思考这样的问题提供了丰富的思想资源，即思考——在我们跨越当下的有关死亡或垂死的“构型”，从而探寻“不一样的事物”的过程中，复兴审美乌托邦冲动的意义何在？在讨论完诗歌本身之后，我们将转而研究我们所说的日常政治与政治生产的诗学问题。我们在此结合了里奇和鲁凯泽的反思、政治和平构建论者约翰·保罗·莱德里奇(John Paul Lederach)的政治理论，以及由人类学家阿尔琼·阿帕杜莱(Arjun Appadurai)所描述并加以理论化的深层民主实践，再加上从亚利桑那州北部和肯尼亚西部等不同地区多年来的创新性政治组织活动带给我们的启示。根据我们对日常行动与美学感受性的相互浸渍的描述，我们可能会将此研究项目称为乌托邦语用学（utopian pragmatics），并希望本文结束之际，此概念能得到清晰表述。最后，我们将在政治诗学与诗学政治之间密切见证的实践中，反思应该如何恢复和重振理论的想象力。在文章末尾，我们将在构成乌托邦语用学的交叠领域把这三条线索紧紧拧成一股绳，我们认为这是对政治春天的到来做出的最具希望的承诺。

* * * *

里奇文集的标题——《那里发现了什么：诗歌与政治的笔记》取自威廉·卡洛斯·威廉姆斯（William Carlos Williams）的一首短诗：

从诗歌中获取消息实在困难
人们正一天天悲惨地死去
因为他们未曾
在那儿发现什么。[1]

我们可以从诗歌中得到何种“消息”（news）？怎样的诗歌才能传达这种消息？为何“从诗歌中获得消息”如此之难？消息的“匮乏”导致人们“一天天悲惨地死去”究竟意味着什么？与从主流媒体渠道获得的消息不同，诗歌中的消息“不会告诉你什么人或什么时候会展开杀戮，什么会被点燃或何时点燃，进而如何将之理论化”[2]。它也不会为你提供所有人都津津乐道的最新消息，不会为了被动消费而提供关于“世界状态”的数据。相反，正如里奇所理解的

[1] 阿德里安娜·里奇：《那里发现了什么：诗歌与政治的笔记》（Rich, Adrienne. *What is Found There: Notebooks on Poetry and Politics*. New York: W. W. Norton, 2003），题记。
[2] 同上书，第241页。

那样，诗歌的语言“会与剥夺我们语言并使我们沦为被动受害者的状态交锋”。[1](当然，我们也承认，在这个世界上，存在许多种诗歌。有些诗说着麻痹人心的陈词滥调，使我们口不能言，迷乱现实，成为压迫统治的工具。我们并不打算泛泛地对诗歌进行浪漫化，而是确实发现对诗歌在政治方面的行动与转换能力做出阐释是势在必行且极具探索意义的。因此，我们这里所指的诗学，是里奇所探讨的那种在政治意义上具有激进色彩的诗学。)

里奇认为，诗歌可以释放想象力。回顾上文所引用的定义，即一种“感觉、看见我们原本无法感觉和看见的事物，并在我们本应缄口不言之处找到表达形式”的能力[2]。这种想象力将在那些无论是在公共生活，还是在我们最体己的内在意识中都保持沉默的感知、思想、感觉与欲望中涌现：“你之所以被卷入进来，不是因为这是对你的世界的描述，而是因为你开始想起自身的欲望和需求……如果你仔细聆听，你所听到的将不仅仅只是诗歌本身，而是被诗歌重新唤醒，且瞬间使你意识到的那一部分。”[3]通过唤醒和激活欲望，诗歌使得我们可以看见那些深入我们个体与政治现实的事物，“它使你想起(因为你早已以某种方式得知，且从始至终一直都知道，只是丢失了线索)你目前正生活在何处、何时，以何种方式在生活，以及将如何生活——这是欲望的灯芯”[4]。因而，政治诗歌必须反思性、创新性地居于从“所是”(is)到创造性地抵达欲望海岸之间那令人痛苦的边缘，在那里，欲望将点燃新的可能性的火焰。换言之，这种诗歌艺术可以将现实看似可怕的种种界限“冶炼为”关于可能性的提问。

---

[1] 阿德里安娜·里奇：《那里发现了什么：诗歌与政治的笔记》(Rich, Adrienne. *What is Found There: Notebooks on Poetry and Politics*. New York: W. W. Norton, 2003)，第10页。

[2] 里奇：《人眼》，第92页。

[3] 里奇：《那里发现了什么》，第12页。

[4] 同上书，第241页。

真正意义上的革命艺术是一种炼金术。借此，浪费、贪婪、残暴、冰封的冷漠、盲目的伤感以及愤怒都被转变为对这一命题的全身心思考："如果……将会怎样？"（*what if*）也就是对可能性（这个问题那些垂死的力量不会问津），对毁灭与欢庆之间的边缘的思考。对破坏的命名与哀悼，使得痛苦始终保持在发声状态，这样，它既不能被规范化，也难以被接受，然而，借助诗歌中词语和意象之间闪烁不定的燃烧的薄雾，同时，借助欲望的能量，它却召唤着不一样的现实生活。[1]

换句话说，在政治上具有转换意义的（炼金术式的）诗歌潜入了破坏的深处。[2]在很大程度上，诗歌很难带来什么新的消息，因为它没有背离灾难、暴力、日渐颓败的生活世界，以及现实世界中具有破坏性的物质条件。"试想一下……一种截然不同的现实要求讲述或复述可怕的真实故事：这是一种从事叙述与见证的诗学。"（247）在见证的过程中，"借助美的媒介，那些被表现为无以忍受，支离破碎的对象成为实现其自身转换的形象。"[3]

这种诗学转换的激进的炼金术必须与另一种更为广泛但却对立的炼金术展开激烈斗争，这种对立的炼金术部署隐喻和语言，使之服务于另一种迥然不同的转换运动。运用詹姆斯·鲍德温（James Baldwin）在描述有意无视不公正现象时所用的术语，我们可以把此种炼金术称之为"无罪"（innocence）的炼金术。这是一种可以产生某些最有害的压力的心理能量，此种压力会扭曲我们的视角。鲍德

[1] 里奇：《那里发现了什么》，第42页。

[2] 阿德里安娜·里奇：《潜入沉船：诗歌1971—1972》（Rich, Adrienne. *Diving Into The Wreck: Poems* 1917-1972. New York: W. W. Norton, 1994）。

[3] 里奇：《那里发现了什么》，第247页。

温认为，无罪的炼金术旨在粉饰缺陷和逃脱批评：

> 令人不悦的是，美国人具有最为卓越的能力，可以将所有痛苦真相冶炼成无关痛痒却辛辣俏皮的甜点，可以将其道德矛盾或关于此种矛盾的公共讨论，变为诸如在战场上为英雄主义准备的那些令人自豪的装饰品。[1]

当我们在独断的等级制度环境下（尤其是当我们发觉自身处于这种等级制度的最顶端时），倾向于将自身置于鲍德温所说的这种“无罪”当中——当有意地拒绝承认在苦难、暴力以及悲剧性盲目中我们都深受牵连，这种将“痛苦真相”转变为“辛辣俏皮的甜点”的炼金术就得以产生。鲍德温在《洛克里奇：“美国神话”》（“Lockridge: ‘The American Myth’”）一文中对“无罪”概念做出了详尽阐释：

> 我们的梦想与我们所生活的现实之间存在着鸿沟，而这是我们所不理解，也不愿承认的事实。这几乎就是，我们要求别人关注“我们想要的”（what we want），却和我们对待他们一样，将其目光从“我们所是的”（what we are）这里移开了。[2]

鲍德温认为：“坚决拒绝关注自身也许正在毁灭我们。”[3]这让我们重新面临威廉·卡洛斯·威廉姆斯笔下“人们正一天天悲

---

[1] 詹姆斯·鲍德温（Baldwin, James）：《千千万万的人走了》（“Many Thousannds Gone”），引自里奇《人眼》第53页。对鲍德温与“无罪”（Innocence）的最佳探讨，见乔治·舒尔曼：《美国预言：美国政治文化中的种族与救赎》（Shulman, George, *American Prophecy: Race and Redemption in American Political Culture*. Minneaolis: University of Minnestota Press）。

[2][3] 里奇：《人眼》，第52页。

惨地死去/因为他们未曾/在那儿发现什么”[1]所对应的问题。我们有很多种方式去思考人类每天都悲惨地死去的问题。为了避开鲍德温所说的“毫无保留的镜子”，我们在毫无察觉且健忘的暴力的漩涡中带着“麻痹的知觉”盲目地打转，而正是这种暴力，不管是产生于偏见、战争、贫穷、监禁、有毒废物还是别的什么，正将无数条人类生命无情带走。由于我们“思想的极其狭隘性”[2]，我们也会因放弃无数的关系和机遇而一天天地死亡。然而，也许每一天当中，我们最为悲惨的死亡是对新生（be born）的频频唾弃——对应鲁凯泽那段话的说法，就是我们“对出生的恐惧”。或正如鲍勃・迪伦（Bob Dylan）在歌曲中所唱的：“他不是忙着生，而是忙着死。”[3]

然而，倘若我们不保持对死亡的这种日常关注，我们又如何会“忙着生”呢？正如我们在里奇那里所看到的，通过拒绝为使我们堕落的一面——“我们想要的”（我们关于自我的神话肖像）享有特权，而对“我们所是的”（痛苦的真相）加以“不可见化”，诗歌的“消息”可以产生一股跨越“无罪”鸿沟的反向之流。正如里奇所想象的那样，在得以表述的痛苦与被重新唤醒的欲望的窖炉中，革命性诗歌将进一步表达并促成出生（natality）的条件，也就是我们所理解的，它能够打破被“死亡力量”和“无罪”炼金术所固化的事件之决定性的序列。和马克思一样，里奇将诗歌的这一过程称为“新激情与新力量”之诞生的过程：“诗歌自身的这一过程使我暂时摆脱束缚，将我带入马克思所说的成为其自身目的的人类力量的领域，是可以生产、

---

[1] 里奇：《那里发现了什么》，题记。

[2] 里奇：《人眼》，第52页。

[3] 鲍勃・迪伦：《没关系，妈妈（我只是在叹息）》，见《鲍勃・迪伦抒情诗：1962—2001》[Dylan Bob, “It’s Alright Ma (I’m Only Bleeding)”, in *Bob Dylan Lyrics: 1962–2001*. New York: Simon and Schuster, 2004]，第156—157页。

创造并带来全新生命的力量领域。”[1]这个过程不仅是作用于个体创造者，更是作用于细胞层面，随后形成诗学共同体之复杂聚合体的过程。这种诗学活动处于“永恒革命”的状态，它不会“固步自封，而是像所有事物都发出声音的创造性潮流一般，不断涌现”。[2]

里奇的诗歌渴望在这些创造性潮流中找到新生。她将诗歌本身描述为，“借由语言而形成的电流交换”：“有人在写一首诗，词语被安置在一个力场之中，就好像语言本身有着强大的磁荷一样。”[3]词语跟随其表达方式的变化而震颤——这些表达方式可以是数世纪斗争中的回味，是隐藏在黑暗角落中被压抑的声调，是街道上大声喊出的高音，是其开放或封闭了可能性的历史，是亲切低语时的温柔，是重复、变调和转译。词语也随着它们所唤起的情感和欲望而震颤摇摆。

然而，大多数时候，这些语言的磁荷通常是在无罪炼金术所产生的身体间性（inter-corporeal）的力量场域循环。正如里奇所构想的那样，诗歌是一门“为了使那些仍充满激情，尚未被降服、被熄灭的事物能抵达我们内心深处的艺术”。（*HE* 137）为了实现这种目标，它将自身表现为具备这种到达能力的带电体。通过阅读鲁凯泽的《来自童年的诗歌》，里奇将这和诗学活动描述为一种关系变形：

组织丰富过往的所有结局
打开窗：强有力的催化剂[4]

诗作在此将过往的所有结局与满载历史和生命的词语聚拢在

[1] 里奇：《那里发现了什么》，第46、50页。
[2] 同上书，第46页。
[3] 同上书，第83、87页。
[4] 里奇：《人眼》，第37页。

一起，在当前打开窗户，同时也为促进改变打开了一扇窗。在里奇的解读中，"'组织'一词在此值得注意，因为它具有能动的内涵，更具有动态关系体系的意义"。[1]诗歌是将"丰富过往的所有结局"组织起来的行动，是跨越时空的巨大差异，是对不同声音及回响之间关系的回溯，它运用了里奇所说的"隐喻的强壮肌肉，从事物的差异性中抽取相似性的力量……是不受控制的喉部的强健肌肉"[2]的运动。这种运动产生的最好结果，就是形成一种极具"隐喻厚度"的语言，使得我们可以穿越压迫性世界的各种矛盾与欺骗，排除困难找到前行的道路，并在当前条件下为驶往彼岸的转换之旅补足能量。在里奇对丹尼斯·莱维托芙（Denise Levertov）的私人信件的解读中，丹尼斯将这种介入性诗歌之强有力的、动态的关系体系，视作"处于运动中的坚固身体，而非（处于运动状态或最为糟糕的停滞状态的）流变的物质（而大多数现代诗歌却是如此）"。[3]过于流变性的诗歌无法用有意义的动态主义形式将"所有结局"组织起来，从而丧失了催化深层关联的潜能，这些关联正是对我们生命中特定的紧急需要做出的回应。莱维托芙补充道："它们缺乏'必要的清晰度'。"[4]它们缺少用于开创更美好未来所需的"肌肉"的力量，又或者如莱维托芙所说的那样，"它们缺乏道德支柱"。[5]

这样一种诗学肉身的独特的运动能量在差异性中产生了相似性的震颤共鸣。"突然间，我们的私人视域与一个比我们自身更大的生命体，一个并不仅仅属于个人的存在相连接。"[6]里奇在对位于纽约下东区的新波多黎各诗人咖啡馆里的诗歌诵读情况做出描绘时，就

[1] 里奇：《人眼》，第37页。
[2] 同上书，第142页。
[3][4][5] 同上书，第75页。
[6] 同上书，第25页。

这种能量如何促成了共同体诞生的问题，做出了精彩的阐述。里奇讲述了一群来自不同背景且政治、社会及美学观念迥异的人是如何因为诗歌而齐聚一堂的。有趣的是，在这里，诗歌或诗歌朗读所创造的能量极具主动性和创造力，它超越了任何个人性的聆听主体，因而处于他们之间，因为在那个瞬间，诗歌“存活了下来，并将我们拉向彼此”。[1]

这种持续不断聚集新的集合体和聚合物的重心引力正是爱德华·格利森特（Edouard Glissant）在定义诗学时所说的：“一种隐含在语言中的表达意识；一种走向共存与关联性的运动。”[2]里奇补充道，格利森特将这种关系性描述为“动荡、显露，即某种与根源无关而仅与聚会场所相关的认同；不是某种通用语，而是语言、发音、信息的多样性。我们担心，它会被误认为是混乱嘈杂，但它其实是理解力的一种转换模式。”[3]

换句话说，里奇确信，诗歌语言不是通过将个人经验置于同一位置，而是通过对复杂世界的不同理解之间产生共鸣来创造共同性。一首诗“需要差异性之微妙、震颤波动的范围，也就是一个不排除他者而能成为‘我们’（we）的‘我’（I）；是一种外来者也可以倾心聆听的具有部分共同特征的语言”。[4]最根本的一点是，这种“差异性震颤波动的范围”为多样形态的“共同看法”提供了近似性。或者，就像里奇所说的，它是一种“借助语言，同其他人一起进入世界的秩序或失序之中的冲动”。[5]诗学的共鸣渗入我们相互隔离与敌对的状态，从而减轻我们的恐惧，并以超出具体情境和主体的形式加强我们

[1] 里奇：《人眼》，第39页。
[2] 同上书，第257页。
[3] 同上书，第258页。
[4] 同上书，第85页。
[5] 同上书，第6页。

的“好客性”(hospitality)[1]。一个公共领域由此出现。

里奇眼中的美国，是一个充满地下炼金术的国度。这种炼金术不断地在许多小型诗歌公共空间产生并更新。她写道：“在美国的大多数夜晚，必定会有数千场诗歌诵读会。”[2]我们在这句话中的“必定”(must)一词里可以读到某种双重的口气，即对于任何一个具备激进变革能量的政体而言，这个词既具有公开的意思，也具有势在必行之意。借助诗歌或为了实现诗学理想而开放具有多形态共鸣的“好客”空间——越过反对它们的围墙，或甚至就在围墙之上——能使人类对话从混乱嘈杂变得富有成效。

譬如，想想里奇所讨论的智利诗人巴勃罗·聂鲁达(Pablo Neruda)故居外面的那道墙，你便能深有体会。为了将这位已故诗人和那些可能会受其诗作激励与鼓舞的人隔离开来，智利军政府在诗人家门外设立了一道墙作为屏障。然而，聂鲁达的诗作与智利民众之间的共鸣将这道墙转化成为里奇所说的“一场超越死亡的对话，一本比诗人的著作更伟大的集体之书，每一页书写成为可能，是因为诗人的书作，因为那只曾匍匐前行，一行行地书写着诗句的手”，“来自不同背景的人们悄悄来到此地，在栅栏板上写下什么或胡乱涂鸦，有写给诗人的话，有对当局的愤懑之辞，或是只言片语，或是某些名字”。[3]这种形象所唤起的激进政治诗学的炼金术是其他任何事物

[1] hospitality，指的是为人和善友好，慷慨殷勤地款待客人。此词的拉丁语名词形式为hospes，既可以表示“主人”，也可以表示“客人”。这种双重意思映现出“好客”一词包含着自我与他者之间某种相互依存与转化的关系，而且，这种关系尤以利他原则为前提和基础。法国解构主义哲学家雅克·德里达对此概念有充分的阐述，并在自我与他者的非对称关系基础上发展出一种无条件地向陌生人开放，每一个人都堪称是他人的人质的“绝对好客”的伦理政治法则。具体可参阅德里达、安娜·杜弗勒芒特尔：《论好客》，贾江鸿译，广西师范大学出版社2008年版。德里达对此概念的相关阐述，另可参本书第五章。——译者注

[2] 里奇：《人眼》，第37页。

[3] 里奇：《那里发现了什么》，第35、36页。

都不可企及的，它紧紧抓住了隔离的空间与无辜的空间，并将它们转换——重生——为公共关系的场所。

里奇自身的诗学政治也正是植根于20世纪60年代美国最具活力的“集体之书”中：

> 这是一种时代精神。我在某个机构的教学与行动实践中汲取了这种精神。在那里，有关西方白人至上主义的问题早已得到了讨论，学生们坐满教室，进行着一堂堂有关“解放”的课程；在这个城市里，家长们要求对学校进行社区化的控制；新左派则倡导某种开放精神，寻求变革的关系形式，这很快就带来了上千名女性要求以女性自己的声音来探讨“女性问题”的呼声。此外，我们还通过阅读马尔科姆·X、契诃夫的《萨哈林旅行记》(*Sakhalin Journals*)、芭芭拉·戴明的《监狱笔记》(*Prison Notes*)、弗朗茨·法农、詹姆斯·鲍德温，以及我的学生所写的文章来汲取这些精神。在城市里，甚至是在全国范围内，我可以感受到弥漫于四周的是一种“大众的自发性”气息（随后，我将会从罗斯·卢森堡的作品里找到相关的表达），这种“大众的自发性”与诗歌写作的体验密切相关。政治被当作对创造冲动的表达，同时也是对何为“人类的可能”这一意义的延伸。这是在1960年代后期以及早期妇女运动中我们所体会到的东西，并不仅仅出于反动组织与反抗行动的需要。我从未曾忘记过那种体会。[1]

跨越所有既定政治架构对身份、技术与意识形态的狭隘限定，里奇阐明了某种居于诗歌与政治之核心的相互激励(inter-animative)的创造力。里奇发现，诗学能量并不仅仅是在戏剧性时刻或在时代之声中被唤醒的，而是存在于她学生所写的论文中，在校园谈话当

[1] 里奇：《那里发现了什么》，第25页。

中，而其最佳状态则在是日常政治活动所涉及的那种自发的创造力当中。

* * * *

怀疑论者也许会问道：难道这些关于乌托邦诗学，关于超越差异性而形成的审美共鸣，以及有关共同体的炼金术式转化的话题讨论，不会大大超越生活现实所设定的界限与可能性，以至于有脱离实际政治生活与行为版图的危险吗？“诗学消息”究竟同权力、治理、协商、生死之事，以及政治改变的日常机械性劳作之间存在怎样的联系呢？在充满技术官僚与行政管理逻辑的当代政治文化中，要在政治中培养审美感受性，很容易被看作是毫无价值，或甚至只是具有破坏性的消遣。里奇曾将政治与诗学（以及更广义上的审美表现）之间的关系比作雅各布与天使的亲密交缠；而我们所生活的世界，绝不会是里奇在这个比喻中所强有力地唤起的那个世界。相反，正如近期有评论者在《优涅读者》（*Utne Reader*）刊物上清晰表达的那样：“在当代美国社会，诗学占据了文化（与政治）空间，其位置处于踢踏舞和腹语术之间。”[1]在此情形之下，有人会轻而易举地论道，只有那种与当代政治和社会危机的“当务之急”毫不相干的浪漫主义，才有可能在这种审美的“踢踏舞”上浪费光阴，却看不到飞机坠毁、战火蔓延、民主已于干枯的藤蔓上日渐凋零的事实。

我们得承认，在一种非诗学的环境中（正如我们自身所处的环境）确实存在着难以置信的挑战，但同时，我们也认为，与毫无用处的浪漫主义不同，那种富有诗学使命与感知能力的审美能量正是我们

[1] 吉姆·贝赫尔利：《如何写情诗》（Behrle, Jim, “How to Write a Love Poem”, *Utne Reader* [Jan-Feb 2012]), www.utne.com/arts/how-to-write-a-love-poem（Accessed 2 December 2013）。

以真正具有变革能力的方式来应对这些挑战所迫切需要之物。当其他一切事物都无法产生长久改变时，是时候让我们踩着踢踏舞的舞步，走向新的政治介入模式了。事实上，每一个熟悉美国黑人传统中踢踏舞艺术背后的激进反-文化历史的人都知道，这种舞蹈曾鼓舞着黑人的反-公共空间运动，而这些方式激励并预示了创造性抗争的一段漫长历史。在相似的脉络中，科尔内尔·韦斯特(Cornel West)已经强调，在持续几个世纪不折不挠的反对白人至上主义的斗争中，舞蹈与音乐艺术占据着中心意义。他让我们意识到，在寂静的凉亭里，奴隶心灵的吟唱以及爵士乐的即兴重复、蓝调的旋律，都在帮助黑人群体忍受苦难、展示黑暗中具有变革能量的微光等方面起着不可或缺的作用，这种黑暗中的微光就是——"一种并非绝望，而只是不抱幻想的希望"。[1]

里奇和韦斯特一样，呼吁让世俗的、日常的政治重新栖居于想象性的审美能量之中，无论是在政治麻木状态，还是在目光浅薄的行动主义那里，所缺乏的，正是这种能量。她写道：

> 和他人一同策划一场示威游行活动，起草并分发传单，编写集体抗议册子，或是召集会议，这是不同的创造模式……也是不同的语言模式。然而，其中潜伏的渴望，以及对扎根于想象力的需求却是相同的。政治要么是一种想象力，要么是一项单调乏味的工作——分离、扼杀、最终走向野蛮化或至失效。[2]

在实际的政治实践中，如若诗学与创造的冲动搁浅，我们就会变

[1] 科尔内尔·韦斯特：《黑人在文明微光中的斗争》(West, Cornel. "Black strivings in a twighlight civilization")，见《科尔内尔·韦斯特读本》(*The Cornel West Reader*. New York: Basic Civitas Books)，第118页。

[2] 里奇：《那儿发现了什么》，第49页。

得虚弱、被动、充满怨恨。试想一下上面所提及的诗歌和踢踏舞之间的类似性，我们也许能这么说，正是充满诗意的踢踏舞，凭借一股压垮钢筋水泥（我们通常将其视为政治生活之不容更改的限制）的力量，使得无数根状植物与块茎杂草之间形成不可或缺的关联。然而，我们并没有足够重视这种运动。穆里尔·鲁凯泽敏锐地认识到了这一点，并对这种特别的丧失与政治需要表示哀叹：

在我看来，我们已将自身无情切断，我们正是在此使自己陷入枯竭。我认为，我们正在排除一种力量源泉，而这正是我们所需的。如今，既然很难对每天出现的事件与意义的巨大簇丛做出片刻把握，那么，是时候让我铭写另外一种知识与爱了，这永远都会是触及人类复杂情感与关系的一种方式……即，一种诗学态度。[1]

由于里奇和鲁凯泽主要关注诗歌的创造性力量，他们并未向我们提供政治生活中诗学态度微观结构上的意义。和平研究（Peace Studies）学者与政治行动派代表人物约翰·保罗·莱德里奇（John Paul Lederach）的著作《道德的想象》（*The Moral Imagination*）弥补了这一缺陷，他曾用三十年时间来调停包括哥伦比亚、加纳共和国、肯尼亚和索马里边境在内，以及世界其他饱受战乱摧残的区域内部根深蒂固的冲突问题。在这样的环境中探索通往和平之路的诸多努力使其改变了他早先所持的立场，即从先前更多地倡导社会变革的技术管理，转变为更注重审美和平建构进程的立场："我感到，我们曾过多地强调了社会变革的技术层面及其政治内涵，而忽略了有关创生以及始终保持变革进程的创造性活力的艺术。结果，我们便错失

[1] 鲁凯泽：《诗歌的生命》，第7页。

了创造并维持结构性社会变革的精髓。”[1]

在莱德里奇看来，培养创生（出生）艺术，且保持和平构建过程的活力，这涉及某种具有战略意义的诗学。政治背景下的“诗学训练”包含了对世界的某种独特定位，对共鸣形象及（或）事件的艺术性制作，这些事件将改变人们感知和想象彼此以及自身世界的方式。此处的重点是“一种同时包含了复杂性与简约性的训练。艺术就是在某种令人‘惊奇’（ah-hah）的形象中去体现两者”。[2]对于莱德里奇而言，当他处于难以置信的困境时，日本的俳句（*haiku*）诗为其提供了特别的帮助，在这里，他找回了自己。

被限制在一次呼吸时长中的俳句，必须用简明扼要的形象把握多维情境的有机复杂性：“这种想象不仅抓住了挑战的深度，同时还映照着未来的方向。”[3]莱德里奇将这种“俳句态度”称作“准备的训练，是一种由审美所带来的触动与被触动的倾向……是为这种感知所作的准备状态”。[4]莱德里奇解释道，他将这种训练带入各种矛盾地带。“在日常会话的矛盾冲突中有诗的存在……我观看着那些被言说出来的形象。用通俗的话来讲，这些形象也可称为隐喻（metaphors）……我已经开始把隐喻当作画布（canvas）来看待。隐喻是具有创造性的行为……隐喻犹如各种冲突来源的活生生的博物馆，常常将我带向对政治变革的背景、进程和挑战的审美领悟之中。”[5]这是一种能从那些将踢踏舞带入某种政治趋势之中的人们的话语和行为中听到和看到具有强大组织功能的形象和隐喻的深度敏感模式，这种政治趋势恒久有效地促进着社会变革，尽管并非

[1] 约翰·保罗·莱德里奇：《道德的想象：艺术与构建和平的灵魂》（John Paul Lederach, *The Moral Imagination: The Art and Soul of Bulding Peace*. Oxford: Oxford University Press, 2005），第70页。

[2][3] 同上书，第71页。

[4] 同上书，第68页。

[5] 同上书，第72页。

有意发展至此。他解释道："一次又一次，那些致力于改变，并实现了改变的社会变革背后都隐藏着艺术家的直觉：即在某个简单的形象之中，并以影响个体以及整个社会的方式捕获到的人类经验的复杂性。"[1]因此，对于莱德里奇而言，正如诗人安德烈·洛德（Audre Lorde）所说的那样："诗学并非是奢侈品。"它为那些真实卷入社会深度创伤调解工作的实践者与社会群体提供了行动与关注的导向构架。

政治中的俳句态度是指，积极聆听卷入者的故事中具有组织功能的各种形象与转义，并从他们与更广阔情境之间的关联中形成某种"深层直觉"，即一种"俳句时刻……它随着共鸣的出现而产生。如果因某些事物产生了深深的共鸣，那么，联系就产生了"。[2]在我们的感知领域背景中，"俳句时刻"撷取了孕育之物并使其得以诞生——莱德里奇称之为事物的暗示。这些新的诞生物，反过来，会强化、阐明、扩散事物间新的联系，重塑我们对这个世界的感知——同时也确实是世界本身的样子——并与对政治革新、工作与行动的持续要求遥相呼应。

莱德里奇通过回顾发生在加纳共和国种族间战争的故事，对这种"俳句瞬间"进行了阐释。多贡巴部落与孔可巴部落之间的矛盾冲突，至少可以追溯到殖民主义时期。在经历多次残酷厮杀后，两大族群第一次碰头，为寻求调停和解而聚集在一起，莱德里奇描述了这一极其重要的转折时刻。满怀至高无上的傲慢，多贡巴族群最重要的酋长以最为嘲讽的方式开启了此次会议。他并不认可此次会议中代表孔可巴族群的年轻人，于是对调解者说："看看他们，他们是谁？

[1] 约翰·保罗·莱德里奇：《道德的想象：艺术与构建和平的灵魂》(John Paul Lederach, *The Moral Imagination: The Art and Soul of Building Peace*. Oxford: Oxford University Press, 2005)，第73页。

[2] 同上书，第68页。

我居然要与他们同处一室。他们甚至连个酋长都没有……他们还只是昨天才出生的毛孩子。”[1]酋长说这些话的目的是想要确立符合多元等级制度的场景。在这种场景中，他的伟大地位远胜于年轻人，酋长制部落优于非酋长制部落。而且，几乎是以一种宿命的方式，这种古老的失衡制度的历史也不断证明着这类优势。就在此时，眼看那可以编织相互关系网络的机会就要逐步减弱，年轻人迅速采取行动，以重新联结双方关系的空间和时间的方式，抓住了潜伏于幽闭环境中的可能性。年轻人绕过了讽刺与疏远，出其不意地尊称酋长为无比亲切文雅的慈父，进而与酋长建立亲密的关系。那位年轻人回答道：“父亲，您说的十分正确，我们的人民行事粗鲁，导致众多杀戮与毁坏的源头正是在此。我们没有您所拥有的……父亲，我恳求您可以聆听我的忠言。我之所以称呼您为父亲，是因为我们不想对您有任何的不敬之意。您是一位伟大的酋长。但是，您又给我们留下了什么呢？”[2]酋长沉默了一会儿，紧接着，态度发生了180度的大转变，他乞求原谅，并表示乐意达成双方和解。

这位年轻人创造了一个引起强大共鸣的“俳句瞬间”，由此也得到了酋长善意的回应。鉴于酋长对等级制度的肯定，这个年轻人用一种堪称典范的“俳句态度”，在涉及双方达成和解的可能性问题上表现出了一种彻底的可接受性（receptivity）。“在气氛最为紧张的瞬间，年轻的孔可巴人运用带有‘父亲’形象的简短语句，抓住了历史的矛盾冲突感，但也正是以这种方式创造了一种全新的意义。”[3]

年轻人有关“父亲”隐喻的展演性（performative）表达最终使得

[1][2] 约翰·保罗·莱德里奇：《道德的想象：艺术与构建和平的灵魂》(John Paul Lederach, *The Moral Imagination: The Art and Soul of Building Peace*. Oxford: Oxford University Press, 2005)，第9页。

[3] 同上书，第10页。

年轻人的立场与酋长的立场达成共鸣，在这种意义上，里奇将之归功于诗学——它可以通过“提醒他对自身欲望与需求的意识”[1]，从而“重新唤醒”他。这种共鸣激活了隐喻的力量，通过在迂回曲折的社会空间里编织联系的线索，进而使错综复杂的局势发生改变，让每一方都以更为友好的态度朝向另外一方。作为表演与形象的隐喻可以改变相似性与差异性的既定秩序。它使得酋长可以听到话语表达中假定的方面，在此，等级制度被认为是缺席的，因而请求确立富有同情心的联系，而不是为羞辱行为提供实际依据。俳句瞬间所产生的效应不仅仅体现于酋长明显的行为转变之中，同时也体现在所有在场人的反应中：“整个房间里的气氛瞬间被触动了，人们热情洋溢。”[2]虽然问题与分歧当然依旧存在，但是那一瞬间永久地改变了社会空间，以至于“那一瞬间所发生的事情影响了接下来出现的所有事情。”——这是对多年来，积极探索非暴力回应的一种回响。在这里，我们可以看到，诗学炼金术的运作扩增了相互接受的关系性，在这种关系下，新的主体，新的共同体以及新的可能性都有可能应运而生。

莱德里奇自己就通过织网的蜘蛛这一核心形象来设想构建和平与公正的共同体的过程。蜘蛛开始织网，通常是先确认它们即将联成牢固的连接线的“策略性定点，”随后，它们才会去编织弹力十足的巨大交叉线网。莱德里奇借此来阐述在暴力与镇压环境中构建政治关系的艺术。在这种环境中，巧妙的织网者能够辨认意料之外的潜在的行动者以及内在于行动者身上出人意料的潜力，并将其拉入增强相互性的关系之中，从而为合作行动铺平道路。对于蜘蛛以及蜘蛛以外的事物而言，诗学政治的这种织网活动通常会使它介入其中的空间发生转变。和其他所有生物一样，蜘蛛必须以使其非常脆

[1] 里奇：《那里发现了什么》，第12页。
[2] 同上书，第10页。

弱的方式，在动态空间中织网。相较于那些刚性完备的住所，它们必须改变自己的生存空间，以使其变得“巧妙灵活”（smart flexible）。

> “巧妙灵活”是适应、回应和利用紧急出现且随情境而发生变化的挑战的能力。科学家将蜘蛛称作“持续运动的行动者”，和平建设者可以从蜘蛛身上学到的是，“织网过程是一种创建平台以产生回应，而不仅仅是创造解决方案本身的艺术。平台所代表的是产生过程、理念和解决方案的持续性能力”。[1]

莱德里奇对生成性（generative）平台与俳句美学的讨论，使我们开始理解操演（exercise）的政治本质，即里奇所说的，在回应紧急出现且随情境而发生变化的挑战中“隐喻的巨大力量”。

人类学家阿尔琼·阿帕杜莱对此种诗学态度与诗学瞬间在政治中将会怎样（和确实已经怎样）的问题，以及对于那些没有其他资源可资利用的人们来说，该如何大力使用隐喻资源的问题给出了两种明确的阐释。阿帕杜莱在他的论文《深层民主》（“Deep Democracy”）与《渴望的能力》（“The Capacity to Aspire”）中，讨论了孟买贫民窟居民发起的城市激进行动，在这些致力于显现与揭发贫民窟之基本不公正的群体之间形成了合作关系（联盟）。在孟买的2 000多万人口中，40%的居民住在贫民窟里，但他们在这个原本十分拥挤的城市仅占有8%的用地面积。阿帕杜莱将这些人称作“没有城市的城市居民”（citizens without a city）[2]。贫民窟居民的权利遭

[1] 里奇：《那里发现了什么》，第85页，强调为我们所加。

[2] 阿尔琼·阿帕杜莱：《渴望的能力》（Arjun Appadurai, “The Capacity to Aspire”），见《文化与公共行为》（*Culture and Public Action*, ed. Vijayendra Rao and Michael Walton. Stanford, Calif: Stanford University Press: Stanford Social Sciences, 2004），第72页。

到严重剥夺，因为他们缺乏永久性的住房和适当的卫生条件。阿帕杜莱在《渴望的能力》一文中这样解释：

> 卫生设施的匮乏增加了他们对医生的需求，而对于他们来说，医生原本就是短缺的。他们无力表明其对居住问题的要求，这样的现状也许会愈演愈烈，最终导致他们在城市生活中集体消失（invisibility），从而无法表达对任何事物，诸如食物配给、地方健康体系、教育设施、治安保护以及选举权等权利的要求。[1]

虽然阿帕杜莱并没有针对这种状况建立理论学说，但是在我们此处所勾画的构架之内，贫民窟居民对住房与卫生条件状况做出回应的范例，可以作为在地方与全球层面上产生具有转折意义的网络构建式共鸣的诗学政治的创新性事例。

联盟成员们已形成某种他们称之为“创设先例”（precedent setting）的政治，即一种关于“展示与讲述”的政治。在这种策略下，穷人面对生存危机所采取的有效但通常是“非法的”生存机制，得以在展览或节日中被展示、分享与庆祝。阿帕杜莱对此描述道，这种策略背后所隐含的哲学是，“穷人需要在他们已有的生存空间里争取、把握、改善以及明确某些行事的方式，并借助这些方式向捐赠者、城市官员以及其他的政治行动派展示，这些‘先例’都是良好的，并且鼓励其他行动者投入他们的进一步工作中来”。[2]这和它听起来一样是务实的，“先例”的力量就在于其展演美学之中。

---

[1] 阿尔琼·阿帕杜莱：《渴望的能力》（Arjun Appadurai, “The Capacity to Aspire”），见《文化与公共行为》（*Culture and Public Action*, ed. Vijayendra Rao and Michael Walton. Stanford, Calif: Stanford University Press: Stanford Social Sciences, 2004），第72页。

[2] 同上书，第75页。

阿帕杜莱讨论的两个“创设先例”行动的例子，分别是由穷人举办，同时也是为穷人举办的住房展览和厕所节活动。在这两个例子中，通过运用其中心形象（住所和厕所），改变在发展过程中被普遍认定的既定术语和识别模式（专家-主体，贫民窟居民-客体），以及改变在相关环境中被认为是可能的且合法的事物，为社会不同层次发生持续且灵活的转变创建了平台。阿帕杜莱解释道，替代性方案的展演所涉及的语言学战略与表征策略，可以通过“将当前战略与选择可见化和视域化，对抽象的愿望与渴望予以直接性和物质性，并竭力调和对（冲动）瞬间的需求与忍耐训练之间的对立”，从而“为更广泛的技术、制度和表征实践所组成的整体提供神经系统”。[1]

住房展览的举办地点位于贫民窟内贫穷地段的中心处，周围是简陋的棚户区。由穷人为自己临时搭建的耐用型模型屋源自“最轻薄的材质，且位于最不安全的环境中”。它可以作为一个强有力的隐喻，体现贫民窟居民自身的力量与创造性潜能。位于其生活区域中心，戏剧性地布满这些具有隐喻力量的房子的社区展示成为持续地——“聪明灵活地”——转换贫民窟居民、住房专家与当权者的主体性与视野的对话平台。换句话说，正如里奇所描述的最有力量的政治诗歌一般，在住房展览中，“那些被表现为无以容忍（难以忍受）的事物成为其自身转变的形象”。[2]住房展览的隐喻性“平台”（莱德里奇）所具有的“重心引力”（里奇）促进穷人们编织更为深厚的关系网络。阿帕杜莱察觉到：“贫穷的家庭成员以及政治行动派，都纷纷从不同的城市赶来，参加这些住房展览。他们意识到，他

[1] 阿尔琼·阿帕杜莱：《渴望的能力》（Arjun Appadurai, “The Capacity to Aspire”），见《文化与公共行为》（*Culture and Public Action*, ed. Vijayendra Rao and Michael Walton. Stanford, Calif: Stanford University Press: Stanford Social Sciences, 2004），第76页。

[2] 里奇：《那里发现了什么》，第249页。

们始终都在承担着建筑师与工程师的角色，并且将在建筑更安全的住所方面继续扮演此类角色。”[1]因此，对于聚集于此的贫困个体与家庭成员而言，模型屋（就像里奇提及的革命性诗歌一样）成为“欲望的灯芯”，它可以与代表着主导秩序的人群一起分享、探讨，进行合法化商榷，使得后者与穷人的愿望达成一致。专业的住房专家针对住所的设计与穷人展开探讨与辩论，而这种方式与专家的标准形式截然不同，因为它主要强调贫民窟居民“自身对美好生活，对合适的生活空间和现实成本的想法”。[2]当政府官员被邀请进行仪式性的剪彩活动时，他们已经进入穷人所创建的全新的审美形象当中来（类似于多贡巴长辈进入由孔可巴族群的年轻人所提供的形象当中），而且他们所发表的演讲，必然会对具有隐喻内涵的模型屋形象所代表的所有人群做出回应，同时也对穷人创造性地实施解决方案，处理其身边不可否认的住房危机的能力，做出回应。阿帕杜莱解释道：“在政治家和官员们参与这些事件的过程中，他们所做的大多数演讲都是自发的、即兴的，他们也会发现自己被带入表达计划、承诺、希望和信任的词汇库当中……贫穷的社区群体将政治家们引领到公开承诺扩充可供穷人使用的资源以及认可度的场景中。”[3]一种对于世界的新的揭显方式开始出现，并产生转换性关系与政治效力。

在阿帕杜莱所讨论的第二个范例当中，“厕所节”可视作一面毫无保留的镜子，它反映出贫民窟中最私密与个人化的不公正，也就是“屎尿的政治”（politics of shit）。贫民窟内废物处理措施（基础设施、自来水、私人空间、排污系统）的实际性匮乏意味着，所有年龄段的人们都要承受“在光天化日之下，在公众注视下排便”的深层羞辱。除

[1] 阿帕杜莱：《渴望的能力》，第79页。
[2] 同上书，第71页。
[3] 同上书，第78页。

此之外，还有每日“散发着粪便恶臭，垃圾成堆，混合着厨房用水、洗澡水和清除屎尿所用水的下水管道的生态环境”。“厕所节”在狂欢节的中心地带设置真实的公共厕所，它们由穷人建造，并打算供穷人实际使用，但却又自相矛盾地拒绝将屎尿私有化，这样就强有力地占据了里奇所描述的那种具有转换性的、诗学意义上的“破坏与庆贺之间的边缘”。[1]一方面，拒绝为贫民窟居民所使用的厕所是阶级不公正现象的强有力的隐喻，而另一方面，它也可以用来比喻自我生成的替代性方案：“在印度，你与自身屎尿之间的距离就是阶级区分真实标记……屎尿的政治则是对其的反转，羞辱与受侵害转化为技术主动性与自我尊严的演练过程。”[2]换言之，正如里奇所说的真正具有革命性的诗歌那样，“那些被表现为无以忍受、支离破碎的对象成为实现其自身转换的形象”。[3]当厕所成为有头脸的人物被邀请过来参与活动的空间，厕所节就消除了权力与人类屎尿的砂砾之间的神秘距离：“当一位世界银行的官员不得不对这类公共卫生间的优点做出考察，并与下层人民一同商讨这种处理屎尿方式的有利之处时，贫困的物质性便由客观性转变为主观性。”2011年，阿帕杜莱特别讨论了此种诗学炼金术的强大时刻，当时，联盟成员和全球合作伙伴将这种住宅模型与厕所模型带入到联合国大楼的大厅内（不顾众多官员的反对）：

(联合国秘书长科菲·)安南被一群来自印度和南非的贫穷妇女们包围住。她们又唱又跳，此时安南正走过置于其办公场所中心处的住宅模型与厕所模型。对于联盟成员和联合国秘书长而言，这是充满可能性的魔力时刻，因为他们将共同参与到全球贫困政治事务

[1][2] 阿帕杜莱：《渴望的能力》，第79页。
[3] 里奇：《那里发现了什么：诗歌与政治的笔记》，第249页。

的处理中来。[1]

联合国最具威望的人士，站在贫民窟居民的厕所区域内，被一群唱唱跳跳的贫民窟居民包围，这样的画面充满隐喻张力。简而言之，它对既定的全球权力的等级秩序进行了重组，同时，还充当了一种生成性的平台，借此，新的关系网络得以通过新的方式形成。作为一种有效的"俳句瞬间"，住宅和厕所的形象以"令在场的世界级联合国官员和非政府组织的行政人员在物质授权问题上留下不可磨灭的印象"[2]的方式，"魔力般"地反映出更大范围的贫困政治事务。这些事例，远远超出了大多数协商民主制度所强调的理性交流原则，它们背后的运行机制是美学干预，此类干预极大地改变了阿伦特意义上的那种民主的"圆桌"(tables)意象，在那里，政治对话与政治行动只有围绕此"圆桌"才得以发生。

*　*　*　*

在有关基层组织的工作中，我们也一直在寻求携手实现这种诗学政治的"反向的炼金术"。乍看之下，如果从地理位置、文化、历史特性、经济现实因素以及所面临的具体挑战等角度而言，我们所处的两种环境似乎毫不相似。一方面，我们一直是在美国北亚利桑那大学，以及亚利桑那州北部地区的体制构架下组织群众，以期调动民主热情，提高不同世代(从小学生至老人)的公民政治参与度，同时也涉及一系列广泛的议题、利益和背景。另一方面，我们深入参与到位于肯尼亚的偏远的卢奥村。在过去的十年间，高强度的发展干

[1][2] 阿帕杜莱：《渴望的能力》，第80页。

预策略使卢奥村的社会四分五裂。在2008年至2009年期间，由于不同的关注点和任务，我们的成员分别去往新的地方（亚利桑那州北部/肯尼亚西部），我们得以熟知它们各自所面临的具体挑战。起初我们并没有意识到，两个相距遥远的地区之间会存在共性。但随着我们与社区群体之间的关系不断加深，我们发现，我们自身与我们的社区成员面临极其相似的资本主义制度与文化的共鸣机器，而这种共鸣机器正以强大的力量，将社会希望与民主能量引领到全球消费主义、技术官僚的知识生产以及资本主义社会的个人主义“机遇”原则等扭曲灵魂的轨道上来。在这两种情景中，有关可能性和共同未来的问题被冻结于死气沉沉的、反诗学的语言中，这种语言充满了行政霸权修辞，比如“最佳实务”、“专业的和一致性的信息传递”、“可交付成果”、“循证评估”、“可衡量结果”、“目标”、“基准”，等等。因此，在不同的时代，以不同的方式显露出来的就是，我们需要调动想象力和情感因素，以使我们能够超越这种景观的限制。尽管我们不难理解，在这种大环境下，许多出于好意的努力最终屈服于以技术官僚话语来确保合法性的诱惑，但这已是我们时代事业的唯一构架。这样的轨道偏移将不可避免地切断“想象力的根基”，并剥夺我们的诗学资源，正如里奇在上述评价中尖锐指出的，这种剥夺是“分离、扼杀、最终走向野蛮化或者失效的”。[1]在我们自身的努力中，我们一直在寻求如何在日常组织活动的接受性政治关系的毛细管状的肌理中激活这种诗学态度，并尝试通过培养更广泛的叙事与共享形象，来扩大隐喻的共鸣效果。

正如我们所看到的那样，“诗学态度”意味着要与世界、事件以及其他人群保持一种接受性的、细致的关系，这并不是要逃避世界的复杂性，而是以映现的方式将真实公开在毫无保留的镜子里，从而获

[1] 里奇：《那里发现了什么》，第49页。

取强大的知识。鲁凯泽提醒我们，诗学态度“也许可以装备我们的想象力，使我们足以应对生活，（以及）对每天出现的事件与意义的巨大丛簇做出片刻把握”。[1]然而，这种激进民主的诗学态度，并不能被假定为多数人的自然倾向，尤其不可能在我们这个全球化时刻的反民主主潮中被给出。因此，和大多数态度和体验一样，它需要被学习和培养，需要予以成长的空间。

在亚利桑那州和肯尼亚的合作活动中，我们认识到，有效实践诗学态度的途径需要借助“公共叙事”的艺术形式，即故事讲述的参与/被参与模式，这一观点由资深的行动主义者和哈佛学者马歇尔·甘兹（Marshall Ganz）提出。公共叙事要求每一位参与政治进程的成员首先后退一步，深刻反思自身的行动，并为公共会话设计一则简短的叙事。“贯穿其中的主要有三个元素：一是我为什么会被叫到这里来的故事，即关于自我的故事；二是我们为什么会被召集于此的故事，即关于我们的故事；三是我们被召集到此次行动中来所面临的紧迫挑战的故事，即关于此时此刻（now）的故事。”[2]公共叙事的形式要求我们每一位参与者都认真思考，何为形成我们的伦理和政治视域的关键来源与关系，塑造我们人生的重要事件以及我们做出的选择又是什么，我们将如何感知这个历史时刻，以及该怎样希望采取与之相关的行动，等等。表达与共享公共叙事的精神是这样一种事物，在其中，每一个人独特且不断处于发展中的兴趣、热情、视域与心声——都融入——类似于叠加——到行动团体（即他们所参与的共同体）的工作进展之中，以及融入更大范围的民主运动之中。所以，每一位成员，都寻求与自身人生以及他人人生建立起一种深刻的接受性关系。这种场景常见于许多面对面会议以及小型群体聚会中，

[1] 鲁凯泽：《诗歌的生命》，第7页。

[2] 马歇尔·甘兹：《何谓公共叙事？》(Marshall Ganz, “What is Public Narrative?” Self-published at: http://grassrootsfund.org/docs/ what is public narrative 08.pdf)。

在此，不同个体将共享并彼此提炼其公共叙事。这种接受性——它负载着无数激烈的观点和情感——是实现全新的政治关系、视域以及政治生产所不可或缺的条件。通过对我们自身、对彼此以及我们所处的环境的密切关注，我们能够培养出一种接受性的文化。在回应“假如，又会怎样?”之类的问题时，这种文化更具有生成性，同时也更为好客，更具有创造性。这种实践为民主的炼金术生产出极度细致的感知力，以抵抗科技所布下的迷惑人心的密集罗网，从而激励发展共同福祉所需的复杂而又差异化的力量，提供了不可或缺的元素。

公共叙事中的诗学瞬间也许无法与住房展览或厕所节一样具备同等的戏剧性特征，但是它们在促成对“所是”以及“我们能做什么”的深层意识方面具有相似效果，它可以将人们聚集在一起，从而与“如果……会怎样?”以及“这会带来怎样的后果?”之类问题的全新（至少是更新过的）集体视野建立联系。公共叙事可以扩增那些在微观的相遇和关系中形成的“惊奇”瞬间，它们不断累积，从而彻底改变情感与想象力的普遍构架。

譬如，从肯尼亚的事例来看，精心制作和共享公共叙事的艺术总是可以打开理解问题和可能性的新方式，这些方式远远超出外部发展专家们所设定的具有霸权主义色彩的术语。绍里（Sauri）是我们在肯尼亚开展大部分工作所在的社区。自1990年代以来，这里就走马灯似的接待各种非政府组织（Non-Governmental Organizations, NGOs）的光临。[1]表达良好心愿的物质性痕迹，以及来自西方世界

[1] 诚然，这还只是对其中运作的诸多社会文化动力所作的并不充分的描绘，对其做出了充分的民族志阐述的是L. 哈罗的博士论文《贫穷终结的结局》[*The End(s) of the End of Poverty*]。这些动力机制在绍里尤其强大，因为它有跨非洲的十二家“千禧村”模式之首的地位。这种模式最早于2005年建立，是遵循经济学家杰弗里·萨克斯（Jeffrey Sachs）的理论和“联合国千年项目”（UN Millennium Project）的模式，作为“展示一个贫困能在我们时代终结的世界”之“概念验证”的地点而建立的。

的慈善热潮，弥漫整个村庄，譬如一把来自“今日非洲组织”（Africa Now）的生锈的犁，一头由“国际小母牛组织”（Heiffer International）提供的奶牛，一台来自瑞典的太阳能炉，一棵由杰弗里·萨克斯（Jeffrey Sachs）亲手种下的树，还有既可以根治疟疾、又可以当成鸡圈使用的防蚊网，等等。由于救援机构的到来及其行动计划通常是出人意料的，一种乞食者的习气就形塑了当地群众，这一点在接下来的访谈片段中即有明显的体现。

受访者：“千禧村组织”（现在的非政府组织）已经破坏了我们的社区，他们必须现在就走。

采访者：如果他们离开了，你们将要怎么做？

受访者：我们将寻找新的捐赠人。

采访者：如果没有任何新的捐赠人呢？

受访者：那么我们肯定活不下去。[1]

在这种情形之下，我们开始举办公众叙事研讨会，以便社区成员们能够就其所面临的挑战展开讨论，并从中找到可能解决这些挑战的集体可能性。为了使故事制作和共享具有政治意义，我们从大卫（David）与哥利亚（Goliath）（在多罗语[2]中发音为：达乌迪和哥-利-亚特）[3]的故事中，提取了一组可以产生意外共鸣的隐喻。在研讨会以及后续两年的自发性群体集会中，故事中隐含的几个关键意象是引发群体思考与对话的隐喻节点：扫罗王的盔甲、大卫手中质地光滑的石子、昔日被弹弓射杀的狮子，以及哥利亚高耸的形象。在他们

[1] 利亚·哈罗，2009年6月29日于肯尼亚绍里地区的口头采访。

[2] 多罗语（Dholuo），又称卢奥语，是肯尼亚人口第三的民族所持有的语言。这是一种美妙悠扬的语言，其他肯尼亚人也能听懂。——译者注

[3] 甘兹对大卫与哥利亚的故事的运用，见其关于公共叙事的文章。

的复述中，这些灵活的意象呈现出不同的隐喻附加含义，但基本都是在以下故事线索中展开：扫罗王的盔甲质地精良且价格不菲，类似于开发商的转基因（GMO）种子与化学肥料（或现在备受关注的X紫外线干预）。但是，当达乌迪戴上它时，盔甲惊人的重量将其压垮，导致他寸步难行。当达乌迪重新审视他的人生时，他意识到，仅用他的弹弓与石子，便可以将狮子成功击败。于是他走向河边，找到了六颗小石头。因为达乌迪选择将注意力集中于自身力量之上，而不是接受那身并不适合于自己的盔甲，他能够创造性地且成功地应对似乎难以破除的挑战。在无数的政治情景中，有人会不断地提及达乌迪的故事，伴随着绍里语独特的回旋，隐喻性地将它与身边的情景结合起来，从而引发人们的讨论。这些形象激发了围绕以下问题所展开的隐喻讨论：我们的石子是什么？过去被我们成功击败的狮子是什么？我们现在的哥利亚是什么？这些意象唤起我们面对现存挑战与过往成功的创造性精神，为我们看待现存共同体的资源与潜能提供了新的视角，而许多这样的资源和潜能都因捐赠–求助的习气而被抑制了。在众多的冲突与挑战中，基于达乌迪与哥利亚故事的隐喻性讨论，使得共同体成员能够明确并重视曾被忽视，且在发展进程中遭到迅速破坏的自身优势，其中包括共同体关系、本土知识、集体生存传统。[1]

在集中解决问题的小群体聚会以及“一对一”的接受性关系会议中，共享公共叙事的实践促成了四个行动调查小组的诞生，以分别解决对话中出现的四种不同的哥利亚形象。在接下来的两年里，行动调查小组携手合作，通过收集故事，并积极尝试实现故事中所出现的理念（部分实现得非常成功，而另一部分则功亏一篑），来探讨他

[1] 大卫与哥利亚故事的共鸣力量，很大程度上归功于基督教的主导地位，以及宗教里的神话主题；它也提升了我们对于诗学态度的战略必要性的认识，也就是，认真对待那种在某一特定的共同体里早已具有共享意义的意象。

们所要应对的特殊挑战。举例来说，我们会看到一个组织有序、在公开场合谈笑风生的寡妇群体，她们因共同遭受社会排斥，无法参与常规的共同体社会、政治与经济活动而走到了一起。看看这些坚忍（Sinani）[1]的女性（她们现在对自己的称谓），在共同体举办的各种活动中又唱又跳，有时也会与男性长者一起，每一位在场的成员都坐在她们群体制作的彩色手编凳子上，他们围坐成一个圈。我们也许无法想象，就在不久的几年前，她们每一个人都生活在被社会孤立的状态中，挣扎着独自抚养孩子，而文化上也几乎不允许她们像现在这样做。

2009年，在持续数月之久的午后聚会中，妇女们或围坐于草场中间，或聚集在泥房内的主室里。她们详细讲述了寡居生活的残酷，还分享了各自为自身以及他们相依为命的孩子或孙辈争取稍微好一点的生活所做出的种种努力。她们专心致志地彼此聆听，一直持续到太阳落山都毫无倦怠。在大多数绍里村庄的卢奥族群文化当中，一位寡妇将持续经历各种社会性死亡与政治性死亡。根据传统的规矩，她没有任何公共存在或话语的权利，除非她可以继承一笔寡妇遗产，凭借这笔遗产，这个女人已死丈夫的一名男性亲戚——称作“杰特罗”（Jatero）的男人可将其娶回家并且成为这个家庭的决策者，即便他在别处居住，并拥有其他的妻子。一系列严格的规矩与禁忌规定着一个寡妇能做什么，不能做什么。比如说，她不能盖建新的房子，不能拒绝与杰特罗发生性行为，或被禁止与丈夫在世的其他女人同坐在一个屋檐下，否则就会招致死者的死亡诅咒（坏“奇拉”）。在卢奥文化中，死者在活人世界具有令人难以置信的活跃力量。另外，在艾滋病频发的年代，寡妇还被污名化为病毒携带者（事实上，在一夫多妻制的社会里，许多寡妇女性确实由于被迫与“杰特罗”或与

[1] Sinani在多罗语中意味着韧性与耐力。

其前任丈夫发生性关系而染上此病)。当这些女性们分享着她们关于挑战与斗争的故事时,社会排斥的基本轮廓就呈现出生动的、情感性的特征,无人不在整个故事的叙事过程中潸然泪下。其中一位女性的住所被烧毁了,但她却不被允许盖建新的房子。这就意味着,她不得不居住在她曾经作为厨房的狭小空间里。另外的一位妇女,从她的"杰特罗"那里不幸感染了艾滋病病毒,并将病毒传染给了她的三个孩子。还有一位女性在她的丈夫下葬之后不久,其家畜与田地(在绍里,这些属于个体生活的主要来源)立即被姐夫占为己有,因为他可以合法地宣称,寡妇不具有财产权。还有一名女性为了生计而在"布萨俱乐部"[1](地下酒吧)接待男性客人,但她微薄的收入仅够支付家中六个孩子中的一个的学费。

这些故事,都在某种程度上令人痛苦,但并没有止步于对经济贫困做出不厌其详的描述。相反,这些女性通过对其生活细节的梳理来辨认她们用来成功迎接挑战,或者开始作为群体而发挥作用的"石子"何在。比如说,那些成功拒绝与"杰特罗"结婚,或是重新修改合约上的条例的女性,与他人分享着她们所采用的策略。在对话的过程当中,女性之间形成了深刻的关系纽带。她们开始以群体的形式出现,在干农活时相互帮助,甚至在集体土地上一起栽种蔬菜,用以喂养她们的孩子。通过分享故事,她们已经建立了关系线索,形成了弹性十足的社会支持网,而此前这是谁也不曾设想的。当她们的集体不断壮大之时,妇女们在公共空间以及在社区官员面前的声音也越来越强大,她们甚至成功游说这些官员正式承认她们的社群组织。对潜在的"石子"的探索使得她们将基本的织网能力,转变为小规模的群体性事业,以满足她们在共同体中得到认同的具体需

[1] 在肯尼亚,传统酿造的啤酒,被称为布萨(busaa),busaa是通过发酵玉米、小米、高粱或者糖蜜制成的,其低廉的价格尤其受到贫困社区的欢迎。——译者注

求。她们开始亲手编织色彩混杂的麻线小凳，以取代每一次举办集体会议时都得从附近教堂借来的硬长板凳。随着时间的流逝，这些小板凳自身也成为隐喻性的节点：那些曾经不被允许和屋内的其他成员坐在一起的人，现在却凭借其充满生机的审美形式，成为每一次社群聚会的基本参与者之一，且日益成为必不可少的，能发声的参与者。如今，倘若绍里要举办一次大型集体活动，比如说音乐表演，这些“坚忍的”女人们就会自编歌曲，复述她们的集体故事，最后则以激昂地将凳子挥过头顶的舞蹈形式收尾。并不是那些凳子为她们带来了多少收入来源，尽管事实上，她们生产的所有物品都会在她们之间进行分配，以帮助她们的孩子支付学费；而更是在于，它们象征了一种大卫式的胜利，或者如大卫手中的石子一般，象征着在共同体成员的知识与能力之中早已存在的可能性之持续可能。

我们从上述有关“坚忍”寡妇的例子中认识到的是，建立接受性关系的毛细管状艺术与寻求更广泛共鸣的公众实践之间是相互深刻影响的。我们也发现，关注这种相互作用对亚利桑那州北部的组织而言也至关重要。因为在那里，各种反民主话语与实践不断在举例示意不可能性的围墙，正是它们抑制了那些涌现（emergent）出来的热情与视域。因此，除开接受性关系的实践之外，激进民主炼金术还必须产生更广泛的共鸣诗学，从而进一步扩大，而不是取消对“如果……会怎么样?”之类问题的细致和积极的探讨。我们认为，“产生共鸣的民主诗学”，既可以是一种明显由共鸣修辞本身启发和讲述的政治运动，接下来它也是一种创造共鸣的组织的政治实践，它们将建立驱动民主行动的身体间性的集体——类似于莱维托芙将诗学视为行动中的活体。这种行动需要调动诗学能量，而里奇和鲁凯泽正是运用这种能量对“出生”这个概念予以了表达，并利用它来引导我们的工作。

从我们最初来到亚利桑那州北部展开工作起，我们就一直在努力培养那种从大量民众的交互行动中产生共鸣的政治情境与事件，这种交互行动，是无数支持者以前所未有的方式聚集起来时所产生的相互作用；是各行动调查小组的学生与社群成员之间具有示范性的交叉互助；是各种公共空间的创建，在其中，这种具有共鸣效应的交互行动将不断被唤起，被颂扬，等等。作为隐喻的共鸣还激发了对深层意义与情感的感知，我们将根据科学的理论对此做出明确解释，而所用的理论将主要涉及运动体之间的能量振动与频率如何以相互补充、丰富、增强与扩大的方式而彼此产生作用。[1]

我们在北亚利桑那大学开展行动的第一学期期间，一个名为WACBAT（“节能改造与社区建设行动小组”）的学生调查团队组织了一次产生共鸣“热潮”的公众行动，希望可以增强社群对政治可能性的感知能力，以促进和扩展能量效率的改造工作，也就是减少水电消耗、促进绿色经济、降低二氧化碳排放量、建设社区团结，等等。他们在一家修道院做节能改造，这里住着一对深受爱戴、德高望重的老姐妹。行动小组的成员们积极组织支持者，促使数百人前所未有地以这种积极团结的方式齐聚一堂，他们中包括可持续性理念的倡导者、印第安人、西班牙人（既有长期居民，也有刚刚跨境过来的新移民）、黑人、来自不同阶层的白人、社会运动人士、非政府组织成员、绿色环保企业人、改造项目的管理人员、年轻人与老者，以及不同信仰的人们，等等。

在微风荡漾的蓝天下，我们聚集在瓜达卢普小教堂的地下室内，大家交流信息，组建关系网络，签订改造工作的合同方案，共同探讨未来的种种可能性。房间里能量充盈，气氛极其活跃，不同人群网络的共振运动开始以彼此扩充的方式相互作用，这种方式是个体的独自行动无法实现的。尤其令人意想不到的是，在活动进行到几个小

---

[1] 雷蒙德·科尔斯（2011）：《共振性接受民主的神经政治学惯习》[Coles Romand, “The Neuropolitical Habitus of Resonant Receptive Democracy”, *Ethics and Global Politics* Vol. 4(4): pp.273–293]。

时的时候，有两个衣着鲜丽的小孩走进了房间，跟随大鼓的节拍活力四射地跳起舞来，舞蹈形式像是受到阿兹特克与基督教传统的启发。地下室内的人群满怀敬畏地注视着这幅场景。我曾在无数的场合里见到过瓜达卢普人（他们就是这样自称的）跳舞，这样的舞蹈总是十分精彩。然而，房间里那种交织与扩充着能量的表演，比我见过的任何事物都要宏伟壮观。那天，在地下室内，鼓声与舞者舞动的脚步声所产生的共鸣声音显现并进一步加强了齐聚一堂的不同人群之间的共鸣。这种状况可以作一个这样的类比：强烈的振动事实上可以击碎机器的部件与结构，我们在此可以感受到的是，我们曾想当然地认为是不可能性的围墙，也开始在这个房间内所产生的共鸣中倒塌了，它使我们超越几个世纪以来的种族主义、殖民主义不平等以及环境恶化等藩篱，从而走向一个全新的“我们”。

此次活动，以及我们对其的不断唤起，不仅持续提醒和鼓舞着“节能改造与社区建设行动小组”，也提醒和鼓舞着许多其他的行动调查小组与社群团体。事实上，这个故事的反响也在持续不断地激励着那些参与更大型组织进程的人去培育更多机会，以促成具有共鸣意义的政治事件与政治体验，而这些事件与体验反过来又将成为这类生动故事的一部分。培育此种机遇的途径之一，便是通过举办一学期一次的行动调查小组专题研讨会，在这里，上百名学生投入行动之中——其范围从基层教育事项、十二年义务教育中的社区管理团队问题，到移民问题、校园内外的替代性食物的生产问题、可持续能源、公共空间、性别问题、水源节约、本土环境的法律保障、雇佣合作问题，等等——这些学生聚集在一起，相互见证着彼此的工作。这种定期合作与见证有利于产生共鸣的热情氛围，正是这种热情氛围对于在场的大多数人而言，具有不可抗拒的魅力。它类似于一种“巅峰”（mountain top）体验，既鼓舞着未来的努力，也提醒我们在不断加以塑造的故事中去宣告我们的行动。

这些具有政治共鸣意义的诗学事件，以及与它们相互缠绕的诗学叙述和感性形式，从各个方面塑造着我们的工作。其中一个方面就涉及我们对空间创造的积极关注。在这样的空间里，共鸣政治实践与共鸣诗学将更为频繁地被我们体验到。北亚利桑那大学的“绿景咖啡厅”就是一个这样的示例。这个咖啡厅是行动调查小组为期两年的行动的结果。他们曾设想有那么一个地方，可供不同团队见面聚会，一起工作，彼此见证或意见碰撞，举办艺术活动，讨论公共事宜，促进可持续的、公正的就餐实践，等等。仅仅只在几个月之内，这个公共空间就成为在相互交流中取得高度共鸣的场所，即成为一个拓展多维政治与生态可能性的共振之地。

在与瓜达卢普人和绍里寡妇的审美干预相呼应的视觉表达中，世界闻名的纳瓦霍人艺术家肖恩东·贝奇（Shonto Begay）与学生合作，在那家宣扬并呼吁共鸣行动的咖啡厅内创作了一幅巨大的壁画。肖恩东将他的绘画体验，以及他希望他的画作将不断唤起的体验视为一种“视觉的击鼓”。他把颜料倾倒在油画布上，或者画壁上，对事物的节奏，以及对处于交互运动或包孕性（pregnant）静止时刻的人们做出视觉传达。咖啡厅的壁画激发着行动调查小组在神圣性与历史性景观之内从事他们的共鸣工作，从而使历史记忆与对可能性的恳求之间产生共振，这是在人类以及人类以外的世界之间确立一种参与式、多样化且蓬勃发展的共同福祉的可能性。与瓜达卢普人的鼓声与舞步相类似，咖啡厅内的教学互动与壁画所呈现的诗意的“视觉鼓点”之间相互扩充，为民主和可持续发展的共同体的到来激活了某个时刻，而这正以无人可以料想的速度，不断汇集着能量与创造力。

* * * *

我们此前在文章中暗示过，理论是一个反思的过程，是对美学与政治之间竞争关系的有力见证，而这种关系就体现在里奇对雅各布与天使的讨论当中。正如此文中的理论实践所明确表述的，物质与理论化模式会在相互作用中发生转化。我们试图在雅各布与天使的战斗画面中假定一个第三者。这个第三者形象就是理论，它可以被想象成一位手持棱镜的小矮神（dwarf）。镜中的面相（aspect）与鲍德温那面毫无保留的镜子相似，它面向现世的黑暗，在诗学与政治的共同作用下，无情地映现出现实的灾难，同时也映现出在备受压抑的欲望、梦想和愿景中微弱可能性的闪光点。棱镜中的面相既可以缩小，也可放大这些闪光点，从而将政治的可能性强有力地投射于其中。在这种强化作用的刺激下，矮神移动镜子及其视角，以照亮那些具有共鸣效果的激进民主的可能性。

作为映射、能量与运动的汇集之地，小矮神的嘴巴，此前，它如此倾向于"在不可能性的墙角窃窃私语"[1]，现在，它开始言说深深受惠于政治与诗学的语言，但无论如何，又保持着自身的独特性。矮神的声音来自一个虽然与其他人有着紧密的联系，却可以保持足够距离的身体，手持棱镜，而不被卷入斗争的中心。在镜子旋转运动的过程中，矮神偶尔会不可避免地瞥见三人一体的现象——雅各布、天使和矮神——并清楚映现出他们之间关系所呈现出来的形状与质地，而这最有可能促成通往民主驶向更远的海岸线。这种映现活动很大程度上占据着理论任务。但是也正如小矮神所感知的那样，宣告理论反思的镜子仍然依附于其所在的双手，它既可以隐匿，也可以显示真相。因此，小矮神的工作需要一对超常灵敏的耳朵，以及像蜘蛛一般的灵活性。

我们将矮神的工作称为乌托邦语用学，即一种密切关注美学、政

[1] 鲍勃·迪伦：《乔安娜的幻象》（"Visions of Johanna in Dylan"），见《鲍勃·迪伦抒情诗：1962—2001》（*Bob Dylan Lyrics: 1962–2001*. New York: Simon and Schuster, 2004），第196页。

治与理论之间的交缠关系，以促成新的以及更好的可能性诞生的助产艺术。这种相互交缠的网络组成了一个敏锐灵活的平台，其乌托邦特征可以使我们航行到更远的海岸。乌托邦语用学与我们最初在论文中所讨论的那种死气沉沉的乌托邦乡愁不一样，那种乌托邦叙事宣称当下早已超越了乌托邦，而乌托邦语用论是对想象性行为做出回应的运动，它总是超越任何一种被明确表达出来的实体化事物。“超越”(beyond)在此可以古英语中的“begeondan”一词来加以理解，“be”在此表示位置(相当于by)，“yond”(和yonder一样)指向更远的那一边。在这种意义上，我们理解了内在于著名的“Utopia”一词的词源学根源中的某种模棱两可(作为“eutopos”意为好的地方，而作为“outopos”意为没有地方)，这种模棱两可是生成性的：好的地方别无他处，它就是雅各布、天使和矮神三者正“忙着出生”之处。

第三部分

接受、再-铭写、肯定

第六章　承认与接受：对“我们都是动物的生命”的规范回应形式*

尼古拉斯·康普雷迪斯

澳大利亚天主教大学社会公正研究所

我们的问题在于社会无法再听到其自身的尖叫。追根溯源，我们的问题不是去找到我们一直所关心的事物，而是去发现我们是否有一直关心某些事物的天性。

——斯坦利·卡维尔：《爱的逃避》（“The Avoidance of Love”）[1]

伊丽莎白·科斯特洛（Elizabeth Costello）是J. M. 库切的悲剧寓言《动物的生命》（*The Lives of Animals*）中的女主人公。她难以相处又经常烦恼不安，而那些令其陷入困惑的种种烦恼也给所有与之有交集的文本人物和读者造成了麻烦。作为一名享有盛名的澳大利亚小说家，科斯特洛应邀到一所虚构的美国大学发表两场公开演讲，其中一场题为“哲学家与动物”，另一场则为“诗人与动物”。但是，科斯特洛很快就产生了令其不安的困惑，不知自己想要讲什么，也不知自己发表演讲是要做什么。显然，她想要从听众那里得到点什么，她需要某种回应（response）。但是，尚不完全清楚的正是那点“什么”究竟是什么？确实，正如我们将要看到的，无论是书中人物还是本书读者，似乎都无法确认科斯特洛是谁，也不能很好地去聆听她究竟在

---

* 尼古拉斯·康普雷迪斯对这篇原创文章进行了编辑。

[1] 斯坦利·卡维尔（Stanley Cavell）：《言必所指？》（*Must We Mean What We Say*. Cambridge: Cambridge Univ. Press, 1969），第350页。

讲些什么。[1]

如果说这里存在一种承认的失败，那么，这是一种怎样的承认失败？在这个（*this*）案例（伊丽莎白・科斯特洛的案例）中，成功意味着什么？承认政治理论是否能够提供任何阐释？毕竟，在承认政治理论中，许多推动了新近理论发展的东西即是试图将承认失败诊断为一种特别突出的不公正（injustice）的形式——不管是以分配的形式还是文化的形式——这种不公正折磨着我们身处其中的这个深度多元化的晚期资本主义社会。围绕承认问题，如果我们希望将文学理论带入与政治理论的对话之中，正如丽塔・费尔斯基（Rita Felski）所表明的，因为其特别棘手，所以伊丽莎白・科斯特洛的例子也许是个非常不错的起点。尤其是，因为在此所讨论的承认的失败是对一个虚构人物的生命与死亡之承认——在这个词的真正意义上——的失败[2]。那么，这是一种怎样的失败？是否有很多事物需要密切关注？如果是这样，它们是什么？这种失败告诉了我们有关承认主体的什么？它告诉了我们有关我们自身的什么？如果对一个虚构人物生命的承认失败是一种我们可能漠不关心或不可理喻的失败，那么，它将告诉我们关于我们自身的什么？政治理论家们能否从文学中去了解其自身的关切？如果他们打算从文学角度来理解他们在政治哲学或政治理论中无法领会的东西，那么文学对于政治理论家而言，又将意味着什么呢？

[1] 库切是南非作家，2003年获诺贝尔文学奖。在《动物的生命》中，素食者科斯特洛的演讲主题是人应该如何对待动物。她提出人类食肉的行为与“二战”中对希特勒屠杀犹太人故意充耳不闻的德国人是类似的。当时，德国普通老百姓都隐约知道自己家周围有集中营在发生屠杀，但他们故意忽略。——译者注

[2] 见丽塔・费尔斯基：《文学的用途》（Rita Felski, *Uses of Literature*. London: Blackwell, 2008, 23–50）中的“承认”（“Recognition”）一章，从中我们可以了解自我承认的重要性。

艾米·古特曼(Amy Gutmann)是受邀对库切文本做出回应的著名学者小组[1]成员。她认为构成《动物的生命》的两场演讲提出了“在虚构的框架内……关于人类应该怎样对待动物的伦理问题的经验的与哲学的论述”[2]。古特曼认为，科斯特洛的虚构听众是将其视为“提出要求者”而做出回应的，并且相信，她要求的是“他们对待动物方式的根本转变”，一种她的听众认为“她无权作此要求，而他们也没有义务或意愿去执行此要求的”(*LA* 4)改变。

古特曼完全正确：科斯特洛要求从听众处获得的那种回应确实暗示了某种改变，但是因为古特曼匆忙下结论，认为这些虚构的演讲是关于人类应该怎样对待动物的，因此她误解并歪曲了科斯特洛的关切。结果就是，贸然限制了科斯特洛想要从其听众处得到的那种东西，最终也限制了从我们这里得到的那种东西。不管科斯特洛向我们要求的是什么，它都是某种苛求的事物，某种令人不安的事物，某种将我们与我们的生活、我们在意的问题的关系置于麻烦之中的东西，克服它可能需要我们做出一些内在的改变，一种我们可能会更倾向于抵触而非欣然接受的改变。

有人可能会说，古特曼对这个故事的道德理解，使其对故事讲述者及其真正试图讲述的故事充耳不闻。而这种误读的一个更为深远的结果是，古特曼也没有注意到(更不用说解释)科斯特洛的听众(无论是虚构的还是真实的)对她及其演讲的回应只是一场持续

[1] 除了艾米·古特曼，还有一些回应者，如温迪·多尼格(Wendy Doniger)、乔玛丽·嘉伯(Marjorie Garber)、彼特·辛格(Peter Singer)、芭芭拉·斯穆茨(Barbara Smuts)等人。我已有限地选取他们来进行我对《动物的生命》的讨论。我不同意库切后来的(扩展)文本《伊丽莎白·科斯特洛》，部分是因为我想与科拉·戴蒙德的文章(见下文)开启对话，部分是因为我想有效地限制我的讨论范围。

[2] J. M. 库切：《动物的生命》(J. M. Coetzee, *The Lives of Animals*. Princeton, NJ: Princeton Univ. Press, 1999)，第3页(以下简称*LA*)。

而彻底的混乱。科斯特洛最初关注的目标好像(*seems*)是我们应该怎样对待动物的伦理问题,但是,她所说的却是使其听众无法确定她究竟在说什么,她真正想要的是什么的那些东西——是使得他们对她及其演讲的种种设想始终摇摆不定的东西。他们认为她正在讲一个关于动物的权利(这不是该故事的题目或其演讲的主题)的故事,而这确实也是她努力想使别人明白的相当一部分内容,即那个被强加于她想要讲的故事身上的,无非就是一个关于动物权利的故事,这个故事对其听众或者读者而言,是唯一一个她能够清晰讲出的故事。

她那莫名疏远了的儿子约翰·伯纳德(John Bernard),也是这所虚构的学院里的物理教师,亦无法了解其母亲真正想要的是什么,无论是从他那里还是从其他人那里。在故事结尾的那个重要且具决定性意义的瞬间,他的母亲崩溃了,宣称她是如此无助地迷失了自我,她无法再说出她渴望说出的话,无法面对她最害怕的面孔,无法回避她所不能回答的问题。

“我一想起那些话,就会感觉无法忍受:因此,我最好是说给枕头听,或者,说给地洞听,像弥达斯国王那样。”

“我还是不明白。有什么不能说的?”

“我不再知道我身处何处。我似乎是在到处转悠,在人群中,无比轻松,似乎与他们建立了完全正常的关系。我扪心自问:他们所有的人都参与到这种令人麻木的调和的罪行中来,这可能吗?我是不是在胡思乱想?我肯定是疯了!

……安下心来吧,我告诉自己。你这是在用鼹鼠洞里的泥造山啊。而这就是生活。所有其他人都跟生活妥协了,为什么你不能?为什么你就不能?”(*LA* 69)

再一次，他发现自己处于根本不知该如何去回应她的位置上，不知哪一种回应是她所需要的，什么是她真正想要的。

“她把脸冲向他，老泪纵横。她想干什么？约翰想着，她是否想要我回答她的问题？”（*LA* 69）

对于约翰来说，回答她“那个”（*that*）问题意味着什么？如果他从一开始便未曾将它当作一个他必须给出某种回应的问题，一个他必须当作自己的问题加以对待的问题，难道他还会打算给出一个回答吗？如此，他怎么能理解他母亲的问题里所要求的东西呢？伤害着且缠绕着母亲的那种不公正究竟是一座山还是一个鼹鼠洞？它是不是一个人必须甘心忍受的事物？一个人又该怎样去做？那样做将意味着什么？什么是必须做的，它又是怎样做到的？是什么告诉我们正在对付一个鼹鼠洞而不是一座山？不管是一座山还是一个鼹鼠洞，那种我们做对了的自信的基础是什么？在哪一点上，我们开始严肃地对待这些问题？我们必须达到的那一点又是什么？

而在此种情形之下，无论在哪里或做什么，约翰·伯纳德都无法达到那一点。他达不到那一点，因为他跟不上他母亲的思路。这是一种他不希望承担的“逃逸线”。然而，与其说是一种逃逸线，毋宁说是一种沉落，一种坠入黑暗的沉落。遵循此种思路将意味着跟随其母亲走向她曾一度被抛弃之处，走向不知何处有我，身处何方之处。在那个地方，一个人不仅是严重错位了，他还可能被一种无法为他人或自己所理解的言辞的无力感所困扰。“我找不着北”（*Ich kenne mich nicht aus*），在不同的日常语境中，这句普通的德语表达可以不同的方式加以运用，它也可为真正的哲学问题在此得以展开的那种精神状态或境况命名，按照维特根斯坦的说法：“哲学问题具有这样的形式：我还没有摸清门道。”[1]更确切而言，在存在论和认识论意义上，“我找不着北”，就是说，我迷路了；在更为急迫的意义上，表示我迷失了我自己。（直译就是：“我知道自己没在这儿。”）

因此，科斯特洛的质疑给其儿子带来的问题便在于，他是否能够在没有意识到母亲已经迷路的情况下，严肃对待她的问题，同时也将面临迷路的危险（这要求他跟随她来到问题的最初形成之处，即一个人无法回避语无伦次的痛苦，同时，也没有任何人可以不用冒着孤独甚至是疯狂的危险来直面此种痛苦），他又何尝能够处于回应其母亲的位置上呢？约翰·伯纳德不打算承担这样的痛苦或冒险卷入对母亲思路的追随之中。他对沉入其母亲的黑暗毫无兴趣。但是，不愿意或不能够跟随其母亲进入黑暗之所，也就意味着他不得不将母亲抛弃在那儿。当他将她拥入怀中，给她一个安慰的拥抱时，这正是他最后所能做的。在这个令人心寒的毁灭性讽刺场景中，尽管她与他紧紧挨坐在一起，但他还是将母亲抛弃在那儿了，抛弃在了她被放逐与迷失的地方。

另一位受邀的评论家彼得·辛格（Peter Singer），对于该如何回应伊丽莎白·科斯特洛，或者回应那个我们可以说她总是纠缠于其中的复杂、多层次的文本，他也倍感困惑。“我想要知道的是：我应该如何回答这个？”（*LA* 86）

他的问题是“我找不着北”的一种变体，具有一个真正的哲学问题必备的形式。它可能且应该是科斯特洛和库切的文本所提出的哲学问题在此得以宣示（announced），即该问题借此得以开始的形式。但是，辛格不打算沿着这条思路，而是将其在不知该如何做出回

[1] 路德维希·维特根斯坦：《哲学研究》（Ludwig Wittgenstein, *Philosophical Investigations*, trans. G. E. M. Anscombe. Oxford: Blackwell, 1958, § 123）。

应时所感到的困惑与混乱归咎于文本的缺陷与怪异。他无法确定是谁在说话，或者他应该回应谁，是库切，还是科斯特洛？正如古特曼一样，辛格认为他所面对的是一套虚构的——不是特别有说服力或令人信服或具有原创性的——辩论（argument）。一种特别的动物的生命，一种已经达到不知何以为继的"危机点"的生命，正岌岌可危，以及，这一特别的动物的生命所面临的危机，在与之类似的其他动物那里同样面临危险，这可不是辛格头脑里闪过的念头，不是他愿意在任何地方都紧紧跟随的想法。辛格没有意识到，科斯特洛通过一种论述的变体或非论述手段赋予其关切的形式，主要指的是要被接受（*received*）为一种规范的挑战，一种关于怎样以及何时让（*let*）我们自身去关心某种事物，以及怎样与何时我们还做不到（*fail*）此种关心的一种挑战。

在一篇引人注目且十分精妙的文章《现实困境与哲学困境》中，科拉·戴蒙德（Cora Diamond）表明，所有受邀对库切作品做出回应的评论家都未能公正对待伊丽莎白·科斯特洛，以及她与那个文本向其听众所提出的那些难题。所有评论者都在不止一个层面上错误对待了她，并在对她的回应中，重复着作品中人物，甚至是其最亲近的人所产生的相同误解。在这样一种陌生而又熟悉的方式上，我们这些读者与虚构人物（他们也让伊丽莎白·科斯特洛失望）形成了一种伦理关系。评论者们与其说看见了"一个被我们对待动物的方式的恐怖所纠缠……被这种认识，这种恐怖，以及被那些免受折磨的其他人是如何做到的之类的认识所伤害的女人……"，不如说是看见了某种虚构策略，从此处他们提炼出一种关于"动物的权利"的话语。这种话语由库切提出，很显然，为了方便起见，他采取了虚构的演讲的形式。戴蒙德写道："没有任何评论者认为这个故事的题目与故事中作为中心角色的受伤动物之间的关系具有任何特殊意义。没有任何评论者认为该故事的题目对于我们该如何理解一个有关我们自身的生命，即我们都是动物的生命的故事具有任何意义。”[1]

一种承认的失败?

戴蒙德所描述的失败可以当作一种承认的失败或误识的情形。它看起来确实遭到了这样的对待。这个失败似乎是由于把《动物的生命》误读为主要是关于支持动物权利的作品的结果。但是，事实上，它到底是怎样一种失败呢？它仅仅是一种认知的失败？只是在如此明显的是x而非y的情形之下，将x误认作y？若真如此，它不会是一种承认的失败。严格说来，有意义地讨论一种承认的错误，我们将不得不处理这样的情境，在此，各种要求都将出自我们自身，而这些要求的可理解性与可回答性需要对要求及要求的提出者提供某种承认形式。

很显然，评论者和作品中的人物一样，都认为科斯特洛是在提要求，即便他们弄错或不能确定这些要求是什么，以及向他们求取什么。如果我们将这里所涉及的承认的错误仅仅是简化为某种误读的情形，那么，我们将无法理解我们所面对的是哪一种失败——为何5位优秀的学者毫无例外地将文本解读为关于动物权利的论述？以这种方式来形构科斯特洛的演讲，评论者们确实是无意之间先入为主，而非促成科斯特洛与《动物的生命》邀请其读者都参与其中的一种对话——一种当其所有成员都能够以正确的方式开始，也就是说，只有大家都一起到达其迷失之处，即该文本的哲学问题得以初显之处，才有可能开始的对话。自20世纪90年代早期，查尔斯·泰勒（Charles Taylor）将承认话题带入如何理解与重新表述少数文化的

[1] 科拉·戴蒙德：《现实困境与哲学困境》(Cora Diamond, “The Difficulty of Reality and the Difficulty of Philosophy”)，见《哲学与动物生命》(*Philosophy and Animal Life*. New York: Columbia Univ. Press, 2008)，第48—49页。

政治要求这一道德与政治争辩的中心，当代政治理论家们，尤其是阿克塞尔·霍耐特（Axel Honneth）以及南希·弗雷泽（Nancy Fraser），已将承认当作正义理论的关键维度或某一关键维度。与泰勒一样，霍耐特认为承认是“重要的人类需要”[1]，它揭示着根深蒂固的有关“人类的主体间性天性”[2]的人类学（*anthropological*）事实。我们不仅渴望（*desire*）承认，而且需要（*need*）政治领域的承认-尊重的多种形式，无此，我们不能充分发挥我们的政治能动性；我们需要社会领域的尊敬，无此，我们无从认识我们对社会生活所做贡献的价值；我们需要家庭亲密领域的关心，无此，我们无法形成自我反思的和自信的实践认同。没有这些环环相扣、相互依赖的承认形式所提供的“主体间的保护”[3]，我们便无法成为我们想要成为的人，也无法实现我们自身想要的生活。既然主体间性这一作为人类自由，即霍耐特所说的“自我实现”的必要条件，尚无法满足，那么我们所要过的生活也将是不自由的（*unfree*）。

另一方面，弗雷泽却避开了霍耐特所偏爱的这种对承认的“厚描”，而代之以更为简约主义（或更少宏观）的方式。在她的论述中，承认的善（good）不能被理解为是促进了个体自我实现的“超善”（hypergood），而毋宁是，有助于在社会交互行动中获得作为一个平等伙伴的充分地位。她认为，承认最好应该被当作一个社会地位（social status）的问题，而不是为“原封不动的”个人身份的形成提供

---

[1] 查尔斯·泰勒：《承认政治》（Charles Taylor，“The Politics of Recognition”），见《多元文化论：审视承认政治》（*Multiculturalism: Examining the Politics of Recognition*, ed. Amy Gutmann. Princeton, NJ: Princeton Univ. Press, 1994），第25页。

[2] 南希·弗雷泽与阿克塞·霍耐特：《再分配还是承认？一种政治-哲学对话》（*Redistribution or Recognition? A Political-Philosophical Exchange*. London: Verso, 2003），第145页。

[3] 霍耐特：《为承认而斗争：社会冲突的道德语法》（*The Struggle for Recognition: The Moral Grammar of Social Conflicts*, trans. Joel Anderson. Cambridge, MA: MIT Press, 1996），第174页。

必要（显然也是充分）条件的人类学常量。我们需要将批判的注意力集中于那些排除了某些个体与群体，并将之当作劣势群体或彻底的他者，从而使其在社会交往中不能作为平等伙伴，不能作为对充分地位的要求者出现的那种文化价值模式上。在这样的情况下，错误识别就是某种“地位从属（status subordination）”的形式。对其做出公正的回应需要对那些构成了错误识别和从属地位的文化价值模式进行“去制度化”（deinstitutionalization）。[1]

如若按照当前的政治理论，依赖于那种被当作是承认失败的理解，我们能在何种意义上有效地讨论伊丽莎白·科斯特洛的例子中的这种承认失败，都将绝非显而易见之事。我们所应对的不是地位从属的问题，当然，也不是政治理论家们所关心的边缘化或排除的问题。它不是霍耐特所构想的承认的规范化维度，如被抑制的尊重、尊敬或关心的情形。伊丽莎白·科斯特洛是一位非常成功的作家，尽管是有争议的，但却颇受尊敬，以至于她可以收到正式邀请去谈论任何她愿意谈论的话题。毫无疑问，她感受到了文本中其他人物对待她时所具有的性别主义和老年歧视主义的痕迹，但是所有这些，与她的“论述”（argument）被文中其他人物（她的儿子及儿媳诺玛——一个新近失业的职业哲学家）以及评论家们（首当其冲的是彼得·辛格）视作是对哲学的一种纡尊降贵相比，都是不值一提的。伊丽莎白·科斯特洛并不能满足承认政治理论所构想的那些承认失败的标准。然而，如果戴蒙德是对的，我想她是的，那么，在这里就存在着某种类似于（*like*）承认失败的事物。它使得特定的人类生命正是在使其可见，并努力寻找表达的言辞的斗争中反而不可见了，而且，确实是，无声无息了。

无论是对于人物还是评论家而言，最明显且最一般意义上的失

---

[1] 弗雷泽：《再分配还是承认？》，第22页。

败，在于未能认识到科斯特洛正在说着某种东西，而这些东西与指引着他们自身去听和读的假设并不相符。进一步而言，尽管他们公开承认在与之相遇的过程中理解她及其文本存在困惑，但他们并未尝试去质疑那些假设。人们可能会认为，一本标题指向动物的生命（*lives*）之关切的书，可对那种完全将其当作非人类动物权利的虚构化话语的诱惑做出检测。但是，从其标题开始，文本中便存在太多对此类解读的抵制或拒绝。这个标题将我们调和到诸多微妙的方式之中，在其中，人类动物与非人类动物的生命在文本中均被主题化为生命——作为能够生活得好或坏的生命，以及能够交流或者欺骗的生命。在对动物的生命进行主题化的过程中，库切和科斯特洛都在邀请我们对“生命究竟该怎样生活”这一问题进行重新思考。这是在《理想国》（*The Republic*）中由苏格拉底提出的问题。然而，对于苏格拉底和柏拉图来说，只有人类动物的生命才是关键，但对于科斯特洛和库切来说，在我们回答这样的问题时，人类和（*and*）非人类动物的生命都变得生死攸关的时代已经到来。[1]

我认为，更无可非议地具有诱惑力的，是把科斯特洛的评论（在第一场演讲之后，当她开始讨论这个问题时自动形成的）当作对其备受折磨的误识以及文本行将遭受的误读的预测，或事实上是，将这种误识或误读内化于《动物的生命》的结构之中。科斯特洛的评论关涉的是对斯威夫特（Swift）《温和的提议》（*A Modest Proposal*）之标准解读的局限性：“每当大家对怎样读一本书表示压倒性赞同时，我都会竖起耳朵。”（*LA* 56）正如科拉·戴蒙德所建议的，无论是她的虚

[1] 正如伊恩·哈金（Ian Hacking）所说，以一个动物的例子即可看出这种人类动物的饮食习俗的一部分：“当火鸡被喂养得过于肥大以至于走路和繁殖都很困难的时候，一个人应该为这样一种对动物生命的虐待而感到惊骇。我们已经创造了一个毫无尊严可言的物种。”伊恩·哈金：《变形》（Ian Hacking, “Deflections”），见《哲学与动物的生命》（*Philosophy and Animal Life*），第155页。

构对话者还是那些受邀请的评论家们，其实都未曾竖起耳朵。这表明，他们中没有人使(*let*)自己为科斯特洛的话而感到不安，以至于来到这样一个临界点，在此，他们会让(*let*)自己对她正在说的是什么的假设产生怀疑。压倒性的赞同让我们一如既往，无论怎样都使我们保持在已到之处，而无须将自身置于发现自己尚未摸清门道，且有可能坠入黑暗的危险之中。正如约翰在其母亲离开的早上对诺玛说的："几个小时之后，她就要走了，那时我们就恢复正常了。"(*LA* 68)

因此，《动物的生命》以其自身复杂的方式阐述了一个无论是对文学理论家还是政治理论家来说都并非陌生的现象：即对一个文本或一种实践的意义，以及对怎样阐释一系列主张或论据的压倒性意见，可以压倒任何与此种同意相关的事物与人，从而导向理解的失败与承认的失败。当然，这完全是我们政治的老生常谈与弹性特征，尤其是当文化差异激发认识的差异，从而导致一种单向的对他者要求的"误译"的时候，正如某种多数政治文化对其少数或土著文化的不同语言和实践不断"误译"的常见情形那样(例如，移民社会的多数非土著公民会认为，土地对于土著人民的意义在一定程度上仍保留了某种神秘，仿佛它就是神秘之物，是现代世界中一片浪漫原始的飞地或不可定位之所)。最近，在对世俗主义的辩论中，一些政治哲学家已承认：宗教语言与公共理性的"世俗"语言之间的差异是如此巨大，以至于出于"民主的理由"，宗教语言需要转译为世俗语言，以确保宗教公民能以自我的声音平等参与到民主生活中来。[1]

---

[1] 见尤尔根·哈贝马斯《公共领域的宗教：对世俗与宗教公民之"理性的公共使用"的认知预设》("Religion in the Public Sphere: Cognitive Presuppositions for the 'Public Use of Reason' by Secular and Religious Citizens")，见《自然主义与宗教之间：哲学随笔》(*Between Naturalism and Religion: Philosophical Essays*, trans. Ciaran Cronin. Cambridge: Polity Press, 2008)，第114—148页。

也许伊丽莎白·科斯特洛的例子表明了承认政治理论中的某种空隙(lacuna)，即对(一系列)超出了不公正之常规范围(借此，这些理论通常只关心自身)的承认失败的认识失败。我们可以称之为是对痛苦表达之承认的失败，正如青年马克思的名言：“这个领域不要求享有任何特殊的权利，因为威胁着这个领域的不是特殊的不公正，而是普遍的不公正”[1]。可能存在着一种普遍的不公正，我们不曾予之以特殊命名，也无法以确定且完全清晰的政治要求的方式(就要求而言，这是必须的)来表达，这样的观点在斯坦利·卡维尔对易卜生(Ibsen)的《玩偶之家》(*A Doll's House*)所作的极具影响力的分析中占有重要位置[2]。卡维尔的分析是要揭示作品中的主要人物——娜拉·海尔茂(Nora Helmer)所遭受的是怎样一种不公正，但其要点却并不能在约翰·罗尔斯(John Rawls)的《正义论》(*Theory of Justice*)的概念框架中得以显示。同样，也不能在弗雷泽和霍耐特为例的承认理论家所提议的正义理论中显示。

例如，南希·弗雷泽对错误承认的最低限度的描述，其举证责任被定位于申诉人对其不公正体验的公开辩护上。错误承认“是一个将某些人视为完全的社会成员之可外显化且可公开证实的障碍问题”[3]。这不可能是一个无以表达的痛苦的问题，也不是关于受伤害或任何诸如此类的问题，否则，我们无法对“什么是真正意义上不公

[1] 卡尔·马克思：《黑格尔法哲学批判》(Karl Marx, “Towards a Critique of Hegel's *Philosophy of Right*”)，见《卡尔·马克思选集》(*Karl Marx: Selected Writings*, ed. David McLellan. Oxford: Oxford Univ. Press, 1977)，第72页。

[2] 斯坦利·卡维尔：《正义的对话：罗尔斯与共识戏剧》(“The Conversation of Justice: Rawls and the Drama of Consent”)，见《帅与不帅的条件：爱默生至善论的建构》(*Conditions Handsome and Unhandsome: The Constitution of Emersonian Perfectionism*. Chicago: Univ. of Chicago Press, 1990)，第101—126页。卡维尔引用此文有三次之多。

[3] 弗雷泽：《再分配还是承认？》，第31页。

正的事物，和与之相对的仅仅是体验为不公正的事物”[1]之间的差异进行概念化。对于弗雷泽而言，不公正与痛苦的感觉必定要“在公开辩论中服从于严格审议”，而不是“免受公共争论”[2]。但是，卡维尔所说的《玩偶之家》中娜拉的痛苦可能与伊丽莎白·科斯特洛的痛苦相当。它也是这样一种情形，在此，“特定的不公正可能会无可诉求；然而，不幸的是，在另一方面，正义又不是可以断定的，而是某些事物必须得展现出来”[3]。但是，什么是必定得以展现的呢？该怎样展现必须被展现之物？以及，当其被展现出来，它是否也不一定能够被看见？那将是一种怎样的看见（seeing）？而要看见我们之前不可见的事物，我们该怎么做？

显露于可理解性之中

伊丽莎白·科斯特洛的例子在很多方面令人强烈地想起娜拉·海尔茂的情形。这一点对于斯坦利·卡维尔的读者而言不足为奇。因为这两个例子中的女人都处于相同的不公正状况中，都遭受着此种状况的痛苦，即一种“渴望言说”但却“无话可说”的状况，这一点将她俩驱至表达的极端[4]。她们正在使用的言辞和正在试探的言辞均被认为是不可理喻的，而其可被理解时，又被看成是完全离谱的——它们要么毫无意义，要么不能被严肃对待。当她们说话时，其言说被认为是极不充分的，无论是在家庭还是公共领域，都无法满足人们对此种言说所期待的可理解性标准；然而按照其人性而言，她们的语词和生命其实就显露在可理解性

[1][2] 弗雷泽：《再分配还是承认？》，第205页。

[3] 卡维尔：《帅与不帅的条件》，第112页。

[4] 同上书，第xxxvii页。

之中。[1]

娜拉·海尔茂体验着一种违背自我的婚姻，这种对自我的违背以至于到了她想“将自己撕碎”的程度。这种毁灭性的冲动源于她意识到自己对某种安排、某种体制一贯的顺从，而这一切已造成了她长期以来无声无息的状态。她的丈夫托瓦尔德（Torvald），认为她各种道德愤慨的表达无非是孩子气的装腔作势，不过是对理解她以及他们在这个世界中的位置的一种任性的拒绝：“娜拉，你疯了……我认为你几乎已经丧失理智”。他乞求她用一种清晰的方式表达自己：“一只唱歌的鸟儿需要清晰的嗓音去歌唱”。但是，那不是娜拉的嗓音，不是在此她必须唱出的自己无声与受压迫的嗓音，不是她正在寻求并使之成为她自己的嗓音：娜拉已经认识到，她的自由的问题就是她的发声的问题。寻找这种声音需要一个彻底的新的开始，这有可能进展顺利，也有可能不顺利。而她所知道的只有：“我必须弄清楚哪一个是对的——世界，还是我？”[2]

伊丽莎白·科斯特洛也必定面临这样一个世界，在其中，她的发声被认为是不可理解的，缺乏意义，或缺乏适当的意义。她的对话者认为他们所面对的不是一个行为举止像任性的孩子似的成年人，而是一个迷失了方向（如果不是迷失心智的话）的脆弱老妪。她那已受训成为一个专业心理哲学家的媳妇诺玛，发现她“关于动物、动物意识以及与动物之间的伦理关系的观点……幼稚而感伤”（*LA* 17）。在科斯特洛的第一场演讲中，诺玛想让约翰明白，他的母亲是在“瞎扯”，她“跑题了”（*LA* 31）。演讲结束时，被激怒的诺玛想驳回婆婆的要求，但约翰只是觉得会遇上麻烦，叫诺玛不要那样做，这导致了他们之间一场忧心忡忡的交流：

---

[1] 感受可理解性与感受人性之间的关系，见卡维尔《理性的要求》（*The Claim of Reason*），第438—439页。

[2] 以上引自卡维尔《帅与不帅的条件》，第112、150页。

“我无法容忍她就这样草草收场！她糊涂了！”

“她老了，她是我母亲。求你了！”（*LA* 36）

科斯特洛被指责的“糊涂”并非是指一个老妇人头脑昏聩。尽管在其未曾说出的或暗示的方面，人们确实会对她的精神状态产生怀疑，但诺玛所说的“糊涂”更多的是指她婆婆深层的、理性层面的不可理喻，她不知问题为何，不知以必要的清晰度去讨论问题所要求的是什么。简而言之，她不知道她在说什么，不知该如何以他人可以理解的方式来谈论这些问题。在书中，这一点得到了压倒性的赞同，因此，诺玛可以不管其年纪以及所有其他原因而向科斯特洛问责，并确信科斯特洛无法逃脱这种问责。科斯特洛的儿子也妥协于此种背景性的同意，他承认这是一次从头到尾都很奇怪的谈话：“一个奇怪的结尾……一场奇怪的谈话的奇怪结尾。他认为这是错误的标准，错误的论辩。论辩，这可不是她的强项。她不应该来这儿。”（*LA* 37）

在以著名的动物权利哲学家与其研究生女儿之间（太过完美的）虚构的对话形式所作的回应中，这位哲学家辛格将人物角色诺玛阐释为一个“神奇的装置”，借此，库切得以使自己远离科斯特洛那些古怪或离谱的诉求。诺玛“形成了对科斯特洛所说的一切的常见异议”（*LA* 91），她明确表示科斯特洛的论述确实像是“哲学”论述那般极其乏味或如同诺玛所说的“幼稚”，因此，这也就减轻了库切辩护申诉的负担。他也并不真正想承担此种义务，或者说，即便他想要承担此义务，也尚未准备就绪或还无法以有说服力的论据加以辩护。“库切甚至不必太过担心他是否能正确地理解演讲的结构。当他注意到演讲开始跑题时，他就只是让诺玛说科斯特洛跑题了！”（*LA* 91）

因此，辛格的回应就是戴蒙德所认为的那种对《动物的生命》之如此深刻的误读，而且确实是极不公正的解读的例证。所有人物都只是把她视作提出哲学论辩（大部分说服力可疑）的装置，而不是

“一个心智困惑且痛苦的女人”。没有人严肃地对待这样的问题，即科斯特洛需要回答，需要我们看到的，是和她一样多的我们的问题：面对我们对待动物的方式，以及“几乎对于每一个人而言，都面对这样的事实——除了公认的生命的背景，什么也没有”[1]，面对如此的环境，我们该怎样生活？

伊丽莎白·科斯特洛也想知道，哪一个是对的——世界还是她？“所有其他人都跟生活妥协了，为什么你不能？**为什么你就不能**？”但是，她不像娜拉那样自信地认为她会找到问题的答案。部分而言，这是因为她是一个比娜拉年老得多的女人，更为苍老，也更能意识到自身的局限性，意识到余生无多的事实。[2]同时，关于自己，科斯特洛也会更多地触及一种怀疑主义，触及对自身理解力的怀疑，以至于她会被一种疯狂，被梦与醒之间失去一切可靠区分所威胁，这令人联想起笛卡儿在《沉思录》（*Meditations*）中的那种怀疑论。[3]

“我是不是在胡思乱想？我一定是疯了。可是，我每天都能看到证据。制造这些证据，并且把它们摆放出来，提供给我的，就是那些我所怀疑的人。行尸走肉。碎尸万段。都是他们倒卖的货。”

“我好像是在拜访几个朋友。在他们的起居室，有一盏灯。我礼貌地对那盏灯评论了一番。他们说：‘是啊，这灯很好，不是吗？它是用波兰犹太人的皮做的，我们发现，最好的皮属于波兰犹太人中的年轻处女。’我旋即跑进了卫生间，看见包装肥皂的纸上写着：‘特累布

[1] 戴蒙德：《现实的困境》，第47页。

[2] 不言而喻，他们的未来可能性中的差异不仅仅是年龄的差异的结果，也是生活于19世纪末期与20世纪初期之年代差异的结果。

[3] 关于这一点，见斯坦利·卡维尔的《奇数，偶数》（“Being Odd, Getting Even”），见《追求日常：怀疑主义与浪漫主义的线索》（In *Quest of the Ordinary: Lines of Skepticism and Romanticism*. Chicago: Univ. of Chicago Press, 1988），第105—149页。

林卡——100%人体硬脂酸盐。'我问自己：我是不是在做梦？这是什么房子？"（*LA* 69）

像是娜拉·海尔茂一样，伊丽莎白·科斯特洛发现自己难以忍受地被卷入她所发现的如此恐怖的不公正之中。她太想尖叫，可她抑制了自己，没有尽其所能地大声地、长长地尖叫。正如她在第一场演讲中不无狡黠地说到的："我想要找到一种与冷静而非狂热的人类同胞说话的方式。"（*LA* 22）尽管此种说话方式是在并非为尖叫设计的哲学语言中被理解的，但她毕竟是尖叫了，只不过似乎没有人听到她的尖叫。这也许太微妙了，它潜伏在一种学术拟设与微妙性之中，即便被听到，也会被忽略。如同伊丽莎白·科斯特洛发现自己在某个午夜梦魇中面对某种无从表达的恐怖，一个人张开嘴想要尖叫，但却发不出声音，也没有声音将会出来，这就是伊丽莎白·科斯特洛的精神状态。在此，她试图去说：她不妨到枕头里或者地洞里去说/尖叫。说她已经失去了嗓音，成为一个失音症患者（aphonic），不是说她不能发出某种声音了，而是说她的嗓音已不能发出那种能打动别人，同时也帮助自己理解自己的语词和声音了。

这种由于嗓音被剥夺而引发的恐慌与令其崩溃的表达的极端密不可分，没有什么比她将纳粹死亡集中营中成千上万犹太人的大屠杀与出于人类消耗而对动物进行的日常的工业化大屠杀进行比较更能表示此种极端的了："让我说得坦率些：那些包围我们的，是一种堕落、残忍和杀戮的行当。它可以跟第三帝国（Third Reich）所能做出的任何勾当相比：实际上，在它面前，第三帝国是小巫见大巫。因为，我们的行当无穷无尽，能自我更新，能源源不断地把兔子、耗子、家禽和牲口带到这个世界上来，仅仅是为了要屠杀它们。"（*LA* 21）

这是一种具有争议性的，而且对于某些人而言，是一种廉价的、令人难以忍受的，甚至是亵渎神灵的比较［这种观点由人物角色亚伯拉罕·施特恩（Abraham Stern）提出来了]。非常不幸的是，它太容易将听众的注意力从科斯特洛所讨论的根本性事物转移开，而正是这一根本性事物造成了对科斯特洛的理解困难与伤害。在大屠杀与针对动物的屠杀之间的比较是徒劳的，它丧失了太多有价值的东西了。而这种丧失，才是科斯特洛必须加以讨论的，即当其开始失去人性的时候，人类这种动物（human animal）将会发生什么？就像用一条“明确的界限划分出”纳粹德国一样，就像人类动物坠入“一种我们只能称之为原罪的状态”（*LA* 20）一样，“我们，我们所有人，可以不相信污染，可以不相信原罪，但我们确实相信它们的精神关联。毫无疑问，我们会接受这样的说法，即精神（或灵魂）一旦接触了罪恶的知识，便不再善良”。（*LA* 21）在这个基础上，科斯特洛提出了一种可能性，那就是我们人类这种动物已经跨越了那条使我们的人性陷入危机的界线，以同样的方式，我们可能成为或已经成为类似于“特定一代的德国人”，他们“丧失其人性，在我们看来，是因为某种一意孤行，盲目无知”。（*LA* 20）现在，在我们中间，在并不十分遥远的某处，也许就在街角，到处都是药品检测实验室，是工厂化的农场，是屠宰场。“在我说话的时候，它们就在我们的周围。只是从某种意义上来说，我们并不了解它们”。（*LA* 21）

在何种意义上我们不“了解”（*know*）它们呢？不是在知识的（knowledge）层面，而是在认可（acknowledgment）的层面。“认可超出了知识（超出，也可以说，不是在知识的秩序中，而是在以此种知识为基础去做某事或显示某事物的要求之中）”[1]这种由卡维尔所带来的“认知”与“认可”之间的区分，意味着我们需要把握对他人的应答能力（*answerability*）的意义，它源于对他人痛苦的认可与承认。为

[1] 卡维尔：《认知与认可》（“Knowing and Acknowledging”），见《言必所指？》（*Must We Mean What We Say?* Cambridge: Cambridge Univ. Press, 1969），第257页。

什么呢？“因为你所遭受的痛苦向我提出了一个要求(*claim*)。我知道(确信)你的痛苦是不够的——我必须去做或显示某种事物(任何能做的事物)。总之，我必须认可它，否则我就不知道‘那些(你或他)处于痛苦中的事物’究竟意味着什么，或究竟是什么。”[1]

承认还是认可？

在日常使用中，承认与认可之间的差异只是一种术语的差异。然而，如果我们对比卡维尔对认可的阐释和弗雷泽所说的“痛苦的”生命容易遭到批判性审视和公共争论，那么，这个不同便形成了这样一种差异：被当作错误承认的情况是关于认知的问题，而不是认可的问题。在这一方面，把对痛苦的宣称视作认知问题而非认可问题是在现代认识论传统所流传下来的知识框架之内进行运作的。在此，某种事物是(*is*)什么的问题，便是它怎样(*how*)被认知的问题[2]。因此，认知优于认可意味着必须有某种裁定承认要求的方式，以便我们能够知道那些值得冠以不公正标题的要求与不能冠以不公正标题的要求之间的差别。正是出于此种原因，举证责任必须置于要求的提出者之上，而且其要求必须是以“外部显现和公共证明”的方式(就像那些确定的和充分明晰的要求一样)形成。“相反，那些不能明言的痛苦显然是远离公共争论的”[3]。但是，也许，还有一些不能明言的痛苦与其说是远离公共争论的，不如说，正是公共争论使之变得不可见、不可听。关于这一点，正如我在其他著作中所写的：“公开曝

---

[1] 卡维尔：《认知与认可》，第263页。

[2] 查尔斯·泰勒：《阐释与实践理性》(Charles Taylor, “Explanation and Practical Reason”)，见《哲学争论》(*Philosophical Arguments* .Cambridge, MA: Harvard Univ. Press, 1995)，第34页。

[3] 弗雷泽：《再分配还是承认？》，第205页。

光既能够带来光亮，也可以致盲。由于公共之光的遮蔽，我们可能看不到一个问题或者冲突的某种道德上的相关特征——这就是为什么我们需要不断调整照亮方式来揭示公开曝光自身遮蔽了什么的原因所在。”[1]

如果我们想要明白娜拉·海尔茂和伊丽莎白·科斯特洛向其听众以及我们所要求的是什么，我们必须意识到它们是对认可的诉求——要求能让我们在不愿或拒绝回答的情形中做出一些改变。“是什么使得改变（假设它是可能的）如此困难；为何它暗含暴力？”[2]但是，难道在对改变的抵制和拒绝中就没有暴力吗？为何我们更倾向于以对他人心智的怀疑主义来回应娜拉·海尔茂和伊丽莎白·科斯特洛的诉求，而不是以我们怎样从自身开始改变来进行回应？为何有关痛苦与受难的认知问题要比对痛苦与受难的认可更为紧迫？（我们如何知道娜拉和伊丽莎白确实处于痛苦之中？我们如何能肯定他们的痛苦是我们应该或必定要认可的痛苦？）如果“认知的失败”意味着存在一种无知，或意味着某些事物的不在场，那么“认可的失败”则意味着“某种事物，即某种困惑、漠然、麻木、枯竭、冷淡的在场”[3]。为此，通过大量哲学的、文学的和日常生活的例子，卡维尔能够得出这样的观点便不足为奇，即：“对他人心智的怀疑主义不是怀疑主义，而是悲剧。”[4]

《动物的生命》中也形成了悲剧与怀疑主义之间的联系。正如它所预言的那样，它所讲述的故事是以悲剧的方式开讲，也以悲剧的方式结束。试想一下，当科斯特洛将大屠杀与全世界范围内人类对

[1] 尼古拉斯·康普雷迪斯：《承认意义的挣扎：身份、正义或自由问题》[Nikolas Kompridis, “Struggling Over the Meaning of Recognition: A Matter of Identity, Justice, or Freedom”, *European Journal of Political Theory* 6, no. 3 (2007): 282.]

[2] 卡维尔：《帅与不帅的条件》，第xxx页。

[3] 卡维尔：《认知与认可》，第264页。

[4] 卡维尔：《理性的要求》，第xxii–xxiii页。

非人类动物的屠宰之“日常屠戮”进行极端比较时，她想要讲的故事是，就对待动物问题而言，我们的认可的失败使我们付出了怎样的代价，它是如何使我们的人性不仅遭受我们对其的丧失，也遭受我们对自身理解的丧失；遭受迷失方向，或在跨出一条无法再轻易跨回来的界限上迷失自我的危险的。即使是奥赛罗也无法再使苔丝狄蒙娜复活，因为，在悲剧中，在关于此种跨越的悲剧中，一切都为时晚矣。

> “死亡集中营有一种特别的恐怖，就是使我们相信：发生在那儿的事情都是反人道的恶行。那些杀人者不把受害者当人，只是把他们当虱子。这太抽象了。恐怖的是：那些杀人者跟其他人一样，拒绝设身处地替受害者着想。他们说：‘运牛车载着这些牲口，吱吱嘎嘎地驶过。’他们不会说：‘假如我在那运牛车上，会怎么样？’他们不会说：‘那在运牛车上的是我。’他们说：‘肯定是那些死人，此刻正在被焚烧，使空气发臭，然后变成骨灰，落在我的卷心菜上。’他们不会说：‘假如我被焚烧，会怎么样？’他们不会说：‘我在被焚烧，我的灰在掉落。’
>
> 换句话说，他们关闭了自己的心扉。”（*LA* 34）

最终，科斯特洛为听众讲述的故事，不是关于大屠杀的比较，而是阐明我们对动物肉体需求的压倒性赞同即将带来人性暴露的危险，或者带来潜在或真正的悲剧（这取决于我们的立场），即我们对那些只能由我们负责，且只能由我们彼此负责的苦难已经关闭了心门。

现在，我们可以看到，伊丽莎白·科斯特洛不仅“被我们对待动物的方式的恐怖所困扰……也被未受困扰的其他人是如何做到的这一认识所困扰”。她也因此种想法而恐惧，即她的心也会封闭起来。正是这种恐惧使其无法对儿子约翰开诚布公。她确实不“知道”哪一个是对的——世界，还是她？该如何走下去，她无法确定，疑虑重重。毕竟，“这就是生活。所有其他人都跟生活妥协了，为什么你不能？为什么你就不能？”当然，跟生活妥协将意味着她必须使其心灵关闭。关闭心灵将重新向她打开一个世界，一个只要她不妥协便会遭到驱逐的压倒性同意的世界。但是，接下来，正如她所知道的，她将在道德上如此妥协，以至于在她眼中，她将失去她的灵魂，使自己成为道德上的可鄙者，成为道德上不可原谅的人[1]。关闭心门也意味着失去支起耳朵去回应压倒性同意的能力——不管是哪种方式，她都有失去理智的危险。

“她把脸冲向他，老泪纵横。她想干什么？约翰想着，她是否想要我回答她的问题？

他们还没有上高速公路，约翰把车开到路边，熄灭了发动机，把母亲抱在怀里。他呼吸着母亲的气息，那来自冷霜和衰老的肌肤的气息。‘好了，好了，’他在母亲耳边轻声说道，‘好了，好了。一切很快会过去。’”（*LA* 69）

正如所有悲剧一样，其结局是毁灭性的，也具有反讽意味。科斯特洛一直努力保持敞开心扉，正如那些与她最亲近的人其实早已对其关闭了心门一样。她的儿子约翰·伯纳德，表现出来的正是这样一种走进别人生命的无能，而这正是伊丽莎白·科斯特洛演讲的中心，同时也是库切对整个文本的一种框架装置。然而，约翰·伯纳德闻到的只是母亲肌肤血肉不断衰老的死亡气息，注意到的只是她那有着“衰老肌肤”的脸上，“冷霜”所散发出来的一种寒冷的舒适[2]。

---

[1]“灵魂”这个词在文章中出现了15次。我没有充分的篇幅去讨论其意义。但是很感谢伊恩·哈金（Ian Hacking）的统计。

[2]《动物的生命》是以其结局作为开头的，讲述一个儿子怎样为母亲的老去而倍感震惊。我们都是动物这一判断尤其突出了这种老化的标记。我认为，我们的标记，我们的这些标记实践，以及我们通常对它们的否定性反应，都是库切视作与我们对动物、人类以及非人类生命的反应相关的事物。

确实，在此等情境之中，一颗心必定是非常封闭的。“好了，好了，一切很快会过去”。什么将会过去？为什么这样说总是令人欣慰？似乎他在说两件事情中的一件（或者两件）：要么是，“你老了。你就快要死了。我能够在你身上闻到死亡的气息。所以不要太担心，很快这个负担将从你的双肩脱落。阿门”。要么是，这依旧是可怕的，冷酷无情或麻木不仁的，“好了，好了。你的心很快便会封闭，你的焦虑将最终走向终点。你打了一场漂亮仗，但它是徒劳的，正如你最终意识到的一样。现在，我们所有人都能够在一起，在这个封闭心灵和压倒性同意所形成的共同体中，你将再一次拥有正常的生活”。

所有我想知道的是：
我该如何对此做出回应？

当我们对正在应对的是什么，或者对向我们提出的要求为何尚不甚明了之时，我们应该怎样对某事或某人做出回应？我们能否有意义地去谈论正确或者错误的回应，就像在此类情形中一样——作为读者，作为密友，作为公民，作为人类？什么能够引领我们进行规范的言说？当这个他者在我们面前显得不可思议（正如伊丽莎白·科斯特洛的情形），以及，当这个他者与其显示给我们的一样，对其自身也同样难以理解之时，我们该如何辨别我们应给予一个“他者”的回应形式？我们该从何处开始？而“他者”可能会从正义的回应中得到什么，也就是说，在何种意义上它都是正义的，而非冷酷、麻木、漠然？我想要声明的是，这就是《动物的生命》的中心主题与组织原则：关于我们应该怎样回应和答复，应该怎样回答或尝试回答他者的问题。一句话，这是人类在面对痛苦时的回响能力或此种回响能力之匮乏的问题。

彼特·辛格似乎并没有意识到他的问题与《动物的生命》的中

心问题近似。这样的讽刺被他的回复放大且加强了，它缩小了问题的范围以及对其可能的反思，尤其是当他摒弃科斯特洛的观点时，即科斯特洛认为，我们设身处地思考其他生物（类似或非类似于我们自己的，真实的或虚构的）的唯一的障碍，是那些我们自己设置的障碍："我们能够设身处地为别人着想的程度并不存在限制，同情的想象也不存在界限……如果我能设身处地把自己当成一个从未曾存在的生灵，我就能设身处地把自己当成一只蝙蝠，或一只黑猩猩或一只牡蛎，任何一种我能与之共享生命基质的生灵。"（*LA* 35）

科斯特洛的吁求在一篇被哲学文学领域讨论得最多的文章——托马斯·内格尔（Thomas Nagel）的《成为蝙蝠将会怎样？》（"What Is It Like to Be a Bat?"）[1]中，是作为非同寻常且富于创见的结论而被提出的。她对内格尔的思考另当别论，我在此的兴趣只在于辛格的回复这一细节上。这一回复是他借其女儿之口完成的，而到目前为止，她一直被委派充当其哲学家父亲的捧哏角色。"你不必是一个看到出了什么乱子的哲学家。某个人物角色并不存在的事实并不会增加你把自己想象成他的难度。你能把自己想象成一个非常像你自己的人，或者像某个你所熟知的人。这样，就非常容易设身处地想成那种生灵的存在了。但是，是一只蝙蝠，还是一只牡蛎呢？"（*LA* 90–91）

受限于两篇虚构的学术演讲的文本框架，辛格似乎看不到他所声称的如此轻而易举（*easy*）的事情的失败。他声称可以轻而易举，充满同情和想象地进入那些声称自己是如此困惑的人类生命（一种自身与蝙蝠或牡蛎无异的生命）之中。难道她（科斯特洛）不正是辛格所宣称的那种很好地处于人类想象范围之内，但出于某种

[1] 托马斯·内格尔：《成为蝙蝠将会怎样？》[Thomas Nagel, "What Is It Like to Be a Bat?", *The Philosophical Review* LXXXIII, 4 (October 1974): 435–450.]。

原因，却超出了其自身范围的同情式想象的可能对象吗？这与其说是在展示科斯特洛的论述的哲学缺陷，毋宁说是辛格在述行层面（performatively）制定了其自身哲学与道德想象的局限——至少当其论及那些并非真实的人物的时候。他和伊丽莎白·科斯特洛的儿子一样跟不上她的思路。但是，将我们在文学中遇到的人物仅仅是作为"装置"对待，其问题的症结何在？辛格对伊丽莎白·科斯特洛这一虚构人物的回应是否就是《动物的生命》的一种假定形式的功能——也就是说，一种在一所虚构的美国大学中将自己呈现为一系列虚构演讲的功能？或者说，它是否可作为一种特别的解读功能？正如科拉·戴蒙德所说，这是跨越所有评论者的学科及知识背景差异，并将他们所有人都掌控在其中的一种解读。"因此我们有两种截然不同的对待这些演讲的方式：一种是以对一个受伤女人的呈现为中心关注，一种则主要关注我们应该怎样对待动物这一问题立场。"[1]

为何对一个受伤的女人的解读并非迫切的问题？为了让这种解读引人关注，《动物的生命》必须给读者留下什么印象？科斯特洛的听众，无论是虚构的还是真实的，都好像是在通过对科斯特洛以及文本的任何体验的拒绝而积极抗拒着这种紧迫，科斯特洛以及文本其实已留下某种印象、某些记号，它把我们标示为活生生的生命，而这种生命已经受到质疑，已经置于这样的要求之下，即要求我们对怎样生活做出一些改变。正如科斯特洛告诉我们的，我们人类不会致力于此类改变，除非"我们强迫自己或受外力逼迫。但是我们抗拒被逼迫，也很少强迫我们自己"。（*LA* 32）用科斯特洛不合时宜且完全非学术化的语言来说，打开我们的心灵，并保持其开放的任务，涉及巨大的斗争——心理的、身体的、智力的以及情感的斗争。心灵不是

[1] 戴蒙德：《现实的困境》，第49页。

水龙头，可以供我们任意开或者关。

在我们以这种方式感到紧迫时，产生了一个难点，就是戴蒙德所描述的，“一种将我们推出我们所能思考的范围的困难。尝试思考它就是感受一个人的思考变得混乱的时刻。我们的概念，以及伴随着这些概念的我们的日常生活，却总是与这种困难擦身而过，好像它从未存在过……领会这种困难就是感受自身被如何思考，即表面看来应该怎样思考之类的问题，之后，其实是对完成试图企及之物的一种无思想的无力感。”[1]谁会寻找机会去“感受一个人混乱不堪的思考”呢？但是，如果跟上伊丽莎白·科斯特洛的思路之困难在于“将我们推出我们所能思考的范围的困难”，那么，我们就无法预先被推出我们所能思考的范围，说她要求我们进行内在的改变是否错误（或者正确）。改变，无论它是什么，都预设了我们能够进入而且可能克服此种困难。对这种困难的克服也是对“伴随着我们的概念的日常生活”，以及对我们对这些概念（例如，动物、人类、理由、论辩、哲学、文学、生命、血肉）的一般理解与应用之压倒性同意的克服。

可以理解，这是一种我们更愿意逃避而非欢迎的困难。正如戴蒙德指出来的那样，源自卡维尔的一个关于逃避的重要策略就是偏离（*deflection*），即从一种可怕的痛苦处境到与之毗邻的哲学问题的偏转。我们从痛苦转向了什么可算作是痛苦的问题：即是否痛苦必须被公开周知才算作是痛苦；而如果它要被算作是不公正的，是否痛苦就必须从外部表现出来并加以公开证实。我们将对他人心智的怀疑主义转变成对非人类动物之胸怀的怀疑主义（精神哲学专家诺玛就相信存在一种支持其怀疑主义的压倒性同意）。正如戴蒙德所表明的，我们将理解伊丽莎白·科斯特洛的痛苦的困难，转化而为严肃对待其“论述”的困难。

---

[1] 戴蒙德：《现实的困境》，第8页。

逃避的另一重要策略也在《动物的生命》中得到了充分展现。在这种情况下，当我们被推出我们所能思考的范围时，我们无须面对该如何做出回应这一困惑的困难。这就是说，除了认知，别无他物，没有什么能够使我们不安。我将这种逃避性回应称之为“全知”(knowingness)，意味着一种朝向世界的“认知的”的立场[1]。没有什么例子比对库切文本及其主人公玛乔丽·嘉伯(Marjorie Garber)的评论更能体现这一立场的。在此，她明确表示，她不会被文本所愚弄，而是早已对一切了然于心，也就是说，它涉及的是对元小说(metafictional)策略和认识论计策的辨认，根据这种策略，它力求实现其预言并吸纳所有可能的回应的野心。这个文本显然旨在“孤立……或对抗作者及权威要求的冲突的‘观念’(关于动物权利、关于意识、关于死亡、关于家庭、关于学术)。它们被那些依赖于不可信赖之物……的‘真诚’的人物角色(正因为他们是‘学院派的’)所运用，假定这种不可信赖之物是有价值的，却不能在不同能力的争辩之中来做出假设。我们不知道谁的声音可以信任”(*LA* 79)。

这种“认知的”解读认为解释的可能性之逻辑空间是封闭的。在此空间之内，只可形成数量有限的改变。一旦我们知道了我们在其中的路径，我们就不会迷失道路，或怀疑我们自己声音(的可靠性)，而只是怀疑他人声音的可靠性。既然我们无法知道“谁的声音值得信任”，我们就无法知道他人是否对我们提出了要求，因此，我们也无法回复他人的要求，即认可的要求。我们的“认知的”立场使我们免于去揭示此种可能性，即我们“对于他者的知识可能会遭到挑

[1] 我这样做是受到乔纳森·里尔(Jonathan Lear)的《知晓与放弃：我们时代的俄狄浦斯》(“Knowingness and Abandonment: An Oedipus for Our Time”)的启发。见《开放的心态：灵魂逻辑的实现》(*Open-Minded: Working Out the Logic of the Soul*. Cambridge, MA: Harvard Univ. Press, 1998)，第33—55页。

战或者被颠覆，或者说，它应当如此”。[1]对于这种要求的回应，我们已经了解得清清楚楚。

从承认到接受

确实，承认理论家们一直主要是，或实际上几乎完全是在为承认而斗争——也就是，所关注的是承认诉求的本性与合理性。战斗（*Kampf*）几乎总是对要求获得承认的一方而言的，而不是从被要求的一方来看。因此，这些理论家所错过的，是对为认可承认诉求而做出的努力的关注，也就是，为克服我们自身内在的对认可他人的拒绝，即对不能理所当然地将其视作正当之物的抗拒而所作的努力。正如我们已经看到的，对于《动物的生命》中被示范性地呈现出来了的规范回应的失败，不能以承认的概念性语言去理解。因为，我们所应对的不是承认的失败，而是“接受的失败”（*failures of receptivity*）。承认预设着接受，因为努力去承认和认可他者，首先就在于努力（使自己）对他者而言成为善于接受的，尤其是当他人对认可的诉求是以一种不熟悉的形式出现的时候。

在此讨论接受性，并不是谈论被动性或者开放性：接受性不能简化为任何其中的一种。将接受性等同于被动性或开放性就是将其等同于对与之相随的任何人或任何事物（通常的怀疑对象包括：纳粹、法西斯，等等）的愚蠢服从。这样一种几乎是普遍的且根深蒂固的接受概念意味着无差别的开放性，仿佛我们能平等地向任何以及所有可能性开放。然而，一颗对任何以及所有可能性平等开放的心灵，将是一颗漫不经心的心灵，是对任何事物的判断都无能为力的心灵。正是因为它与任何事物均平等相关，这颗心灵也将是一个

[1] 卡维尔：《理性的要求》，第439页。

没有什么能与之相关的心灵。总之，我们不可能将之承认为人类的心灵。

我将接受构想为一种既是自发性的也是反思性的规范回应的形式，这就是说，是一种能动（*agency*）的形式，借此，我们以一种有回应能力（*answerability*）[1]的态度对某物或某人做出回应。接受的自发时刻就是我们常谈及开放性时所指的时刻，也就是那种朝向不熟悉和令人不安的事物的开放性，一种沿逃逸线（line of flight）或下降线（descent）而运动的自发的意愿。如果你愿意，以这种方式对接受性的构想将使我们能够在涉及或要求对人性的脆弱做出暴露的时候，思考我们认知性与规范性的主体，思考我们的胸襟——这是一种能被其经历的现实，被其在这个世界上所遭遇的事或人所标记、震撼，并留下印痕的生命的脆弱性。它涉及或需求的是一种心甘情愿的自我剥离（self-dispossession）的冒险。因此，与其说它要成为开放的，不如说它是要对某种事物或者某个人敞开（*unclosed*）。因此，当伊丽莎白·科斯特洛说要进入另一个生命中去，无论这个他者是什么，她都预设了对这一他者的一种接受。因为只有当我们允许那些他者进入我们的生命时——只有当我们允许自身被它所标记、震惊、留下印痕时——我们才能进入它的生命。这就是我为什么更愿意将接受当作一种自我敞开的原因所在。不同于那些对任何人或任何事物的抽象且自由漂移的开放，这种敞显涉及斗争，一种与我们自身的斗争，用以开放那些现在尚处于封闭状态或从未开放的事物。《动物的

[1] 对我的“接受性”概念更为详尽和系统的阐释，见《接受性、可能性与民主政治》，《伦理与全球政治》第4卷，2011年第4期，第255—272页［“Receptivity, Possibility and Democratic Politics”, in *Ethics & Global Politics* 4, no. 4 (2011): 255–72］；《浪漫主义》，见理查德·里奇主编的《牛津哲学与文学手册》（“Romanticism”, in *Oxford Handbook of Philosophy and Literature*, ed. Richard Eldridge. Oxford: Oxford Univ. Press, 2009），第247—270页；以及《批判与揭显：过去与未来之间的批判理论》（*Critique and Disclosure: Critical Theory between Past and Future*. Cambridge, MA: MIT Press, 2006），第199—223页。

生命》如此强有力地加以戏剧化的就是这种斗争，而评论者们所错失的也正是它，因为他们都没有接受文本的邀请而与自身作斗争，这是一个以其所产生的混乱的形式——一种既不知该如何回应科斯特洛，也不知该如何应答科斯特洛出没其间的文本的混乱——发出的邀请。

《动物的生命》中的，以及对《动物的生命》所作的回应的失败，是对文本及其中心人物所提出的规范挑战之回应的失败。对这些挑战的接受需要从中看到某种新的事物，看到某事或某人对新的回应的诉求，这不是一种随随便便的回应，而是要求或表现出与自我的一种更为自由的关系的回应。如果《动物的生命》中的人物对伊丽莎白·科斯特洛的回应不是偏离或者全知，而是对其认可诉求的一种接受，他们将不仅能够认可她的痛苦，而且会促成其发声，使其成为一种他们曾一度不允许自己去聆听的声音。在这种反思性意义上成为善于接受的，就是逐渐习惯于我们接受能力的选择性，习惯于那些我们曾不能接受的事物和人，因此，也习惯于对改变的一种规范性要求，我们只能以一种不确定的和尚未充分发展的方式来预想这种改变。但是，对于这种改变我们觉得无论怎样都有义务去接受它，并做出回答。为什么？因为就是在这，在我们曾经是谁和我们可能成为谁之间的间隙中，我们看到了我们自身自由的岌岌可危，也正是在此，我们可以“发现”(find)它被表现出来。

同样地，如果《动物的生命》的受邀读者从接受性的立场理解文本及其难缠的主角，他们可能会意识到，在人物角色所追求的偏离与全知策略中他们存在着对自身的初阶回应(first-order responses)，而不是在自己的解读中不知不觉对这些策略进行复制。这样一个自我-识别的时刻，将使得他们的解读从其开始的前提中解脱出来。因此，譬如说，不再是在科斯特洛的“论辩”中看见其必要优势(métier)的匮乏，而是去关注她对参与学术性的论述形式之有意识的且颇具反思性的拒绝[1]。不同于参与以获胜为目的的论辩，她“以另外的方式彰显了他者”[2]，以另外的方式使其听众参与到关于“我们都是动物的生命”这一紧迫的讨论中来。我相信，这些也正是存在于《动物的生命》之特定形式背后的东西，它与虚构的系列演讲既相同又不同，这使得它们看起来既熟悉，同时又令人不安。

在自我识别的同一时刻，应该可以使得受邀的读者看到，《动物的生命》中成问题的（*in question*）生命其实正是人类动物的生命，这不是在任何人类学中心的意义上，而是就一种重新思考的诉求而言。现在，从所有动物生命的视角来看，是什么使得或应当使得我们本是动物的生命成为“人类”（*human*）的？把这个问题当作重新思考我们人性方式的一种诉求，而对这种诉求的回应将使得接受自身再一次居于“成为人类”这一问题的中心。既然伊丽莎白·科斯特洛主要关心的是我们人性的失落，是人类心灵的封闭，她肯定会同意马克思所说的：“人性的彻底丧失……只有人性的彻底赎回才能恢复其自身。”[3]

因此，通过与《动物的生命》等文学作品，以及伊丽莎白·科斯特洛等难缠的人物角色的相遇，政治理论家可能会认识到，制度和宪法的改变并不是我们唯一需要的改变。有时候，我们更需要这样一种改变，它旨在“培养新的人类模式以及新的成为人类的模式。此处的观点并不是说这将比正义晚到一步，而是说，其本质在于对共同命运之正义的追求，而不是像过去一样，将此种命运简化为缓解”。[4]对文学以另一种方式（以既复杂又模糊的方式）彰显他人，这样的文

[1] 正如科拉·戴蒙德所指出的，科斯特洛“并不是打算与他人进行论辩，正如哲学家们通常所做的那样。她对来自他人的论述的回应脱离了通常所期待的论辩的形式”。（《理性的困境》，第52页）

[2] 卡维尔：《帅与不帅的条件》，第31页。

[3] 马克思：《黑格尔法哲学批判》，第72页。

[4] 卡维尔：《帅与不帅的条件》，第25页。

学参与可能会让政治理论家们摆脱我们如何才能最好地理解政治事物的设想，让我们更加警惕于我们的概念性语汇之不足。它还能极大地削弱我们对论述的学术形式和辩护实践之力量的信心，从而更多地在感性层面上，与思考和说服他者的新方式（它们自身必须得以重新培养的方式）的需求合拍。文学理论家们或许也需要了解这些而逐渐接受栖居于文学之中的其他路径，而不是像被各种质询方式苦苦纠缠的笛卡儿式怀疑论者那样。毕竟，这还只是我们体验怀疑主义的极其有限的方式。对于我们而言，问题还在于，我们能否期待一种别样的，同时也是更少限制性的经验方式。

第七章　出于对尘世生活的爱：现代主义与自然主义之间的尼采和温尼科特

梅丽莎·A. 奥雷

无论好坏，我们的伦理和政治判断都根植于我们对美和值得喜爱的事物的发现。正是在此意义上，我的文章相信政治理论已发生或者说需要一种审美转向。

在许多圈子里，美学与政治之间的关联总是令人怀疑的，尤其是当有人要将这种联系追溯到像本文所求助的尼采这样的人物的时候。许多因素显示了此种怀疑，不过对它们的思考不在本文范围之内。我自己对审美转向的理解即使与尼采早期对生命的审美辩护有关联，但也是微不足道的，我的理解是从20世纪一位伟大的生态思想家的洞见开始的。

奥尔多·利奥波德（Aldo Leopld）很少被政治理论家所熟知，这是由于他通常被有大陆（哲学）倾向的生态思想家们所排除，甚至也被与其有思想共鸣的评论家们过度简单化。我的文章借助尼采以及伟大的精神分析作家唐纳德·温尼科特（D. W. Winnicott），从而通过美和爱的问题来展开思路，而利奥波德对感知（perception）之至关重要性的思考则铺设了这一思路。

利奥波德写道：生态灵知的根基是审美感知，是“对自然进程的感知，通过此过程，大地以及大地上的各种生物获得其特征化的形式（进化），并借此而维持其存在（生态）”。[1]在此，利奥波德微妙地引

---

[1] 奥尔多·利奥波德：《美学对话》（Aldo Leopld, “Conservation Esthetic”），见《沙乡年鉴》（*A Sand County Almanac*, Oxford University Press,1949），第173页。

入了一种感知（在别处他对其有更为明晰的表述），也就是，他要求我们放弃我们作为土地征服者和消费者的判断与行为，而将我们自身转变为大地共同体的平等成员和公民[1]。利奥波德扩大了共同体的边界，使之不仅包括所有植物体系和动物体系，也包括一切土地和水资源。利奥波德说，所有这些元素以及他们之间的关系组成了一个"生物复合体（biotic complex）"，它由相互交织的合作与竞争所决定，以至于"无人可以说出整体性自何处开始、何处结束"。利奥波德断言：唯一确定的结论就是，"将生物群（biota）作为一个整体是颇有裨益的"。[2]

在利奥波德看来，真正富有创造性的生态使命是促进感知，这不仅是因为"感知的突出特点在于，它不会导致任何资源的消耗与稀释"，还在于利奥波德所说的：当人类要求享受或改善土地而对其进行蹂躏和破坏时，他们之所以能够如此，所依赖的不仅是其所见事物的特性，还有他们看事物的"精神之眼"（mental eyes）的特性。这也就是说，尘世的福祉所依赖的是"将接受（receptivity）建立在尚不甚可爱的人类心灵之中"。[3]

除了马丁·海德格尔以外，尼采被许多人视为那种走火入魔的西方式任性的缩影。然而很少有人注意到，尼采从其自身先前与尘世生活的嫌恶关系中做出了一个决定性的转向。尼采审美转向的要点在于通过"学习喜爱"尘世生活之物而努力在"事物的必然性（necessary in things）"之中去发现美。我文章的宗旨便是讨论这种情形意味着什么，将带来什么，以及它为何以及如何会如此重要。

[1] 奥尔多·利奥波德：《大地伦理》（"The Land Ethic"），见《沙乡年鉴》，第204页。

[2] 奥尔多·利奥波德：《大地生物群理念》（"Biotic View of the Land"），见《大母神之河》（in *The River of the Mother God*, University of Wisconsin, 1991），第267页。

[3] 利奥波德：《大地伦理》，第177页。

我们现在急需的尼采

对尼采的判断，至少有两种。对于许多人来说，尼采是一个渴望鼓舞人心的新价值和呼唤自由精神的现代主义者，这些自由精神如此强劲，足以克服任何对其创造性的阻拒[1]。对于另外一些人来说，尼采是一个强调何为必要性，且期待有力量的人去支持真正有益于生命的事物的自然主义者[2]。在尼采的写作中，这两种形象都有其依据，但是对于如何去协调两者则不甚清晰。

现代主义和自然主义的读者都可以从尼采的写作中找到某种正确的东西，尽管都有失片面。在我指出它们各自对在哪里之前，我想要强调这两种解释都太过片面的原因。其一，尼采的现代主义和自然主义的读者通常都只集中于对此两种对立阐释的拒绝。主要是，两种立场都表达了对轻易忽视（尼采的）某些文段的怀疑，而这些文段显然都可以对另一种解读提出质疑。其二，一种更为重要的偏狭在于，现代主义与自然主义读者都对尼采最富于建设性的希望视而不见。无论是现代主义还是自然主义都没有正确对待尼采所说的"人类所能达到的肯定人生的最高形式"，这也是尼采通过试验"永恒回归"（eternal recurrence）的理念而追求的一种体验。[3]

---

[1] 这种解释的最好的、最新近的例子是伯纳德·雷金斯特的《肯定生命：尼采对虚无主义的克服》（Bernard Reginster, *The Affirmation of Life: Nietsche on Overcoming Nihilism*, Harvard University Press, 2006），以及罗伯特·古丁-威廉姆斯的杰作《查拉图斯特拉的狄俄尼索斯式现代主义》（Rober Gooding-Williams, *Zarathustra's Dionisian Modernism*, Stanford, 2001），阐明了尼采在对现代主义承诺的坚信中存在的危机，认为他与其说是要重振这种信心，不如说是放下此种信念的极度狂喜。

[2] 一部代表性的对尼采的自然主义解读的优秀文集是布莱恩·莱特（Brian Leiter）与尼尔·辛哈巴布（Neil Singababu）主编的《尼采与道德》（*Nietzche and Morality*, Clarendon Press, 2007）。

[3] 弗里德里希·尼采：《看哪这人》（Friedrich Nietzsche, *Ecce Homo*, Kaufmann trans. Vintage, 1989），第295页（以下引用以*EH*加页码表示）。

尼采经常将永恒回归的概念描述为一种思想试验（experiment），而不是宇宙哲学或因果理论。然而，将其称之为一种试验并不应被视为削弱其重要性。尼采质疑道：当你接受这种观念，即“你现在和过去的生活，就是你今后的生活。它将周而复始，不断重复，绝无新意，你生活的每种痛苦、欢乐、思想、叹息以及一切大大小小、无可言说的事情皆会在你身上重现，会以同样的顺序降临……”[1]时，你所意识到的是什么呢？尼采称永恒回归是《查拉图斯特拉如是说》的根本概念，而且，他解释道：贯穿其永恒回归思想的，就是其实现最高抱负的方式，即全心全意地肯定尘世生活，没有保留或者怨恨（*EH 297*）。[2]

如果我们着重强调尼采最富于肯定性的抱负，那么，通过将现代主义和自然主义叠合到一种更适合尼采之最具特色且最为我们目前所需的思路定位中，将有可能对那些既吸引了其现代主义读者，也吸引了其自然主义读者的文本片段做出真正的理解。这种思路，正如尼采自己所期待的，只有在其死后方可获得永生意义。这样一种关于尼采的定位是非个人的（impersonal），而不是现代主义的；是物质主义的，而不是自然主义的。

但是，还有比协调尼采写作中明显的矛盾性重要得多的东西。最为关键的一点就是尼采所说的“保持清醒”（wakefulness itself），而它完全于取决于大地的宜居性（habitability）。

---

[1] 弗里德里希·尼采：《快乐的科学》(Friedrich Nietzsche, *The Gay Science*, Kaufmann trans. Vintage, 1974)，第333页（以下引用以*GS*加格言序号表示）。

[2] 弗里德里希·尼采：《查拉图斯特拉如是说》，见《尼采文集袖珍版》(Friedrich Nietzsche, *Thus Spoke Zarathustra*, in *The Portable Nietzche*, Kaufmann trans. Penguin, 1976)，第333页（以下引用以*Z*加页码表示）。

保 持 清 醒

《善恶的彼岸》(*Byond Good and Evil*)以尼采呼吁“保持清醒”[1]的使命开篇。这种保持清醒的呼吁就是对不断拓展的情感体验范围保持清醒意识的要求。因汇入我们主导性的感知、意愿 、判断和行动之中而得到了拓展的情感反射,不仅使我们对生命视角的根基更有清醒意识,此种开拓性的情感意识还使我们的竞争性感知和情感进入我们有意识的生命之中,伴随着它们,进入生命的各种不同的可能性之中,尤其是,进入生命中那些可能引发我们的愤怒或形成我们对生命的怨怼的方面。对更为丰盈的情感体验保持觉醒,首先是促进了感觉,继而则担负起对尘世生活领域加以肯定的使命,这种尘世生活领域比我们根据出身与惯习轻易所趋的范围更为广阔。

为什么尼采会重视这种对更为丰盈的情感体验领域保持清醒的努力?正如查拉图斯特拉的游历所展示的,尼采逐渐确信,那种刻意去重铸尘世生活的现代努力,对虚无主义毫无疗效,反而只会加深对生活的怨怼。无论成为哪一种我们对其不能说“是”(yes)的尘世生活,都只是满足我们对所有蔑视我们意志的事物进行报复并使其痛苦的愿望(*Z* 251–253)。对虚无主义的克服始于认可和接受所有已成其所是的事物。毋庸置疑,遇见一位用锤子(hammer)进行哲学思考的人[2],这是一种离奇的想法。

尽管如此,在《快乐的科学》(*Gay Science Book IV*)第4卷一开始,尼采便宣布了一个决定性的转向:告别过去写作的那种一意孤

[1] 弗里德里希·尼采:《善恶的彼岸·前言》(Friedrich Nietzsche, *Beyond Good and Evil*, Preface, Kaufmann trans. Vintage, 1989)(以下引用以*BGE*加章节序号表示)。

[2] 尼采《偶像的黄昏》一书的副标题即提出了这样一个问题:“人如何用锤子从事哲学”(Wie man mit dem Hammer philosophiert)。——译者注

行以及在《查拉图斯特拉如是说》中所作的批判。在《快乐的科学》（*GS*）第276条，尼采宣布，他想“努力向学，将事物的必然性视为至美”。尽管尼采仍然坚持，看见美是一种创造性活动，但是，他提及“事物中的必然性”这一点还是非同寻常，这也是自然主义的解读者通常能从中找到其阐释依据的一种提法。然而，在这一则语录以及下一语录（*GS* 277）中，尼采说得十分清楚：看见美是一种美化（*make* beautiful），而且这样的活动是一种“个人的神意”，而非任何一种只是在事物的自然属性中被给出的事物。因此，在这里，尼采思想的两条线索便以一种新的方式汇合了。首先，他使我们意识到事物中有某些东西是必然的——不管这一点对于尼采来说意味着什么，我们都需要加以考虑。其次，尼采宣布，他将在所有必然性中努力去发现美，正如他在《快乐的科学》第334条（*GS* 334）中进一步明确的，这一点包括学习喜爱超出我们平常理解范围的事物。

因此，尼采审美转向的关键之处，是呼吁我们通过“学习喜爱”已经成为世俗生活的事物，从而在“事物的必然性”中发现美。

超越狭义的道德

占据那些支配着如此之多的现代道德思考的有意识的意图，尼采称之为“狭义的道德”（*BGE* 32）关切。有意识的意图是我们尚未意识到的感知与判断的症候。尼采想要对人类道德发展中的一个新阶段表示欢迎，他将这一新阶段称为“逾道德纪”（extra-moral），为此，“行为的决定性价值，或许恰恰是存在于行为的非意图成分之中”（*BGE* 32，着重号为原文所有）。保持自身清醒的任务就是去发现，并与这些迄今为止尚未意识到的来源协作。由此，我们才能对自己的意图所指向的这些感知、阐释和判断做出评价。那么，朝向世俗生活，这些感知、阐释和判断承担了什么？它们对于我们是否值得？对于尘世生活是否值得？或者说，我们的情感生活是不是对抗性的且怨恨重重，充满由反责与报复的愿望所推动的感知和判断？

正如自然主义读者所强调的，对尼采的现代主义阐释常倾向于忽略其自然主义与现实主义的时刻。我们可以举另外一个例子，尼采将其致力于打倒偶像（他说“他将此称作理想”）的原因解释为：理想已经“剥夺了现实的价值、意义、真实性”（*EH* 218，着重号为原文所有）。自然主义者是对的，尼采是某种现实主义者，他呼吁我们忠于所有既成的事物。这是尼采在《快乐的科学》（*GS* 276）中唤起事物中的必然性时所指向的一种现实。与此同时，我们也不能否定现代主义的坚持，那就是，即使是在这些文段中，尼采也从未放弃他的这个意思：我们所发现的美与我们所感觉到的爱是一种创造性活动（creative activity），一种发明（invention），而不仅仅是发现（discovery）。

在《快乐的科学》、《查拉图斯特拉如是说》以及《善恶的彼岸》中，尼采对曾限制其想象力，且至今仍囚禁着人类生活的“非此即彼”（either/or）的形式进行了最彻底的推翻。当尼采质询，他的以及我们的知觉、判断、意图、行动是否肯定了尘世生活时，我认为他是在质问，我们是否在我们所发现的任何一种值得喜爱的事物中有所创造？我们是否在促进对所有必然事物和真实事物的美化？

正如现代主义者将要坚持的，从尼采这种最富于肯定性的视角来看，我们的注意和意图不应该决定，世俗生活的哪些方面是我们应该接受的，而哪些又该加以拒绝[1]。在我们对所发现之物进行美化的一种喜爱中，我们的注意力和意图确实具有选择性。不过，正如尼采的自然主义读者所正确指出的，尼采将所有已成为世俗生活的事物

[1] 我认为最好的对尼采的永恒回归的现代主义阐释，还是亚历山大·尼哈马斯的《尼采：作为文学的生命》（Alexander Nehamas, *Nietzche: Life as Literature*, Harvard, 1985）。

称为必然的和真实的，只是因为它已经成为或曾经如此的事实。这是查拉图斯特拉的主要教导。如果“意志是一位伟大的解放者”，它不是在任何日常或普通的意义上，因为任何过去的事物都将是意志无法搬动的石头（*Z* 251）。然而，自然主义者所忽视的，正是这样一种现代主义的认识（尽管也过于片面），即我们对于这个世界的爱以及对这个世界的美的发现，依赖于审美判断和审美行动，而它们与自然的方式相反的程度，和与自然的方式保持连续性的程度并无二致。让我花点儿时间来解释这最后一点，因为这是决定性的。

我在其他文章中论述得更为充分，即尼采最应被概括为一位非个人的唯物主义者[1]。尼采并不是那种将物质想象为单一存在的纯粹的有机体论者，这正如他对任何一种我们可能会有的认识的拒绝，即认为在物质之外还有别的事物。自我、灵魂、自己、心灵——尽管我们经常炮制这样的词汇来指代我们称为非物质的或精神性的东西，尼采则极具说服力地将这些语汇指向彻底的物质现实。也就是说，尼采对物质的想象打上了自由变化性与奇异性的痕迹，所有这些都交织成一张涵盖一切的因果关系之网，这张网是如此复杂，以至于公然挑衅着我们的理解力。考虑到尼采在因果关系上的复杂性与分化原则（如果是一种整全意义上的物质），那么，称尼采是一个自然主义者，既具遮蔽性又具阐明性。

我们可以看到尼采思想的某些微妙之处以及这种微妙在《善恶的彼岸》（*BGE* 9）的思想试验中，是如何影响我们习惯性的分类（classification）工作的。“如果我们设想一个像自然一样的存在”将会怎样？以这样的方式提问，尼采似乎是在说，自然作为某种单一的存在，仅仅存在于我们的想象之中。尽管如此，如果我们要从事这种试

[1] 梅丽莎·A. 奥雷：《非个人的问题》（“Impersonal Matter”），见《新唯物主义》（Dianna Coole & Samantha Frost eds. *New Materialisms*, Duke University Press, 2010），第116—136页。

验并对自然做出想象，就应该将其想象为“无限奢侈，无限淡漠，没有目标和顾虑，没有怜悯和公正，同时又可怕、荒芜而又不确定的”。(*BGE* 9)这种自然蕴涵了一切，收获与失去、出现与消失，无须理性或者判断。

但是，在同一节语录中，尼采问道：生活“难道不正是想要成为这种自然吗”？生活不就是“评判、优选、不公平、有界限，被差别对待吗”？(*BGE* 9)总而言之，正如尼采所说，生活就是一种“权力意志”(will to power)。

现代主义者和自然主义者都倾向于将权力意志注释为我们克服所有阻碍我们自身生成之物的能力的力量，尽管阐释者以非常不同的方式来解析这种能力的来源。在某些时候，尼采自身也认同将生活的意义锤定为要求断然克服任何内在或外在的对其估价与预设的拒斥。然而，尽管如此，正如我们如上所见的，尼采事实上从未完全放弃他对分化的判断和单一行动的关注，他确实宣称他要对其早期的、诸如此类颠覆性实践的现代主义想象做出坚决的重新定位。

进一步来看，在我们已经讨论过的这一节里，尼采创造性地将看见美与事物中的必然性联系了起来，他将这一实践称之为“命运之爱(*Amor fati*)”。如此，尼采对其先前的某些文学性的自我进行了毫不婉转的批评：“我无意对丑开战，无意指控，甚至无意指控控诉者；什么也不看，这将是我唯一的否定！”(*GS* 276)因此，尼采在其自我克服的试验中开辟了一条与众不同的道路，在此，成为一个与说“是”(Yes-saying)和说“不”(No-saying)同样相关的人。

是什么使得我们能够对每一种存在和事物以及作为整体的尘世生活说“是”？尼采的肯定性视域通常被其读者削减为包容性和整全性远不及其抱负的事物。很典型地，他被解读为提倡此类观点的人，即认为，当“强劲的”意志将尘世生活迅速且坚决地踢入深渊，进而努力摆脱我们不再或不能肯定的尘世生活之际，某些人或事物才得以促成。这是一种主导的现代性态度，也正是尼采在其著作中对我们的教导。海德格尔将之描绘为对西方形而上学传统执念加以神化的典型是恰当的。

然而，尼采自己其实早已认识到了海德格尔欲加罪于他的这个问题。他在《查拉图斯特拉如是说》中清晰地对这一问题做出了主题化思考。在此，意志乃伟大的解放者的信念被诊断为，导致了无止境的复仇与指责的欲望，并且煽动了对尘世生活的憎恨，但这本是尼采渴望加以克服的。《查拉图斯特拉如是说》将永恒回归的思想宣称为克服此种怨恨的关键，而尼采借此对世俗生活的全然肯定做出了押注性的操作，这一点在《快乐的科学》和《善恶的彼岸》中也很明显。

因此，什么是必然的、美的且值得喜爱的事物呢？在其最受鼓舞和肯定之处，尼采回答，每一件事物都被发现是美的且值得喜爱，每一件事物均已成为必然，因为“所有事物都是联结在一起的”(*Z* 270)。这种关于“所有”(All)之重要性的思想并非尼采原创。可以说，它是尼采持久阅读拉尔夫·沃尔多·爱默生(Ralph Waldo Emerson)的结果。不过，对于尼采来说，独特之处在于，他对这种包容性的、整全的肯定的呈现，无须感情用事或理性化，无须放弃我们人类物种的权力意志，但也无须对之敬若神明。这就是我们现在所急需的尼采。这就是理解我们的伦理和政治判断以及行动的审美基础之至关重要性的尼采。

狮子般的批判者何以再次成为一个孩子?

我们大多数人都知道，作为一只杀死“你应”(“Thou shalt”)之巨龙的狮子，尼采最好是被看作是一个系谱学家(genealogist)。按照他自己所坦言的，尼采哲学劳作的锤击及其永不疲惫地说“不”之最明显的影响是，它将我们留在了一个初看时如同最孤独荒漠（*Z* 138）的世界。许多尼采的读者止步于此，满足于其本质上否定的、批判的和系谱学式的事业。

然而，如果我们停留于此，就会错失尼采自己所宣称的其思想之关键性的抱负——寻求并获得对尘世生活之最充分肯定。尼采断定，永恒回归的思想试验是沟通我们与这一最具包容性的肯定的主要手段。通过对所有已成其所是的事物——这一与永恒回归的观念扭打纠缠的事物意味着促进（facilitate）——做出无边的肯定的试验，尼采想象，虽然最初呈现在我们面前的是最孤独的沙漠，但我们也许能够将之感知为一个美丽开放的海洋（*GS* 343）。只要我们以这样的方式去感知，我们将再一次"成为一个孩子"，即能够为了"创造的游戏"而说出"神圣的'是'"（*Z* 139）。那么，更进一步而言，这将意味着什么，又将指向何处呢？

尼采意识到当我们注意到其思想的肯定性层面时会产生的悖论。他以下面的方式对此进行了概括："查拉图斯特拉这类人在心理学上的问题是，如果他对人们向来肯定的东西坚决否定或绝不执行到了置若罔闻的程度，他怎么可能与一种否定的精神相对立呢？"（*EH* 306）

尼采在此抓住了其写作的基本阐释困境，即怎样才能使其无情的、极具毁灭性的批判精神，与对所有成其所是的尘世生活做出肯定的抱负相一致呢？解决方案看似很简单。我们能够被以这样的方式为我们所爱的事物所打动，因而使其变得美好，而不再被轻蔑和怨恨。《快乐的知识》（*The Gay Science*）清晰地为这一最具肯定性的尼采搭建了爱的本性与美之间的联系。正如爱默生所言，我们所喜爱的事物在我们看来是美的，甚至正是因为我们而使其富于生机。然而，尼采却意识到，我们还"必须学会去喜爱"（*GS* 334）。

我们所喜爱的东西并不是自然地或者习惯性地形成的，至少在尼采看来并非如此。如果喜爱无须源自学习，它是否真的能称之为喜爱呢？尼采认为不能，因为那样我们就将爱与机械反应混为一谈了。换而言之，习惯性的而非习得的喜爱通常只是某种投射。被动的喜爱只是在感觉上将某一固定的自我投影加诸某一固定的他者之上，每一方都被一种彼此根本无法意识到的精神罹网所绑缚。我们忍不住要使用符合语法的惯习，而尼采断定，它们在揭示我们的存有论状况和处理我们的问题上都同样晦暗不明。因此，我们必须以这样的方式说：自我与他者，主体与客体在物质上是互相缠绕的，但通常是以挑战明晰性的方式。尽管如此，根据那些驱动着他们尚未意识到的意图的前概念，双方的经验是被固定且被稳固下来了的。我们对尘世生活感知的固定性可以追溯为某种全知全能的（omnipotent and omniscient）控制的幻想，而通过这种幻想，他者之独立的，尤其是其差别化的存在，都被想象性地消融了。如果我似乎是要将一种当代精神分析的框架强加在尼采将第一哲学重铸为心理学的努力之上，那么，我所思考的主要是尼采在《快乐的科学》第334条语录中的那些具体构想。在那里，尼采解释了他是如何思考我们学着去喜爱某些处于分化的独立之中的事物的，包括喜爱我们自己。尽管尼采的思考始于一个贴近其心灵的例子，即音乐的例子，但他所主张的是，我们现在已经学会以他所描述的方式去爱所有我们现在正在喜爱之物，包括学习喜爱自己。

首先，我们必须学会在其独特性中理解对象，“探测它并区分它，孤立并隔绝它，将之作为一种独立的生活”（*GS* 334）。当我们意识到其鲜明的独立性之后，“然后还需要一些努力以及良好的意愿去忍受它，尽管它陌生怪异”。直到我们认识到另外一个分离的、独立的存在，这种喜爱的实践似乎才真正开始。作为回报，我们在这种慷慨的宽宏大量的行为中得到的（至少尼采在一开始就说到的）最好感觉是某种怪异的感觉，而最坏的则是对我们耐性的试探。在我们认识到对象是独立于我们自身之前，也许其存在已经完全逃离了我们的注意范围，或者，也许我们曾经忽视了其条件，并假定它早就与我们合而为一，从而按照我们的需要和行动去要求和行动。而一旦认识到它的独立性，那么，至少在一定程度上，不协调甚至是烦恼就成为对我们的奖赏（reward）。

然而，尼采主张，还有一种更大的奖赏，将不能以任何其他方式，而只能通过我们同意且专注于我们所关注对象的独立性的方式来获取。这种奖赏就是美的体验，由此我们已学会彻底去爱，以至于倍感充实，同时加入一个更新了的世界中去。尼采这样说："最终，我们获得奖赏，因为我们对陌生怪异的东西的良好意愿，我们的耐心、谦逊和温和的态度。逐渐地，陌生怪异之物抛却了它的面纱，呈现出新奇的、无可言状的美。"当"这样的时刻到来，我们终于习惯了它，我们期盼它，缺少它时便若有所失；于是，它也就源源不断地施展强制与魅力，一发不可收拾，直到我们最终成为它俯首帖耳、心醉神迷的爱人。我们渴望着它，不知世上除此之外还有什么美妙之物"。这就是尼采所断言的喜爱所有事物的方式，至少是如果它们真的被喜爱的话。看见"新奇的、无可言状的美"，正是事物"对我们殷勤好客的感谢"（*GS* 334，着重号为原文所有）。

从分化的感觉到连接的感觉，从陌生怪异到"俯首帖耳、心醉神迷的喜爱"的变化，这一段文字显得微妙而引人入胜。首先，我们必须开始意识到的感觉是，无论我们将要学会去喜爱什么，它都是独立于我们自身的东西。其次，这种特异性与新的分离体验会产生烦恼，甚至有可能是某种侵犯。最后，通过学会喜爱分离之物，我们获得了一种分化的信赖体验；我们所喜爱的事物立即成为我们的一部分，以及我们在这个世界或者为这个世界所肯定的某种事物，它是以某种仍有待进一步澄清的方式联结两者的桥梁。我接下来将简要地对这些意义做出探索。首先，让我们思考一下，是什么成为我们所了解的尼采。

按照对尼采的自然主义阐释所强调的，我们必须紧密关注尼采，告诫我们要意识到并接受所有必然性事物的篇章，断然不可逃离真实的事物。从这个视角来看，现代主义阐释一般未能适应这种挑战，因为他们认为尼采倡导的是对尘世生活做出选择性认可与挪用。如果我们有选择性地选择我们自己所喜爱的，弃绝其余，而不是彻底拒绝尘世生活，那么我们是否可以将之想象为是对柏拉图的二元世界的隐喻之可恶后果的某种伟大进步呢？尽管在尼采那里，这样的现代主义时刻很多，我们至少能够看到，当尼采努力克服其自身过去和现在都倾向于切除和破坏尘世生活的诸多方面的影响时（这似乎在习惯上违反了他的判断），他处于某种非常不同的态度边缘。可以说，尼采是最早看到现代主义主张恐怕会比任何其他世俗化的形而上学都更使地球变得不适宜居住的人之一，因为它积极着手于重铸和破坏那些被认为没有价值或不可利用的事物。我们只需要环视一下我们正身陷其中的命运就行了：开发过度的山脉与有毒的河流、砍伐一空的森林与不断变暖的海洋、日益僵化的人际交流以及日常物种的灭绝，所有这些，都质疑着通往尘世生活的智慧与可持续性。

那种所谓的尼采的自然主义读者则倾向于使得尼采对美的创造的专注，以及对我们在此所发现的值得喜爱的事物尽可能地失去其意义。这些自然主义的读者强调尼采的那些语段是对的，即尼采认为我们必须接受所有事物都是联系在一起的，因此所有存在都是必然的，以及，他将使我们不得逃避任何真实之物。然而，现代主义者的正确之处则正在于，对必然事物的喜爱以及对其中的美的发现是一种彻底的创造行动。尼采承认，如果我们做得好，我们可以感觉到一种自然的天意（*GS* 277），也就是说：我们可能情不自禁地相信，我们所发现的事物以及我们与其的关系均是决定性的或宿命的，就像是法律，甚或遵守法律一样。然而，如果我们做出这样的飞跃，不仅忽略了仅在我们想象中作为一种独特存在的自然，也忽略了自然是“无限汗漫，无限淡漠，没有目标和顾虑，没有怜悯和公正，可怕、荒芜而又不确定的”。(*BGE* 9)

因此，最关键的挑战在于，发现这个世俗世界与生活足够良善以被人们喜爱。我们要以尼采所激励的、最肯定的精神去做，而不是选择我们所喜欢的，却丢弃或破坏其余，我们应该不遗余力地去创造美，并在此处所发现的一切事物中去创造值得喜爱的事物。美在发现中创造，而这种创造性的选择源于将一切作为需要接纳和可接受的事物来把握，这当然是矛盾的。精神分析学家温尼科特在几十年后断定，尼采所指向的那种能够接受(abide in)，而非解决发现与创造的悖论性的观点，将会是自发行动、分化判断以及文化创造等能力的关键，这一点令他想起尼采在他之前所做过的一切努力。

感觉某种事物在那儿

通过唤起什么是必然的或真实的，尼采开启了一个通常被封闭了的问题，即：我们认为是美的或值得喜爱的事物，是被发现的还是被创造的？尼采自《快乐的科学》以来将这一问题说得更模棱两可，这其中到底发生了什么？

我们知道，尼采会定期进行长距离的日常散步，其关于永恒回归的思想就是来源于此。他表明，这个问题出现于他在《善恶的彼岸》开头所呼吁的那种得到了拓展的情感意识的片刻。在清醒的时刻，当其情感体验达到最宽阔，使其超出其正常视野之际，似乎可以渐渐明白尼采所说的，事物对象是真实的和必然的，而不仅仅是一束他的投影。这不是说尼采颠倒了对经验的前批判性理解，尽管他对爱默生有着长期的肯定。很显然，在爱默生那里，相信生物与事物都是真实的和必然的，这仍然只是某种简单的乐观主义意义上的普通假设。

不足为奇的是，尼采从未满足于这种乐观主义的展望，而是在背离德国哲学发展之处独辟蹊径。

作为一个后康德思想家，尼采的常备良方是主张一切事物都是视角（perspective）问题。当然，他比康德更进一步的是，不仅认为我们不能获得事物本身，而且也根本不存在那样的事物，不存在实质；没有人或者实践是恒常不变或者可确定的，因为一切都是不断变化的结果，从来没有单一明确的物质性环境。[1]

与其浪漫主义先驱一样，尼采对与感性世界断绝往来并不满意。与黑格尔类似，他也想要克服人与自然、精神与身体、意识与直觉之间的区分（这也是康德的遗产）。也和黑格尔一样，尼采想要做所有这一切，却并未放弃批判性的心智。尼采认为批判性的意识是彻底物质性的，黑格尔却显然不这样认为。他们之间另外一个更为主要的区别还在于，尼采不是一个体系型哲学家，以及二人在存有论确信上的分歧。在黑格尔见到精神（*Geist*）（不过得到了解释）之处，尼采看到了任意性，看到了深不可测的复杂性，以及根本意义上的物质性关系。在此意义上，近期的一些阐释者是正确的，他们强调尼采更为接近达尔文（Darwin）而不是黑格尔，尽管他的所有批判以及憎恶都是冲着达尔文来的。[2]

确实，各种对尼采的阐释，它们占据或形成了我所认为的各种

---

[1] 弗里德里希·尼采：《论道德的谱系》（FriedrichNiezsche, *On the Genealogy of Morals*, Kaufuman trns, Vintage, 1989），第2章，第12节。

[2] 尤其见伊丽莎白·格罗什的《关键时刻：政治、进化以及不合时宜》（Elizabeth Grosz, *The Nick of Time: Politics, Evolution, and the Untimely*, Duke Press, 2004），第95—132页；也可见于约翰·理查森的《尼采的新达尔文主义》（John Richardson, *Nietzsche's New Darwinism*, Oxford University Press, 2004），德克·R. 约翰逊的《尼采的反达尔文主义》（Dirk R. Johnson, *Nietzche's Anti-Darwinism*, Cambridge University Press, 2010）。罗伯特·皮平的《尼采、心理学与第一哲学》（Robert Pippin, *Nietzche, Psychology & First Philosophy*, Chicago University Press, 2010）将尼采尊为我们现在所急需的人，尽管正如我们所料，和当下任何一本书一样，他还是通过黑格尔来理解尼采的。

“不是”(*not*)尼采的阐释思路。尼采的文本中有很多时刻，使人想起自然主义和康德主义、浪漫主义甚至一种渴望与黑格尔一试高下的体系性的形而上学[1]。然而，在我看来，尽管正如他们中的诸多典范那样才华横溢，却没有一个阐释者对尼采思想的整体予以公允认识，这种思想路径，他最终加以总结的这一思想路径，最适合命名为“快乐的智慧”。

这种快乐的智慧路径的独特性就在于它是处理人类存在之基本悖论(paradoxes)的某种态度趋向与方式。这些悖论同时也占据着黑格尔的思想，但他更愿称之为矛盾(contradictions)，并设法去解决它们。然而，多数时候我们都可能将黑格尔理解为流连于否定性的人。相反，对尼采的快乐的智慧的警觉则可以抵达与悖论相关的最有前景的理解路径，就像是温尼科特在几十年之后将要表明的，即与悖论共同相处且保持其活力，而不是设法去解决它。

我们认为是美的或值得喜爱的事物究竟是发现的还是创造的？尼采的权力意志的概念带给我们对自身的理解究竟是独立不羁的还是相互依赖的，是各自分离地存在还是与所有已然形成之物处于难解难分的整体之中？尼采对这些问题的清醒的实践方式将被温尼科特以处理相同的悖论的方式所阐明。

发现与创造的悖论，分离与联合

温尼科特一生的大多数时间都花费在那些无法进行游戏，完

[1] 关于尼采的著作，我已经加以引用的有约翰·理查森的《尼采的体系》(John Richardson, *Nietzche's System*, Oxford Press, 2002)；R. 凯文·希尔的《尼采的批判：其思想中的康德哲学基础》(R. Kevin Hill, *Nietzche's Critiques: The Kantian Foundations of His Thought*, Oxford University Press, 2003)。

全感觉不到真实，或好像是充分活着的孩子与成年人身上。对于他们中的某些人来说，事情偶尔会有所改变，这使得温尼科特去思考，一种怎样的体验可以使他们感觉到不一样。我想说这是一种过渡体验（transitional experiencing）或者是一种从客体–关联（object-relating）到客体–使用（object use）的转换。温尼科特断定，对于在一个感觉真实的世界里“持续存在”（going on being）的活生生的自我感觉而言，这种转换是决定性的。我想要仔细探讨温尼科特有关创造性生活如何可能及其究竟包含了什么的观念，因为我发现这是对尼采的如何美化以及在尘世生活的必然之物中找到值得喜爱之物（包括那些我们先前曾怨恨或断定为丑陋或毫无价值的事物）这一主张的一种阐明。如果我们参与尘世生活的结果不仅仅是一间贫瘠的、由各种镜像组成的房间的话，那么，开始思考温尼科特所说的更具一般意义上的、对待我们需要加以接受的悖论的态度将是有益的。

关于创造性的典型的现代主义幻想坚持赋予新事物，即自我造就的或自发创造的事物以价值，并将自身定位为发现性价值的对立面，后面仅仅存在于被发现、被传递或被给予的事物之中。当然，也许我们谁也不会看见处于这种现代主义幻想之中的自我如此直言不讳。然而，尼采的解读者们将不断地看到他只是处于此种幻想的不同变奏之中。这一点表明，这种幻想可以如此深层地成为我们自身的一部分，以至于我们只能在我们的投射物中与之相遇，全然不顾讽刺的是，这种关于创新和自发行动的幻想其实是被某种去除了悖论的决断所决定着的，而温尼科特发现，这些悖论正是创造性的生活要求我们栖居于此的。

为了看到对悖论加以接受的关键性作用，我们需要从温尼科特的观察开始，他认为创造性的生活发生在第三种、中介性的空间之中，介于内在精神生活与个体生活的真实世界之间，但最终两者都对此空间有所贡献[1]。这种过渡性空间是游戏得以发生的场所，创造性也正是根植于此。生命也正是从此处发现值得一活，因为无论是世界还是自我都感到真实、充满活力。温尼科特说，感觉真实，“比存在更进一步。它是找到一种作为自我而存在的方式，是作为自我而与客体产生认同关系，而且是拥有一个自我，可以退回到这个自我里面得到休息”(*PR* 117)。温尼科特强调对一系列能促使过渡性体验发生的悖论的接受。我们需要接受的第一种悖论是，在游戏中，也正如在文化体验中一样，客体是被创造的，但是，客体是在那儿等着被创造的(*PR* 89)。对于这种基本的悖论，温尼科特增加了三种我们需要容忍而不是去解决的事项，而且它们比第一种悖论更为离奇。当我们考虑分离(separating)与联合(union)的问题时，我们首先需要抱持这种观点，即两个客体可以同时联合与分开；其次，“就人类而言，不存在什么分离，只有分离的威胁”；第三，存在着一种联合的方式，它能成为一个充满游戏和文化享受以及创造力的无限的分离领域。等下我会回来讨论温尼科特是如何相信，接受这些悖论就能使得创造性行为在世界中为其自身定位的。

重要的是，温尼科特说，尽管如此，这些悖论得到容许和维持，是过渡现象所要求的态度的特性所决定的，即：被感知而不是被构想，被感觉而不仅仅在头脑里概念性地被体验。总之，如果能够承受“不知道”(not knowing)的态度得以体现时，人们才能够接受悖论。相反，那种意欲解决悖论的冲动，一般伴随着全知全能的防御性幻想。正如温尼科特曾如此恰当地指出的，当这个世界还不是足够好时，人们就代之以思想。也就是说，思想的自我闭合(self-enclosed)的体验成为我们替代更为丰富的肉体生活(somatic living)的对世界

[1] D. W. 温尼科特：《游戏与现实》(D. W. Winnicout, *Play and Reality*, Routledge, 1989)，第2—3、102—103页(以下引用以*PR*加页码表示)。

的感知方式。

我要表明的是，尼采对清醒的渴望，以及被其永恒轮回的思想试验所唤起的迷狂体验（ecstatic experiencing），代表了他能够放弃自知式支配的幻想，从而进入过渡性体验之中。

通过破坏去爱和使用客体

我们倾向于想当然地认为我们能够使用客体，就像是我们假设所有孩子都能游戏以及所有成年人都能体验并参与某种文化一样。但尼采没有做出此般假定，因此而常被断定为一位愤世嫉俗者。温尼科特并不愤世嫉俗，但是他有着和尼采一样的疑惑。温尼科特认为游戏地及创造性地使用客体的能力的形成过程是“令人苦恼的”。他断定这“或许是人类发展过程中最令人束手无策的事情”（*PR* 89）。温尼科特发现，有能力使用一个客体和与一个客体发生关联并不相同。除了最深层的精神疾病时刻，在人类其他所有的体验中，我们都能够与客体产生认同关系。然而，温尼科特坚持，使用一个客体，则不是某种天生的事情，而是一种必须加以发展的能力，且其形成发展仰赖于“促进性环境”（facilitating environment）而定（*PR* 89）。造成学会使用客体之困难的，归根结底是某种单一的决定性因素。温尼科特解释道：“在关联与使用之间的东西是，主体将客体置于主体的全能掌控范围之外；也就是说，主体将客体理解为外部现象，而不是作为某种投射的实体，实际上是承认它是一个独立的实体。”（*PR* 89）我认为温尼科特在此的描述与尼采关于我们如何学会去爱的叙述中的第一个时刻相似。我也曾建议，尼采在《快乐的科学》中的审美转向是伴随着他开始感觉到存在着某种可以感知的事物的，而不是只有想象的投射物与视角。

客体关联与客体使用的悖论在于“除非接受客体的独立存在，

接受它的特性始终存在，否则，使用便无从谈起”。(*PR* 88)因此，如果我们能够使用一个客体，我们便能通过使用它而创造某种属于我们自身的事物，但是，使用客体首先要求我们发现它独立于我们对其的投射而存在。在这一点上，对客体的幻想可能已经定义了我们对其的体验，即作为某种我们在头脑中与之关联，而不是通过实际使用来体验的东西，而实际使用其实参与了它的独立存在，就像是凭其自身之力。

发现与创造的悖论之关键性层面便在于，它是一种偏离了我们对术语的最常规使用的方式。一般而言，我们认为使用是剥削性的(exploitative)，而关联则更是互相的或对话性的。然而，在温尼科特的解释中，客体使用比客体关联更为开放，因为客体关联是习惯性地在我们内在的对客体的投射中进行交换，它无须意识到客体之独立存在即可发生。再一次地，尼采对学习喜爱的自我反思与温尼科特的讨论在此不谋而合。

在对客体的使用中，更多相互体验产生于自我与他者、主体与客体之间的一种过渡空间，在此处，客体的独立存在处于争议之中，同时也得到了及时的承认。正如温尼科特所描述的，客体的独立存在产生于一种侵犯与喜爱、快乐与摧毁(这已经使尼采微笑)的悖论性游戏之中。我们正在逐渐靠近温尼科特对分离与联合之悖论的反思时刻，它对我们更为充分地理解使用客体的能力里包含了什么而言至关重要。在这个连接处，可以说，自我对客体的侵犯，只有客体通过一种喜爱的态度与特性(自我能够体验在自我对客体的幻想性投射与客体的独立存在之间的间隙的开放性)才能经受得住。正如温尼科特神秘地对此过程加以追溯的，“在‘主体对客体出现认同关系’之后，随之而来的是‘主体破坏客体’(因为它变成了外部的东西)，而接下来则是‘客体侥幸逃过主体的破坏’”(*PR* 90)。然而，结局在某种程度上却并没有那么神秘，温尼科特写道：“从此以后，主体说：‘嗨，客体！’，‘我破坏了你’，‘我爱你’，‘当我爱你时，我一直在（无意识的）幻想中破坏你’”（*PR* 90）。正如温尼科特所解释的，主体现在开始可以使用那得以幸存的客体了。

爱是摧毁性和破坏性的，因为它包含了无意识幻想的破坏力（*PR* 90）。一旦当其被唤起并在此种毁灭中得以幸存，客体便会愈发真实（*PR* 90）。温尼科特暂停了一下，强调关于这一事件我们可能且必须谈论两个方面。首先，我们必须说主体破坏了客体，也就是说，它破坏了对客体的内在化幻想的投射，因为客体被置于全能掌控的领域之外。其二，反过来，我们也必须说，正是这种破坏将客体置于全能掌控的领域之外（*PR* 90），客体成为可以使用的，而不仅仅是产生幻想性的认同关系，它仅存在于在破坏中侥幸逃脱的过程。这种幸存体现在对那儿有什么的感觉之中，而不是在我的幻想之中。然而，自我只能以这种方式来感觉客体，如果这一客体自身可以忍受这种假设的态度，即不知道是什么以及将要发生什么；或者进一步而言，如果能够交流其意愿，而不是去认识正在寻找它的自我。在接下来转向对分离与联合之悖论的思考时，我们将更为清楚地看到这一点。

与尼采一样，温尼科特对攻击行为做出了重新评估。他明确地搁置了那种认为攻击产生于对现实的受挫反应的假设。相反，他坚持认为，攻击可以悖论式地表明一种对世界的爱，因为毁灭的驱力创造了一种外部性（externality）的特质（*PR* 93）。温尼科特说，摧毁的动机并不源自愤怒，而是源自对客体幸存所感到的快乐：“客体在想象中总是被破坏的。其‘总是被破坏的’的特性使得幸存客体的现实性能如其所是地被感觉到，也加强了其情感基调，对客体的稳定性大有助益。”（*PR* 93）也就是说，一种关于摧毁、快乐与爱的游戏，不仅产生了客体对自身更为真实的感觉，也产生了更为真实生动的自我的感觉。

然而，和尼采一样，温尼科特的意义在于，客体–关联可能是我们大多数人在大多数时候会去做的，因为这样可以不用放弃我们对客体的幻想性投射，不用放弃沉浸在这种投射之中的珍爱之物，以及我们把自身当作全知全能的经验主体的幻想。我们能否冒险放弃这些幻想，与分离和联合的悖论密切相关。

有关我们能否冒险放弃全知的（all-knowing）、控制性幻想的故事之最熟悉的一个特征就是，我们能否体验到一个值得信赖且充分可靠的世界。听到这个，我们可能要下结论道，一切都失去了，我们最好的赌注就是恢复我们对所能召集之物的认知性控制的感觉，紧紧将其抓牢，并努力杀出一条前路来。然而，温尼科特强调，只有一种元素可以将我们对于世界的体验定义为充分可靠且可以被信任的，即我们面对某人或某事时能够忍受“爱不仅仅意味着满足依赖的需求”，或者，再补充一点，不仅仅是培养依赖的需求（*PR* 108）。用尼采的话来说，我们面对的是某个已经学会去爱的人或者某件值得去爱的事物。我们必须为温尼科特的自身立场补充最后一个表述，因为在尼采的情形中，它似乎不是某个人，而是尘世生活自身的狂喜体验，它维系着且有可能唤起其自身的使用客体的能力。

温尼科特主张，如果一个人相信，从依赖性（dependency）到自主性（autonomy）的变动能够被容忍甚至被鼓励，而根本不会令人大惊小怪，那么，任何一种促进性的环境就是充分可靠的。然而，在充分地从他的这个洞见受益之外，我们还需要理解的是，为什么温尼科特会相信，当爱确确实实被体验为允许从依赖性到自主性的转变机会时，中介性体验空间就能变成“一个分离的无限区域，婴儿、小孩、青少年、成年人都可以用游戏创造性地填满这里，最后成为对文化传承的一种享受”呢？（*PR* 108）我们不仅需要理解这一句话，即“一个分离的无限领域”指的是什么，也需要理解为什么他会认为这是一件好事。毕竟，至少在最潜在的意义上，尤其是对于婴儿与小孩而言，分离是令人苦恼的。温尼科特十分清楚它们所表明的是一种创伤体验。然而，就像是发现与创造一样，分离与联合也存在于一种悖论性的关系中。温尼科特以两个相关的近似于上述段落的表述深化了该悖论之谜。我们需要进一步忍受的悖论是：就精神生活以及中介性体验的视角而言，两个客体可以同时联合与分离。温尼科特补充道："我们可以说，人与人之间根本就不可能真的分离，而只有一种分离的威胁；这个威胁是大创伤还是小创伤，取决于初次分离的体验"(*PR* 108)。温尼科特对我们情不自禁感到疑惑的问题进行提问：这些看起来在主体与客体、父母与孩子之间实际产生的分离究竟是怎样发生的？这种经常发生的分离对于所有当事人而言，是否全都有益，而"尽管这种分离并不可能（我们必须容忍这一悖论）"？（*PR* 108）

这些段落非常丰富，像是一些随笔。在此我并不期待可以完全公允地对待它们，甚至不能保证完全了解了他的意思。然而，因为头脑中想着尼采，我可以提出以下建议。所有事物，人类以及非人类，事实上都联结在一起，并且都持续存在着，不管我们是否能够如其所是地感知或体验它们。创伤所示例出来的，不管是最小还是最大限度的体验，都是在持续存在中的一种分离概念。因此，身体（soma）与精神（psyche）都会感觉到某种分离威胁的出现。当这种创伤处于最大值的时候，温尼科特观察到在一种致命恐怖的证据中存在这种体验踪迹。然而，事实上，只要威胁尚未最终导致真正的死亡，分离事实上就只是一种分离威胁。分离仍然只是一种威胁而非真实，因为存在的肌理依然如故。然而，从一种精神体验的视角而言，这种威胁却很少是空洞之物。温尼科特说，这样的体验不仅包含挫折，而且包括湮灭的威胁。[1]

---

[1] D. W. 温尼科特：《原始的母性关注》（"Primary Maternal Preoccupation"），见《从小儿科到心理分析》（*Through Pediastrics to Psycho-Analysis*, Basic Book, 1975），第303页。

对分离威胁的创伤体验的可能反应是拥有且只拥有某种思想倾向，以取代对足够好的世界的体验。这就是说，对分离的创伤性威胁的可能反应是产生一种如此根深蒂固以至于不可毁坏的全知全能的幻想。结果是，没有任何真正的客体使用会发生，也无法产生更深层的活生生的且真实的存在感，更不会与世界产生那种无边的爱恋，正如尼采所说，那种"持续不断地强迫和吸引我们，直到我们成为对它俯首帖耳、心醉神迷的爱人"（*GS* 334）。悲剧的是，这些不为人所喜爱的思想自身便不那么可爱，因此这样看待世界也使得世界不那么可爱了。有希望的路径将在于，一个美的世界，一个值得爱的世界，依然在那儿有待发现，它只是在等待着被创造。尼采，尽管其自身极度孤独，但还是发现了它。

对尘世生活的爱

只有极少数尼采的读者似乎注意到了他的自我-掌控之全知全能的幻想已被打破了[1]。在他的写作中存在诸多幻想纷纷坠落的时刻。几十年来，批评家们围绕着尼采通过克服阻力与肯定创新来挽救世俗生活的现代主义抱负究竟是值得尊敬的还是令人悲哀的，是可取的还是可能的，是民主的抑或是贵族化所产生的分歧而争论不休。不过，把对阻力的坚定克服——即使有各种阐释形式——作为尼采自身目的的见解，几乎已成为某种理所当然。我们无须看得太远，其实只须对世俗生活方式中不遭人喜爱的种种模式与效果稍作

[1] 最引人注目的例外是阿方索·林吉斯（Alphonso Lingis）以及琼·斯坦博（Joan Stambaugh）、威廉·E. 康诺利（William E. Connolly）对尼采的接受性的理解，尽管是有益的，但最终还是服务于自我的，而不是将其打破或者撕裂。我感觉吉尔·德勒兹（Gilles Deleuze）对斯宾诺莎的理解相较于其对尼采的理解更为接近我们现在所需要的尼采，尽管两者肯定会有交缠。

思量，便能极好地猜度为何我们似乎已无法以任何其他的方式来看待尼采了。

我们仿佛忍不住会去做这样的想象，当尼采呼唤狄俄尼索斯（Dionysus）时，他所预见的是靡菲斯特（Mephistopheles）。诚然，当其作品表明他自身痴迷于自知式控制的幻想时，就像他对作为颠覆性化身的超人（*Übermensch*）的短暂迷恋一样，尼采确实满足了我们对他的这种固定的理解。然而正是在这些也许是其著作中占主导性的现代主义时刻，尼采其实很显然是为某种体验的概念而着迷，而并非满足于一种更为日常的狄俄尼索斯式迷狂之稍纵即逝的片段，一定是此种预感首先吸引了他去读爱默生的文章。不过，也不妨将你心目中尼采所代表的或想要的形象，与其在《善恶的彼岸》之结尾处对狄俄尼索斯的画像作一比较吧："心灵的天才，他使一切叫嚷者和自喜者默然倾听，他整饬粗粝的灵魂，给他们品尝一种新的期望——把他们如一面镜子般放平，上面映照出深沉的天空——；心灵的天才，他教会笨拙和急躁的手踌躇而温柔地抓握……心灵的天才，经其触碰之后，再继续上路时，每个人都会更加富有，而且并非是受了恩赐或者震撼，也不像是因为意外之财而庆幸或紧张，而是其自身富有了，比之前更新鲜了，被打开了，在融融的风中披离荡漾；也许更不确定，更为轻柔，更加脆弱与破碎，但充满了希望，那些尚未得以命名的希望。"（*BGE* 295）这就是我们现在所需要的尼采，他将接受性召唤到依然不够可爱的人类心灵之中来。他在那儿等着被发现，也须我们去努力创造，正如尘世生活那样，它是必然的，同时也是美的和值得喜爱的。

第八章 “在天空写下一个名字”：朗西埃、卡维尔，以及平等铭写的可能性*

阿雷塔·J. 诺弗尔
埃塞克斯大学

民主理论通常被描述为两个时刻之间的撕裂：规则打乱的时刻与对政治进行日常的、持续体制化的时刻。这种双重性是当代民主理论的标志。在雅克·朗西埃的政治理论中，他采取的形式是强调展示新的民主要求和重构政治争论空间的断裂特质。对既有政治想象的重构有赖于某种铭写的时刻，而这在朗西埃著作中尚未得到充分展开。在其更具历史学意义的著作中，朗西埃曾对铭写的可能性做出过主题探讨，不过评论者通常忽略了这一点。本文力图发掘民主理论及其实践聚焦于铭写的含义何在。为了充分说明此点，本文选取了卡维尔关于示范性以及范例在促成批判性反思与替代性想象中的作用的著作。对范例以及厌恶的、非墨守成规的习性的关注，将共同促进我们更好地理解对于这些新要求能够得到认可且被纳入民主生活而言，什么才是必需的？

那些为争取平等而进行的斗争——在此只须想想那些持续呼吁同性婚姻[1]的争论——这些强调深感不公正(wrong)的斗争，

* 阿雷塔·J. 诺弗尔对此文的初版已做出了编辑。

[1] 1996年12月3日，夏威夷成为第一个在美国承认同性婚姻的州。此后，同性婚姻被引入美国六个州，此外还延伸至西班牙、葡萄牙、南非以及荷兰等国家。在这些地方，同性婚姻已被包含在法律文书中。

将斗争的参与者推至可见性之中。在最初的一刻，诸如此类的事物，即那些曾不可见或被排除的新身份和新的生活方式，可能确实“被引至正义的门槛”（霍尼格2009, 47），但正像霍尼格（Honig）所言，也正如我们从经验中所得知的，此处并无任何保障。这些事件以一种非常强有力的方式使我们深刻认识到，与这种“将事物提上政治议程”捆绑在一起的，往往是艰难困境和为此付出的高昂代价。

诚然，这些斗争都清晰表达了特定的主张和要求，同时也将引起现有秩序的改变。在这样做时，他们总是力图将那些超出当前政治语言和时代规范之可接受范围的新的或前所未有的存在与行动方式，投射到或归入政治议程之中。在本文中，我将通过两个思想家——雅克·朗西埃与斯坦利·卡维尔——来探讨这种“在天空写下一个名字”的理念，这两个人所解决的问题都与通过此种方式而对既有政治语言和政治想象做出挑战的过程有关[1]。两个理论家都提供了对这些过程之不同层面的鲜明见解。我只特别关注一个关键层面，那就是，从民主诉求的最初表达到将其铭写到某一视域（horizon）的转换，这是一个允许它们向社会和政治生活的其他领域发展与延伸的视域[2]。此种转换抓住了当今社会面临的一系列重要问题，同时

[1] “想象”（imagination）这个概念指的是一个表征空间。在现代性中，它具有代表上帝给定的秩序缺席的情况之下的社会整体的功能（勒福尔，1986）。拉克劳（1990）表明，集体的政治想象具有一种视域的功能，在此，要求的多元性得以铭写。视域使得什么可以呈现为政治的相关主体和客体成为可能，同时也对此做出限制。政治想象的例子通常包括，“自由市场”、“福利国家”和“凯末尔主义”（Kemalism）等。

[2] “铭写”（inscription）这个概念取自德里达对言说行动理论的理解。它表明这样的观点，即意义部分是参照具体的语境建构起来的，它被“铭写”（inscribed）于其中（德里达，1988）。在此，我在同样的意义上使用这一术语，是为了表明两个事实，即任何一种政治要求的意义都由将其纳入其中的语境所形成，以及，新的要求需要被铭写到更为广阔的政治想象之中，如果它们想要得到有效的体制化的话。

也思考了政治理论中围绕创建时刻(founding moments)与制度化进程(processes of institutionalization)之间的双重性问题而展开的更为广泛的争论[1]。处于民主转型中的当代社会以及处于深化民主政治参与进程中的社会,都面临对民主能量、民主见解及民主想象做出回应并加以治理的挑战,然而,却并不是直接让这种活力屈从于程序、规则和制度之潜在的挫败性压力。有鉴于此,我们需要特别注意的是,现存体系是如何受到这种新的,且通常是具有挑战性的要求之表达的影响的?怎样的进程将有助于或能够使这些要求铭写到更为广阔的政治议程之中,如此,既有的政治秩序才最终得以改变?以及,我们需要何种政治习性(ethos)以使得此类进程朝着民主方向继续发展?我借助朗西埃和卡维尔的著作仔细思考:如果我们要想象性地回应民主的诉求,以及,如果在深化民主的过程中,我们要悉知或驾驭来自此种诉求的批判性洞见,那么,实践上和理论上还需要些什么?

有两个场景将用来界定我在此力图解决的问题。这两个场景为朗西埃与卡维尔的读者所熟悉,它们也将与当代政治事件和斗争产生共振。第一个场景讲述的是一个古代事件,李维(Livy)及其他很多史学家均讲述或再述过它,这就是阿文丁山(Aventine Hill)上罗马平民分离运动的故事。第二个则是对易卜生(Ibsen)《玩偶之家》(*A Doll's House*)中娜拉的处境的评论。从表面上看,这两个场景截然不同。然而,我想表明的是,它们都共同涉及当今民主理论中的一系列重要关切。将这两个场景和思想家并置,且令其彼此对话,能够使我们对新诉求的表达及其与共同体的政治生活之间的接合关系,以及在此过程中民主习性与政治想象所起的作用等问题的当代争辩产生更为丰富的理解。

[1] 对此问题在韦伯、施密特及阿伦特著作中的讨论,见卡里瓦斯(2008)。

场景1

在《歧义》(*Disagreement*, 1999)一书中，朗西埃引用了皮埃尔-西蒙·巴朗什(Pierre-Simon Ballanche)对李维所讲述的罗马平民在阿文丁山上的分裂故事的改述。阿庇乌斯·克劳狄乌斯(Appius Claudius)的残暴统治导致了平民的撤离运动——准确而言，就是从城市撤离(帕米利2006, 44)。作为回应，贵族们对平民的要求做出了某种让步，并且开创了平民护民官这样的官职。对于朗西埃来说，重述这个故事的意义在于，巴朗什强调李维"将这个事件仅仅理解为一场叛乱，一场由贫穷和愤怒所导致，且引发了一场毫无意义的权力游戏的暴动"(1999, 23)时的无所作为。李维未能为这场冲突赋予意义，因为他没有将之置于正确的语境中，亦即"一种关于言说问题自身的争议"的语境。朗西埃(1999, 23)认为，巴朗什有效地让那场冲突重新上演为这样的问题：在其中，"整个问题的关键在于查明是否存在一个能使平民和贵族辩论任何事物的公共舞台"。在巴朗什看来，平民与贵族之间的关系是通过贵族的支配而被结构化的，这表明，那些被剥夺了逻各斯(logos)的生灵——平民——没有言说的能力；他们是不被计数(no ac/count)的生灵，只能够发出噪音，发出一种哞叫声(lowing)[1]。然而，面临此种情境的平民通过将自己设定为言说的生灵，"共同拥有与那些否定他们的人一样的属性"，即拥有言说的能力(朗西埃1999, 24)，由此而确立了另外一种秩序——另外一种感性的分配。他们通过开展一系列"模拟贵族"的言说行

[1] 朗西埃表示，政治与拥有言说(逻各斯)的人和不具备言说能力的人之间的区分有关。拥有作为逻各斯的言语是人类所独有的能力，它还使何为正义与非正义得以区分。拥有言语表明在城邦中具有成员资格。(朗西埃1999,23)那些缺乏言语的人只能发出"噪音"(phônê)。按照他的说法："差异正是在逻各斯中被标记出来的，逻各斯将关于冤屈的话语表达与仅为痛苦呻吟的语音表达区分开来。"(1999,2)

动而得以如此。巴朗什对这个传说的描述使得这一点成为可见的，即在此所发生的一切就是“对某种并不存在的权力的展示”（朗西埃 1999,25）。

当元老院的使者曼尼厄斯（Meneius）将他的寓言讲给平民听，表明贵族与平民之间不平等的必要性时，平民与贵族就已经是平等的了，因为他们能够听懂这个寓言，而且确实，在有礼貌地听完寓言之后，他们以要求签订条约[1]的方式做出了回应。结果，罗马元老院下结论道：“既然平民已经成为说话的动物，除了跟他们说话之外别无他法了。”（1999，26）因此，他们成功地完成了从扰乱到铭写的转换。然而，我却认为，朗西埃在此处的分析还过于仓促，他没有探讨罗马元老院对平民的反应究竟如何。阐明在使现存秩序发生改变的过程中回应性的作用十分关键，而此问题则居于卡维尔著作及其对《玩偶之家》的解读的中心。

场景2

第二个场景取自卡维尔对《玩偶之家》的讨论，以及努力去把握表达有悖于当前道德和政治话语参量的不公正感受时的困难（卡维尔 1990）[2]。卡维尔的解读针对的是那些在现有民主之内的人们，在回应社会中感到受伤害的成员所表达的怨愤时，他们认为自己是

[1] 阿格里巴·曼尼厄斯（Menenius Agrippa）以“肚子和它的器官”的寓言形式表达了他的辩解（帕特森 1991,4）。这个寓言讲述了身体的器官（手、眼、耳、脚，以及舌头）合谋反对肚子的企图。他们认为是肚子吞噬了他们的劳动果实。帕特森（Patterson）强调，这个寓言以象征的形式将有关统治者与被统治者之间关系的“政治哲学与实践中最顽固的问题”，与“人的身体形象，及其身体政治中作为财富分配象征的营养的需求”结合起来。帕特森认为，这一个寓言已经在历史上开启了一种引发分歧的挪用，不仅包括加固等级制的情形，也包括造反成员们的举动（帕特森 1991,111-137）。

[2] 正像卡维尔（1990，xxxviii）所说：“如果存在一种正义的呼吁，它不是表达在某种不平等但尚且公平的斗争中被打败的感觉，而是从其开始就被遗忘的感觉，该怎么办？”

“无可厚非”的[1]。因此，与朗西埃的主张相反，卡维尔的关注点在于那些处于支配地位的人们，尤其是聚焦于他们对别人表达不公正感受的回应能力与认可的问题。在剧中，娜拉极力向她结婚八年之久的丈夫托瓦尔德（Torvald）表达她的不公正的感受。当她被丈夫质问为何要私下借钱并克扣家庭开支去还利息时，她强调了一个事实，即尽管她知道大多数人都会站在他一边，而且他还“在书中找得到依据”，但是她“再也不会对大多数人所认为的，以及书中所说的一切言听计从”，她必须拥有一个为自己思考问题的机会，一个她曾被拒绝获得的机会。在此，卡维尔（1990，110）表示，娜拉感到自己代表着“超出了她个人的怨恨”，因此她关注的是千万个像她一样的女性。托瓦尔德却反过来质疑她的道德感，谴责她“像个孩子似的说话”，就像是一个压根不懂她生活于其中的世界的人一样，由此，他再一次剥夺了她的声音（卡维尔 1990，109）。在故事的高潮处，当托瓦尔德告诉娜拉他原谅了她——而不是请求她原谅时——娜拉离开了他。通过这样做，她实现了改变；她不能再生活在一种否认她在发声，否定她的，以及更多的、成千上万个像她一样的人的声音的秩序之中。通过娜拉的例子，卡维尔抓住了这种不公正感觉的体验，即就主流话语而言，这种不公正感是不可表达的，然而，正如他所指出的，此种，痛苦却确凿无疑（1990，112）。问题来了：在一种被民主语法所掌控的环境中，一个人做出此类表达将带来什么呢？回应能力或托瓦尔德所代表的此种能力的匮乏，在此所起的作用是什么呢？

---

[1] 这种论断是作为罗尔斯（Rawls）的反面提出来的。卡维尔表示，罗尔斯“实际上主张，在一个从我的判断中展现了对局部顺从的某种满意度的社会中，我对生活的感觉是这样的，即在对社会的某个受侵害成员（我认为这种侵害是永久的或非永久的）所瞄准的怨恨表达的回应中，我能够说我的行为无可厚非（422）。（‘实际上’一词在此的意思非常关键。因为罗尔斯并未明确声称我发现他在此含蓄地主张的一切）”（卡维尔 2004，171）。

在朗西埃和卡维尔各自的例子中，至为关键的是说话以及被听到的可能性，尽管他们是以不同方式在思考这些行动的过程与结果，通过这些行动，那些先前曾一度被排除在外的事物变得可见了。朗西埃倾向于尽量不去明确思考断裂瞬间之后所发生的事情。也就是，当之前受排除的不公正感变得可见时，这些与先前不同的行事方式还需要被体制化，由此而被归入当下秩序中来。对此的拒绝来自他总是在强调“政治”（politics）与“治安秩序”（police order）之间的区分[1]，以及与此种区分相伴随的民主的分裂图景。卡维尔则从另一方面，很显然是将关注点集中于回应性（responsiveness）问题之上。如果一个人不仅要充分阐明从扰乱到铭写的转化时刻，还要阐明铭写实践的特征，那么这种关注就至为关键。譬如说，什么立场将有利于一种民主的铭写形式，而不仅仅是对要求的并入（incorporation）[2]？一种民主的风尚习性在此将发挥什么作用？尽管这两个思想家之间存在种种差异，但我认为，他们之间的共同点足以

[1] 朗西埃使用“治安”（police）这个术语，应该从两套原则的关系中来加以理解——“国家理性”（reason of state）以及“治理理论”（theory of the police）——均产生于现代欧洲民族国家的形成（福柯1988；哈贝马斯1992，30）。福柯（1988，74）强调，前者指的是试图“定义国家的管理原则及方法怎样……与上帝支配世界、父亲支配家庭或上级管理共同体的方式不同”，而后者则指的是“国家专有的治理技术”。因而，在此，“治安”不是指国家内的一种制度功能，而是关涉对生活的全方位的监视和管理，其中包括道德、健康、公共安全、劳动以及人口。因此，“治安”覆盖了整个新的领域，中心化和行政管理的权力得以介入其中（福柯 1988，80）。它被囊括在18世纪上半叶德国的治安科学（*Polizeiwissenschaft*）（涵括了公共法律、行政管理、公共卫生、城市规划）的出现之中。对国家理性之出现的历史评价，见维罗里（Viroli, 1992）；而讨论治理理论的出现，见福柯（2007）。

[2] 此处的一个相关比较是，在对要求的纳入（cooptation）（仅仅是并入）与某种习性之间的对照，这种习性就是严肃对待这样一种观念——即那些新要求如若要被广泛采纳，就需要现存秩序做出修正。朗西埃担心的是，现存秩序总是有能力纳入新的要求。卡维尔的写作则通过强调回应性来处理此问题。因此，我将表明，一种关于回应性的民主形式是这样一种形式，它通过新要求之于既定秩序的结果而起作用，而且高度重视回应的责任，而不是转身离开，只是证明事物既有秩序的正当性，或者致使新的要求无能为力或全然失效。

将其共同置于某种潜在地互为促进的对话之中。因此，我的要点是，就民主挑战在现有秩序中找到一个立足点的那种进程而言，朗西埃对问题的处理并不充分。有鉴于此，借助于卡维尔将会有所裨益，因为他提供了某种民主的回应性图景，而该回应性正是对那些过程进行了主题化思考。我认为，不处理好新的诉求对既定秩序的打断，与将此种中断刻写进既定秩序且由此而改变秩序之间的相互联系，任何一种有关民主断裂的阐述都在本质上留有缺憾。

在这两个场景中，都多多少少存在着一些被现存秩序排除出去的主体，因此，他们的要求无法被视作要求而被听见（至少现在尚未）[1]。但是，巴朗什认为，他们的行为是“在天空写下一个名字”，因为他们打开了存在与行动的新方式。“在天空写下名字”怎样在一个说话的生灵所组成的共同体中开创出一个尚未存在的位置呢？在这一开创新空间（在其中某物或某人可以出现）的过程中，言说与超出言说（就此而言，它包括对“看”与“展示”的强调）之间的关系是什么？它预设了何种主体性与政治共同体的观点？

为了努力解决这些问题，我认为朗西埃对民主的特征化描述其实陷入了某种常见的困境之中，如果要为这些问题提供令人信服的答案，此一困境还有待解决。简而言之，问题是这样的：一方面，民主被呈现为断裂，呈现为从主导秩序断开的时刻；另一方面，民主体验必须能对那种秩序进行干预和重构，而只有当其不再是那种破裂或彻底断裂的形式时，才有可能做到。这些已经在平民的例子中表现得非常清晰了。我认为，解决这种困境并不在于在两厢之间进行抉择，而更多的是，我们可以说，以一种维特根斯坦式的方式，通

[1] 这涵盖此文中没有做出讨论的此一问题的诸多方面，包括根据知识、领导关系以及集体身份的形成过程等思考所要求者为何的问题。在此，我不关心这些一般的程序，而只关心在民主秩序中，为了使其介入并回应这些要求，所要求的是什么。

过重新认真思考朗西埃的政治主体性、政治共同体的概念，以及他据此而对政治改变的可能性与机制所作的概念化构想，尝试去消解(dissolve)这些问题。讨论这些概念也使我注意到，朗西埃之所以拒绝对这些机制进行具体化思考的原因。然而，将这些原因显示出来还并不充分，对朗西埃写作中这些问题的进一步思考非常必要。相较于某些将朗西埃理解为一位只能"暂时揭示处于规则之核心的不公正"(马克尔2006, 3)的断裂理论家的常见阐释，本文认为，朗西埃的写作中其实还存在诸多被忽视的资源，它们提供了若干致力于铭写实践的方式，而这将容许不公正的表达和新的诉求去重塑现存的政治秩序。通过论证那些只关注断裂的版本、过多倚重于对其数量有限且立场更为明确的理论著作的解读，本文表明，朗西埃的历史学著作其实为理解这些实践如何操作提供了更为丰富的资源。通过提出这些见解并思考历史范例(examples)在其著作中的作用，本文将讨论的焦点重新定位于范例在沟通中断与铭写之间裂隙的作用。在此，历史范例在替代性方案的形成中起了举足轻重的作用，正如托克维尔所说的，凭借范例，人们得以认同，并起到"转化的催化剂"的作用(弗兰克2011, 386)。为了进一步充实这些观点，我将转向卡维尔。卡维尔对与厌恶习性[1]相联系的示范性所作的至善论(perfectionist)式的描述，为我们提供了某种思路去处理朗西埃论述中所留下的缺憾。从朗西埃的角度来看，转向习性是颇具争议的。然而，卡维尔著作中精心构筑的思路不仅仅是解决他所表达的关切，也为延伸和深

[1] "厌恶习性"(aversive ethos)这一术语源自卡维尔对爱默生的理解(卡维尔1990, 33–63)。它强调了在形成对事物当下状态的批判中对立性思考的作用，它要求秩序与自我的某种转换。对于卡维尔来说，一种厌恶习性因此而与至善论紧密相关，因为对一致性(conformity)的"厌恶"意味着我们需要改变我们自身，渴望一个更好的自我与社会状态。对"南非真相"(South African Truth)与"和解委员会"(Reconciliation Commission)的分析可视作这种厌恶习性的例子。见诺弗尔(Norval, 2007)。

化朗西埃对持续的民主争议实践的洞察提供了有益的补充性资源。

本文并不认为这两个理论家从事着根本不同的事业，而是认为他们都为努力弥合断裂与铭写之间的划分（这种划分乃诸多民主理论之主要特征）的思想做出了贡献。民主理论被撕裂为两个时刻：一个是超常（extraordinary）时刻，即关于创建与制宪权力的时刻，另一则是日常（ordinary），或制度性的与宪定权力的时刻。这一超常的/日常的对组回应着另外的形式，在其中，此种二分法（在革命性的创建行动与制度性政治之间）在对民主进行理论化，以及在更为一般的意义上对政治的性质与特征的思考中显现出来了（拉克劳2005；马克尔2006）。在此，我想到了宪法学者的著作，例如阿克曼（Ackerman, 1991），他强调宪法改革的过程中需要大众的参与，也需要尝试对转型期正义与国家重建的诉求所提出的难题进行反思，不是无中生有（ex nihilo），而是在持久的冲突的余波中完成。在每一种这样的情形中，制定和维系民主秩序的不同面向都得到了强调。

在此提出解释的意义就是表明，不要将注意力集中于进退维谷的困境上，而是需要换一种不同的处理事务的方式。不是在二分法的任何一边固执己见，而是需要看到那些有利于弥合分割的进程与机制。这样一种转换将使我们以不同的方式看待问题，因此，问题的公开层面可以使我们消解问题[1]。“在天空写下一个名字”的形象——将新的和前所未有的存在与行动方式投射或归入现有的政治想象之中——在此抓住并凝聚了问题的关键。它将我们的凝视（gaze）转换到机制（mechanisms）上，借此，蒙冤的感觉被归入既有的政治语言之中，如此一来，政治语言就得到了重构，且因此而使整个环境得以更新。当我们将朗西埃和卡维尔的著作放在一起阅读时，

[1] 在此，我遵循维特根斯坦式的理解策略。维特根斯坦说，接近哲学的问题，不需要解决它们，而需要消解它们。我采纳这一点意味着我们需要接近问题，以一种新的方面逐渐显现，而旧的方面逐渐消融的方式。

其作品便提供了一种思考此种机制与实践的微妙而新颖的方式。因此，卡里瓦斯（Kalyvas，2008，4）的提议是对的，即为了延伸民主体验的范围，保留那些与创建行动息息相关的能量、自由和想象，我们有必要修订超常与日常之间的二元论，并且，要对那些超常事物进行挪用。这种对朗西埃和卡维尔的解读所提供的就是对这一切将如何（*how*）做到的展望。

民主、可见性和对不公正的展示

朗西埃的"民主生活"观念力图将其自身与历史上和当代民主话语中成问题的事物（如果不是彻底令人反感的话）区分开来（2006）。这包括表达民主之恨的话语，同时也包括各种认可民主但却试图将其限制在一定界限之内的批判形式（朗西埃2006，2）[1]。他认为，那些关于民主之恨的当代表达，并不是吁求更"真实的"民主，也不是抱怨体现了人民权力的种种体制，相反，在这些话语中，问题就在于"民主文明"自身：过剩（Excess）即为破坏民主之物，因此也是必须由民主加以控制之物[2]。与这种需要加以管理的"过剩"紧密相关的民主形象，是一个可回溯至柏拉图的形象；对于朗西埃而言，

[1] 朗西埃强调，对民主的憎恨与民主自身一样古老。在古希腊，民主这个术语本身是一种辱骂，指的是破坏所有合法性秩序的多数人的政体（朗西埃2006，2）。在我们的当代世界，对民主的憎恨通常是由生活在民主制度之中的代言人来加以表达的。朗西埃（2006，7-8）列举了一些关于民主的近作，包括以三边委员会报告（Trilateral Commission Report）——《民主的危机》（*The Crisis of Democracy*）——作为民主悖论的例证："作为生活的社会与政治形式，民主是一种过剩的统治。（但）这种过剩表明了民主政府的破坏，因此必须被其所压制"。

[2] 朗西埃（2006，7-8）指出，对这种过剩的历史性补救方案通常在于，将其重新指向"公共舞台上被激活而朝向其他目的的狂热能量"，正如今天的情形，朝向对物质繁荣的追逐。

过剩所体现的也正是政治自身的（不恰当的）原则[1]。他论述道，简单而言，民主过剩就是“任何标准的消解，而凭借这些标准，自然可以通过组织社会机体的权威关系，为某种共同体主义技巧定下法则”；这（指“民主过剩”——译者）只是一种以“所有支配的资格都不存在”为基础的支配形式。对此，朗西埃（2006，46–47）论述如下：

唯一所剩的资格就是无政府主义的资格，这是一种对支配者与受支配者来说都无更多资格的特殊的资格。这就是民主所意味的一切。民主并非某种制度类型，亦非一种社会形式。人民的权力不是汇聚一处的民众的权力，不是多数人或工人阶级的权力。它仅仅是那些既无权统治也无权服从的人们所特有的权力。

在出身与财富的权力皆不存在的情形之下，所剩下的就是人民的权力，这是一种“任何人都具有占据支配者与被支配者位置的能力的平等”的权力。因此，民主就是以这样的事实为标志的，即它取决于根基（foundation）的不存在。

朗西埃以“感性的分配”（a division of the sensible）[2]这一术语对这一可作为政治开始之基本特征的“根基不存在”做出了具体说明。民主的建立始于对“断裂位置形成的”（朗西埃2006，46–47）空间的创造，始于一种新的地形学（topography），它对位置进行了重新分配，对可见与不可见，对什么能够被看见与被听到，以及什么不能被看见、被听到进行了重新配置。由此可见，政治首先就是一个审美

[1] 应该加以注意的是，朗西埃的“回归古典”不是为了去证实亚里士多德的观点，即政治是建立在政治生命的自然本性基础之上的观点，而是为了表明，在古典文本中，民主已经为那些没有特定属性使其居于支配地位的人标记了位置。

[2] 朗西埃（2009a，277）表明，“感性的分配”在“特定空间与时间中的存在，对特定活动的展演，以及被赋予‘适合’（fit）于那些活动的看、说与做的能力”之间确立了某种联系。

问题。因为，就某种意义而言，它关涉的是感知与不可感知之间的划分。治安逻辑——现有秩序——在可见性空间里对不同身体进行分配，而它将受到政治行动的挑战，政治行动将身体从其指定的位置移开，因而使得那些“没有权利被看见”的事物成为可见的。政治行动在此采取了一种特定的形式，它关系到“公共舞台之存在（与否）的冲突，以及出现在该舞台上的人们的存在与地位的冲突。首先必须确立的是一个可供尚无法看见此舞台的对话者使用的舞台，而他看不见它，恰恰是因为这个舞台并不存在”（1999，26–27）。阿文丁山上的平民首先确立其作为争辩当事人的权利，正是通过对某种不公正的宣布才得以实现。朗西埃（1999，27）因此而论断：

> 在组成部分的命名冲突之前，组成部分并不存在；只有在冲突中，他们才被算作是组成部分……政治存在乃是因为那些无权被当作言说者的人使自己成为计数对象，通过这样的事实，即把正是代表着此冲突的错误置于公共性之中而建立了一个共同体。

这种对民主的解读并不关心制度性设计或作为制度性设计之基本特征的特定的“人类情性”（human disposition）之类的问题。它排除了代议制活动，同时也排除了任何治理体制或治理形式[1]。相反，民主关涉的是：

> 一种主体化（*subjectification*）的形式体系，借此，任何一种根据

[1] 朗西埃建议，我们不应该将代议制当作对人口增长的一种补偿机制或体系发明，也不应将之作为使民主适应于广大空间和现代性时代的形式。就像塔利（Tully）一样，朗西埃（2006，53）强调，将民主同化为一种代议制管理是一种晚近的现象，它事实上已被精英们用作施展权力的地方。塔利（2008a，155–156）论述道，民主这个术语与“代议制民主”联系起来，只是18世纪晚期的事情。

“本性”(nature)对应功能和功能对应位置原则而对身体做出分配的秩序都被破坏，并抛回其偶然性。(朗西埃 1999，101)

这种划分通过与“错误”的接合(articulation)[1]得以发生。“错误”是“平等主张能在此体现为政治形式的主体化模式”(朗西埃 1999, 39)。阿文丁上的平民就像是其名所指的生灵那样行动(与之前支配着他们的人平起平坐)，对这种错误做出了展示。[2]对错误的展示与对平等的证实，力图通过对现有的感性分配进行重构和挑战而发挥作用。它们其实很少发生(occur rarely)(1999，17)，而且并不是对先在的、客观的利益做出“表达”。朗西埃认为，“发言”(Speaking out)并不是“对属己之物做出自我宣称的觉醒与表达”(1999，37)，而是一种“去同一化”(*disidentification*)的过程，一种从其“本性的”位置移开的过程。

政治联结(political bonds)也正是通过这一过程而得以创造。朗西埃认为，政治联结并不是通过对一个受害者，或者对他或她的成因的认同而被创造，而是对支配性术语或现成的主体位置“去认同”的结果。因此，政治共同体不是基于共同拥有某些实际的事物，而是对“尚未被给予为共同事物的事物”(1999，138–139)的共享，它将“被给予与未被给予”(1999，138–139)联结在一起。在这种理解中，作为一种政治主体化模式的民主具有三个显著特点：首先，它是某种可被定义为人民的显象的共同体，如此，它对可见性体制进行了重新配置；其次，这一空间被某种特定类型的人民所占据——这是一

[1] 我在此是在其理论意义上运用“接合”(articulation)这个术语的，它形成于拉克劳和墨菲(Laclau and Mouffe, 1985, 113)。与调停(mediation)相反，接合是一个这样的过程，即将不具备共享本性或必然性的元素或对象联结在一起。

[2] 他对平等及其证实的理解是至关重要的，因为这将政治性的错误与非政治性的错误区分开来。(朗西埃 1999，39)

种为“无分者之分”(a part of those that have no part),也就是“解除了所有位置与份额之再现关系的流动的主体”(1999,99–100)添加其有效性的团结;再次,人民得以出现的地方也是争议形成的地方。因此它具有断裂(ruptural)性。[1]

朗西埃:一个断裂理论家?

尽管朗西埃提供了诸多至关重要的见解,但是人们关于民主的基本特征还是可以提出严重的质疑。众多批评家声称,他们对朗西埃的各种所谓对政治之“非政治性”(non-political)的理解(迪伦2003)、在政治与治安秩序之间的截然划分,以及其对民主的自发性与中断性特质的强调等都深表忧虑。正如前所表明的,确实存在着某种将民主视作破坏的根深蒂固的观念。在这一点上,朗西埃的著作与最近其他一些民主理论家也产生了共鸣。例如,拉克劳在其最近著述中就越来越多地强调政治与民主的破坏性质,同时将制度化的关切诋毁为非政治性的、对事物的行政管理[2]。沃林(Wolin)也表达了相似的立场(2004,603)。他将民主体验的时刻——“对深感不

[1] 正如朗西埃(1995,49)所说的,“民主是一个共享的共同体,这是根据两种意义而言:一种是在单一世界中只能以对抗性术语加以表达的成员关系;另一种则是只能在冲突中发生的聚合。假定一个具有共享意义的世界通常是冒犯性的”。在此引用之前的几个句子中,朗西埃强调了断裂甚至是暴力的作用:“为了支持某人的正确性,其他种类的争论往往是需要的。对权利的维护是正确的,所依赖的就是其铭写的暴力。因此,1833年罢工的合理争论是可以听到的,其示威是可见的,就是因为作为对1789年事件之回响的1830年的事件,已经将其从发不出声的地下世界剥离,并且通过在意义世界与可见性世界中偶然的强行闯入(forced-entry)而得以安置。对平等言辞的重复就是对这种强行闯入的重复,这就是为何由它所开启的共享的意义空间并非共识空间的原因所在。”

[2] 正如这一方面的其他政治理论家,拉克劳的著作也以暧昧性(ambiguity)为其标志。他有关霸权(hegemony)的著作表明了非常不同的事物:不是关于政治的断裂观点,而是葛兰西意义上的关于位置(position)的战争。

平或需求的具体化反应”——与把民主当作“给官僚化体制的配备人员和提供方便”（其本质上是反民主的）的支配性理解相对比。近期齐泽克（Žižek，2011）也提出了相似的论断。齐泽克道：“当今，终极敌人的名字并非资本主义、帝国、剥削或者任何诸如此类的事物，而是民主：这是一种‘民主的幻觉’（democratic illusion），它将民主机制当作变革的唯一合法手段来接受，这阻碍了资本主义关系的真正改造。”[1]对这样的阐释可以提出许多严肃的问题，不仅是针对那些通常与“民主”术语纠缠在一起的狭义的概念，而且尤为重要的是要思考，除了强调其破坏性特质之外，我们还能够说出多少民主及其相关话题？[2]

然而，那种强调其著作之断裂性质的解读，通常是以忽视其著作中的这样的立场为代价的，在此，他与那种和中断性特征关联密切的革命狂热保持了距离。例如，朗西埃（1999，100）对勒福尔（Lefort）将现代民主描绘为占领权力空位的批判即出于此立场。他批判勒福尔的著作与“本质上将民主的发生束缚于巨大的化身幽灵的牺牲戏码（通过演示撕裂一个恐怖主义和极权主义的身体）”[3]过从甚密。同样，他也竭力论证，民主并不是确立某种反权力，或某个与治安隔绝的纯粹场所。这表明，还需要对民主做出更为精微的分析，而这可以从朗西埃更具有历史学意义，但也有待进一步深入与发展的著作中梳理出来。

出于此种考虑，让我们回到朗西埃的两个关键性例证：阿文丁

[1] 对齐泽克的民主（将其批判置于写作语境中）呈现所作的精细解读，见迪恩（Dean, 2005）。

[2] 马克尔（Markell, 2006）以阿伦特为根据，探索了一系列相似的问题。

[3] 勒福尔（1989，304）论道，“权力作为一种空位（empty place）而出现，那些使用权力的人只能像临时占有空位的凡人一样，或者像只有通过强力或狡计使自己置身其中的人一样。”朗西埃（2003，para. 13）也进一步表明，与勒福尔相反，根据某种结构性的空白来思考政治并不具备建设性意义。

山上的平民分离运动以及希罗多德(Herodotus)所叙述的塞西亚(Scythian)奴隶的反叛。这些例子都强调了在为证明平等而斗争的过程中的展示(*staging*)的问题。[1]然而,只有前者才展示了一种超出纯粹中断性的运动,而在塞西亚奴隶的例子中,那些起初看起来颇为成功的平等示威,其结果却收效寥寥(朗西埃1999,12–13)。在与美地亚人(Medes)进行了近三十年的离家征战之后,塞西亚人的军队返回家乡,所面对的是他们的妻子与其奴隶们所生养出来的一代。奴隶们决心反对军队,起初,他们的行动仿佛和战士们势均力敌。他们挖建战壕,全副武装地守护领地。起初本想以武力征服奴隶们的企图由此失败了;但是接下来,战士们断言,奴隶们所要求的无非只是忍受马鞭的优先权。希罗多德认为,这种断言使得奴隶们感觉自己确实只是奴隶,而不是战士们的平等对手(朗西埃1999,12)。奴隶们没能做到的是将战争所产生的平等转化为一种政治的自由。他们没有成功地将不公正的感受铭写到政治视域,从而挑战现有的等级秩序。

相反,在阿文丁山平民的例子中,一种感性的重新配置却着实发生了。对"自然"关系的成功置换是多重因素联合作用的结果,这些因素包括对词语、论辩、诗学、道具的运用,以及对名字的发明。阿文丁山上的平民通过一系列模仿其对手的言说行动而得以如此:

> 他们发出咒语并祭拜神灵,派遣他们中的一员去占卜神谕。他们通过重新施洗的方式给自己挑选出代表……通过这种逾越,他们

---

[1] 朗西埃(1999,88)主张,政治就是"在剧场性意义上,对某个词语,对人民存在的场所与其不存在的场所之间的间隙的阐释……政治就在于对这种关系的阐释。这首先意味着将之确立为一个剧场(theatre),并在某个术语的双重逻辑与戏剧性意义上发明一种论辩(argument),将不曾关联的事物联结起来。"正如许多评论者所指明的:"戏剧场景的技法与政治对身体与场所之间'自然'关系的移位是相同的。"(罗斯2009,128;另见霍华德2006,113)

发现自己……天生具有不仅仅是表达需求、痛苦或愤怒，同时也可以表达知性(intelligence)的言说。巴朗什告诉我们，他们书写了“一个在天空中的名字”：一个在言说者共同体的象征秩序中的位置。(朗西埃 1999，24–25)

通过言说行动，他们形成了对言说与行动的新的定位。平民们宣称他们已经与贵族站在一起了，他们在天空写下了一个名字：打开新的世界，发明一个尚不存在的未来。[1]

在强调对现有感性分配进行移位的重要性以及开放新世界的需求上，朗西埃并非孤军奋战。这一点在海德格尔与阿伦特的写作中也得到了凸显[2]。例如，霍尼格(1993，93)对阿伦特的解读便集中于这种无条件的、能产生新事物的承诺行动上。然而，她指明，在超常行动与日常行动之间的截然二分，意味着这种关于承诺的考察让阿伦特“无法解释承诺究竟是如何起作用的”。泽里利(Zerilli，2005)也采用阿伦特的观点，全面思考了新事物突现的迫切状态(exigencies)及其在女性主义政治想象中的铭刻。另外一些人则表明，新事物的发明是我们应该将之与社会批判和社会运动联系起来的事物，这些社会批判和社会运动的行动能够挑战和改变现有的审议制框架(伯赫曼 1996，140)[3]。根据海德格尔、斯宾诺莎、弗洛雷斯

---

[1] 打开新世界的问题最近已经得到了系统的思考，见康普雷迪斯(Kompridis, 2006)。在女性主义政治中对开启新的想象空间的洞见，见泽里利(Zerilli, 2005)，她吸收阿伦特的思想形成了自己的论断。也可见弗兰克(Frank)对弗雷克利特·道格拉斯(Frederick Douglas)关于歧见(dissensus)的展现，以及沙普(Schaap)对澳大利亚的原住民帐篷大使馆(aboriginal tent embassy)的考察(2009)。

[2] 康普雷迪斯(Kompridis, 2006, 188)借助海德格尔将敞显(disclosure)作为促进一种新的开始的实践方式，论证海德格尔的分析有两个困境，两者都与我们对变化与能动主体的理解有关。首先，他“没有能够将敞显的规范性与主体间性的规范性联系起来”；其次，他使敞显过于接近真理。

[3] 对于塔利(Tully, 2008b, 308)来说，甘地(Gandhi)就是这样一个典范，因为其“日常的、公民性的和全球本土化的生活持续地激励成千上万的人民开始行动”。

(Flores)和德雷福斯(Dreyfus, 1997)的思想,我们能以不同方式看待事物是公开行动和"促进承认"(force recognition)[1]的表达体验的结果。他们将这些行动的特征概括为"敞显技术"(disclosing skills)[2]。所有这些对敞显世界的形式以及以新方式看待事物的分析,都强调这样的实践并不专门只是依赖于客观尺度(例如,对不平等的测定),或仅仅依赖于知识以及理由说明。尽管它们有可能是这些程序的一部分,但重要的是强调需要以不同方式看待事物。此种情形同样适合于朗西埃。正如我们之前所看到的,对于他来说,引发一种新现实的可能性首先并不是一个客观的过程,这一过程毋宁是"主观的"(*subjective*),因为它强调以不同方式看(*Seeing*)事物的重要性[3]。他是根据对19世纪工人的探讨提出这一点的,正是对一种新的共通感(common sense)的形构使得政治主体化的新形式得以实现。

该过程与这一将要生成的世界,处于某种自相矛盾的状态。它包含了一种在现有秩序与平等铭写之间有关新与旧的微妙协商

[1] 正如斯宾诺莎、弗洛雷斯和德雷福斯(1997, 81)所指出的,"发现一个好朋友,一个受信赖的同事,或者一个家庭成员是同性恋者将更无疑带来必然的改变,而不是对抽象权利的争论"。

[2] 这包括这样一些行动,诸如对某个议题进行澄清的组织机构的建构;将某种差异作为值得探讨的不一致去加以揭示;对差异所揭示出来的实践弥漫于生活诸多领域的认定;在与其他敞显空间里的人们一起从事交叉-挪用的实践活动,以至于他们对问题变得敏感并能在自身领域对其做出回应;根据人们正在以新的眼光看待的事物而对某种社会变革提出建议;以及与那些正在创造合法变革的人们的谈话。(斯宾诺莎、弗洛雷斯和德雷福斯,1997,94)

[3] 维特根斯坦有关面相闪现(aspect dawning)的著作在此很重要。一个面相的闪现包括了对某种事物的不同方式的看。维特根斯坦(1989, 46)根据对梦的阐释论述道:"当一个梦被解释的时候,我们可以说它被融入了某个语境中,在此它不再令人困惑。在某种意义上,做梦者会在不同环境中对其所梦再梦一次,如此,其面相就改变了……结果就是我们所说的:'哦,我现在明白了为什么它会像那样,它是怎样以那种方式得以安排的,以及这些不同的点点滴滴是什么……'等等。"然而,在朗西埃那里,对"重新展现"(re)staging的强调,发挥着他所说的对感性秩序,也就是对什么出现了以及什么可以在我们面前出现的一种重新配置的作用。

(negotiation)。譬如说，在19世纪法国罢工工人的例子中，朗西埃强调，平等的铭写依赖于治安秩序，并且必须(至少是部分地)从治安秩序中获得资源。朗西埃(2011，6)在其他地方也指出，政治“并不来自治安之外的地方……没有什么地方在治安之外”[1]。有鉴于此，如我开头提及的那样，关键问题在于怎样确切地解释从中断到铭写的转变，以及在此方面，朗西埃为我们提供了什么资源？正如我已经表明的，在其历史性著作以及美学和政治著作中，存在着很多这样的线索。他将展示描述为使从前闻所未闻的主张、要求、命名成为可见的，以及他对模仿主导秩序的言说行动的强调，都为这样的探索提供了途经。为了进一步对准问题轮廓的焦点，我们需要回想一下在平等铭写与其对政治主体性的理解(它突出了主体化和去认同的过程)之间的联系，并且探讨“去认同”是否能够完成他需要其完成的事情。与既有秩序拉开距离是否足以打开“在天空写下一个名字”的可能性？如果不能，还需要些什么？

去认同与平等铭写的可能性

我们已经看到，朗西埃表明，对治安提供的场所与主体位置的去认同就是打开创造政治联结与想象另外的世界之可能性的事物。此处有一个难题。新的同一化(主体化)位置必须通过一种去认同的过程，完全由否定的手段来完成。这些建议显然并非全然不可信。在此方面，我们可借朗西埃举的1961年10月阿尔及利亚战争期间被

[1] 正如朗西埃所指出的，如果存在着对待治安秩序分配的位置的冲突性方式，如果确实有更好的或更坏的治安秩序，那么我们需要质询的是可能制造这些区分的条件。尽管朗西埃(1999，31)确实在这个方向，表明好的治安是“由平等逻辑所带来的打断和侵犯，它通常震惊了其‘自然的’逻辑”，但紧随其后，他又论述道，如果“治安是甜蜜而温和的”，那么它并不会因此而减少任何与政治的对立。

法国警察扔进塞纳河的阿尔及利亚人的尸体的例子来说明。他论述道，围绕这些身体，“一种政治的联结得以有效创立，它不是形成于对受害者甚或是对其受害缘由的认同，而是形成于与残杀了他们的‘法国人’主体相关的一种去认同”。接下来，他继续说，这样的政治是一种“关于扭曲的扣除与混杂的身份认同的艺术”，它建构了普遍性之地方性的(local)与独一性(singular)的情形。对于朗西埃来说，不公正的独一性必须始终与“根据其身份而归属于不同集体的权利的特殊化”(1999，139)区分开来。但是，我们不得不问的是，为什么要强调去认同而对同一化提出质疑呢？这种强调的结果是什么？

此处的问题源于朗西埃将认同与既有秩序的位置，以及由治安秩序所提供的自然的场所与等级联系起来。例如，对他来说，权利不是平等的铭写，而是既有秩序之内的主体所占据的位置，他们与民主共同体之误算(miscount)大相径庭。尽管朗西埃的许多对权利话语的批评以及对同情与善的政治局限性的批判(1999，138)可能都是对的，但是对于解决将否定的同一化或去认同当作平等铭写之基础的难题而言，这些批判却并不充分。对具有破坏性的同一化——一种否定的政治——的专门强调，对于朗西埃的政治阐释来说是否充分？除了一种转瞬即逝的联结[1]，它还能提供什么？我们在之前就已看到，在某种情况下，对秩序的拒绝能够充当一种强有力的联结力量，这貌似可行，在严重混乱的情况下尤其如此。但是，在对另一个世界的创造，以及对感性的重新配置中，这种拒绝、否定和扰乱的政治是否奏效，则完全是另一码事。

在此，转向朗西埃的另一个例子或许有益，也就是在1832年的“八月革命”中对布朗基(Blanqui)的审讯。此处存在一种更为清晰

[1] 朗西埃(1999,40)自己并不认为这必然会是一个问题。

的对那种新旧交织状况的阐释。如果我们要对感性的再分配进行概念化，则必须提到这个例子。当被地方法官问及其职业时，布朗基回答：“无产者”(proletarian)。法官回复说这不是一种职业。为此，布朗基回驳道，这是三千万“靠自己的劳动维持生计，但却被剥夺了政治权利”的法国人的职业(朗西埃1999, 37)。法官于是同意将“无产者”添加到法庭的职业列表之中。朗西埃在(1999, 38–39)对这个事件的分析中论道，所有事情都始于对这样一个双重词语(double word)，即“职业”的接受上：

> 对于体现着治安秩序的法官而言，职业意味着工作、行业：将身体置于其位置与功能之中的活动……但是在革命性的政治中，布朗基却赋予了同一语词不一样的意义：职业是一种信念，是对某种集体成员的宣称。

朗西埃继续道：集体不是一个社会群体，而是一个主体化过程的部分：“无产者”的主体化定义了一种错误的主体，一种对未被计数者的计算。这显然是在两个世界之间确立了某种关系的过程的一个范例。

然而，此处我们尚不清楚主体化是否一定涉及去认同。布朗基重新表述了成为一个无产者和一种职业成员意味着什么，而法官的回应与那些意识到将平民的话语当作逻各斯而不仅仅是发音(phônê)来听的贵族并无二致。然而，这并没有依赖于一个去认同的过程。而且很显然，要使“无产阶级”这一术语成为一个打开新世界的术语，还有很多别的事情必须发生。尽管在某种程度上，这只是一个有关无产阶级术语之具体历史命运的问题，而在此，更为一般的问题则关涉平等逻辑之铭写的重要意义。朗西埃(1999, 40)自己也承认，这样的铭写可能会是脆弱的且稍纵即逝。然而，这种承认可以用两种不同的方式来解读。其一，正如朗西埃不断重复的，重要的是一种**特殊的**(*specific*)误算。就像他(2011，9)指出的:“我所有的历史研究都曾旨在……表明社会解放的历史通常是由诸多小叙事，尤其是由言说行动等构成”。即便如此，朗西埃还**确实**(*does*)试图提供某种**溢出**(*exceeds*)在地性与特定误算的有关民主和平等铭写的阐述，而这也提供了超越地方性与当下性限制的对民主进行批判性思考的工具。这正是其力量所在。

然而，如果对平等的证实所采取的是一种能够重新表示感性的铭写形式，那么它**不得不**(*has to*)具有这种重新配置的力量。这意味着，如果这种重新铭写是具有任何意义的，那么它必须潜在地超出这种稍纵即逝的短暂性。就此而论，很显然，去认同尚不足以完成此等使命。我们已经看到，尽管它在打开新世界的过程中确实起了至关重要的作用，但是，对新世界或另外的可能性的形构却要求更多。打开新世界是以这样一种主体化特征为条件的，它不仅要关注去认同，也要关注以不同视野重新同一化的可能性。与其理论著作相反，朗西埃在其早期的历史研究中对这一点其实讲得非常清楚。例如，在其富有意味地以“19世纪法国工人的梦想”(*The Workers' Dream in Nineteenth-century France*)作为副标题的《劳工之夜》(*The Nights of Labor*)一书中，他写道(1989,20):

> 工人们需要去定义其自身生活与斗争的意义，这是他人的秘密。不是“商品的秘密”……为了“昂首站立在随时准备吞噬他们的事物面前”，工人们所需要的不是关于剥削的知识，他们所缺乏的和需要的是关于自我的知识(这向他们揭示了除了剥削之外还有别的事物存在)，是一种借由他人的秘密曲折道出的启示：那就是，那些知识分子和资产阶级的人们，他们晚些时候会说(反过来我们也会重复)：他们不想做些什么——尤其不想在好与坏之间做出

区分。

朗西埃继续他的分析，并表明资产阶级世界分成了两个：“一些人是作为无所事事的存在而活着，他们是那些可以被不厌其烦地描画为懒洋洋地在沙发或皮革床上伸懒腰的富人”，而另一些人则相反，“他们是抛弃了对偶像（Baal）的狭隘崇拜，并着手探求未知事物的人们：发明家、诗人、人民与共和国的热爱者、未来城市的组织者，以及新宗教的传道者”（1989，20）。他论述道，工人需要所有的这些人们，“不是去获取关于其生存条件的科学或学术知识，而是拥有并维持对另一个世界的激情与欲望”（1989，20，重点为作者自加）。因此，拥有并维持对另一个世界的激情与欲望的可能性不会仅仅是来自去认同，而是来自“一个不同世界的启示以及生命之间某种新关系的开启”，来自成为可见的另外的可能性（1989，116）。

就政治主体之间新的关系开启而言，朗西埃不断重复论证的是，民主共同体必须既是（*both*）一个“中断”的共同体，同时也（*and*）是这样一个共同体：“在其中，不同身份之间，以及不同空间与位置之间所形成的间隔（intervals）”开创了一种作为“之间的存在（being-between）——在不同身份之间、不同世界之间”——的政治的“共在”（being-together）形式（1989，137）[1]。然而，在通常呈现为纯粹的话语形式的去认同话语，与能够维系平等铭写习性之复杂而崭新的同一化形式的建立与维持之间，尚存在着裂隙。处理去认同与以另一种行事方式进行再认同的可能性之间的裂隙，使得重新思考朗西埃对同一化范畴的使用成为必要。我曾经指明，他将同一化与既有秩序，也就是由治安所提供的自然的位置和等级相关联，然而，如果

[1]“民主过程是一个永远进入到游戏之中的过程，是发明各种主体化形式，是抵消公共生活之永久私人化的证实的过程。在此意义上，民主确实意味着政治的非纯粹性（*impurity*）。”（朗西埃，2006，62）

对理论范畴与特定的政治之间的异文合并(conflation)提出质疑,那么,关于去认同(从……转身离开)(turning away from)与再认同(转向……)(turning toward)的过程(两者都不能被假定为采取了某种特定的、先决性的政治形式)[1],就有可能提供一种更为微妙的阐释。也就是说,就其自身而言,没有什么是如此谨遵同一化原则的。所有一切都取决于同一化的准确形式以及被特定的同一化形式所打开或闭合的可能性。有意味的是,它也使得我们得以对朗西埃的思考,也就是对治安秩序的一种假定的同质性做出持久的批评。正如朗西埃自己所认为的,如果我们的关注被引至同一化的具体形式之特殊性与独一性上,那么,假定存在着某种支配着治安秩序且无路可逃的彻底的同一化霸权形式,就更成问题了。这一问题绝对是处于中心的,因为没有它,就不可能对感性重新配置。用不同的术语来说:对感性,对必然性的重新配置,需要的是改变与开启不同生命存在之间新型关系的可能性。然而,只要我们仍在坚持一种无差异性的治安秩序的观点,这种重新配置就不可能发生。现在,让我们转向对习性问题的考察,它所应对的正是不同人们之间的关系部署。

解放铭写中范例的作用

我以巴朗什对平民叛乱的描述来突出平等展示的世界敞显特征。正如朗西埃自己所指出的,“政治既是一种论述,同时也是该论述得以接受并形成影响的世界之开启”(1999, 56),从而产生不同的看事物的方式:

[1] 就概念而言,我认为“去认同”保留了同一化的形式,尽管是以一种否定的基础。在此情形中,它的意义在于将更为广义的同一化范畴部署为既包含了将自身与他人分离的方面,也包含了借助替代方案产生新的主体位置的方面。

> 政治性的发明同时运作于论证与诗学行动之中,在必要时是对不断开启世界的力量的显示,此世界之中,这些共同体行动就是共同体行动。这就是为什么"诗学"在此并不与论述对立的原因所在。(1999,59)

因此,问题便在于,他是怎样去构想此种影响的?为了使得争议能对感性机制进行重新配置,什么是必须加以转变的?我希望集中于一个特定的候选项(candidate),即通过习性的转换而使其影响具有被感觉或理解的可能性。也就是说,在天空写下名字,若要产生某种影响,一定需要一种更为广泛的效果,一种具有重新配置功能的效果,而这只有通过对不同习性的安置方可实现。

然而,朗西埃一贯反对一系列有可能委以此任的候选项,认为它们都将沦为治安秩序的牺牲品。他反对民主与存在方式有任何关联[1]。他认为,习性(Ethos)指的就是一个住所(abode),一个地方或者位置与伦理(ethics)。它意味着将某一经验领域阐释为同属一处的人们所共同拥有的特性或能力的运用。然而,这也正是朗西埃设定问题之处,因为这个声称具有诸如逻各斯之类特性的共同体其实早已分裂[2]。因此,他认为政治作为一套实践不应被"作为表达一般的行动价值或原则之实例的伦理"(2011,4)所支配。相反,平等的铭写应该被当作是对某种习性的打断,是对习性的某种疏离。

是否存在一种路径可以设想出一种平等铭写,既能发挥朗西埃

---

[1] "不是他们的习性,他们的'存在方式'给个体带来民主,而是与此习性的断裂,是说话的能力与任何一种行动、存在与言说的'伦理'(ethical)和谐之间的裂隙使然。"(1999,101)

[2] 正如他所说(2009b,4):"众所周知,很快就显而易见的是,这种共有的特性并非每个人都享有;有一些人根本就不是人类。例如,亚里士多德说,奴隶具有对语言的感知(*aisthesis*)(一种理解词语的被动能力),但他们并不拥有(*hexis*)语言(叙述或讨论何为正义与不正义的积极的权力)。"

心目中那种破坏性和疏离作用，但进一步而言，也能以并不充当治安秩序牺牲品的方式将此种疏离铭刻到某种存在方式、某种习性之中？如前面所述，我们不难看出，这种铭写工作应按照一系列严格规定的路线来加以考虑。首先，它应该是为了某种批判性的主体化，从而以规避了既定的和纯粹同一性概念的方式而得以构想的政治主体化。其次，它应该促成开启新世界的可能性。这意味着在基本特性上它是面向未来的(*futural*)(朗西埃1999，50)：它应该允许政治行动者“在天空上写下名字”——去想象一种不可设想的可能性。再次，它应该设想一个政治共同体，并非以实质性方式，而是要对其必然伴随任何一种治安秩序，因而无可避免地具有包闭性多加注意(*attentive*)。合而视之，这些规范都与对民主习性的某种当代理解有着强烈共鸣。它形成于卡维尔的著作，并被设想为一种厌恶(aversive)的习性，即一种并不是关于某个位置或地点，而是对之深感厌恶的习性。接下来，我将转向对这种习性之特征的讨论，并认为它是能为我们提供仔细思考“在天空写下一个名字”之重要方面的方式，这些方面在朗西埃著作中尚未得到很好的强调。我将特别关注范例(exemplar)在建构可能性视域中的作用，这是一个以(批判的)回应性为前景的民主主体性的概念，因此强调将要求置于道德秩序(或者按照朗西埃的术语说，是治安秩序)。

为了进一步阐发这一点，让我们再次回到朗西埃所举的这些例子：奥古斯特·布朗基、阿文丁山上的平民叛乱，以及阿尔及利亚战争后对某种“法国主体”的去认同。大多数朗西埃著作的评论者所关注的是每个此类例子的扰乱性特征。然而，正如我们所见的，他们还具有超出扰乱的更进一步的作用。每个例子都可以作为不同的存在与行动之可能性的范例而存在。就像是娜拉这个角色，他们都体现了超出现存道德话语的要求，都“对社会秩序自身提出了警告”(卡维尔1990，109)，同时也为我们展现了另外一种行事的方式。这就是平等**铭写**的工作：开启一个想象视域，在其中，构想政治共同体的另外的方式保持了活力，而且，尤为重要的是，这种方式能够被不断地重新铭写[1]。按照这样的解读，重新铭写通常会涉及精确的、在地性的条件，然而同时也可充当一种呼吁自身朝向其他的、陌生的可能性开放的要求，而此种要求就是在与现存秩序发生争辩的宣称中显示出来的。正是朗西埃对这些例证之独一性的关注使得评论者过多地强调其著作中民主的断裂品质，因此错失了其历史著作中更为深广的意涵与力量。不过，正如朗西埃所表明的，他的工作可被当作一种“全能的哲学”，因为它展示了“在每一个（*ekaston*）特定显示中找到”“其整全（*pan*）力量”的方法（2009a，281）。因此，他从社会历史结构中（在那里，它们是“一定的‘工人’文化的表达”）萃取出来的“小叙事”，反而有可能成为“感性分配中的声明与转变”（2009a，281）。词语产生了回响。在此情况下，它们是具体的阐明，但同时也包含了不合时宜性与普遍化的原则：“你必须画一条逃逸路线，同时也是一条普遍化的路线”（朗西埃2009a，282）。

尽管对其所举例子的示范性有非常清晰的强调，朗西埃还是尽量避免设定一种普泛化的介入（engagement）的习性。正如我已说明了的，其原因部分源自他将习性理解为某个被定位的、具有象征性的地方，同时也部分源于他将主体化当作去认同化的概念构想。于是，非常矛盾地，他尽量不去深入思考，对于范例发挥其铭写作用而言，对于站在现存秩序这边的人而言，所要求的是什么。在每个这样的方面，卡维尔的著作都可作为对朗西埃写作的有益补充。

通过范例的作用而对（再度）铭写的强调使我们得以保留独一

[1] 这种对于铭写的表现有赖于德里达（Derrida）对“嫁接”（grafting）和“重复”（iteration）之可能性的洞察（德里达1988）。它强调了在变化与重复之间复杂的相互作用，每一个这样的重复或重新铭记都既包含着一种新的元素，包含着对现有语境的打破，同时也有连续性的因素，而这使其具有意义，令人理解。

性与历史性的价值，而不只局限于稍纵即逝的、零星的、变化无常以及中断性的事物[1]。思考范例的示范性使我们着力于两个方面：既是(*both*)从现存秩序疏离，或一种走开，也是(*and*)另一种存在与行动方式——一种转向——的可能性，而这就包含于疏离之中。这种"既……又……"的逻辑有助于我们去反对大多数当代民主理论的力量，它们总是力图通过强调断裂与制度之间非此即彼的排他性而去寻求对困境的解决[2]。相反，卡维尔对典范性的一种尼采式的呈现却抓住了此处所必需的那种双重逻辑。一方面，它考虑到了对既定事物的某种去认同(朗西埃)或者厌恶(卡维尔)，一种也能与阿伦特产生共鸣的对从众主义(conformism)的批判[3]；另一方面，通过对范例、对我们、对每个人，同时也对那些占据着"治安"位置的人提出了要求的强调，也使得认同超出当下秩序的可能性保持了开放。

内在于卡维尔民主观念的是这样一个目标：通过将自身或某人的位置当作为其他人呈现另一个(*alternative*)自我的方式(哈贝马斯2002，131-133)，而向其他人展示社会编排的偏好。这种既可得到，又向另一行事方式的可能性保持开放的工作所起的重要作用就是由

[1] 梅丽莎・莱恩(Melissa Lane, 2011)对政治理论化中历史范例的作用提供了整体讨论。对于范例的历史形式的出色讨论还包含在盖莱(Gelley, 1995)的著作中。

[2] 在此，我采纳的是德里达的观点。他拒绝他所认为的那种"要么……要么……"(either-or)的论述之"要挟"(blackmail)，并探索思考与另外一种可能性一起的可能性。正如前所引，论述之"要么……要么……"的形式——要么彻底断裂，要么保守于连续性——发生于整个民主理论的光谱之中。然而，它们也采取了另外的形式。著名的例子包括福柯所说的"启蒙的要挟"——这种观点认为，一个人必须要么支持，要么反对启蒙——以及在哈贝马斯那里关于权力与摆脱支配(domination-free)的交往(communication)之间的二分。这些旧的争辩持续影响了我们对民主以及远比此种"要么……要么……"的形式所应允的东西更为复杂的可能性的思考。

[3] 卡维尔对厌恶的一种爱默生式的见解显然与阿伦特对从众主义的批判产生共鸣。阿伦特(1994，744)这样描述道："道德坍塌为只是一套习俗(mores)——随意改变的举止、约定、惯例——不是不法分子所为，而是普通大众，只要道德标准是被社会所接受的，就会对其所习得的深信不疑。"

这些范例做到的[1]。就像科南特(Conant，2001，193，着重号为作者自加)所指出的：“成为一个……典范就是成为某个人，其生活方式……向其他人施加了一种要求：以非模仿(*non-imitative*)的方式去效仿其榜样。”因此，范例提供了人们所渴望的某种事物的具体代表(科南特2001，195)，其作用在于使我们不安(unsettle)——用朗西埃的说法，就是引发一种去认同——并开启我们过去曾无从获得的想象视域。所需表明的是，这种对范例的呈现怎样才能促成我们对另外的认同与铭写形式之形成与培育的理解。

现在，在这样的语境中，让我们再次回到卡维尔的范例。娜拉是作为一个范例出现的，因为她表现了另一种存在的方式，打开了不再让事物一成不变的潜在的新视域：她的出走在激发思考“从常规方式中抽身而出”(沃克2001，175)的想象方式时，也对一种回应做出了要求。卡维尔(1990，111)论道，在剧终，娜拉离开托瓦尔德之际脱下她的“时髦衣裳”扔给托瓦尔德就是内在改变的一种展现。同时，他还论道，托瓦尔德拾起衣物，“这在道德上对其的决定性意义，与出走对娜拉而言是一样的”。(卡维尔1990，113)卡维尔指明，托瓦尔德会固执于对娜拉的最初想法。这正是令卡维尔感到不安的立场，即我们总是觉得应该采取行动以确保我们的行为“无可厚非”，以此表明对至善论的一种拒绝(1990，113)。卡维尔和朗西埃都承认，并不存在这样的保证。这正是为何范例的作用如此重要的原因所在。

从常规方式脱离并不仅仅是预设某种错位感，或某种争议和不满，它同时也是另外一种想象视域，是超越了此时此刻，或至少展现出新世界之可能性的某种事物的可得性(availability)。正是在此，

---

[1] 例如，费拉拉(Ferrara, 2006, 66-67)论道：“在事物的力量——关于什么存在，或关于习惯与传统(的力量)——与‘观念的力量’——关于什么将要或应该是那样(的力量)——的旁边，就树立着范例的力量，它将法律或原则的规范性置换为范例的规范性。”

朗西埃的历史范例开始发挥作用并呈现其全部的力量。“展现另一种方式”的范例通常是单一的，然而，在其独一性之中，他们也促成了对普遍性，对另一种行事方式的惊鸿一瞥。对于卡维尔（1990，59）来说，友爱（friendship）和威权（authorship）就是范例的典型情形，它让我们为下一个自我而奋斗。譬如，他表明，柏拉图的《理想国》即为阐明朋友间这种对话工作的明显例子。朋友（同时也是“对我的当前成就提出质疑”的敌人）（1990，59）：

> 在知性上是具有威权性的，因为……他的生命在某种程度上是为其所吸引的其他人之可仿效的或具代表性的生命……自我发现它能够转向（改变或自身的革命化）……一种正在进行的教育过程……在此，每一个自我都绘制了一条赞同自我提升的路径……，在那里，提升不是由天生的才能所决定的，而是努力去明白你是怎样的人，并培养你所应该去做的事情；它是一种在……改变社会的想象中找到了表现形式的自我转换。（卡维尔 1990，6–7）

我们每一个人都与生俱来地具有该过程所需的能力——此种论断与精英分子无关。这些能力的培养是通过范例（他们是被建构而非给定的）的作用，在其他事物之中得以发生的。正如泽里利（Zerilli，1998，11）所指出的，他们所提议的“共性”“必须通过不同政治斗争的相互作用而接合在一起——而不是去发现它，而后对之亦步亦趋，就像遵循某种规则一样”。因此，范例乃政治斗争的产物：这些斗争已为一定的民主、平等的习性的沉积（sedimentation）与铭写做出了贡献。[1]

[1] “沉积”（Sedimentation），一个地理学隐喻，取自德里达对胡塞尔现象学的解读。借此表示一个术语的意义被固定，而其起源则作为经年累月的岩层分化过程的结果而被遗忘的过程。

朝向适于平等铭写的习性

然而，也许朗西埃与卡维尔在范例问题上的关键性对比之一与其各自对主体性的演绎有关。尽管朗西埃受其对去认同的强调之限制，但在处理同一化的集体形式方面具有优势；相反，卡维尔对个体的关注总是倾向于表明其著作在某种程度上是非政治性的，评论者对其潜在的政治含义也颇多怀疑。例如，舒尔曼（Shulman, 2011）就表明：如果要形成对一般习性以及更具体的回应性习性之恰当的政治性理解，对集体的关注就必不可少。他说："承认的政治形式……需要一种令人信服的，将私人烦恼与公共事业联结起来的反叙事（counter-narrative）。"因此他否认卡维尔提供了此种联结。另外一些人同样强调，卡维尔著作中那个复数的第一人称的脆弱性。哈默（Hammer, 2006, 165）就指出，"在卡维尔著作中，'我们'是一个备受质疑，充满人类个体声音的脆弱空间，其运作没有任何公共的或形而上学的保证。"尽管在此方面是怀疑主义的，但毋庸置疑的是，卡维尔对会话（conversation），对"一起言说共同价值问题"的关注却具有深刻的政治性（卡维尔 2006, 265）。其著作中对政治乃"提出要求"（claim-making）的强调，将公民权的使命突出为各种要求的形成与提出，突出为与我们同处一个共同体之中的人们一起，经由这些过程，共同解决我们所要负责的事务（卡维尔 1982, 23）。诺里斯（Norris, 2006, 33）精辟地指出："可以这么说，在自我与他人、个体与共同体之间，我毫无选择……共同体既赋予我一种政治的声音，也可以将那种声音从我这里收回。"确实，卡维尔对示范性的详尽阐述通过强调共同权利[我们可称之为"我们的"（ours）事物]的构成所涉及的过程而解决了这些问题。（泽里利 2005, 170）

示范性的观念通过主体性概念而得以维系，这种主体性始于每一种身份与道德秩序之间的分裂特征。不同于专门只对现有秩序与被驱逐者，即“无分之分者”之间的感性区分投以关注，在此，划分被认为是在给定的、既得的自我或社会状态，与下一个或未来的自我与社会状态之间贯穿（*running through*）自我与社会之始终的[1]。尽管强调自我，但很显然，卡维尔断然打破了将个体作为孤立自我的自由主义式的理解，这种孤立自我在他或她与他人进入任何一种关系之前既已充分确立。于他而言，自我内在地是被划分和具有双重性的；任何威权总是某种将要获得的事物，而一旦获得，则通常会因面临威胁而危险重重（马尔霍尔 1994，292–310）。此外，这一点也很重要，即自我认同——既是既得的，也是下一个的（将来的）——需要“对一个他者的承认——对一种关系的认可”[2]。对于卡维尔而言，对关系性（relationality）的强调（这对于任何一种铭写的阐释都是必要的），是人类的构成性要素。他认为：

> 无论道德至善论（Moral Perfectionism）所称的人类个体是什么，他都并非一切，而是一个在自我与他人中都能朝向更进一步的自我开放的人。这意味着要在求变的认识中把握自我；这也意味着，要成为一个生活在希望中的人（*being one who lives in promise*）……反过来这也意味着期待自己成为什么，使自身可被理解为一个既是现

[1] 卡维尔（1990，59）说明，在这一方面，对于爱默生而言，“我们不仅在知性与感性之间做出划分，对于我们而言，可以说，每一个这样的一半其自身也是分裂的。我们不仅是被水平地一分为二，而且也是垂直地分开——就像是关于人类最初被分开的另一个神话所描绘的那样——也就是柏拉图在《会引篇》中所描述的那样。这种形式在弗洛伊德那里被重新拾起，即认为我们每一个人都在寻找我们原初的另一半，因为这样的一种分裂，我们往往是偏狭的。”

[2] 卡维尔（1990，31）论道，任何一种认同的形成都只有在我与他人的关系之中才得以发生：“转向爱默生将使我的偏好成为我支持下一个或更进一步的自我的标志与动机，这意味着要反对我的既有的完美（或一致性），而持有要求承认一个他者——认可一种关系——的立场，在其中，此种标志得以显现。”

在的，同时也是更进一步的领域的人——康德（Kant）和穆勒（Mill），以及娜拉·海尔茂（Nora Helmer）和特雷西·罗德（Tracy Lord）在《费城故事》（*The Philadelphia Story*）中，将之称为人的国度——并且表明自己乐意承认其他人为属于此国度的人……这不是一种特殊的道德要求，而恰是民主道德的条件。（卡维尔 1990，125，着重号为作者自加）

作为民主习性之构成要素的关系性，避免了卡维尔通常会因之而饱受攻讦的对个体性的过分强调，并且总是将自我置于与他人的关系之中，同时也置于与他或她的社会，以及社会加诸他或她身上的各种要求的关系之中。所以，贝茨（Bates，2003，42）指出了这样一点：

因此，我们在阐释卡维尔引自爱默生的“历史”（History）——一种“尚未获取但可能获取的自我”——这一措辞的时候，须倍加小心。这并不是对某种将要达到的具体状态的指定……至善论所要的是，根据一个内在于自我建构的理想典型（ideal），而非无中生有的某人，所带来的自我转化的可能性。然而，我们需要记住的是，那种“内在的”（internal）以及从“无”（without）而来的事物，自身也并非固定的和永恒的范畴。如果任何一种特定的自我状态的转换是可能的，那么甚至这些范畴自身也是可以转化的。当然，每一种自我状态的作用是，我怎样与那个曾促成了我的社会发生关联。

卡维尔倡导的至善论的非目的论特征（1990, xxxiv），使那种有关正确或着实是错误的自我观念派不上任何用场。因此，自我转变通常发生在对现存秩序的回应与关系之中。也正是在此，范例发挥着关键性的作用。

正如我们已经看到的，这个过程有两个重要方面。其一关系到自身远离既有秩序的过程。在朗西埃那里，这个工作通过一种去认同的过程得以完成；而在卡维尔那里，则借鉴爱默生与尼采的观点，采取了对从众主义进行批判的形式。在这一方面，卡维尔（1990，146）说，他所关注的两位至善论的范例——爱默生和尼采，都具有两个关键层面：对道德主义/从众性的憎恶，以及对“如此整全，以至于不仅需要变革，更需要一种自身转变”的事物现状的鄙弃。于他而言，在政治层面上，从众主义引起了对定义自身之需要的遗忘：“盲从者因为不能将自身从流行意见（也包括从其自身）中疏离开来”，从而使得共同体为其代言，却从不质询这样做的权利何在（哈默，2002，132）。相反，对抗的或批判性的思考，则在于抵制从众主义的能力，以及开发资源以对民主之不可避免的失败做出回应的能力[1]。在此，替代方案的可见性成为关键。

与朗西埃不同，卡维尔强调对从众主义的批判以及使得替代方案成为可见的优势在于，他明确地将它们置于和现存（道德）秩序的关系之中，将之作为来自内部的民主批判（1990，56）。让我们再次回到娜拉的例子：她的在场与离开对道德秩序提出了要求，因而也对回应性问题进行了主题化。正如斯巴提（Sparti，2000，91）所建议的，“我们对他者的责任就在于我们对他们的回应能力。”显然，托瓦尔德并没有回应娜拉；他听不到她的要求。今天，那些我们听不到的要求是什么？那些对不公正感的表达通常会发现自己处于娜拉的境地，即面对一个从其开始便不能领会所表达的不公正感的社会。这

[1] 因此，卡维尔（1990，56）说到这样一个观点：“我理解爱默生认为民主不是要作好准备经受其严苛，而是要承受其失败，因而需要培养、个性以及友情，需要在面对民主的失望时保持民主的希望不死的特性。”我引用此点的意思是，我们需要在其他事物中对这些失败做出回应，而不是陷入犬儒主义；这种保持民主希望不死的过程的重要意义正是在于这种回应性特征，而不是转身离开，说我们处于“无可指责”的位置，如同罗尔斯所表示的那样。

就是当今太多自认为民主或“无可厚非”的社会内部斗争频仍的情形。在此，我们只须想想对同性婚姻组织所提要求的回应——被打上“疯子”和“异类”的烙印——其实就是托瓦尔德不愿理会娜拉，不愿理会其努力表达自己的被排斥感的一种回响。[1]

在卡维尔那里，回应能力起着至关重要的作用，而这正是朗西埃对平等铭写的描述中（出于结构性原因）所缺失的事物。对于朗西埃而言，政治与治安秩序之间的截然区分，隔断了这种可能性，导致其几乎完全只是从无份之份者的角度来看待问题。如果一个民主的政治共同体确实必须被构想为既是一个“中断”的共同体，同时也是一个这样的共同体——其中，“不同身份、不同空间与位置之间形成的间隔”将政治的“共在”（being-together）开创为“不同身份、不同世界的某种‘之间的存在’”（朗西埃，1999，137），那么，对于现存秩序内占据位置的人而言，平等铭写的结果也必须得到深思。正如卡维尔（1990，107）所指出的，朗西埃所讨论的那些具体历史情形中的事件令我们意识到，在当下秩序中，我们离“完美正义”还有一段令人痛苦的距离；同时这也要求一种回应，一种对主导性立场的考察与可能的修正，因而激发人们参与到所表达的诉求和所宣称的争议中来。缺乏回应和参与将会导致一种面相盲（aspect-blindness）的形式，在那里，我们“不能或不愿去了解他人表达的意涵”。（哈默，2002，73）[2]

此等激发之所以重要，不仅因为它们在具体情境中为遭到误算

---

[1] 最近，在2012年3月4日，苏格兰天主教会（Scottish Catholic Church）领袖，红衣教主奥布莱恩（Cardinal O'Brien）在一篇为《星期日电讯报》（*The Sunday Telegraph*）写的文章中，给同性恋婚姻运动贴上了“疯子”和“异类”的标签。

[2] 卡维尔在这个方面以奴隶主为例做出评论，表明尽管奴隶主将奴隶视作“某一种人类”，但却否定他与这些奴隶的内在关系。哈默（Hammer, 2002, 74–75）概括道，此处至关重要的是如下条件：这些或那些范例展示了：“在某种程度上，我们将某种东西体验为人类，所依赖的不是其身体的或者精神的特征，而是依赖于我们与它的关系——一种相互立场的特质。”

的人所带来的影响，也因为其所开启且保持开放的想象境域。通过论述“人性之于表达的诉求，要求将此人性诉求予以他人”，反过来，“也表明，在某些阶段，那些退出理解性领域之成员关系的无赖小人，必将设法剥夺他人在对其生活原则或生活观念的选择中的表达或声音”，卡维尔（1990, xxxvi）指明了它们的意义。从此处开始，全面思考对民主之不可避免的挫败做出回应的能力与责任的政治要求才成为可能。显然，这些主题与对民主习性之本性的当代争论，尤其是与最近对回应力与接受性问题的转向等交织在一起。大多数此类工作都集中于强化接受性（康普雷迪斯2006，209）之必要，以及在对他者的回应中促成作用于己身（科尔斯1996；康诺利1995）的对抗性层面与批判性回应实践的形成上。正如康诺利（1995，xvi）所说，多元主义文化需要培养一些批判性的回应能力，因为“成为新事物就是将自我认识以及与你相关的其他支持者所赞同的关系性判断标准，移至白人、女性、异性恋者身上……就是参与到一套不同的集体认同之中……因此，改变对差异的认识，同时也是修正你的自我认识的自身条件”。关于民主的批判性习性之中心地位的争辩可回溯至福柯和尼采关于竞赛理论（agonism）的著作，并将之与那些在对民主的各自理解中要么对习性的作用轻描淡写，要么对其全盘否定的思想家们进行对照[1]。然而，更为新近的关于审议民主（deliberative democracy）的著作，也试图表达一种特定的，与审议制相当的习性。在此方面，拉登（Laden, 2001, 194）认为，审议制民主自身必须确立一种适合于审议价值的习性。进一步走近受卡维尔所启发的立场，即：需要对那些借此我们得以把握特定情势的实践予以关注，大多数这样的作者都赞同，一种批判的、回应的习性是民主实践之必不可

[1] 伯恩斯坦（Bernstein, 1998, 291）在此方面说，哈贝马斯关于法律和政治的话语理论假设了这个问题，但是没有提供对民主习性的阐释。

少的部分。

然而，对于在这样的习性中斗争的作用问题上，不同立场仍然有明显的分歧。朗西埃突出的是斗争与对抗，而卡维尔的著作则通常强调对话。不过，尽管卡维尔对会话的强调不以“彰显另一个”[1]的其他实践作为代价，但他设想这些实践的方式仍然能为更加清晰地思考对抗与斗争做出补充。在对《荷马的竞赛》(*Homer's Contest*)的评论中，欧文(Owen, 2002, 125)指出，在此，至关重要的是对这种态度或精神的实例化可能采取的实践形式。他认为，竞赛(agon)很好地抓住了这一点，从而成为一种政治文化，在此，“公民努力在与别人的竞争中努力提升其自治能力，这是一种将模范的民主公民尊设为我们应努力与之相匹配甚至超越它的标准的文化”。以这种方式来运作，一个典范就应是一个“可达到的”优秀者，因为其教育功能取决于它对我们的扰乱，而不在于我们以奴隶的方式对其唯命是从(卡维尔1990,6–7)。值得一提的是，尼采对示范性的展现也在约翰·斯图尔特·穆勒(John Stuart Mill)对原创性(originality)的思考中得到了响应，他建议我们打开双眼，“一旦充分完成”，将使得我们成为原创的自我(康耐特2001,229)。这些条件是重要的，因为它们使得这一点很清晰，即榜样的教育作用只能在某些人或某些事物既与我们有关或相似(示范性即为一种标志)，又与我们不同(示范性是一种非本质性差异的指示剂)的情况下才得以完成。朗西埃教导我们，作为政治斗争中一种想象性参与的结果，确立这些相似点和差异性，将产生一种如康耐特(Conant)和卡维尔所说的那种对每一个人开放的可能性。

这样的标准设定关涉对“政治的粗糙地面”(rough ground of politics)的注意，包括处于其中或借此而使范例的品质得以形成的

[1] 对卡维尔的“彰显另一个”的作用的讨论，见诺弗尔(2011)。

种种斗争(霍尼格2011,203)。爱默生使这一切再清晰不过。对我们提出了要求的那种回应能力通常具有不谐的特征。我们需要“公开蔑视和谴责这个时代滑头的平庸和卑劣的满足”。(爱默生[1841]1977,147)对于卡维尔来说,这包括对民主不可避免的失败做出对抗与回应。坚持现存秩序始终存在无回应力(nonresponsiveness)的可能性,他解决了朗西埃的一个关键问题,且超越了许多民主习性的思想家[1]。这些可能性正是卡维尔解释的源泉。尽管他与朗西埃在深层意义上一致,即我们的民主总是令人失望,但他所关注的却是培养一种嫌恶习气,以使我们对那些失败做好准备。

“除了对他们说,无事可做”

在结论处,让我们回到开始的场景,使那些明确突出了厌恶习性的铭写阐述的价值显现出来。正如我曾以阿文丁山为例所指出的,朗西埃含蓄地强调了许多只关注其后期更具理论色彩的著作的读者所错失的东西,即伴随着对不公正的宣称而来的铭写的可能性。这种铭写涉及一系列活动与实践,包括对迄今仍未命名的主体的命名;对既定之名的再造;对某种不公正的展示,从而竭力对感性进行重新配置,因此也重构了我们现存的看待处境的方式;对另外的可能性的想象,以及在单一中看到普遍性,等等。就像在卡维尔著作中一样,在朗西埃写作的中心,我们会发现“众多个体,例如路易斯·戈尼(Louis Gauny)、约瑟夫·雅科托(Joseph Jacotot)、珍妮·德滦(Jeanne Deroin)”,他们“通过他们的宣告,他们的不平以及他们的行动改变着感性的分配”。(洛克希尔与沃茨2009,4)通过诵念这

[1] 卡维尔的著作使得我们能够详尽阐述民主习性的概念,它超出了对批判作用的关注,而是对对抗主义关系的某种补充。其非目的论的至善主义促成了民主游戏中公民主体(将要求与期望置于参与者身上)之间的关系语法的具体化。

些名字，朗西埃致力于一种双重姿态，而与以伟人之名写就的历史，以及“抹除了对任何一个人的行动做出认可的可能性”（洛克希尔与沃茨2009，4）[1]的“长时段”（longue durée）的历史形成争辩。他们都同样地借助于其哲学家身份往往遭受质疑的人物的著作，这也是卡维尔著作中一个持续的主题。例如，卡维尔（1995，12）论道，他事业的一个重要部分就是对作为哲学作家的爱默生的重新挪用，因为，由此，他“不仅能了解爱默生，了解美国文化，而且可以了解与哲学、与使其痛苦的事物相关的问题”。因此，对于这两个思想家而言，对这些名字的唤起具有重要的、决定性的作用。对于朗西埃来说，正如我们已看到的，重要的不是那些伟人的名字，而是那些迄今为止仍寂寂无闻的人物；那些独一的，然而却攫住了政治挑战和改变之意义瞬间的人物。对于卡维尔（1990，58）而言，代表性（representativeness）的主题既是在场，同时也与“标准”的呈现联系在一起。然而，以这种方式，也强调了我们在现有世界及自我与我们可能成为的或下一个世界和自我之间的分裂本质。布朗基对无产阶级“职业”做出的引人注目的要求，珍妮·德滦同样令人震撼地把自己展示为一场女性本无权参加的选举中的候选人：两者都对不存在的权利进行了演示，从而建构了一种独一的，富于争议的普遍性（朗西埃1999，42）。正如博斯提厄斯（Bosteels, 2009, 163）所说：“普遍性只存在于独一性之中——也就是说，存在于特定模式、位置与操作的复多性之中。”

然而，尽管在朗西埃的著作中有对示范性的呈现与明确认可[2]，他对罗马贵族将平民接受为“完全可以做出承诺并制定契约的人”

[1] 洛克希尔与沃茨（Rockhill and Watts, 2009, 4）指出，通过这种做，朗西埃很清晰地与年鉴派（Annales School）拉开了距离。

[2] 朗西埃（1999，41）称珍妮·德滦的行动为“范例”。对于德滦的更为充分的历史思考，见斯科特（1996，第三章）。

的分析却仍嫌草率（1999，25）。他表明，从“平民能够理解曼尼厄斯寓言的那一刻起……他们就已经，且必然是平等的了”。罗马元老院的结论是：“既然平民已经成为言说的动物，那么除了跟他们说话之外，别无他法了”（朗西埃1999，25–26）[1]。我已经说过，这种草率姿态，对于平民的言说行动成为有效的行动，以及对其被刻写到既有秩序之中去而言，恰恰遮盖了回应力与需要的问题。此处的回应力并不是预先决定的，但这并不减少其重要性。贵族接受了平民对平等的演示；然而在别处，此种平等演示却并不那么成功。关于这一点，塞西亚奴隶的故事即为例证。他们没能成功地将战争所形成的平等转变成政治的自由（朗西埃1999，13），此种比照所突出的一点是，在最初的演示之外，还需要捍卫斗争的果实。这不仅在民主的草创时刻是必要的，而且在既已确立的民主秩序中（在那里，无人敢冒险说自己是“无可指责”的）也是必要的。这种捍卫作用就存在于一种厌恶性的回应习性的培养之中。这样一种习性，远非对某种“存在方式”的肯定，而是不断提醒我们对时代之“卑劣的满足”（爱默生1977，147）做出挑战的必要性。它抓住了政治与治安秩序之间的交织，且将重心转移到对其两者相互铭刻之处的研究上，从而使我们集中关注那些在其中此种刻写得以发生的具体的历史形态（博斯提厄斯2009，170）。至关重要地是，这不仅包括对冤屈表达者立场的强调，而且也包括了对其对话者，即现存秩序之内占据有利位置的人的强调。正如它呼吁强调“做出宣称”的政治以及由此而产生的脆弱的集体性一样，它也要求对历史的具体性与独一性保持关注。

我的此种理解始于认为朗西埃的民主观点已陷入了这样的两难之中：在民主作为中断既有秩序的平等展现，与民主被构想能够

[1] 朗西埃（1999，26）反对巴兰奇认为这种接受是一个“能够通过它自身的符号得以承认的渐进的展露过程”，是一种“被决定的哲学”的观点，但也只是到此为止了。

对既定秩序进行重新定位与重新形构的平等铭写之间的两难。正如我们从诸多民主理论所得知的，这两种特征各有优长。在朗西埃那里，正如其他理论家一样，他们带来了关于民主实践的各种绝对分歧的概念，每一种都伴随着对政治共同体之差异方面的强调。在前一种情形中，强调的是共同体与共同体中无分之分者之间的分割。它使得与任何一种既定秩序相随的必要的排除得以可见；而在后一种情形中，侧重点则在于不同名字之间的交错与重新叠合。它不仅表明了对误算做出展现的可能性，也表明了展望不同的行事方式的可能性。后者在朗西埃对其历史范例的讨论中尤为明显。正如我所表明的，这理应使我们进一步去思考这些范例的作用与功能。在与阿尔都塞的关系破裂之后，朗西埃转向了对兴起于1830年代和1840年代的法国工人阶级知识分子作品的详尽考察，从而对阿尔都塞凌驾于大众幻觉之上的科学洞察的特权进行了彻底颠覆。正如霍华德（Hallward, 2006, 109）所指出来的，朗西埃的写作一以贯之地在探索一种假定，即每一个人都享有平等言说与思考的权力。然而，正如我所说的，在其后期理论著作中，这些历史案例却因治安秩序与无分之分之间关系的那种平等展现的结果未能贯彻下去而止步不前。导致这种情形的原因无疑是多重且复杂的，但我在此将集中关注的是此一更大问题的某一具体方面。通过思考朗西埃的主体性概念以及主体化与去同一化之间的困境关系，我已表明，后者（即“去同一化”——译者）仍然是某种同一化形式，而且，有必要超越那种与平等的铭写机制保持（否定的）距离的同一化形式。

如果平等的铭写意味着超出单个实例的任何事物，则需要以不仅使其独特洞察得以维持，同时也需要将其范围和影响延伸至更广泛领域的方式，对其加以制定和概念化。通过对在另一种政治视域的建构中范例的作用做出更为细致的思考，以此种方式而对平等铭写的概念化构想才得以完成。我已表明，朗西埃自己所举的那些历史案例就能够被当作典范，它将开启某种分析，去思考与更为广泛的听众（那些在既有秩序中占有一席之地的人们）之间的关系，以及其对平等铭写剧场做出回应的作用。只有当我们对治安秩序与政治时刻之间的截然划分产生怀疑之时，此种阐述才得以可能。将平等铭写当作使得普遍性发挥作用的时刻，是以放弃截然二分为其代价的。然而，这并不应为之哀叹，因为对关系的重新思考从根本上打开了治安秩序转向争议与政治化的道路。

最后，如果我们不将民主当作仅在极少数情形中或在社会边缘发生的扰乱，而是当作可以发生在任何地方的、其结果是我们可以在所有地方思考政治共同体的某种厌恶性实践时，才有可能突出对于这些实践而言的回应能力的中心作用。这并非将之补充为某种马后炮式的可选择的奢侈，而是民主主体性及其实践的一个核心层面。以朗西埃自己的术语来说，无此，“在天空写下一个名字”就失去了其对感性分割进行重新配置的能力。这种重新配置具有化解“超常/平常”之划分的潜力，而那种支撑着诸多民主理论的二元主义之所以诱人，在于它为我们提供了尽情享受民主活力果实的源泉，而不至太快地让此能量屈从于法律与体制程序。此外，同时也许是其最关键的贡献就是，它强调了对于现存秩序而言，展现不公正时刻之积极的、批判性的以及鼓舞人心的力量。正像如此之多的当代斗争所证实的那样，挑战和批判的时刻，或展现民主要求的时刻，并不只是因其使我们意识到且要求我们提出现有的不公正才变得至关重要，而是对于加深与维系某种民主习性，即突出民主回应性的习性而言，它们同样举足轻重。卡维尔用于概括我们的主体性特征的“下一个”（nextness）的概念，允许我们将中断与铭写当作持续不断的可能性来思考，而此种可能性对民主秩序提出了严肃的规范性要求。

参考文献：

1. 布鲁斯·阿克曼（Ackerman, Bruce. 1991）：《我们是人民：创建时刻》（*We the People: Foundations. Cambridge,* MA: Harvard University Press.）。

2. 汉娜·阿伦特（Arendt, Hannah.1994）：《道德哲学诸问题》[“Some Questions of Moral Philosophy.” *Social Research* 61 (4): 739–764.]。

3. 斯坦利·贝茨（Bates, Stanley. 2003）：《斯坦利·卡维尔与伦理学》，见《斯坦利·卡维尔》（“Stanley Cavell and Ethics.” In *Stanley Cavell*, ed. Richard Eldridge. Cambridge: Cambridge University Press,15–47.）。

4. 理查德·伯恩斯坦（Bernstein, Richard. 1998）：《回到民主习性》，见《哈贝马斯论法律与民主：批判性交流》（“The Retrieval of the Democratic Ethos.” In *Habermas on Law and Democracy: Critical Exchanges*, eds. Michael Rosenfeld and Andrew Arato. Berkeley: University of California Press, 287–307.）。

5. 詹姆斯·伯赫曼（Bohman, James. 1996）：《公共审议：多元主义、复杂性与民主》（*Public Deliberation: Pluralism, Complexity,and Democracy*. Cambridge, MA: MIT Press.）。

6. 布鲁诺·博斯提厄斯（Bosteels, Bruno. 2009）：《朗西埃的左派主义，或政治及其不满》，见《雅克·朗西埃：历史、政治、美学》（“Ranciere’s Leftism, or, Politics and Its Discontents.” In *Jacques Rancière: History, Politics, Aesthetics*, eds. Gabriel Rockhill and Philip Watts. Durham, NC: Duke University Press, 158–175.）。

7. 斯坦利·卡维尔（Cavell, Stanley. 1982）：《理性的要求：维特根斯坦、怀疑主义、道德性以及悲剧》（*The Claim of Reason: Wittgenstein, Skepticism, Morality, and Tragedy*. Oxford: Oxford University Press.）。

——（1990）：《帅与不帅的条件：爱默生至善论的建构》（*Conditions Handsome and Unhandsome: The Constitution of Emersonian Perfectionism*. Chicago: Chicago University Press.）。

——（1995）：《哲学通道：维特根斯坦、爱默生、奥斯汀、德里达》（*Philosophical Passages: Wittgenstein, Emerson, Austin, Derrida*. Oxford: Blackwell.）

——（2004）：《词语之城：关于道德生活记录的教学通信》（*Cities of Words: Pedagogical Letters on a Register of the Moral Life*. Cambridge, MA: Belknap Press of Harvard University Press.）。

——(2006):《政治的连续与缺席》，见《共同体的诉求：斯坦利·卡维尔政治哲学论文集》("The Incessance and Absence of the Political." In *The Claim to Community: Essays on Stanley Cavell and Political Philosophy*, ed. Andrew Norris. Stanford, CA: Stanford University Press, 263–318.)。

8. 雷蒙德·科尔斯(Coles, Romand. 1996):《自由、平等、接受性慷慨：伦理与政治联合的新尼采主义思考》["Liberty, Equality, Receptive Generosity: Neo-Nietzschean Reflections on the Ethics and Politics of Coalition." *American Political Science Review* 90 (2): 375–388.]。

9. 詹姆斯·科南特(Conant, James. 2001):《尼采的至善论：对叔本华作为教育者的一种解读》，见《尼采的后道德主义：尼采作为哲学未来的序曲论文集》("Nietzsche's Perfectionism: A Reading of Schopenhauer as Educator." In *Nietzsche's Postmoralism: Essays on Nietzsche's Prelude to Philosophy's Future*, ed. R. Schacht. Cambridge: Cambridge University Press, 181–257.)。

10. 威廉·E. 康诺利(Connolly, William E. 1995):《多元化的风气：边界· 卷1》(*The Ethos of Pluralization*. Vol. 1 *of Borderlines*. Minneapolis: University of Minnesota Press.)。

11. 乔迪·迪恩(Dean, Jodi. 2005):《齐泽克反对民主》["Zizek against Democracy." *Law, Culture, and the Humanities* 1 (2): 154–177.]。

12. 雅克·德里达(Derrida, Jacques. 1988):《有限公司》(*Limited Inc*. Evanston, IL: Northwestern University Press.)。

13. 迈克尔·迪伦(Dillon, Michael. 2003):《政治的(去)空白？对朗西埃政治的十个主题的回应》["(De) void of Politics? A Response to Ranciere's Ten Theses on Politics." *Theory and Event* 6(4). http://muse.jhu.edu/journals/theory_and_event/v006/6.4dillon.html (accessed August 3, 2012).]。

14. 拉尔夫·沃尔多·爱默生(Emerson, Ralph Waldo. [1841] 1977):《自力更生》，见《爱默生选集袖珍版》("Self-reliance." In *The Portable Emerson*, ed. Carl Bode, in collaboration with Malcolm Cowley. Harmondsworth, UK: Penguin Books.)。

15. 阿利桑德罗·费拉拉(Ferrara, Alessandro. 2008):《康德与桑丘拥有相同梦想吗？判断与感觉共同体》["Does Kant Share Sancho's Dream? Judgment and Sensus Communis." *Philosophy and Social Criticism* 34 (1/2): 65–81.]。

16. 米歇尔·福柯(Foucault, Michel. 1988):《政治、哲学、文化：访谈及其他习作1977—1984》(*Politics, Philosophy, Culture: Interviews and Other*

Writings 1977–1984. Ed. Lawrence D. Krizman. New York: Routledge.）。

——（2007）：《安全、领土、人口：法兰西学院讲座（1977—1978）》（*Security, Territory, Population: Lectures at the Collège de France 1977–1978*. Basingstoke, UK: Palgrave Macmillan.）。

17. 杰森·弗兰克（Frank, Jason. 2009）：《展现歧见：弗雷德里克·道格拉斯与“我们是人民”》，见《法律与论争政治》（“Staging Dissensus: Frederick Douglas and ‘We, the People.’” In *Law and Agonistic Politics*, ed. Andrew Schaap. Farnham, UK: Ashgate, 87–104.）。

——（2011）：《站在他者一边：爱默生政治思想中的改良与代表性》，见《拉尔夫.沃尔多·爱默生的政治伙伴》（“Standing for Others: Reform and Representation in Emerson’s Political Thought.” In *A Political Companion to Ralph Waldo Emerson*, eds. Alan M. Levine and Daniel S.Malachuk. Lexington: University Press of Kentucky, 383–414.）。

18. 亚历山大·盖莱主编《不守规矩的范例：论典范的修辞》（Gelley, Alexander, ed. 1995. *Unruly Examples: On the Rhetoric of Exemplarity*. Stanford, CA: Stanford University Press.）

19. 尤尔根·哈贝马斯（Habermas, Jürgen. 1992）：《公共领域的结构转型》（*The Structural Transformation of the Public Sphere*. Cambridge: Polity Press.）。

20. 彼得·霍华德（Hallward, Peter. 2006）：《展现平等：论朗西埃的剧场政体》（“Staging Equality: On Rancière’s Theatrocracy.” *New Left Review* 37: 109–129.）。

21. 艾斯朋·阿梅（Hammer, Espen. 2002）：《斯坦利·卡维尔：怀疑主义、主体性以及日常性》（*Stanley Cavell: Skepticism, Subjectivity, and the Ordinary*. Cambridge: Polity.）。

22. 波妮·霍尼格（Honig, Bonnie. 1993）：《政治理论与政治置换》（*Political Theory and the Displacement of Politics*. Ithaca, NY: Cornell University Press.）。

——（2009）：《紧急政治：悖论、法律、民主》（*Emergency Politics: Paradox, Law, Democracy*. Princeton, NJ: Princeton University Press.）。

23. 波妮·霍尼格与马克·斯蒂尔斯（Honig, Bonnie, and Marc Stears. 2011）：《新现实主义：从权宜之计到正义》，见《政治哲学对抗历史？当代政治思想中的语境主义和现实政治》（“The New Realism: From Modus Vivendi to Justice.” In *Political Philosophy versus History? Contextualism and Real Politics in Contemporary Political Thought*, eds. Jonathan Floyd and Marc

Stears, Cambridge: Cambridge University Press, 177–205.)。

24. 安德烈亚斯·卡利瓦斯(Kalyvas, Andreas. 2008):《民主与超常政治：马克斯·韦伯、卡尔·施密特与汉娜·阿伦特》(*Democracy and the Politics of the Extraordinary: Max Weber, Carl Schmitt, and Hannah Arendt*. Cambridge: Cambridge University Press.)。

25. 尼古拉斯·康普雷迪斯(Kompridis, Nikolas. 2006):《批判与揭显：过去与未来之间的批判理论》(*Critique and Disclosure: Critical Theory between Past and Future*. Cambridge: MIT Press.)。

26. 埃内斯托·拉克劳(Laclau, Ernesto. 1990):《对我们时代革命的新思考》(*New Reflections on the Revolution of Our Time*. London: Verso.)。

——(2005):《论民粹主义的原因》(*On Populist Reason*. London: Verso.)。

27. 埃内斯托·拉克劳与墨菲·尚塔尔(Laclau, Ernesto, and Chantal Mouffe. 1985):《霸权与社会主义战略》(*Hegemony and Socialist Strategy*. London: Verso.)。

28. 安东尼·拉登(Laden, Anthony. 2001):《适度激进：审议自由主义与认同政治》(*Reasonably Radical: Deliberative Liberalism and the Politics of Identity*. Ithaca, NY: Cornell University Press.)。

29. 梅丽莎·莱恩(Lane, Melissa. 2011):《约束、自由、典范：没有目的论的历史与理论》, 见《政治哲学对抗历史？当代政治思想中的语境主义和现实政治》("Constraint, Freedom, and Exemplar: History and Theory without Teleology." In *Political Philosophy versus History? Contextualism and Real Politics in Contemporary Political Thought,* eds. Jonathan Floyd and Marc Stears. Cambridge: Cambridge University Press, 128–150.)。

30. 克劳德·勒福尔(Lefort, Claude. 1986):《现代社会的政治形式：官僚制、民主制、极权主义》(*The Political Forms of Modern Society: Bureaucracy, Democracy, Totalitarianism.* Cambridge: Polity Press.)。

——(1989):《民主与政治理论》(*Democracy and Political Theory*. Minneapolis: University of Minnesota Press.)。

31. 帕琴·马克尔(Markell, Patchen. 2006):《人民的准则：阿伦特、起源与民主》["The Rule of the People: Arendt, Archê, and Democracy." *American Political Science Review* 100(1): 1–14.]。

32. 斯蒂芬·马尔霍尔(Mulhall, Stephen. 1994):《斯坦利·卡维尔：对日常的哲学叙述》(*Stanley Cavell: Philosophy's Recounting of the Ordinary*. Oxford: Clarendon Press.)。

33. 安德鲁·诺里斯(Norris, Andrew. 2006):《导论：卡维尔与共同体的诉求》，见《斯坦利·卡维尔与政治哲学论文集》(“Introduction: Stanley Cavell and the Claim to Community.” In *The Claim to Community: Essays on Stanley Cavell and Political Philosophy,* ed. Andrew Norris. Stanford, CA: Stanford University Press, 1–18.)。

34. 阿雷塔·J. 诺弗尔(Norval, Aletta J. 2007):《厌恶民主：民主传统的继承和创新》(*Aversive Democracy: Inheritance and Originality in the Democratic Tradition*. Cambridge: Cambridge University Press.)

——(2011):《道德至善论与民主回应性》[“Moral Perfectionism and Democratic Responsiveness.” *Ethics and Global Politics* 4 (4): 207–229.]。

35. 大卫·欧文(Owen, David. 2002):《平等、民主与自尊：思考尼采痛苦的完美主义》(“Equality, Democracy, and Self-respect: Reflections on Nietzsche's Agonal Perfectionism.” *Journal of Nietzsche Studies* 24: 113–131.)。

36. 玛丽 普拉特·帕米利(Parmele, Mary Platt. 2006):《罗马简史》(*A Short History of Rome*. New York: Cosimo Classics.)。

37. 安娜贝尼·M. 帕特森(Patterson, Annabel M. 1991):《权利的寓言：伊索式写作与政治历史》(*Fables of Power: Aesopian Writing and Political History*. Durham, NC: Duke University Press.)。

38. 雅克·朗西埃(Rancière, Jacques. 1989):《劳动之夜：19世纪法国工人的梦想》(*The Nights of Labor: The Workers' Dream in Nineteenth-century France*. Trans. by John Drury. Philadelphia: Temple University Press.)。

——(1995):《政治的边缘》(*On the Shores of Politics*. Trans. by Liz Heron. London: Verso.)。

——(1999):《歧义：政治与哲学》(*Disagreement: Politics and Philosophy*. Trans. by Julie Rose. Minneapolis: University of Minnesota Press.)。

——(2003):《评论与回应》[“Comment and Responses.” *Theory and Event* 6(4). http://muse.jhu.edu/journals/theory_and_event/v006/6.4ranciere.html(accessed August 3, 2012).]。

——(2006):《民主之恨》(*Hatred of Democracy*. Trans. by Steve Corcoran. London: Verso.)。

——(2009a):《后记/平等作为方法：对某些问题的回答》，见《雅克·朗西埃：历史、政治、美学》(“Afterword/The Method of Equality: An Answer to Some Questions.” In *Jacques Rancière: History, Politics, Aesthetics*, eds. Gabriel Rockhill and Philip Watts. Durham: Duke University Press, 273–

288.)。

——(2009b):《审美维度:美学、政治、知识》["The Aesthetic Dimension: Aesthetics, Politics, Knowledge." *Critical Inquiry* 36(1): 1–19.]。

——(2011):《思考歧感:政治与美学》,见《阅读朗西埃:歧感批判》("The Thinking of Dissensus: Politics and Aesthetics." In *Reading Rancière: Critical Dissensus*, eds. Paul Bowman and Richard Stamp. London: Continuum Books, 1–17.)。

39. 加布里埃尔·洛克希尔与菲利普·沃茨(Rockhill, Gabriel, and Philip Watts. 2009):《导论:雅克·朗西埃——歧见思想家》,见《雅克·朗西埃:历史、政治、美学》("Introduction: Jacques Rancière: Thinker of Dissensus." In *Jacques Rancière: History, Politics, Aesthetics*, eds. G. Rockhill and P. Watts. Durham, NC: Duke University Press, 1–12.)。

40. 艾莉森·罗斯(Ross, Alison. 2009):《审美寓言:雅克·朗西埃"审美政治"思考中的电影》["The Aesthetic Fable: Cinema in Jacques Rancière's 'Aesthetic Politics,'" *SubStance* 38(1): 128–150.]。

41. 安德鲁·沙普(Schaap, Andrew. 2009):《原住民主权的荒唐命题》,见《法律与论争政治》("The Absurd Proposition of Aboriginal Sovereignty." In *Law and Agonistic Politics*, ed. Andrew Schaap. Farnham, UK: Ashgate, 209–224.)。

42. 琼·瓦拉赫·斯科特(Scott, Joan Wallach. 1996):《唯一的悖论是:法国女权主义与人权》(*Only Paradoxes to Offer: French Feminists and the Rights of Man.* Cambridge, MA: Harvard University Press.)。

43. 乔治·舒尔曼(Shulman, George. 2011):《认可或否定政治理论化习语》["Acknowledgement and Disavowal as Idiom for Theorizing Politics." *Theory and Event* 14 (1). http://muse.jhu.edu/journals/theory_and_event/v014/14.1.shulman.html. accessed August 3, 2012.]。

44. 达维德·斯巴提(Sparti, Davide. 2000):《作为责任的回应性》("Responsiveness as Responsibility." *Philosophy and Social Criticism* 26: 81–107.)。

45. 查尔斯·斯宾诺莎、费尔南多·弗洛雷斯、休伯特·L. 德雷福斯(Spinosa, Charles, Fernando Flores, and Hubert L. Dreyfus. 1997):《敞显新世界:创业精神、民主行动和培养团结》(*Disclosing New Worlds: Entrepreneurship, Democratic Action,and the Cultivation of Solidarity.* Cambridge, MA: MIT Press.)。

46. 詹姆斯·塔利(Tully, James. 2008a):《新关键中的公共哲学(卷一)》

(*Public Philosophy in a New Key, Volume I.* Cambridge: Cambridge University Press.)。

——(2008b):《新关键中的公共哲学(卷二)》(*Public Philosophy in a New Key, Volume II.* Cambridge: Cambridge University Press.)。

47. M. 维罗利(Viroli, M. 1992):《从政治到国家理性：政治语言的获得与转换(1250—1600)》(*From Politics to Reason of State: The Acquisition and Transformation of the Language of Politics 1250–1600.* Cambridge: Cambridge University Press.)。

48. 布莱恩·沃克(Walker, Brian. 2001):《梭罗论民主与文明》("Thoreau on Democratic Cultivation," *Political Theory* 29: 155–189.)。

49. 路德维希·维特根斯坦(Wittgenstein, Ludwig. 1989):《美学、心理学以及宗教信仰的讲座与谈话》(*Lectures and Conversations on Aesthetics, Psychology and Religious Belief.* Oxford: Basil Blackwell.)。

50. 谢尔顿S·沃林(Wolin, Sheldon S. 2004):《政治与构想：西方政治思想中的连续性与创新》(*Politics and Vision: Continuity and Innovation in Western Political Thought.* Princeton, NJ: Princeton University Press.)。

51. 琳达·M. G·泽里利(Zerilli, Linda M. G. 1998):《"这不是普世主义"：对埃内斯托·拉克劳的解放的一种评论》[“This Universalism Which Is Not One’: A Review of Ernesto Laclau’s Emancipation(s).” *Diacritics* 28 (2): 3–20.]。

——(2005):《女性主义与自由的深渊》(*Feminism and the Abyss of Freedom.* Chicago: Chicago University Press.)。

52. 斯拉沃热·齐泽克(Žižek, Slavoj. 2011):《民主是敌人》[“Democracy Is the Enemy”. LRB Blog, October 28. http:// www.lrb.co.uk/blog/2011/10/28/slavoj-zizek/democracy-is-the-enemy/(accessed August 3, 2012)]。

阿雷塔·J. 诺弗尔是埃塞克斯大学(Wivenhoe Park, Colchester CO4 3SQ, United Kingdom[alett@essex.ac.uk])管理学院的政治理论教授。

写作此文我经历了多次知识的论辩。我在约翰斯·霍普金斯大学人文中心提交了此文的早期版本，同时也在“芝加哥政治理论工作坊”提交了此文。我要感谢东道主简·班尼特和在约翰斯·霍普金斯的威廉·康诺利，以及在芝加哥的罗伯特·古丁-威廉姆斯给予我机会，同时还有这些研讨会上提出深入探讨和宝贵建议的参与者们，他们都对呈现在此的最终论述提供了帮助。我还要感谢不吝时间对此文的不同版本做出评论的人：大卫·豪沃斯、大卫·欧文、大卫·帕纳贾、托马斯·迪姆以及休·沃德。我要感谢“美国政治评论”（APSR）上那些匿名的评论与批评，它们引导我对此文做出最终修订。我最深挚的谢意要献给我的合作编辑科尔斯蒂·麦克卢尔，其在整个出版过程中给予了实质性建议与不懈支持。

第四部分

审美的“看作”、“仿佛”的政治

第九章　毯子、屏幕、投影：或电影的要求

大卫·帕纳贾

特伦特大学

我去看电影的原因与“其他人”一样：因为我被亨弗利·鲍嘉、谢莉·温斯特、葛丽泰·嘉宝深深吸引；因为我需要银幕吸纳性的直接性；因为在某种程度上，我会严肃对待所有那些胡言乱语。

——罗伯特·沃肖：《直接经验·作者前言》

在下文中，我将探讨某种政治美学的问题。具体而言，我将对我作为中心问题的审美经验（aesthetic experience）以及其与当代民主生活的显象伦理（ethics of appearance）之间的关系问题进行若干对比与研究。为了进行此类研究，我考察了斯坦利·卡维尔的一些著作，更直接地说，是考察其《理性的要求》（*The Claim of Reason*）中的伦理写作与《看见的世界》（*The World Viewed*）中的电影本体论之间隐含，但未充分探讨的交叠部分[1]。我阅读卡维尔著作始于这样的

[1] 我应毫不犹豫地表示，我从许多深受卡维尔写作影响的优秀著作中受益无穷。最为显著的是斯蒂芬·马尔霍尔（Stephen Mulhall）涵盖甚广的《斯坦利·卡维尔：对日常的哲学叙述》（*Stanley Cavell: Philosophy's Recounting of the Ordinary*. Oxford: Clarendon Press, 1994）；威廉·罗斯曼（William Rothman）和马里安·基恩（Marian Keane）的《解读〈看见的世界〉：对电影的一种哲学阐释》（*Reading Cavell's The World Viewed: A Philosophical Perspective on Film*. Detroit, MI: Wayne State University Press, 2000）；安德鲁·诺里斯（Andrew Norris）编纂的论文集《共同体的诉求：斯坦利·卡维尔政治哲学论文集》（*The Claim to Community: Essays on Stanley Cavlee's Politcal Philosophy*. Stanford, （转下页）

理念，即《理性的要求》和《看见的世界》非常相似[在《看见的世界》中，卡维尔把电影称作“怀疑主义的活动影像”（第188页），这一著名说法是我们可以按图索骥的暗示]。通过阐释与暗示，我探讨了这两种投射的概念性质及其联系，以便说明我所说的显象伦理的原则。

关于“显象伦理”，我指的是启蒙思想中的一种少数派传统，它以对观众与审美对象之间关系的不同构想为起点。在本文中，审美回应、感性共享、价值评估标准的形成，以及——接下来我在文中重

（接上页）CA: Stanford University Press, 2006），以及阿雷塔·诺弗尔（Aletta Norval）的《厌恶民主》（*Aversive Democracy*. Cambridge: The University of Cambridge Press, 2007），它们对于任何一个对卡维尔的伦理学、政治和美学著作感兴趣的人来说，都是宝贵的资源。但是，在这篇论文中，我的关注在于这样一个事实：在大多数的例子中，卡维尔的道德、政治和美学见解被视作是彼此独立的[尽管在以上列举中，马尔霍尔的研究最接近于阐释卡维尔的伦理与政治写作之间的关系，尤其是以卡维尔将电影视作一种怀疑主义的活动影像为依据。相关章节为此书中的第9章，题为“电影：摄影术、喜剧和闹剧”（第222—245页）]。在这一方面，罗伯特·古德温-威廉姆斯（Robert Goodwin-Williams）和托马斯·达姆（Thomas Dumm）在《共同体的诉求》中的文章也颇有助益。最后，在卡维尔的电影本体论与其道德写作之间的关系方面做出了典范性工作的是D. N. 罗多维克（D. N. Rodowik）的《电影的虚拟生活》（*The Virtual Life of Film*. Harvard, 2007）。罗多维克关于经典电影理论的讨论和其对卡维尔的“电影的伦理”（第63页）的思考，除了“杰出”二字，我找不到更好的词语来描述。

在接下来的文章中，我力图以我自己的方式去表明，卡维尔的电影美学与其伦理思考是怎样彼此叠合的，它们如何共有一种起源性的相似（不仅仅是家族相似），以及，为何指出卡维尔参与到了美学和政治思想的少数派传统，即我称之为一种表象伦理的事实是正确的。我将指明，在卡维尔的伦理与美学思考及其写作之间的起源性相似存在于这样的事实中，即对于许多卡维尔的读者来说，那个已成为他对道德与政治思想所做出的哲学贡献之基石的核心概念——“认可”（acknowledgement），正如他自己所阐释的，是一个审美的概念，它仿效的是迈克尔·弗里德（Michael Fried）“把现代主义绘画这一事实作为对其自身条件的认可”这一点来使用这个概念的。[《看见的世界》（增补版）（*The World Viewed*. Cambridge, MA: Harvard University Press, 1979, p.109. 简称*WV*）]；关于卡维尔的伦理与美学思想之间进一步的相关讨论，见《我们必须心口如一吗？》（*Must We Mean What We Say?*）一书中的两篇文章：“认知与认可”以及“现代哲学的审美问题”。

点讨论的——任何显象中价值来源的权威标识实践等问题，都是关注的重点，也是显象伦理的一些主要关注点。这些关注点也是思考民主理论的核心所在：公民具有秉持（hold）观点的能力，具有将我们对善的判断赋予某种超出私人偏好的权威的能力，以及还有这样的可能性（或希望），即我们对于善的感知是可以共享的，因此在对民主的多元主义进行政治理论化的过程中，主体间仍保留有对话的一致性议题。这种审美与政治思考之间的交叠与思考民主的公民身份相似，均始于这样一个问题：准许某种新的主体性出现在我们的界线（limits）上意味着什么？因此，在接下来的文章中我所做的大量工作，就是直接探讨准予此种显象之出现的标准与条件（其进入标志着我们的有限性）。

某种"注视"的动力学中涌现出来的观看者与投射影像以及有关交界的微观文化实践（microcultural practices of interface）之间的本体论关系，对我而言是至关重要的。具体来说，触摸显象是中心问题。触摸或者被显象触摸是指什么呢？该怎样思考这种触觉交感问题（hapticity）？如果以这样的方式提问，这些问题可能看起来深奥难懂，似乎涉及某种专门化的理论话语领域。但实际上，我谈论的是我们每日的经验，即我们对喜欢的事物表达热情，和/或对不喜欢的事物表示反感时的那种经验。肯定与否定的日常判断都充满了要触摸某个显象（例如，歌曲、形象、滋味）的意图，而这又在我们表达那种显象对我们的吸引时被表现出来。当我说"这东西真美味"的时候，也同时公开了某个判断并表明了某种事物；我在提醒注意某种感觉经验，并且将之当作这类经验之参照（reference）或根源（source）。或许可以说，我正在标示我的感觉根源。否则，这种指向和触碰的形式将彻底失败，因为尽管我用尽全力，却永远不能充分准确地检测我的感觉根源，以使其对于别人而言是切实的，即可共享的。在审美体验中，有一种不可触摸的触觉传感——别触碰我（*a noli me tangere*)[1]——它存在于我想去触摸或“注/视”(be/hold)那个显象的意愿中。[2]

---

[1] 我参考的是让-吕克·南希(Jean-Luc Nancy)对作为审美经验之“不要触摸我”(*a noli me tangere*)的研究,以及他所讨论的与新约福音书(New Testament Gospels)中的“不要触摸我”的场景相关的一种《圣经》图像学(iconography)传统:

第三天,耶稣从坟墓中出来,遇上抹大拉的马利亚,她正在花园里为他的消失而伤悲。惊讶于耶稣的出现,马利亚扑向耶稣,但是耶稣却从她身边离开,并发出否定性的禁令“noli me tangere”(希腊语为“*mê mou haptou*”):“不要触碰我”(do not touch me),或“不要留住我(do not withhold me)”,或“不要拦住我的路(do not hold me back)”。换一句话说,“不要触碰我”描绘了某种不可触碰的触觉感。我们借此描述一种来临(advenience),一个不可抓取的拥抱,尽管如此,还是延伸触摸到了一个作为表象之来临的表象。这正是南希所阐释的分开的连接(detached attachment)时刻:“如果不是一个被延迟的触摸,我们看见的是什么?然而,如果没有一个毫无保留地变得尖锐或者凝缩的,一直到一种必然的超溢,到一个点(point),一个尖顶(tip),以及一个恰是在其触摸之时,而触摸自身却借此从其所触摸之物分离的瞬间,那么,一个被延迟的触摸又会是什么?没有这种分离,没有这次回撤或者撤离,触摸将不再是其所是,也不再为其所为(或者,它将不允许自己去做它允许自己做的)。它将在一次紧握中物化自身,在一次黏附或粘连中,的确,那是一次凝结,在物中把握触摸以及触摸中的物,一者对另一者,于是另一者对一者,相互匹配而占有。这将是认同(identification)、定格(fixation)、所有权(property)、不动(immobility);而‘不要拦住我的路’等于在说‘以一个真正的触摸,即一个节制(restrained)、非占有(nonappropriating)、非认同化(nonidentifying)的触摸来触摸我’,轻抚我,不要触摸我。”(南希:《不要触摸我:身体的上升》)(Nancy, *Noli me Tangere: On the Raising of the Body*. Fordham, University Press: 2008, PP.49–50)。

[2] 在对“注/视”(be/hold)这个词的拼写中,对变音符号可能有点笨拙的使用作一简短说明:我在“注/视”(be/holding)一词中嵌入一个反斜线,是强调显象伦理所主张的那种定向性;即,所有的看(looking)也是一种承受(bearing),即必须承受某种显象之来临的负担。“be/hold”并不只是被动的收视,而是在对显象之进入的管理(curatorial)操作中的积极参与。“注/视”就是看,但也表明了对视图(view)的某种容受,或对身体朝向(bodies forth)之物的视图的操作。换言之,正如我在下面将要加以概括的,“注/视”就是注视(regard):它是看,但也是在注视中把握某个显象。因此,“注/视”中的区别性反斜线表示某种既是“看”也是“关注”的有关注视的双关语。但是,这个区别性反斜线也表示,在我们渴望触摸一个他者的感觉来源,以便证实它,与实现这种渴望的根本不可能性之间的分裂;也就是说,它表示了某种感觉的分解(discomposition),以及某种“不要触摸我”的审美体验的指涉性(reference)特征。当我们说被显象的来临所吸纳,被其所投射的确信的强度所震撼或攫取的时候,我们不仅可以说被那个显象所吸引了,也可以说是吸纳(absorbing)了它,或者说将其力量施加于我们身上。再说一次,“注/视”以及吸收显象的来临,指的是一种积极的观看行为,以及一种有关注视的管理式态度,这是显象伦理的基本关切。

在卡维尔的美学与伦理学著作中的首要关切，是探讨触摸像显象一样不可靠的事物的可能性。我注意到一个显象且维持对其关注的能力包括了我靠近它且允许我自己触摸它并被它触摸的能力，也就是说，能够“注/视”并被其吸纳。在这种方式下，卡维尔将自身与电影，以及与哲学地思考电影的可能性的关系，表达为“引起注意”，以便为我们有关“它是如此值得信赖”的体验提供充分支持[1]。作为一个电影哲学家，卡维尔的主要学说基于投射影像所具有的吸纳性与不可把握的把握（hold）（在上面的题记中，罗伯特·沃肖将之称为“银幕吸纳性的直接性”）；正如将在下文中提到的，某种不可靠性首先是根据不精确的记忆进行理论构想的，而后则在其关于投影的本体论中得以形成。因此，对卡维尔来说，重点是对某种经验的回忆和参与，而不是要求其符合某种精确性的标准；通过回忆某种经验，我们管理它、展现对它的关心，并为它留下一席之地。这样一来，我们就赋予了它，以及我们对它的感觉权威性。

在卡维尔的伦理著作中，不可触摸的触感同样重要，尤其是在考虑感觉的可证实性以及某种渗入式接触时；为了将他者的感觉表达当作有效物来接受，这种渗入式接触（存在于他所关注的现代怀疑论传统中）是备受期待的。在《理性的要求》中所列举的“完全自动机器（perfected automaton）”颇有成效地揭示了理性的多样性。但最显著之处还在于其解释了，卡维尔对关系伦理和怎样面对面（vis-à-vis）地回应自动机器，以及将电影描述为“一系列自动的世界投影”（a succession of automatic world projections）[2]三者之间的交叠。在卡维尔的例子中，自动机器伪装成一个人，他戴着面具——以至于我们可以说他是一个人物角色（*persona*），一个映现出某一角色的演员——

[1] 斯坦利·卡维尔：《幸福的追求》（*The Pursuits of Happiness*），第12页。简称《追求》。

[2] 斯坦利·卡维尔：《看见的世界》，第105页。

在任何情况下，这种自动机器都投映着一个世界。重要的是，在《看见的世界》中，卡维尔将演员描述为投映在屏幕上的“人的某种东西(a human something)……不同于任何其他我们所知的事物”[1]。我们如何与电影所投映的世界相关联？如何与一个他者的人类的某种东西(somethingness)的投射相关联？对于卡维尔来说，这在伦理、审美以及本体论层面上，都是同一个问题。

我将这样陈述我在本文讨论的问题：因为我从未渗透和证实他者的人性来源是什么，所以我所能做的充其量是承认，我们都是人的某些东西(we are all human somethings to one another)，就像是那则寓言中的完全自动机器，或者是银幕上的电影演员，都是呈现给观/看者(be/holder)的“人的某种东西……不同于任何其他我们所知的事物”；也就是说只是某个即将来临的显象(an appearance that advenes)[2]。卡维尔在1965年写的一篇文章中稍微提及了他的这种“看作”(seeing as)模式，即承认“艺术的对象不仅有趣和吸引人，它们还打动我们；我们并不只是被卷入其中，而且关心它们、与之息息相关；我们以特别的方式对待它们，以对待其他人类的方式在它们身上投入相同的精力——同时也投入相同的轻蔑与愤慨”。[3]

我对显象伦理的论述基础始于这样的观点：不管别的是什么，人类生活是一系列世界的投影。也就是说，生活就是把诸多世界投

---

[1] 相关段落是这样写的：“在活动画面上没有一个活人，这是无可争辩的事实。但是会有一种人的某些东西，某种与任何其他我们所知道的东西都不同的东西。”(《看见的世界》，第26页。)

[2] 值得一提的是，这个观点由我的一个学生利亚姆·扬(Liam Young)在研讨班中提出：一部可以对人的某些东西之间的动力关系做出生动探讨的电影是《银翼杀手》(*Blade Runner*)。迪卡德(Deckard)与罗伊·贝蒂(Roy Batty)之间的关系，以及片尾的二人决斗是这一方面的范例。斯蒂芬·马尔霍尔在其《论电影》(*On Film*. New York, Routledge, 2002, pp.37–45)一书中对此的讨论也引人入胜。

[3] 斯坦利·卡维尔：《失去平衡的音乐》(*Music Discomposed*)，见《我们必须心口如一吗？》，第138页。

射到一个让他者去注/视的世界[1]。借用海德格尔（他对卡维尔电影本体论思考的影响不可小觑）的话说："存在意味着在其他事物中间投掷出一个世界（cast-forth a world），而且事实上，在此方式之下，由于投射的被抛状态和此在（*Dasein*）的实际存在，现存的实体总是已昭然若揭。"[2]记住这一点，显象政治的中心主题就在于确认：与投射的被抛状态（我称之为"显象的来临"）相遇，会对减弱我们通过注/视而承受显象之重的能力与意愿的做法表示质疑。注/视一个显象的来临在本质上并非被动收视的观看。相反，注/视同时也是对具象化视图的某种对待或容纳。这种注/视行为的本质所论及的是注意的某种管理模式，而这正是显象伦理的根源。

第二点如下：我们对显象之来临的对待投映出我们彼此之间的对待。我们可以用另一术语"治理实践"（practices of governance）[3]来定义这种彼此对待。因此，政治的美学认为，审美经验与政治生活相关，因为我们与审美对象交界的微观文化实践成为我们彼此管理和治理的来源。在此意义上，我们彼此都是正在到来中的显象。我们为注/视那些显象所选择的处理方式、态度以及形式，是我们理解

---

[1] 我还将这种人类的投映现象或承受某种图景的现象，以及正面性（frontality）与交界（interface）的动力，带入约翰·罗尔斯的政治自由主义表述的关切之中，尤其是正如其声名欠佳的"原初状态"（original position）所展示的那样。我在一篇题为《罗尔斯的视界（微小的回报）》[*Rawls's Vision*（*Slight Return*）]的文章中讨论了罗尔斯的"幕"（veil）的概念与20世纪视觉文化的关系。

[2] 马丁·海德格尔：《现象学基本问题》（Martin Heidegger, *The Basic Problem of Phenomenology*. Albert Hofstadter, trans. Bloomington, IN: Indiana University Press, 1988），第168页。

[3] 我的"治理实践"这一术语取自詹姆斯·塔利（James Tully）在《新关键中的公共哲学（卷一）：民主与公民自由》（*Public Philosophy in a New Key: Volume I, Democracy and Civic Freedom*. Cambridge: Cambridge University Press, 2008.）中关于公共哲学作为一种批判活动的讨论。在此，塔利指出："我们能够将之视为探究'治理实践'的临时领域，即那些个体和群体由此可以协调其不同行动的理性形式与组织，以及借此他们可以在这些体系之内行动的自由实践，即要么遵循游戏规则，要么努力对其做出调整。"（第21页）

集体力量的中心关切所在，而正是这种集体力量才使得某种政治性的他者对待是可思并可能的。这些正是促成当代民主生活之显象伦理的理论基础。

最后，第三点是：那种否定了感性共享之可能性的“不要触摸我”的审美经验，也抑制着奠定民主理论基础、标示民主体制的某种抱负的稳定性。因此，除了波妮·霍尼格对民主理论的两个核心悖论所作的分析之外，我还要加上“不可把捉的同情”(an intangible sympathy)这一第三悖论[1]。现代民主思想的核心争论之一，就是将政治的稳定性植根于共享的或主体间性价值的可能性。尽管关于好的生活，或个体的、集体的多元主义概念之间还总是互相抵牾，但仍然保留着某种心照不宣的信仰，即主体间性的共识是可得的，或至少是值得向往的。不管我们是选择将之称为交叠共识(overlapping consensus)，或理想的言说情境，或两党合作形式，其前提假设是，为了建立坚固而美好的民主体制，我们必须能够一致同意一套作为主权基础的共享价值。不过其中也存在着困惑：集体价值是由不同的集体性(全体享有共同价值)来加以评估；还是情况略有不同，即共同价值之绝对价值奠定民主共同体概念的基础？然而，正如我在对卡维尔的投影本体论，以及对他在《理性的要求》中关于“痛苦的脱衣舞(striptease of misery)”[2]的寓言的讨论中所表明的，我们对于触摸他者之价值根源的渴望会被某种纷争的间隔所挫败，这些纷争将拆解我们指涉世界的惯习，当然也会扰乱那些使感觉与指涉互相

[1] 波尼·霍尼格(Bonnie Honig)：《决议与审议之间：民主理论中的政治悖论》(“Between Decision and Deliberation: Political Paradox in Democratic Theory”)，见《美国政治科学评论》(*American Political Science Review*. Vol.101, No.1 February 2007)，第1—17页。

[2] 斯坦利·卡维尔：《理性的要求》(*The Claim of Reason*, New York: Oxford University Press, 1999)，第404页(简称《要求》)。这是卡维尔极好地描述完全自动机器寓言的一个表达。

匹配的事物。感觉是不可触摸的触觉交感，它会破坏产生共同感知的关系形式。在民主生活的中心——把人民（*demos*）视作某种集体实体之可能性的中心——存在着某种“不可把捉之同情”的审美悖论。[1]

一、政治的美学

政治美学的投射包括对这些不同方式的探索，在此，我们对审美对象的处理映现、告知、维持或打断着我们的政治生活。不管是观看一个电视节目还是一部电影，或者听一首歌，浏览一个网页，吃一点食物，或仅仅是沿街走走，均与我们所处的世界产生交界的微观文化实践。而这些实践中通常包含着我们以不同情感形式（也许只是某种漠视甚至是厌恶）而对价值做出的表达与恳请。我们指着某个形象，我们离开某个场景，我们凭热情对喜欢的事情做出强调，我们的胃因为某种刺激的气味而痉挛翻滚，我们的肌肉因救护车的刺耳尖叫而紧张。在某种程度上，这些有关交界的微观文化事件包含着与正在到来的显象世界的感性相遇，也就是审美经验。

它们之所以是审美经验，还在于它们使我们产生某种绝对性的感觉；总而言之，它们是一些确信（conviction）的体验。确实，审美经验的一个维度就在于怎样弄清楚这种来自显象出现时的绝对确信的感觉，尽管在显象之中，并不存在任何实质性的东西可作为证实此种确信的充分证据。因此，作为审美确信之基本特征的绝对性

---

[1] 我是在18世纪的意义上使用“同情”（sympathy）这个术语的。它指的是一种感性共享的能力。在《休谟印象：电影思考与非连续性的政治》（*Impressions of Hume: Cinematic Thinking and the Politics of Discontinuity*. Lanham, MD: rowman and Littlefield, 2013）一书中，我对这种不可把握的同情的性质做出过更为审慎的探讨。

(absoluteness)感觉就不能与总体性、共识,或完整性相提并论;相反,它立足于某种不可触摸的触感之中,审美确信的感觉是一种焦虑不安的绝对,它模棱两可、无法证实。

譬如说,对于20世纪30年代、40年代以及50年代的好莱坞电影而言,是什么令卡维尔对其似是而非的价值产生确信呢?难道《幸福的追求》只是一本在单一层面宣告了与维特根斯坦所说的"我很痛苦"(I am in pain)相类似的私人感觉的书么?他对正确表达审美对象的价值确信是否成问题?这种正确性真的无关紧要吗?或者,我们可以问,那种来自审美经验的确信的感觉,在我们指涉世界的能力与作为"来临"之结果的感觉能力之间是不是产生了脱节——一种与其自身之间的可能性的脱节?

我认为审美经验的中心特征是感觉与指涉之间脱节的那个间隔,而这正是伴随"来临"的事件而涌现的。我认为审美批评的任务之一就是要在感觉与指涉之间形成新的关系——也就是,在来自显象之进入的感觉与通过对显象价值感的标识从而给予感觉以意义指涉两者之间形成新的关系[1]。正如我将表明的,审美经验就发生在某个显象来临之际。尽管任何事物都可视作一种显象,但并非所有显象都具有来临的秩序,即身体朝向或进入某种价值未定的感性持存的过程。更进一步而言,审美经验会迫使我们对抗面对"奇遇"事件时所产生的确信感。无论形式、物质或者媒介如何,与显象相遇会影响我们的感觉器官,并产生某种时间上的间隔,借此,我们习惯性地部署和给予意义于世界的那套感觉与指涉之间的一致性就遭到了解体。因此,审美经验是对我们借此而赋予世界以价值的理所当然之

---

[1] 尽管在此我不会对审美批评的动力做出详细阐述。但是,在我一篇题为《电影之白:马克尔·曼电影中的光耀与明晰》("Film Blanc: Luminosity and Perspicuity in the Films of Michael Mann")的文章中,我对此种事业的特性,以及我自创的所谓"反常的亲密"(anomic affinities)做出了讨论。

物进行解构的事件。不过，吊诡的是，由来临引发的这种解构同时也是我们对审美对象产生价值确信感的来源。有人可能会说，我们所拥有的朝向某种显象的吸纳性吸引，其本身就是确信的标记；我们能对“来临”所作的最具悖论性的定义就是，它促成了一种不可触摸但又被强调的确信的感觉；清晰表达这些术语的能力，就是审美批评的工作，通过这些术语，这种确信才得以成为可能。

斯坦利·卡维尔关于电影本体论的著作、他对具体电影的解读，以及他在其道德著作中所表达的伦理立场，都源于随“来临”而来的解构。我们可以把它称作某种吸纳状态，或者，正如他所阐述的，是对之前的吸纳的破坏——正如卡维尔所解释的，这是对海德格尔所说的“在我们的工具中运行的理所当然的事物，以及它们延伸的位置和支持这些位置的环境”的破坏，“通过对理所当然的事物的破坏（例如破坏工具；或损害某人的位置；或破坏某些不在场的物质）而产生的视觉模式，在海德格尔称作触目（conspicuousness ）、窘迫（obtrusiveness），以及腻味（obstinacy）的状态中发现了对象。”[1]

卡维尔所参考的是海德格尔在《存在与时间》(*Being and Time*)第三章中对“世界的世界性”（the worldhood of the world）的讨论。尽管在此处值得进一步充分分析这个讨论，但是，我放弃了这种诱惑（或者，更准确地说是：放纵）。可以这样说，对于卡维尔而言，电影（film）与胶片（films）——在任何情况下都是被投射的影像——将带来海德格尔所表明的这种令人不安的破坏情形，它是某种令世界敞显的相遇的秩序。对于卡维尔来说，电影并非唯一鼓励这类事件的媒介，但提供了此种焦虑事件的最佳契机。投射影像本体论试图阐

---

[1] 斯坦利·卡维尔：《电影上的事物发生了什么？》(“What Becomes of Things on Film?”)，见《学校之外的主题：效果与原因》(*Themes Out of School: Effects and Cause*, p.174)。在这篇文章中，卡维尔重提了在《幸福的追求》的附录中题为《大学中的电影》(“Film in the University”)的文章之相似的讨论。

释这种指涉性语境（即对“理所当然的事物”的扰乱）所带来焦虑，卡维尔（经由海德格尔）将此理解为审美体验之不可或缺的部分。

对指涉性语境之破坏的焦虑同时也散见于维特根斯坦《哲学研究》（*Philosophical Investigation*）一书的诸多思考之中，而这进而也是卡维尔电影思考的灵感来源（我要补充一句，是其更为一般的审美理论的灵感来源）。为了能够看见一个面相（aspect），或将某事物当作（*as*）某事物，事物先前与理所当然之事物的关系必须被解除并加以重构。在此，只须想一想卡维尔所发明与收集的好莱坞喜剧类型片就不难明白。关于再婚的喜剧，所表现的不仅是一种离婚或分手名义之下的关系的中断，或对这些指涉性语境的毁坏，同时也是以“已婚夫妻”的名义而对某种集体性的再现结构及其标准的重新形构。我将再婚喜剧中的这个“再”（“re”）的作用视作是卡维尔对家庭相似性（family resemblances）之本质的探讨，即对“奇妙的连接”（“queer connexions”）[1]的强调。这种“奇妙的连接”将带来他们（关系）的破坏，以及对先前必需的吸纳性的某种中断，以便将两个不相干的人的某些东西——两个个体的生活——视作某种东西（即已婚）。[2]

在此，重点在于一种注视事物的能力。也就是说，不只是观看它们，而且给予它们某种管理式的看。一种关心（caring）意义上的“注视”——或足够引起人们注意和看的关心——对卡维尔来说，这标

[1] 这里参考的是《哲学研究》（*Philosophical Investigations*）第38节：“命名呈现为一个词与一个对象之间一种奇妙的（*queer*）的连接——当哲学家试图通过注视他面前的一个对象，并且重复一个名称或重复‘这个’（this）一词无数次，以便引出名称与事物之间的关系时，我们确实可以获得这种奇妙的连接。因为，只有语言度假（*go on holiday*）之时，哲学才会发生。在此（*here*），我们确实可以把命名想象为心灵的某种非凡行动，就像是对一个对象的施洗。”

[2] 抵挡不住进一步反讽的诱惑，我想说的是，卡维尔对再婚喜剧的考察泄露了一个含蓄的示意：那种作为审美体验特征的感觉与指涉之间的破坏，以及促成了“面相-观看”（如其所是地看事物）的能力的事物，有其另外的名字，那就是爱。

志着海德格尔与维特根斯坦之间的进一步的关联。正如卡维尔在讨论查理·卓别林（Charlie Chaplin）将一顿晚宴转化成一个舞蹈系列的喜剧能力时所强调的，“对于这种将某种事物当作某种事物来看或对待的人类能力，维特根斯坦将其归于我们在理解中的一种亲密（intimacy）的能力，或者一种我们将之附加于词和姿势之上，可称之为意义之内部（innerness）的事物”。[1]

因此，在这一点上，我们可以进一步详细阐述两种政治美学的方法论要点：第一种是，由审美对象的来临所产生的解构带来了某种注/视的可能性。正是因为指涉性环境不再具有约束力，将某事物看作某事物，或看见某种家族相似性才成为可能。因此，当我们谈到伦理和美学的问题时，对象的可理解性（intelligibility）并非体验的必要条件。事实上，我们甚至可以这样认为——正如卡维尔遵循海德格尔与维特根斯坦一样——不可理解性才是我们日常的秩序。确实，对于海德格尔和维特根斯坦来说，指涉性之中断引起了我们在世界之中以及我们的世界的某种改变：海德格尔称此为揭显（disclosure），维特根斯坦称之为“面相-观看”（aspect seeing）。

第二个要点在于亲密与理解之间的关系。“面相-观看”是发生在我身上的一个亲密瞬间。如果我的标识性姿态（indexical gesture）充分，我或许能够分享它，但是，除了某种潜在的失望，我不能保证什么。在面相-观看中理解的亲密性直接道出了卡维尔所想象的那种现代怀疑主义的伦理危机（以及伴随着不可把握之同情而来的民主悖论的危机）：那种为了验证我们对其的表达而想弄明白我们的感觉来源的期待，就像我们对我们的感觉之亲密性做出的肯定——“我很痛苦”、“我爱你”、“多美妙的电影！”——然而，这些并不足以将

[1] 斯坦利·卡维尔：《电影上的事物发生了什么？》，见《学校之外的主题：效果与原因》，第175页。

词语当作某种共同生活的参与者。

我之所以提出在卡维尔的美学本体论及其更为一般意义上的伦理学著作中的这些海德格尔与维特根斯坦之间的关联，是为下面这些讨论设定基调与主题。[1]注/视、感觉、亲密、指涉、关心、注意、吸收性，等等，这些问题将在接下来的文章中再次出现，尽管会打着其他的幌子，作为其他的事物。这些其他事物将包括如下讨论：卡维尔关于投影的本体论，他（电影行动中的和日常生活中的）对坦率（candidness）的注意，对摄影一起源（photo-genesis）性质的探索，以及他将电影媒介的特定性界定为“一系列自动的世界投影”（a succession of automatic world projections）[2]，等等。但是，在谈论所有这些问题之前，我们可以从这个提问开始：“为什么是电影？”

二、思 考 电 影

“为什么是电影？”事实上，这是卡维尔不断问自己，同时也问其读者和听众的问题。这是一个面对专业的哲学思考的期待，流露出明显焦虑的问题。电影是一个值得哲学关注且具权威性的主题吗？如果是（对于卡维尔而言，显然如此），那么怎么（*how*）会这样？在这样的提问中，卡维尔打算去问的其实只是：那些抓住且表达了我们的反思性注意（也就是我们的确信）的经验究竟具有怎样的性质？

---

[1] 其他三位卡维尔经常重复参照的思想家也值得一提，因为他们的见解也为其美学与伦理思考设定了背景，尽管任何相关的细节讨论都需要我另作文章。这三位思想家分别是：安德烈·巴赞（Anderé Bazin）、罗伯特·沃肖（Robert Warshow）、瓦尔特·本雅明（Walter Benjamin）。

[2]《看见的世界》，第72页。

不仅如此，卡维尔向专业的哲学思考，尤其是美国的专业哲学思考的性质问题上提出了某种争辩性质询。在卡维尔为我们提供了其理论诉求（将审美经验视作在这个世界上我们与事物之间具有亲密性的证据来源[1]）之序曲的各种自传性的开端中，总存在着某种不露声色的暗示，即美国学院派的专业哲学在无意之中（甚或有意地）错失了某种被忽视的，或者说是长期被置之不理、避而不谈的事件。[2]

按照卡维尔所说的，所讨论的时期大约是1935年至1960年期间，此间，“去看电影成为我每周生活的常规”[3]。我们知道，他经常跑去看电影并非特例，看电影是许多美国人每周日程表上的一部分——它是如此日常，以至于人们根本不认为其与文化相关。但是，卡维尔暗示，为了避免将上影院之类日常事件与一种假装或要求研究人类的动机、嗜好以及信仰的学科（正如哲学这种自封的人类学科）联系起来，某些东西已经被严重地扭曲了。在对电影的漠视中，哲学已经回避掉了人类的某种东西。也就是说，被回避的不仅仅是关于人类的某种东西，具体而言，是类似于战前或战后美国特定文化中的人类的某种东西。（卡维尔的）质询更为微妙，也更令人沮丧：在对电影的漠视中，哲学已拒绝去面对人类的某种东西或拒绝与人类的某种东西发生交界作用。

---

[1] 想一想，在《看见的世界》开篇第一行中的一种自我宣称的语气：“对电影的回忆与对我的生活的回忆总是缠绕在一起”（《看见的世界》，“序言”，xix）。

[2] 事实上，这是此书在1973年初版时，由一个评论者弗朗西斯·弗格森（Frances Ferguson）提出的一点。在那里，她表明，这本书自身并未一味鼓励人们奔向影院去看电影，而是迫使我们去思考观看电影的体验的性质——“它不是鼓动我们（或者，至少是我）为了一次新的电影沉浸体验而冲进最近的影院；而是，促使我们重新考察我们自身过去的观影体验——去看看在我们读到这本书之前，什么是我们曾回应过的，什么则是我们回避了的”。弗朗西斯·弗格森：《斯坦利·卡维尔：〈看见的世界：关于电影的本体论思考〉》[*College English*, Vol. 34 (May 1973), 1145-1148]。

[3]《看见的世界》(*WV*, xix)。

因此，此处想要冲动追问，为什么美国哲学家们没有强调电影在日常经验的文化与个体景观方面的重要性？而已经有另外一些已经关注到电影的人，最著名的则莫过于大众文化批评家与作家罗伯特·沃肖[1]。因此，这不仅是冲动，正是这种追问帮助我们理解卡维尔在关于电影的著作中所透露出的焦虑，以及其追问（也许是修辞性地，但是却是重复不断地）：电影和影片是否值得被严肃和权威的哲学关注？

在1935年至1960年之间的这段时期，包括了约翰·麦坎伯（John McCumber）在其对美国职业哲学发展的研究中，将这段时间确认并记录为这样一个时代——其间，存在着由职业哲学家与职业哲学协会，例如"美国哲学协会"（American Philosophical Association）齐心协力地努力，使其远离实用主义的社会与文化议题。按照麦坎伯的观点，这些议题只是哲学与共产主义之间迅速而轻易的联系的结果，也就是被无孔不入的麦卡锡主义（McCarthyism）文化所暗示和确立的联系的结果[2]。这种结果使哲学定位出现了一种根本转变，

[1] 罗伯特·沃肖：《直接经验：电影、喜剧、剧院以及大众文化的其他方面》（*The Immediate Experience: Movies, Comics,Theatre and Other Aspects of Popular Culture*. Cambridge, MA: Harvard University Press, 2001）（初版于1946年）。

[2] 我对这段历史的叙述并未完全反映出麦坎伯有关知识分子历史的详细而周全的记录。尤其可参看《阴沟年代：美国哲学与麦卡锡时代》（*Time in the Ditch: American Philosophy and McCarthy Era*, Northwestern University Press, 2001）中的《哲学的家族秘密》（"Philosophy's Family Secret"）。进一步有关此方面的表述，参见阿莱士·阿贝拉（Alex Abella）：《理性斗士：兰德公司与美国帝国的上升》（*Soldiers of Reason: The RAND Corporation and the Rise of the American Empire*. New York: Harcourt 2008）以及S. M. 阿马达（S. M. Amadae）的《资本主义民主的合理化：冷战的自由主义理性选择的起源》（*Rationalizing Capitalist Democracy: the Cold War Origins of Rational Choice Liberalism*. University of Chicago Press, 2003）；最后，约翰·麦坎伯在《新应用程序：艺术、政治、哲学、科学》（*New APPS: Art, Politics, Philosophy*）一书中对这些的评价：《美国国家哲学？》（"America's State Philosophy?"）。www.newappsblog.com/2010/09/americas-state-philosophy.html#more, accessed 26 September 2010。

即今天在专业哲学院系里占主导地位的分析哲学。此处的要点就是，这正是卡维尔概括为哲学对电影的采取奇怪的回避态度的时期，或麦坎伯定义为具有政治和学科意义的社会历史现象的时期。这两种评价指向和暗示得更多的是这种含义：在任何一种实用主义事业中至关重要的，就是将不同的对象、事件、事物分为可理解或不可理解的两类。坦率地说，通过追问为何以及如何是电影，卡维尔想要做的，无非是去质问：对于我们而言，思考意味着什么，我们的观念的根源是什么，以及当我们回避注意某种事物时，我们忽视了什么？[1]电影的经验，尤其是我们已经看过的电影的经验，促成了有关思考（thinking）与关心（caring）之间的关系问题——或者，正如卡维尔所描述的，是试图“将使我产生了信念的思考方式与我曾关心的那些电影经验相融合”的问题。[2]

对电影的思考与记忆的亲密性、回忆及不精确性等难分难解地纠缠在一起。正如我在导论中所评论的，这些主题指向的是审美经验的中心问题。即：不能以任何一种确定性来对我们的感性中（一种被指认为审美经验之不要触摸我的体验）的确信之指涉性来源进行具体说明。让我再重述一遍：对于卡维尔而言，电影的经验必定与记忆相关，因此也与我们和不精确的事物之间的亲密关系相关，“就像是童年的回忆，除自已之外，别人都不会重视。它们对我有一种无法用言语形容的重要性，相形之下，其内容反倒显得无关紧要了。”[3]这种有着“无法用言语形容的重要性”的经验与被波德莱尔（Baudelaire）在《现代生活的画家》（“The Painter of Modern Life”）中比拟为“康复”（“convalescence”），或者一种童年印象之回归的

---

[1] 我可以说得更坦率一点，与维特根斯坦的《伦理学演讲》（1965, *The Philosophical Review*, 74: pp.3–12）相呼应，卡维尔可能是在问：哲学是为了什么？

[2]《看见的世界》，第9页。

[3] 同上书，第154页。

体验相同[1]。卡维尔认为,“对(曾经)关心过的电影经验的确信”之所以存在,是因为他记住了那些作为“康复”——从某一震惊事件中恢复过来——的经验,这表明了他对电影的成就有一种确信的感觉。回想一下,卡维尔写作关于电影著作的年代,当时VHS 录像机或DVD播放器尚未出现。也许,正如他所表示的,他已经不止一次反复看过那些影片了。而且,在那个时代,一个人应该还可能会重新观看其觉得有疑问的电影的公开发表过的脚本,以验证自己记忆的精确性。

但是,记忆的精确性并非要点所在。也就是说,关于某场电影的准确判断并不会达到那种确信的体验,即不能最终达到卡维尔对电影本体论做出哲学考察的那一点。相反,将电影视作哲学层面权威考察的对象,就意味着允许我们自身占有某个非精确思考的位置,一个错误记忆的位置,一个在其中我的感觉与感觉所指涉之物之间的一致性将被解除的位置。对于卡维尔而言,思考电影,而且是电影式(cinematically)地思考,意味着去获得一种积极的非精确性的间隔,它恳请电影产生“持续的对经验做出积极记忆的请求”[2]。因此,也就

[1] 我毫无疑问地认为卡维尔将电影经验的吸收性比作童年记忆,是直接参考了波德莱尔在《现代生活的画家》(“The Painter of Modern Life”)中对埃德加·爱伦·坡(Edgar Allen Poe)的《人群中的人》(“The Man of the Crowd”)的讨论。相关文段如下:“现在,康复期仿佛是回到童年。正在康复的病人像儿童一样,在最高的程度上拥有对一切事物——哪怕是看起来最平淡无奇的事物——都怀有浓厚兴趣的能力。如果可能的话,让我们借助想象力的回溯力量,回想一下我们最年轻、最早年的印象,我们就会承认它们和我们后来大病之余得到那些色彩强烈的印象之间有一种奇特的关系,只要这场病使我们的智力纯洁如初,安然无恙。儿童看什么都是新鲜的,他总是醉醺醺的。儿童专心致志于形式和色彩时所感到的快乐比什么都更像人们所说的灵感。我敢再进一步,我敢断言灵感与充血有某种联系,任何崇高的思想都伴随有一种神经的或强或弱的震动,这种震动一直波及小脑。”见《现代生活的画家及其他文集》(*The Painter of Modern Life and Other Essays*. New York: Phaidon Press, 2004),第7—8页。

[2]《幸福的追求》,第11页。

是一种对消失的不间断的请求，以至于“最终得不到任何经验。”[1]

这种无穷性（infinitude）以及与之相随的不准确性就是审美经验的承诺。卡维尔反复回到此处，并将之作为其思考伦理生活的一个中心来源。我们甚至可以这样说，对于卡维尔而言，电影就是一种伦理媒介[2]。因而，尽管是两本关于电影但有着重大差异的著作，但《看见的世界》与《幸福的追求》仍相互关联。它们都始于对（错误）回忆［（mis）recollection］的准予，这也透露了卡维尔在与观看电影所带来的“来临的体验”相遇时所产生的那种管理性的情感。他想写一些关于电影的东西，因为他对电影的观看处于其生活中一个特定的点上，这个点代表着记忆或回忆的经验范畴。也就是说，那些内在于他的相同经验，产生了一系列的思想，而如果没有看过那些对他而言至关重要的电影，这些思想将无从得到。

但是，在此，最重要、最关键的是所谓重要经验的形成，以及可当作思考的某种东西的那种事物（通过记忆原料而显示出来）的形成。也就是说，我们并非是为了了解我们的一般经验或一个人特定的电影经验而需要哲学；而是，对于卡维尔而言，对记忆所提供的这些经验和感觉提请注意的要求，本身就是哲学之所是。这是对我们所收集的，并且形成了我们的世界的事物的一种管理式的处理。这种对于事物的收集与回忆也是电影媒介所起的作用：对事物进行回忆与汇集，这是电影处理（我们可以称之为操纵或者电影生产）的本性，也是伦理与审美处理的本性。电影收集各种事物——形象、显象、框架、旋转、演员、面孔、视图、镜头，等等——然后聚拢它们，使它们偏

［1］《幸福的追求》，第12页。

［2］事实上，这正是D. N. 罗多维克（D. N. Rodowick）在其《电影的虚拟生活》（*The Virtual Life of Film*）一书中对卡维尔的解读所提出的主张。他断言：“卡维尔，与近期学者吉尔·德勒兹一道，所倡导的并不是一种电影的本体论，而是一种电影的伦理学。”

向于一种感性的集体性(a sensorial collectivity)。在个人层面上,我们用一种方法对待经验的回忆与记忆——它们构成了我们日常生活的准点时刻(punctuality);而在人际的层面上,我们彼此相待——我们彼此注意或彼此忽视,掉头而去或给予关注。电影媒介的处理映现出我们彼此对待的方式。

这种管理式的基调使得卡维尔在对经验做出阐释时,其对电影的思考包含了对准确性与可理解性的期待。如果我们标识性姿态的期待之一是获得可验证性的结局,那么,感性生活的非准确性特征往往令人期望落空。这里包含着几分治疗(therapeutic)的意味,以及对感性生活之亲密性的关注,而这正暴露出我们对于自己或彼此之间具有难以实现的期待,这种期待是需要被正视的;以及想要理解"我如何真正(*really*)知道?"也就是,那种对我们存在、感知和生活的相互作用方式之准确性的期待,需要通过承认注/视的不可触摸性(永远无法保留那些触碰我们的东西,因为所触摸之物永远无法抓取)而得以放松。审美经验的"不要触摸我"刺穿(punctures)了我们想要渗入感觉之源的那些期待,并使之适用于我们的审慎与确证。它促使我们承认,人类居住在不可理解性之无可把握之中,居住在感性与指涉的间隙之中。这就是要赋予那些无份的(no-part)感性经验以声音,使之成为我们伦理生活的一部分,并给予其某种值得信赖的权威性的意义所在。既然我能够对我的感觉之消失深信不疑,那么,为何你就不能?

"那么,为什么是电影?"因为电影所提供的事物之一就是对某种坦率(candidness)的确信,就是一种既不能触摸也无法保留的吸纳性的注/视。

三、坦率与审美确信

通过提出这个问题我想要说明的是什么?回想一下,我在这篇文章中想要表明的一点就是，卡维尔的伦理写作及其电影本体论思考如何源于同一套审美关注，而它所根据的是我们与我们的感性之间的关系，以及和其他人分享这种感性的可能性。我还曾表明过，这些关注点是民主理论（最被认可的是根据共同善概念，或多元主义民主社会里关于共同价值理论，如约翰·罗尔斯称之为“交叠共识”的理论之类的可能性来加以表达）的中心。我已不断地在声称，政治美学的主要论题关注的是审美经验的中心问题：即，显象的来临解构了我们思考感性与指涉性之间关系的常规路径这一事实，以及显象伦理的投射就是与这种断裂达成妥协的事实。因此，那种我曾称之为注/视并承受某种来临之重的能力与意愿，就标示了当代民主生活之显象伦理的基础。

一个不断出现在卡维尔关于电影和日常交流的讨论中的主题是坦率：在行动中坦率以及我们做出宣称时的坦率。他经常质问的是，坦率的条件是什么，以及该怎样回应这些坦率？首先，有必要承认的是，当我们面对个体经验表达时，有一种确信坦率的预设：“有人可能会说，人可以毫无障碍地将经验转化成对经验的表达（作为某种言说方式，即他的表达是真实不造作的、坦率的）。”[1]确实可以这样说，但是，这是对“什么是坦率”的一种错误假设。当然，除了通过向外的表达，我们的内在生命无从展现，而且这些表达，仿佛充当了我们存在的经验的中介；也就是说，仿佛表达介入（intervenes）到我们的经验与其根源之间，因而玷污了经验。因此，当我们“想要渗入他者，去看见他者内部以及……想将他者所展现出来的事物与其实际经历的事物做出比较”[2]时，就产生了对经验之表达中介怀疑并加以证实的需要。在此，坦率的诱惑是根据揭示（uneveiling），即去掉伪

[1]《要求》，第341页。
[2] 同上书，第381页。

装或者面具,或脱下他者的饰物或其伪装的外表而形成的,目的就在于要在其表达中核实某种信任。相反,卡维尔试图去表明的却是,关于坦率的审美概念如何并不依赖于我们必须要在显象的准确性中去确证信任,而在于,审美经验向我们提供了无须根据的确信,无须确证的坦率。[1]

在电影中,坦率最容易通过将人变成明星的上镜头性变体(photogenic transubstantiation)(也就是说,将人变成人的某种东西,将物变成显象)而被感受。在此立刻能想到是卡维尔关于"鲍嘉"(Bogart)的例子,即除了通过电影而在场之外,鲍嘉并不存在(也就是说,不在场)这一事实。卡维尔断定,鲍嘉"就是他那样的一个人。并不只是说'一张关于事件的照片就是那个事件',而是说:如果没有这些影片,'鲍嘉'将不会存在,'鲍嘉'这个名字就不是现在的意思。这个名字所指的人物不仅存在于我们面前,我们也可能会存在于他面前,这就是他的全部'在场'(presence)"。[2]

这种理解是复杂的,也许还有些难以置信;但是,可信度并非卡维尔的要点,因为,他想要正式提出的那种确信并非一种信仰秩

---

[1] 一种更进一步的观点值得在此详述:对于卡维尔而言,坦率的可能性是某种现代主义审美的中心关切。在《看见的世界》中,贯穿全书的就是卡维尔对这种现代主义审美的唤起和采纳,特别是对一个艺术作品中的在场性(presentness)的品质的质问。卡维尔告诉我们,在场性是库尔贝(Courbet)和马奈(Manet)所追求的东西(《看见的世界》,第41—42页。卡维尔的"现在性"术语,借自迈克尔·弗里德在"艺术与客观性"研讨会上的讨论——见《看见的世界》,第22页,注解12)。在某种程度上,这也是电影作为一种放弃传统主题和神话的艺术媒介所寻求的。或者,正如卡维尔所说的,熟悉的好莱坞系列和情节"不再自然而然地使我们确信自己对世界具有在场性"(《看见的世界》,第60页)。不管这种批判是否正确,无论如何,卡维尔所依赖的是将在场性理念作为在世界中建立一种确信的条件。因此,认可一个他者的要求,就是承认这个他者对我们的在场性;同样地,对一部电影持确信的态度,也是承认其在场性。我想说的是,直率就是对渴望建立我们之于世界具有在场性的确信速写。

[2]《看见的世界》,第28页。我要指出的是,在这些段落中,卡维尔使用"在场"与"在场性"之间似乎是意义相等的。

序。为了根据“鲍嘉”的上镜头性存在来检验这种理解，我们必须理所当然地承认，电影演员和舞台演员并不相同：舞台演员屈从于其角色，因而投射的是那个角色。在舞台上正在映现（projecting）某个角色的男人或者女人，以及完全被一种舞台演出所吸引的可能性，建立在我们对演员与人物角色之间的距离有所保留的事实之上；但是，银幕上的表演者是被投映的（projected）。正是这种上镜头性（photogenesis）与摄影媒介的威信，可以被视为电影本体论的基础。在银幕上，我们对表现着某个角色的演员毫无感觉，我们的全部所有就是角色。我们可以意识到一种人的外貌（physiognomy），但是这种外貌是银幕化的某种事物。而且无论它是什么，它都不会是一个完整的人，或者至少，以我们理所当然地允许我们将之当作完整的人的方式而言，它还不算不上是一个完整的人。

事实上，这里所说的，就是对真实事物的一种转录（transcription）。这也是引发卡维尔对电影媒介进行思考的理论要点，它有助于解释上镜头性以及将人转变为人的某种东西的电影变体的特质[1]。回想一下，对于卡维尔来说，电影的基础是一系列单个的镜头剧照（photogenesis stills），“一系列自动的世界投影”。早在《看见的世界》中，通过在现实再现与现实转录之间进行重大区分，以及对在绘画和摄影之间的差异进行对应的区分，卡维尔便强调了这一主张。在这种差异中，最为关键的是有关相似性（likeness）问题的强调。正如斯蒂芬·马尔霍尔所解释的：“我们可以说照片上的事物对于看照片的人来说，并不像其曾经对于使用照相机的人或照相机而言一样是在

[1] 电影通过镜头的转录将人转变为人的某种东西的变体功能是电影的媒介–特有特征，这一特征使得卡维尔断言：电影是一种怀疑主义的活动影像。换言之，电影所做的，就是对那种不可接近他者的经验之源，因而也就无从知道那个他者是否为人的经验的投射。卡维尔的结论（这一点我在文章的后面会提到）是，我们彼此都是人的某种东西。我认为，这种与某种事物的非确切性相关联的能力——只要你愿意，去承担和注/视它——是卡维尔显像伦理见解的核心。

场的事物，也就是说，嘉宝（Garbo）的照片并不是活生生的嘉宝；不过可以说，照片上的事物在照片中是在场的，也就是说，在我们看着一个事物的照片时，我们就看到了那个事物（那个特别真实的事物，一个在照相机面前存在的原初对象），而不是它的某种替代品，它的某一方面或它的幻影或相似物。”[1]相片不是事物的相似物，而是其转录，这样的观点意味着摄影以这样的方式，即人的主观性彻底从事物的呈现中缺席的方式，为事物提供了一个视图；也就是说，通过不再制造外观形象的方式，摄影的机器性基础取消了人手的作用。这就是卡维尔所说的：“摄影以绘画想象不到的方式克服了主观性，因为这种方式不可能满足绘画这需要；这种方式并没有击败绘画这一动作的主观性，而是通过自动作用（automatism），通过将人的力量从再生产（reproduction）的使命中完全移除，完全逃避了绘画。”[2]

关于此点的另外一种表述方式是，摄影术克服了绘画的原因在于它完成了绘画企图击败矫饰主义（mannerism）的幻想。而且，它之所以能够这样，是因为它通过媒介的自动性确保了矫饰主义的失败。正如卡维尔反复说的，如果自从马奈以来的现代绘画想要“放弃相似性……则是因为它已经认识到，创造的幻觉，并不会提供它所渴望的那种对现实的信心以及与现实的联系”。[3]因此，通过在电影胶片上自动捕捉事物，摄影术的转录功能确保了对相似性的放弃。摄影术的这种自动特性在于照片与真实世界之间无须中介。而在中介方式中，绘画是通过画家的手的在场（例如，在笔触中可见）而完成的。这并不是说一幅画是对真实世界的一种客观再现，而是说，它是对客观世界的一种转录。

通过描述作为电影媒介特征的摄影对现实的转录，卡维尔强调

[1] 马尔霍尔：《斯坦利·卡维尔：对日常的哲学叙述》。
[2]《看见的世界》，第23页。
[3] 同上书，第21页。

的是一种现代艺术的分叉性特征。即艺术在维持我们与世界联系以及我们彼此之间的联系的信心方面的一种双重承诺[1]。换种稍微不同的说法是，现代时期的艺术的审美筹划是，通过保证我们与世界的一种照面性（facingness），即勇敢地面对它、观察它，也就是去注/视它，从而确立我们对存在于世的某种确信。我将此视作卡维尔对电影与日常坦率之间关系所坚持的伦理要点。在某种程度上，电影是迫使我们产生确信的一种现代主义艺术。为了进入他者的确信之中，我们不能将此种愿望或抱负与和我们自身相似的愿望或抱负分离开来。而不变的事实是，电影并未将那些愿望和抱负孤立为我们需要加以克服的问题，而是作为需要得到承认并加以面对的事实。也就是说，在某种程度上，当我们去看一场电影时，我们面对着银幕，电影的事实迫使我们不得不面对这样的事实：我们正在与某种上镜头性的存在，与被投射的影像交界；尽管我们很努力，但我们不能跨越或转移和逾越这种投影的种种界限。换而言之，行动的坦率，是一种面向性（facingness）的坦率与正面性（frontality），即一种不得不面对某一呈现的坦率。作为投影，其局限性不可逾越，但这并不是因为存在某种常规的禁令反对越界的种种形式，而仅仅是因为，投影媒介本身的不可渗透。除了通过其投影，我们该如何获得鲍嘉、梦露（Monroe），或者布拉吉丽娜（Brangelina）的在场性（presentness）？这样的尝试者通常被称为追踪者（stalkers）。

追踪者也体现了那些渴望对人的某种东西进行证实的人的某种心理性格特征。他们拒绝勇敢面对坦率的直接性而想要跨越投影的种种界限。“当我觉得我必须去了解别人的感觉而撇开他对这种感觉的表达（仿佛这就是保证确定性的方式，或者，仿佛保证其坦率的

[1] 这是理解《看见的世界》第一章中卡维尔的另一句隐晦表达的途径：即“艺术现在存在于哲学的条件之下”。（《看见的世界》，第14页）

方式就是在其表达中阻止他的任何一种角色扮演)”，卡维尔说，“我的希望是，通过我对他的感觉的参照，而渗透到他的行为之中。我想要抵达他的自我指涉之前(before)所占据的那个地方，即在感觉获得表达之前的地方。”[1]换另一种说法，我的希望是，在其尚未得到表达之前，即在其未经语言传达的纯粹(purity)之中，去触摸或者抑制，去标识或者预示感觉的根源。不同于多疑的托马斯(Thomas)，他宣称如若想要他相信，则必须让其双手亲自摸到耶稣的伤口。怀疑论者拒绝将投影的坦率视为面对一个他者在场的充分条件，这种拒绝使得作为人的某种东西的他者成为一个问题。卡维尔的怀疑论是一个追星人(star-stalker)(这是我的类比，不是他的)，他不能够停止对触摸的渴望，而且承认表达并非对感觉的某种再现，而就是(*is*)它本身。也就是说，卡维尔的坦率的概念使得我们得到这样的事实：在表达和感觉之间没有区分；一种表达并不会指涉或传达、再现一种感觉，而只会对其进行转录。

卡维尔质问道：“他者的问题是什么？如果它不是有关确定性的问题？”[2]也就是说，如果不存在那种根据我对其感觉的参照，从而渗透到他者的行为之中去的那种愿望，是否会存在一个他者的问题呢？或者，他者是否会是一个问题？与电影演员面对面的坦率的条件，同时也回避了这样的问题。因为，作为在银幕上(*on a screen*)呈现一系列世界的投影的电影媒介，它机械地打断了想要渗透到他者投影之根源的愿望。正如我下面要说明的，这只是银幕所放映的东西。但是，在日常际遇中，我们为何不想放弃对这些确定性条件的接近？换言之，为什么，他者对于我们就是一个问题？或者，稍微不同的说法是，为什么我们拒绝关注人的某些东西，而想要去认知或了解

[1]《要求》，第342页。
[2] 同上书，第353页。

他们本身呢？

我们的现代状况是这样的，照片上的灵魂并不会满足我们在面对一个他者时对某种确定知识的渴望。我们可能会说，异化(alienation)是我们对照片表达不满之感的另一名字。但是，电影式的临现就是这样一张关于灵魂的照片——如果卡维尔(以及沃肖)对我们关于电影的体验之性质所做的判断是对的——在面对一种被投射的坦率中它确实提供了某种确信。我们被人的某种东西说服，尽管我们不能去证实它的身份。当我们视一部电影为一种灵魂的投射图片时——一种显象的临现——它能够为我们提供不确定性或者焦虑，但却不是怀疑。怀疑(doubt)和不确定(unsure)是两码事：不确定是一种四处走动的邀请；怀疑则是最好原地不动的警告。如果说有一件事情乃活动图片所为，那就是，它提供了四处走动的契机。作为一系列世界的投射，电影的条件就是运动性(motility)。那么，是什么使得我们在面对某种被投射的临现时确信其可能，然而在我们与他人的日常相遇中却拒绝这种可能呢？

有一种感觉就是，我不确定怎样去回答这样的问题，因为我能确信的无非是，我们彼此都是人的此种东西。换言之，我不能告诉你我如何知道[1]。这就是审美确信的特质。然而，我还是要寻找一些表达某种感觉的词语，它们将使得我的确信更明确可知，更具权威性，甚至是对我自己而言(也是如此)。我不能告诉你我是怎样知道的，因为在我的表达中，我正在传达我所感知的经验，我正在将我的关于人的什么东西的投影抛向你。我不能告诉你我是怎样知道的，因为我被说出来的表达只能记录某种有关感觉的经验，而不能表明其根源。换言之，我能传达的，仅仅是经验为何，而不是我的意识是怎样形成对那些经验的。后者是一种非人类的期待，只有像耶稣那样的人才

[1] 卡维尔：《要求》，第358页。

有可能在死而复生之后，带着裸露的伤口出现在托马斯面前来满足他的愿望。[1]

但是，我不是那种非人类的神；我只是人的某种东西。

四、毯子、屏幕以及投影

作为人的某种东西，我所做的事情之一就是投射一个世界。在这样做的过程中，我将身体转向某个将要来临的显象秩序之在场性。如果你愿意，我可以将我自己放映（screen）给你看，而且正如卡维尔所陈述的，对我的投影的放映“已经将一种裂隙（seam）置于人类经验之中”。[2]这种投影的裂隙是承担或注/视显象之来临的屏幕的裂隙。屏幕的裂隙同时也是可理解的实体与不可理解的实体之间的分界线。卡维尔关于屏幕上事物成为什么的质问——这是我已作引述的一本文集的标题——可能将我们带至此处：电影的上镜头性是一种将屏幕上的事物变形为不可理解的某种事物的方式；不是非理性的或不可感知的某些事物，而是其感性还不是可理解性秩序的对象。我将以这种方式提出要点：通过投映一个人的某种东西（或者灵魂）的图片，我支撑起一个图景，我承受着它，以期让你注/视。

在《理性的要求》中题为“投射一个世界”（Projecting a World）的章节中，卡维尔描述了围绕着日常语言——一种我们在日常基础之上用来表达自身的语言——的某种复杂性之一，就是通过将

[1] 我对使用“有可能”的说法仍有犹豫，因为，正如格伦·莫斯特（Glenn Most）对“多疑的托马斯”（Doubting Thomas）的肖像学和解经学研究所显示的，在《圣经》中，没有任何段落表明托马斯真正得到了耶稣的应许，摸到了他的伤口。我们关于这一不可能的触摸的唯一证据就是与《圣经》段落相关的肖像学传统。见《多疑的托马斯》(*Doubting Thomas*. Cambridge, MA: Harvard University Press, 2005)，尤其是第28—73、155—214页。

[2]《要求》，第425页。

词语插入并非理所当然的情境之中，日常语言具有处理不准确性的能力（也是我们的能力）。我们说，我们能够“喂养猴子”（feed the monkey），但是，我们也能够说我们“把里程表喂饱（加油）（feed the meter）”；我们将词语“喂养”（feed）投射到不同的语境之中[1]。尽管根据语言的隐喻功能，我们应该能够解释这样的实践，但是这也并未达到卡维尔用“投射一个世界”所意指的那种程度。投射与隐喻之间的差异，就是隐喻的转移（transference）功能和抛射的进入（ingressional）功能之间的差异。隐喻的转译使得某种事物超出平常或者“反常”[2]，它将意义从一极转移到另一极。在这种情形下，可理解性便得到了确立。但是，投射一个词语并非转移一个意义，而是将词语抛入新的语境之中；此处会产生运动的不同秩序，也会留下不同的回应方式。隐喻需要被理解，而投射则需要被观/看。

在卡维尔给出的“把里程表喂饱（加油）”的例子中，我们也可以很轻易地说，“请在收款机里放些钱”，如此，将一个更为一般的动词运用到了句子当中，它让我们轻而易举便交流了意愿或者意思。但是，这样做，却将是对投射的一种拒绝，而不是想去支撑它，或者说是想剥夺我们自身的某种注/视的方式。对于卡维尔来说，我们总是处于要么承认，要么拒绝投射的状态。

概念被投射于其上或其中的某个对象或行动或事件，必定会邀请（*invite*）或者允许（*allow*）一种投射；以这样的方式，在其中，一个对象将是（被称为）一个艺术的对象，它必须允许或者邀请某种经验和行为，而这种经验和行为对于我们理解或沉思或吸收某个艺术对象的概念来说是适合的或必需的。什么样的对象将准予或邀请或适

[1]《要求》，第180—190页。
[2] 同上书，第190页。

合那样的沉思等，是和什么样的对象将适合作为（我们所称的）一只“鞋子”（shoe）一样是偶然的或任意的。[1]

对卡维尔来说，在我们承认一个概念的投射——去看并且看见它——的能力与我们对一件艺术作品的接受能力之间，存在着一种并不直接的关联。我想说的是，这样的关联，与投射的影像与屏幕之间形成的亲密性类似：屏幕所做的一件事就是允许或者承认一个投影——屏幕将之置于某个位置上，如果你愿意，则可以对它进行操作处理，或者关注其自身。对于我们而言，邀请或者允许一个投射，表明与正在出现的世界产生交界的微观文化实践。它表明，我们的伦理实践投射了一定的审美感性，反之亦然。此处的“邀请”和“允许”这两个词努力表达的是一种在审美接受性（aesthetic receptivity）的微观文化实践中唤起的具有进入权的多价的感性。对于我们来说，忽略一个显象与注/视它一样轻而易举，因为某种事物被投射并不意味着此种投射会被应允——并非所有的平面都如屏幕一样有效。出于此种原因，一个艺术对象，除了具有一种引起我们注意、要求我们关注它的能力之外，没有任何独属于它的事物。卡维尔非常谨慎地坚持，投影并非事物的某种属性，正如没有任何一种特殊种类的事物——如一张照片——必定是艺术的对象。事物投射的能力，关注的是观众与映现着投影和屏幕之间关系的对象之间的相互操作。准许一个显象进入——邀请或者允许一种投射——就是类似于屏幕那样去行动，这意味着以最微妙和有识别力的方式去承受所显现之物的重量。

在此，我要提到的是卡维尔对弗拉克·卡普拉（Frank Capra）的《一夜风流》（1934）（*It Happened One Night*）中有关屏幕的另外一

[1]《要求》，第183页。

种思考——一种将注意力集中于一张毯子(blanket)上的讨论。卡维尔想要说的是，毯子是屏蔽电影中两个主人公的某种障碍物。此处所讨论的场景包括：未婚的克拉克·盖博(Clark Gable)与克劳黛·考尔白(Claudette Colbert)在奔波中逃到一家汽车旅馆准备借宿一晚，房间里有两张床。上床时间到了。克拉克·盖博饰演的角色设计用一块毯子作为两张床之间的屏障，却创造出一个将房间的一半从另一半隔开的亲密空间："看着耶利哥城墙(behold the Walls of Jericho)！"这一句惊叹是一个暗示：耶利哥城墙被一阵号角吹倒了，而事实上是，1934年也是好莱坞接受电影制作守则(Production Code)的一年(正如卡维尔所指出的)，因此，自我审查(self-censoring)使得性暗示得以从容出现。然而，这种暗示，尽管意义重大，但还不是重点。

卡维尔的文章所讨论的是一个康德式的关于知识的问题，以及"在我与这种理性领域之间还会有将其自身呈现为障碍物的某种东西，即我无法独自(*alone*)抵达此一领域的事实"[1]。这里的暗示是，也许我们不想独自一人是因为我们没有能力或者不情愿承受这种"无知(not-knowing)"的结果。但是，它也表明我们对认知的无能同样被隔开你我的某种东西所制约。在《一夜风流》的例子中，这里的"某种东西"就是在镜头上被盖博和考尔白所占据的个体的身体。换而言之，认知的渴望会被他者的出场所制约和阻碍。我开始认识到它意味着什么，是因为他者的在场将带来对我的经验的表达，但是，正是这样一些被身体所设定的限制，却保证了他者的不可知性。

这种康德式的困境被道具障碍物-毯子投射出来。障碍物-毯子是盖博为将房间对半隔开而构想出来的，它"起着电影银幕的作用——当我们在黑暗中看着它的时候，它阻隔了对人体的一种真正

[1] 卡维尔：《追求》，第79页。

的看见，但同时也从它那里获得了身体的印象，并且激活了我们关于真实形体的想象。”[1]这个例子中的毯子并不仅仅是人物身体之间的障碍物，它也是对某种形而上学的障碍物的投射。这种形而上学的障碍物意味着他人的不可渗透性，以及他人之于我的不可接近性，尽管他们就出现在我的面前——在那儿，站在我前面，隔着屏障，如果你愿意。所有事物都取决于我们对这种屏幕投影的准入感，以及——最终——我们对这样一个事实的接受：我不能够进入一个他者的行为之中去获取其感觉的根源；我不能以那种方式去认知一个他者，也不能产生某种标准，以允许我知道她指涉某种经验——赋予声音或投射一种痛苦，或快乐，或羞辱，或悲伤的感觉——的能力是否正确。

此处的要点在于，投影与屏幕之间的媒介-特定关系就是对我们如何与显象之来临产生关系的投射。屏幕邀请了一种投射，但是也产生了一道裂隙，一个被阻隔或遭裁剪的视图：盖博不能看见一丝不挂的考尔白，尽管当毯子被她脱衣物时身体的活动弄皱起伏时，他痛苦地意识到了她的在场；就像是观众只能看到投射到银幕上的电影胶片上的印象。障碍物-毯子是这样一个道具，它使我们想起，我们怎样倾向于以一种被屏蔽的认知的方式（即以某种方式遮蔽或阻碍）将我们的经验与他者联系起来。在此，对一块毯子的认知将意味着什么？我们充其量能够将我们关于毯子皱褶的体验与其感觉上的亲密性关联起来。但是，一旦如此，我们就与一种知识（knowledge）相关吗？我想说的是，不是去认知一个他者的身份，而是，我们承认其来临，正如银幕承认一个投影。

卡维尔早在《看见的世界》中就已经指认了在投影、屏幕和知识之间的伦理、审美和本体论的含义。在标题为“照片与银幕”

[1] 卡维尔：《追求》，第82页。

（“Photograph and Screen”）的短小而深刻的章节中，他提出了以下主张：

活动图片（电影——译者）的世界是银幕上的世界。银幕不是支撑物，不同于画布；没有需要支撑之物。它映出了一个投影，该投影像光一样轻。银幕是一道屏障。银幕遮去了什么？它在它所映出的世界面前遮住我——也就是说，使我成为不可见的。它在我的面前遮住那个世界。所投射的世界（现在）是不存在的世界，这是它同现实的唯一区别。（除此之外，没有它不同于现实的特征，或者一套特征。存在并不是一个谓词）因为这是一个照片的视域，所以银幕没有框架，也就是说，没有边界。银幕的界限更像是一个容器的界限或者容量，而不像是一个给定的形状的边界。银幕*就是*框架；框架就是整个银幕的视域——正像电影的框架就是一张照片的整个视域，就像一台织布机或一栋房子的框架。从这个意义上来说，银幕-框架是一个模子，或者模壳。（《看见的世界》，第24—25页）

银幕承担着一个投影——它通过支撑其映射而掌握它。这就是一部电影如何描绘某种被遮住的东西的感觉：它是一种投射到平滑表面的光。但是，银幕也是一种界限，或者是一张毯子。为了看见被投射的光，观众必须在投影面前被遮住——我们可以说，在此，观/看者或者观众并没有去寻找投影，它对于观看者来说是不可见的。光并没有照在观众身上，而是，被投射到银幕上的光的照射遮暗（obscures）了的观/看者。这是看见一个被投射的影像的必然条件。只有通过这种银幕上的投射，影像的显象才会临现。也就是说，为了显象的临现，我必须被遮暗。我的这个就是“我”（me）的“我”（I）——我根据这种光而产生的主体性，伴随着以一种认知的方式去触摸、去支持，或者去抓取显现的所有期待与欲望——必须被变暗，被撤回，被吸收。这就是银幕在一个被投射的世界面前遮蔽我，使我对它而言不可见的意义。当这个投影被投射时，这个“我”(I)就被吸收，被模糊了——或者，更好的说法是，被弄得心神不宁。也就在我面前将世界也遮蔽了。因为彼此被遮蔽，两个世界之间彼此不可触及：“存在不是一个谓词。”一个投影的在场性不是以我的必须在场，必须可见，必须在那儿去触摸它为前提的。显象来临之后，我最好能做的，就是它一旦被映现就去容纳其投影；但这样做并不是去触摸它，或者去渗透它，或者去暴露影像。如果我们暴露了影像，显象也就消失了；就像是我们让四周的光涌入一个正在放映影像的房间，这个影像也将消失不见。在渗透一个显象方面，我们无能为力；我们也无须冒险去扰乱和破坏它。这是一种将会来临但无须容受其光亮(illumination)的投影之光。当我们以一种管理者的方式注/视投影时必须非常小心。对于我们的认知，以及我们以认知的方式去掌握世界，也就是，对于我们想要通过认知而控制世界而言，银幕将是某种限制。因此，银幕没有框架(画布可以有)，但是也可以说它就是一种持有投影的框架。但是，这种持有的性质是什么？我们怎样持有某种像光一样轻的东西？

人们采取的方式是去注意它，把注意力放在它上面，允许我们自己被它所吸引，或者被它抓取(be/held)，通过承认它而持有它。在他关于银幕与投影之间的本体论关系的阐述中，我看到卡维尔对彼此相关联的审美方式做出了伦理的要求(这表明了对显象的某种管理式对待)：在此，通过将电影作为一系列自动的世界投影这一理念抛入他对我们彼此之间的伦理对待的思考之中，卡维尔投射了一个“投影”。这就是我在前面几页所讨论的意思。我认为，对于卡维尔来说，电影是一种伦理媒介：即电影作为“一系列自动的世界投影”[1]的媒介特殊性，所论及的是他坚信作为人类的某种东西，我们

[1]《看见的世界》，第72页。

自己也自动地、成系列地将世界投射给彼此，或投射在彼此身上。这还将论及他对"电影是一种怀疑主义的活动影像"的主张。在此，障碍物–屏幕的功能至关重要，因为"在一种被搬上银幕的现实中，电影在我们面前遮住了它的给出物；它使现实离开我们，它在我们面前保存了现实，也就是说，它在我们面前扣留了现实。"[1]

电影通过投射现实而保存或扣留了现实，其障碍物–屏幕支持且扣留了那一投影。投影因此是日常生活的一种电影式掌握；这是对像光一样轻，且触摸起来如光一般，但同时也带来某种不可渗透之触及的光亮的把握。渗透一种光将意味着什么？至少，我们可以投下一个阴影，或者创造另一个叠加的投影。在此，我完全同意卡维尔对世界被银幕所保存的表达。在某种意义上，世界就是一种被投射的显象的聚集，它是其深度不能够被插入也不能够被侵夺的表面的世界。然而，它也不仅仅是表面的。在这里，存在某种吁求不同的触觉秩序，也就是要求对显现之外来性(adventitious)维度加以注意的表面的深意。

正是这种注/视的模式，带来了一种显象的政治。显象的出现投射出一种要求我们加以注意的光亮。"在电影的早期，就已经发现它具有唤起(*calling*)注意人以及人和物的某些部分的可能性"，卡维尔解释道，并进一步补充："但是，它同样也是一种不去刻意注意它们，任世界自行运转，让其各部分按其本身的分量去吸引人注意的媒介的可能性。"[2]这就是电影式吸纳的本性。对"来临"之本身分量的关注——我以此指的是承受其分量，将之作为银幕对投影之光的承受与保存——需要一种对出现之物加以关心的意愿，一种拒绝为了暴露影像或与之发生关系而去触摸它的管理方式。

---

[1]《看见的世界》，第189页。

[2] 同上书，第25页。

五、痛苦的脱衣舞

卡普拉的毯子不仅作为一种障碍物在起作用，它也代表了我们能或者不能知道的临界值（threshold），此外它还表达了这样的观念：存在一些与我们自身有关的事物，它们有些可见，有些却不可见。其中最为共通的一种人类实践是以可见性与不可见性来装饰我们的生活，而这种可见性与不可见性正和我们的当下呈现性紧密相连。也许，这就是维特根斯坦的著名说法给我们的教诲："人类身体是人类灵魂最好的图画"[1]。这一点接下来引发了卡维尔在《理性的要求》中对完全自动机器的讨论。此处的重点在于图画（picturing），以及一个作为图画的身体无法隐藏任何事物的事实。这里指的并不是说那种身体隐藏了灵魂，或我们必须千方百计冲破障碍去找到被隐藏的事物；而是指像神话故事那样，"若身体是一张图画就意味着，灵魂可能被隐藏，不是因为身体本质上隐藏了它，而是因为其在本质上揭示了（reveals）它。灵魂对于我们是不可见的，就像某种完全在场但对于我们而言不可见的事物"。[2]另外一种对此的表述是，灵魂之所以是不可见的，恰巧是因为它是显而易见的；它是不可见的，尽管它出现了，而形成其不可见性的不是身体的障碍，而是我们不情愿注/视它的来临，也就是不情愿去看（to look）并最终看见（see）它，或者不愿去直面它的触目、它的窘迫、它的腻味；也就是说，抵达灵魂并不是一个揭示或者暴露身体的问题，而是在面对它时承认我们有

[1] 路德维希・维特根斯坦：《哲学研究》（*Philosophical Investigations*），第二部分，第178页。

[2]《要求》，第369页。再一次地，而且是冒着老生常谈的自我重复的危险，我想要突出的是，卡维尔在此篇文章中所强调的是作为一种确证体验的绝对的在场，以及这样的事实："绝对在场"的观念与总体性完全不能同日而语。

所焦虑的问题。

回想一下，正如我在前面所说，卡维尔的电影本体论宣称电影是一系列自动的世界投影。电影的媒介-特殊性（通过摄影机或摇轴投影机）保证了这种自动性。更进一步而言，世界投影的自动性就是电影的印记胶片的轴动，这也可以帮助我们解释，为什么电影是一种怀疑主义的活动影像：我们看不到投影机；尽管它显然就在那里，但对于我们而言仍然是不可见的——它是电影所提供的思考之不假思索（unthought）。吉尔·德勒兹（Gilles Deleuze）因之如此描述电影的自动性："正是以这种方式被石化了的（petrified）自动性，思想得以从外部（outside）获取，作为思考中的不假思索之物。这个问题与间离截然不同；它正是电影摄影艺术的自动作用的问题及其结果。正是影像的物质自动主义（material automatism），从外部产生了一种思想，作为不假思考之物，强加于我们的智力自动性之上。"[1]

在此，远非表明德勒兹与卡维尔之间所见略同。我想强调的是，德勒兹关于电影摄影自动主义与不假思索之物之间关系的洞察，与卡维尔关于完全自动机器的石化寓言和给此寓言划下痕迹的不假思索的条件之间，显然有着共同的关联。因为，为了能够将自动机器视为一个人的某种东西（以我们将投射在银幕上的演员视作人的某种东西的方式，以及，以——最终——我们只能见证将彼此当作人的某种东西的方式），我们必须乐意去占据德勒兹所描述的那种不假思索之物所带来的空隙。对于卡维尔来说，不假思索之物被描述为一种"痛苦的脱衣舞"[2]———种恐怖和惧怕的体验——它描述的是自动机器被工匠所拆解以及自动机器与寓言的第一人称叙述者之间的那

[1] 吉尔·德勒兹《电影2：时间-影像》(Gilles Deleuze. *Cinema 2: The Time-Image*. Hugh Tomlinson and Robert Galeta trans. Minnesota, MN: The University of Minnesota Press, 1997)，第178—179页。

[2]《要求》，第404页。

种互动。或者更好的说法是，不假思索之物是在感性与指涉之间（也就是关于疼痛的感觉与一个完全自动机器的身体是否为这种疼痛之参照物的不确定性）[1]那种被阻止吸纳的间隔。

无须在此再去排演这个寓言。只须知道，这是关于一个人（一个叙述者）的故事。这个人被显示为某个技艺精湛的工匠的最新发明，首先最好是将之描述为一个赛博格（cyborg）。赛博格的人性（humanness）问题是贯穿整个寓言的一个争论。工匠大师渴望通过展示赛博格的真实性来证明这一点，他用刀子撬开了赛博格的胸腔。在第一个回合中，赛博格没有吱声。但是，在第三个回合，赛博格大声喊叫起来："住手！很受伤，太受伤了！作为一只人类的豚鼠（guinea pig），我很难过，我是说，一个豚鼠一样的人类。"

这个寓言迫使我们去思考很多方面的问题，但是与我们的目的最相关或至为关键的是，这是在世界投影序列成为连续体的结构中的一个插曲（episodic）。这个很重要，不仅因为寓言的连续性可以进一步与卡维尔对现代艺术和电影的真实本质的思考联系起来[2]；同时也因为这种连续性使得电影影像的居间性（in-betweenness）变得清晰起来。卡维尔的寓言是间断性的，因此可以说，我们不知道——没有办法知道，不知道如何去知道——在两者之间发生了什么。也就是，我们不知道工匠为了使得自动机器呈现出更引人注目的真实性，他到底做了什么？

"我在插话吗？（Do I intervene）"是在每一段插曲的结尾插入的疑问。卡维尔以此标示那种面对自动机器的面相（使得叙述人将其外貌作为人去看）所带来的震惊时对那种不假思索之物的体验。这是面向读者而做出的提问，它就像是电影中的某种非理性剪切：

[1] 相关页码见《要求》第403—411页。
[2] 相关章节是《看见的世界》中的"附录：某些现代主义绘画"（"Excursus: Some Modernist Painting"），第108—118页。

也就是，它并不期待一个回答，而是迫使我们去思考，为了使得人的某种东西可以形成一幅人性的图画，我们需要多少相似性？被干预性问题所打断的寓言的插曲性质，标示着不假思索之物的空隙。

第二个相关特征是：寓言的连续性与电影的连续性相关。我并不因此认为所有电影都与之相关，仿佛它们都是系列的某个部分；我想指出的是，在某种程度上，电影媒介展示了单个剧照间的互相关联。电影的自动性本身就具有不假思索的本性。在此，德勒兹再一次将助我们讨论电影的这种居间情形："在两个行动之间，在两种感情之间，在两种感知之间，在两个视觉影像之间，在两个声音影像之间，在声音与视觉之间：使得一种不可分辨性（indiscernible），即边界（frontier），得以看见。"[1]有趣的是，被卡维尔刻画为或称之为站在叙述者与工匠之间的完全自动机器的图画所投射出来的，正是此种疯狂（madness）。完全自动机器是标准消失的之间状态的一种难以维持的/不可捉摸的/不能触摸的图画。

但是，完全自动机器的寓言还将以更进一步的方式（确实，这里还有许多方式，但是我将就此打住）与卡维尔的电影本体论发生关联。它将身体投射为一个人的灵魂图画。自动机器就是一种人的某种东西，它是人与非人之间的间隔，但同时也是一张人的灵魂图画。并不是因为这个寓言具有某种内在的超尘脱俗的东西，与之相反，除了令我们想起我们的尘世生活（worldly lives）（这是卡维尔的观点）之外，别无其他。自动机器的身体是一张人的灵魂的图片，是因为他的身体本身无法为佐证其是否为一个完全意义上的人（那些理所当然的事物被用来解答何为完全意义上的人）提供有力线索。同样地，也没有什么判定单个身体是否满足人性的绝对条件，尽管事实上，除了投射人性的身体之外别无他物。自动机器是一个人工假体，

[1]《电影2》，第180页。

一个人物角色，是在人的伪装之下的某种东西。[1]我将这样提出问题：在我们对人性的不同投射之间，存在着一种使得我们人类的某事物状态（somethingness）得以清晰的间隔；在这种间隔中，推理的隐喻——那种允许图片向身份转换的隐喻之转移性力量——不再适用。

因此，这样的提问，即"我如何知道？"是无济于事的（因为我永远不能解决它）。我不知道那个完全自动机器是否是一个真正的人，因为我焦虑于是否应该在不假思索的焦虑中插话，这种焦虑就出现在人的身体图画与其灵魂之间，它是解体了那些保证了表达与准确性之间感觉与指涉具有一致性的理所当然的事物的间隔。

我从卡维尔的寓言中总结出如下几点：那种可以被人性的面相所打断的能力，即我们被绘画中的颜色或线条之外形所震惊的能力，就是显象之来临的基本特征；被来临所震撼，是我们生活中的"人的某种东西"获得准入权的充分条件；我们彼此都是人的某种东西；我们拒绝容纳显象之来临，往往是因为我们面临不假思索之物时对可证实性产生焦虑；最后，这种拒绝是对其他人类的可用来视为潜在的人类，视为未完成的（甚或是新的）人性面相的某种东西的拒绝或不-接受。正如我所概括的，卡维尔关于显象的观点描绘了对人的某种东西之无限性的确信。

在我准备对以上评论下结论之前，还有最后三点要强调：容许来临的能力——去注/视或者承受其重量——这与我们放弃对阐释和理解的要求有关。容许"身体是人类灵魂最好的图画"就是要求我们承认直接的充分性；所见的事物（what I see）就是我所理解

[1] 无需赘言，在此有一种与霍布斯（Hobbes）对法人的思考的相近性。详细阐述参见拙著《政治思考的诗学》（*The Poetics of Political Thinking*. Duke University Press, 2006）中关于霍布斯《利维坦》（*Leviathan*）中的代议制理论的审美维度的讨论。

的事物（what I get）；我与他者的关系无须为了确定其坦率的真实性而渗透其灵魂深处。我可以说，意指性之于我对自动机器的准入（admittance）而言是无关紧要的。

为了在此更进一步地说明我所指的意思，我可能要再一次回到卡维尔对坦率的思考。这次我所参照的是一些现代主义画家［相关的艺术家有莫里斯·路易斯（Morris Louis）、肯尼斯·诺兰（Kenneth Noland）、朱尔斯·奥利斯基（Jules Olitski）、弗兰克·斯特拉（Frank Stella）］。谈及现代主义绘画对一种“可获得性”（availability）和“开放性”（openness）的利用，卡维尔断言：“我印象中的品质可以表达为通过即时性（instantaneousness）而获得的开放性——即时性是坦率的一种特征方式。”坦率同时也具有一种相反的特点：它必须独立于我或任何一个听众而发生，它必须在没有我的情况下得以完成。在这种意义上，它对于我是闭合的（*close* to me）。完全自动机器作为人的某种东西，满足了这两个相反的标准：因为对他的公然冒犯，他向那个叙述人是开放的，他被工匠持刀的手打开加以展示，并向叙述者打开胸腔以示其内部；同时，自动机器对于叙述人来说也是封闭的，因为不管他如何被公开展示，他已彻底与他没有关系。即时性同时是一种开放性和封闭性，这表明这样的自动装置无意于我对他所作的证明，无意于我对他或她的意义的承认。坦率抵挡了确认。

第二点，面对显象的来临，所有为了接受它而对证明标准的要求，都是审美经验之不可触摸所带来的焦虑的结果。换而言之，显象之来临，在我们的生活经验中导入了某个不假思索之物的间隔。这种间隔，正如前所述，解体了对我们在感觉与指涉之间业已确立的轨迹。我将这一点看作是卡维尔借助海德格尔对世界中事物之触目、窘迫、腻味的讨论而得到的教诲。当其刺穿我们的人性图画之时，完全自动机器在所有这些焦虑的制造者面前让步了。

最后，关于我对刺点（*punctum*）这个词的使用，有几句话要交代一下。当然，在此我参考的是罗兰·巴特(Roland Barthes)有关摄影的小书《明室》(*Camera Lucida*)。正如我在导论中所评价的，我是将卡维尔的美学与伦理著作当作某种交叠方式(回想一下我直言不讳地指出的，《理性的要求》与《看见的世界》其实是同一部著作)而加以解读的。之所以这样做，我是想将卡维尔的洞察置于我所称的一种显象伦理的语境之内：一种将起点设定为显象之来临的体验，以及使得这一体验得以发生的感性与指涉之间关系的解体之上的思考传统。卡维尔对维特根斯坦关于面相显露的讨论的依赖，以及他将这种讨论当作被"一个面相所震惊"[1]的论述，都证明他致力于一种巴特式的刺点所表达的经验，以及我曾将之称为显象伦理之基本特征的有关来临的体验。换言之，对一个显象的震惊，引导出有关坦率的问题——显象全部在那儿，没有什么是隐藏的——正是因为它所恳求的感觉是一种不需要支撑或者判断标准的确信；它就是一个令我们震惊的刺点，刺入我们，刺伤我们。

我将此带至完全自动机器寓言之最引人注目的面相问题的讨论上，在一定程度上，它重申或排演了出现与坦率之间的关系。叙述者面对痛苦的脱衣舞者时不断重复的惊讶(我们甚至可以说他被震惊或被吸纳)，是我们依赖确定的标准去评价事件、事物或主体的能力土崩瓦解之时，不得不面对不假思考之物所带来的间隔之直接性的标记。

还有一种略微不同的说法是，卡维尔对这种显象伦理传统的"债务"(indebtedness)，使得我们在面对他者时，意义与直接性之间的张力关系得以明晰。它同样也使得我们关于交界的微观文化实践如何与我们对正当性与可证实性的期待形成张力关系的过程变得明晰。我们能注/视某种正在出现的来临的能力，根植于我们放弃意义与直

[1]《要求》，第357页。

接性之间张力的能力，以及在面对灵魂的图画时放弃对深刻性的期待的能力。在此，一种监护人式的心境在起作用，它使得有关不安定性以及不确定（不准确性以及不可触摸性）的种种焦虑值得关注，也就是，值得去看、去承担，去容纳某种图景。

结　论

我所讨论的中心是卡维尔的伦理思考及其关于某种洞察的写作。这种洞察是，在生活中，那些吸纳性的事件表明了我们彼此注意的态度：即我们面相-观看的能力表示我们想要将人类的某种事物当作人的意愿；我们关注某个他者的意愿使我们明白，在他者那里，我们永远无法成为一个整全的人，充其量被视作一个人的某种东西。然而，对此的另外一种表述方式是，我们对待和注/视某种显象之出现的微观文化实践，所论及的是我们去处理和注/视人的某种东西之显象的意愿。因此，对于卡维尔来说，电影的重要性在于其作为一种伦理思考的媒介。坦率地说，电影所做的就是使对显象的注/视成为电影最根本的活动；我可以说，电影艺术，也就是一种处理显象的艺术，而投影是我们可以赋予这种艺术的另一个名字。

处于美国学术界学科专业化巅峰时期的哲学对电影的回避，是卡维尔的心头之痛。他对这种忽略目瞪口呆，尤其是在电影曾经（以及现在）颇受美国文化青睐的情况下。这里有着他对投影本体论的美学与伦理考察的起点。此起点就是，在对电影的忽视中，学科已经忽视了对如何引发反思的本体论质疑：即根据什么（在什么条件下），反思得以开始？如果反思真的发生的话。

对于卡维尔来说，中心问题不是“第一哲学”，而是反思与人类经验之间的关系，是在反思中那些不假思索之物的位置。也许有人会说，对于卡维尔来说，审美经验之不假思考性——凭借其所有的不确定性和不可触摸性——监护着我们对彼此关系的思考。这就是电影媒介对于其伦理思考如此重要的原因：投影本体论坚持一种不要触摸我的不可触碰的触感，这使得在电影上或屏障上呈现的，是一些人的某种东西或汇集起来的事物，它们与现实之间的关系我们无法真正获得，就像我们不能达至感性表达及其与现实的一致性一样。换一句话说，电影提供了一系列自动的世界投影，生活也以同样的方式提供了与一系列完全自动装置的相遇。也就是说，生活提供了与他者的日常相遇，而这些他者的人性是我们不能保证也无须保证的，就像我们不能保证自己对于他者的人性一样（同时也并非必须如此）。过一种生活就意味着将人的某些东西（我们的声音，我们的外表，我们的角色模型，等等）投射给他人。我们像电影屏幕一般去承受或注/视这些投影的能力，意味着我们要将对不假思索之物的焦虑当作我们人类的某种东西的构成要素，将其看作我们与其他人的某种东西之间关系的构成要素来接受。

想一想那个使完全自动机器的范例得以运作的引擎，经过一段时间，在不同的插曲中，这个自动装置感觉自己越来越像一个真实的人，真实到不太像人类的某种东西，而更像某个人的某种东西，那代表着那位工匠大师的声望，他那有魔力的戏法。叙述人不知道这个自动机器人为何以及如何看起来越来越像“真正的人”，尽管他已经深信它就是人。这个“某种东西”（something）可被体验为某种无须根基的令人信服的真实，因为那种感觉是描述源于审美经验之确信感觉的另外一种方式。艺术的声望——它的魔术戏法——就是没有根基的确信。这是卡维尔投射到他的伦理思考之中［以及，其他条件不变地（*ceteris paribus*），投射到他对维特根斯坦的解读中］的对现代美学的伟大发现。就是以这样的方式，以及因为上面所概述的那些原因，我曾断言，卡维尔是对显象伦理做出伦理反思的少数派传统的承载者。将显象之来临的事件当作伦理思考之不确定性根基的能力与意愿，是这个传统的关键特征之一。

我们可从这些洞察中获得启示：人类生活是一系列自动的世界投影；我们注/视某种来临的能力，所涉及的是我们承担彼此的当下呈现性之坦率的能力；我们定期投身于这种交界的微观文化实践之中，这成为我们对注/视的一种监护人式态度的根源；注/视一种“来临”，与某种不可触摸的触觉交感，与我们放弃想要渗透显象之来临的根源，从而拥有关于它的更真实或更确切知识（也就是说，以便承认其亲密性是以某种东西是真实的为基础的）的渴望相关；“来临”的体验是一种吸收性的体验，它瓦解了那些使感觉与指涉之间具有理所应当的一致性的事物；最终（也是现在），与这吸收性的注/视相关联的价值表达，暗含了一种监护人式的心态，正是这种心态构成了被“来临”所瓦解的那些理所当然的事物。这些均为与政治的美学密切相关的显象伦理的中心信条。

参考文献：

1. C. 波德莱尔（Baudelaire, C. 2004）：《现代生活的画家及其他文集》（*The Painter of Modern Life and Other Essays*. New York: Phaidon Press.）。

2. S. 卡维尔（Cavell, S. 1979）：《看见的世界》（*The World Viewed*, Enlarged ed. Cambridge, MA: Harvard University Press.）。

——（1981），《幸福的追求》（*The Pursuits of Happiness*. Cambridge, MA: Harvard University Press.）。

——（1984），《学校之外的主题：效果与原因》（*Themes Out of School: Effects and Cause*. Chicago, IL: University of Chicago.）。

——（2002），《言必所指？》（*Must We Mean What We Say?* Cambridge, UK: University of Cambridge.）。

3. G. 德勒兹（Deleuze, G. 1997）：《电影2：时间-影像》（*Cinema2: The Time-Image*. Hugh Tomlinson and Robert Galeta trans. Minnesota, MN: The University of Minnesota Press.）。

4. M. 海德格尔（Heidegger, M. 1988）：《现象学基本问题》（*The Basic Problem of Phenomenology*. Albert Hofstadter trans. Bloomington, IN: Indiana

University Press.)。

5. B. 霍尼格(Honig, B. 2007,12):《决议与审议之间：民主理论中的政治悖论》("Between Decision and Deliberation: Political Paradox in Democratic Theory", *American Political Science Review* 101, No. 1.)。

6. J. 麦坎伯(McCumber, J. 2001):《哲学的家族秘密》("Philosophy's Family Secret"), 见《阴沟年代：美国哲学与麦卡锡时代》(*Time in the Ditch: American Philosophy and McCarthy Era*. Evanston, IL: Northwestern University Press.)。

7. G. 莫斯特(Most, G. 2005):《多疑的托马斯》(*Doubting Thomas*. Cambridge, MA: Harvard University Press.)。

8. S. 马尔霍尔(Mulhall, S. 1994):《斯坦利·卡维尔：对日常的哲学叙述》(*Stanley Cavell: Philosophy's Recounting of the Ordinary*. New York: Oxford Clarendon Press.)。

——(2002),《论电影》(*On Film*. New York: Routledge.)。

9. J. -L. 南希(Nancy, J. -L. 2008):《不要触摸我：身体的上升》(*Noli me Tangere: On the Raising of the Body*. Sarah Clift, Pascale-Anne Brault, Michael Naas trans. New York: NY: Fordham, University Press.)。

10. A. 诺里斯编(Norris, A. 2006):《共同体的诉求：斯坦利·卡维尔政治哲学论文集》(*The Claim to Community: Essays on Stanley Cavlee's Political Philosophy*. Stanford, CA: Stanford University Press.)。

11. D. 帕纳贾(Panagia, D. 2006):《政治思考的诗学》(*The Poetics of Political Thinking*. Durham, NC: Duke University Press.)。

12. D. N. 罗多维克(Rodowik, D. N. 2007):《电影的虚拟生活》(*The Virtual Life of Film*. Cambridge, MA: Harvard University Press.)。

13. W. 罗斯曼, M. 基恩(Rothman,W and Keane, M. 2000):《解读〈看见的世界〉：对电影的一种哲学阐释》(*Reading Cavell's The World Viewed: A Philosophical Perspective on Film*. Detroit, MI: Wayne State University Press.)。

14. R. 沃肖(Warshow, R. 2001):《直接经验：电影、喜剧、剧院以及大众文化的其他方面》(*The Immediate Experience: Movies, Comics, Theatre and Other Aspects of Popular Culture*. Cambridge, MA: Harvard University Press.)。

15. L. 维特根斯坦(Wittgenstein, L. 1958):《哲学研究(第三版)》(*Philosophical Investigations: Third Edition*. G. E. M. Anscombe trans. Englewood Cliffs, NJ: Prentice Hall.)。

——(1965),《伦理学演讲》(" A lecture on Ethics", *The Philosophical Review*, 74 pp. 3–12.)。

第十章　审美维度：美学、政治、知识

雅克·朗西埃

巴黎第八大学

该如何理解这个标题的语段结构？显然，它并非声称政治或知识必须具有审美维度，或者说它们必须基于感觉、感知和感性。它甚至也不是表明政治和知识应以感性为其根据，或感性自身即具有政治性。美学所指涉的并非感性，而是某种情态（modality），某种感性的分配（distribution of the sensible）。虽然该术语从未被用作实词，但至少在其原初意义上，我们可以通过架构了该美学空间的文本来理解它。当然，我指的就是康德的《判断力批判》。我将其当作试验性地建构更为宽泛的美学概念的主导线索。现在我只想从该文本中抽取三个基本要素，它们构成了我所说的感性的分配。首先，是被给予的事物（something given），即由感觉所提供的形式——例如，在康德书中的第二节所描述的一座宫殿的形式；其次，对该形式的理解并不只是感觉问题，而是感觉自身的双重化。（对事物的）理解调动了康德所说的诸官能之间的关系，即提供给予物的官能与用给予物产出某物的官能之间的一定关系[1]。这两种官能的希腊语为同一个

[1] 康德认为："我们的知识来自内心的两个基本来源，其中第一个是感受表象的能力（对印象的接受性），第二个是通过这些表象来认识一个对象的能力（概念的自发性）；通过第一个来源，一个对象被给予我们，通过第二个来源，对象在与那个（作为内心的单纯规定的）表象的关系中被思维。"（参阅康德：《纯粹理性批判》，邓晓芒译，人民出版社2004年出版，第51页）——译者注

词：感性(*aesthesis*)[1]。这就是感觉的官能，一种既能感知给予物又能对其加以理解的官能。

康德告诉我们，理解某种被给予的感觉可以有三种方式。其中两种规定了一定的等级秩序。在第一种方式中，赋予意义的官能支配着传达感觉的官能。为支配被给予的感觉，理解力谋求想象力的协助，此乃知识的秩序。这种秩序定义了这样一种关于宫殿的观念：宫殿被视作施加于空间和原材料之上的某种观念的结果，它体现于建筑师的设计蓝图中。该蓝图自身也符合建筑的目的；第二种理解方式则相反，感觉官能对知识官能发号施令，此乃欲望的法则。此法则将宫殿视作骄傲、嫉妒或鄙弃的对象；第三种看待宫殿的方式则既不将其理解为知识的对象，也不将之当作欲望的对象。此种方式中，没有任何一种官能支配另外一种官能；“要么……要么……”(the either/or)的原则不再管用。两种官能和谐一致，不存在任何一种从属关系。观者可能会认为这座宫殿的壮观是彻底无用的，他也可以将宫殿的壮丽浮华与穷人的悲惨境地对立，或与为了低廉的薪酬而建造此物的工人的汗水对立，但此已远非重点。此处至关重要的一点是感性分配的特殊性，它摆脱了高级官能与低级官能之间的等级关系，即以一种积极的“既不……也不……”(neither/nor)的方式而得以摆脱。

我们在此可以总结三点。首先，感性分配意味着对被给予物的一定配置(configuration)。其次，对被给予物的这种配置会引起感觉(sense)与意义(sense)[2]之间的一定关系。此种关系可以

[1] 康德在《纯粹理性批判》中以“先验感性论”来探讨知识的可能，其中所使用的德语词Ästhetiki即来自古希腊语中的αἴσθησις(感觉的)一词。而在《判断力批判》中，康德以ästhetisch表示“审美”，是将“审美”和“感性”两者的意义加以打通的基础上使用该词的。希腊文中的aesthesis，意指感官的察觉。——译者注

[2] “sense”是一个多义词，既有表示感觉、感性之意，也有表示意义、感知力和理解力的意思。朗西埃正是在一种双重的意义上使用该词的。按照著名的(转下页)

是连接的（conjunctive）或分离的（disjunctive）。当它遵循不同官能之间一定的从属秩序，或遵守既定规则展开游戏时，此种关系就是连接的；当不同官能之间的关系不存在支配规则时就是分离的。第三，连接或分离其实也还是一个等级问题：即要么是不同官能之间可能被倒转的等级；要么就是无等级。在无等级的情形中存在一种官能，其独特的力量正源于对等级关系的拒绝，而对理解的不同官能之间等级关系的拒绝包含着社会等级的某种中立化（neutralization）。这已在《判断力批判》的第二节通过宫殿的例子中得以表明。在后来的第六十节中，这一点也得到了强调，康德将之归于审美的共通感（*sensus communis*），一种在不同原则与层级之间达成和谐的能力。几年之后，席勒（Schiller）也在对作为形式冲动与感性冲动之间对立的中立化之审美经验的政治阐释中清晰表达了这一点。通过将两种官能之间的游戏转化成两种冲动之间的张力，席勒提醒康德的读者至为关键的是：在成为协力促成判断的官能之前，理解力（*understanding*）与感受力（sensibility）指定了灵魂的不同部分：较好的部分，即主导的部分，这是有权力予以尺度的知性（intelligence）；另外则是从属或难以驾驭的感性部分，它只懂得感性的震惊和欲望的刺激。正如柏拉图所强调的，对个体灵魂的划分就是对集体灵魂的划分，这同样也是城邦中一种阶级划分：有注定要作为支配者的知性与制定尺度的阶级，也有感性、欲望和无限性的阶级，他们注定要反抗其必须服从的知性秩序；而第三个术语——审美经验，则是对此类划分的补充（supplementation）。它不能被视为一个部分，而是一种再分配活动，一种采取了中立形式

（接上页）朗西埃研究学者Joseph J. Tanke的说法，在法语中，“*sens*”至少有三个层面的意思：1. 感觉sense；2. 意义meaning；3. 方向direction（Tanke, *Jacques Rancière: An Introduction Philosophy, Politics, Aeasthetics*, London & New York: A & C Black, 2011. p.2.）。——译者注

的活动。

我所说的审美维度就是这样，它是对那些自身还不能被视为组成部分的部分进行的补充计算。这是另外一种感觉与意义之间的关系，是既揭示了处于感性之核心的划分又对其加以中立化的一种补充。让我们称之为“歧感”（*dissensus*）吧。歧感并非冲突，它是对感觉与意义之间常规关系的一种扰动。按照柏拉图的说法，这种常规关系就是“好的”对“坏的”的支配。它是处于博弈（game）之中的两种既互补又对立的权力，以这样的方式，唯一可能的扰乱就是“坏的”反对“好的”之斗争——例如，民主的欲望阶层反叛贵族的知性阶层。这种情况不会产生歧感，也不存在对博弈的扰乱。只有对立面自身被中立化之际，歧感才得以发生。

这意味着，中立并不完全等同于和解（*pacification*）。相反，不同官能、灵魂的不同部分，或者群体不同阶层之间对立面的中立，是对某种溢出（excess）的展现，是可以产生更为激进的看待冲突的方式的增补。但是，正如有两种思考冲突的方式（共识的方式和歧感的方式），思考歧见的本性以及共识与歧见之间关系的方式也有两种。这一点是决定性的，即存在两种阐释共识和歧感的方式，一种是伦理的方式，另一种是审美的方式。

伦理（*ethical*）必须在其最初有关的“习性”（*ethos*）的意义上加以理解。“习性”在其表示适合某个居所的存在方式之前，首先指的就是“住所”（*abode*）。伦理法则首先是以位置为其依据的法则。伦理关系本身也可以通过两种不同方式来理解，这取决于你是考虑位置的内在决定性，还是与其外部的关系。我们先从内部讲起。内在法则也是双重的。伦理首先意味着，将某种经验领域阐释为归属某一地域的全体人员发挥他们共同拥有的特性与能力的领域。亚里士多德告诉我们，因为人不同于动物而拥有更为高级的模仿（imitation）能力，所以就有了诗。所有人都能够模仿并乐在其中。同样，因为人不仅与动物一样具有发出声音以表达愉快或痛苦的特性，而且还具有特定的逻各斯的能力，使其得以揭示和讨论何为有用，何为有害，并由此推断何为正义与不正义，于是便有了政治。

众所周知，很快我们就会看到这一共同特质并非人皆有之。一般而言，由嘴巴所发出的一系列声音是清晰表达的言说，还是只是关于愉快或痛苦的动物式表达，是存在争议的。以这样的方式，伦理的普遍性通常被伦理的区别（discrimination）原则双重化了。共同位置包含在不同位置必然带来不同存在方式的地形学（topography）之中。按照柏拉图的说法，工作场所就是一个在此工作起来则时不待我的地方，这也就意味着，工匠没有时间去任何别的地方。既然没有其他地方可去，他也就没有能力理解组成共同体的不同位置之间的关系，那就意味着他没有政治的理解力。这种关系也可以颠倒过来。既然工匠无非只是一个与需求和欲望有关的人，他们对共同尺度便会毫无感觉，因此，除了生产欲望与消费对象的场所之外，他们无处可去。这是一种伦理的循环，它把为人们量身定做的某个位置、某种职业与天资才能（即感性的配备），紧紧捆绑在了一起。伦理法则因此也是在感性阶层与知性阶层之间的一种分化法则。

简而言之，作为一种内部法则，伦理法则就是根据比例原则（proportionality）的不同形式，将共同能力的分享与不同能力的分配结合起来的一种感性分配。

但是，伦理法则也可以被确立为一种外部法则。在《政治学》（*Politics*）中，在对基本的人类共同体做出分析之后，对政治的动物做出陈述之前，亚里士多德很简略地构想并驱逐了一个没有城邦的主体形象。这是一个低于或高于人类的生灵——或许是一个怪兽或者神——一个无拘无束的（*azux*）存在，它不与任何一种与其类似的生灵发生关系[1]，这种关系必然是处于战争之中的。但是，亚里士多德简单描绘的这个外部形象也可以倒转为一种不可度量的或无可替代的形象。所有根据分配法则而联系起来的可度量或可替代的事物，在此都必须冒着取消律法的危险而接受其律法。众所周知，这样一个形象在最近几十年里正以各种不同的形式复活：他者（Other）、他物（Thing）、崇高（sublime）的律法，不一而足。

这就是我所说的对于共识和歧感问题的伦理阐释，也是对共同事物及其补充物的伦理解释。审美维度却是对此的另一番阐释，这种阐释既取消了内部的分配法则，也取消了不可度量的外部法则。审美维度导致了对伦理合法性的废除，也就是，对三个术语的伦理互补性的拆解。这三个术语是：共同习俗的规则，非此即彼的组成部分的分配法则，以及外在于规则之外的怪兽的权力。它也可以被描述为是对“相同”（the same）、“相异”（the different），与“他者”（the Other）的一种伦理分配。与此种分配相反，审美配置的一般形式可以描述为：不是他者，也不是不可测量性，而是对同与异的重新分配，是对“同”的划分与对“异”的消除。审美配置重新演绎了差异的关系，其方式是使之中立化，并使此中立化成为对超溢共识性分配之冲突的展演。不能按照分配的共识原则来计算此种超溢，但是，也不能遵循某种不可测量的他者性原则。两种超溢之间的差异就是伦理的他律性（heteronomy）与审美的异质性（heterotopy）之间的差异。

让我试着以我曾所说的“美学的政治”（the politics of aesthetics）、“政治的美学”（the aesthetics of politics），以及“知识的

[1] 在《政治学》开头，亚里士多德即表明：“人类在本性上，也正是一个政治动物。凡人由于本性或由于偶然而不归属于任何城邦的，他如果不是一个鄙夫，那就是一位超人”。或曰：“凡隔离于城邦的人，他如果不是一只野兽，那就是一位神祇。”（参阅亚里士多德著《政治学》，吴寿彭译，北京：商务印书馆2011年版，第7、9页）——译者注

美学”（the aesthetics of knowledge）来对此进行说明。在每一个这样的领域中，都可能将审美方式从两种伦理方法形式中区分开来。从我所说的“美学的政治”开始。它是这样一种方式，在其中，审美经验（作为对艺术实践及其接受的可见性与可理解性形式的重新配置）介入感性分配。为了理解这一点，让我们回到起点，也就是，回到康德将美作为某种“既不……也不……”的表现的分析。审美判断的对象既不是知识的对象，也不是欲望的对象。在由席勒所作的政治转换中，这一“既不……也不……”的原则被阐释为对知识阶层与欲望阶层之间伦理对立的消解。这样一种美学的政治遭到了两种伦理批判形式的质疑。一方面，是认为其无视习俗之社会法则的社会学批判。皮埃尔·布尔迪厄（Pierre Bourdieu）的作品代表了此类批判，他断言，不受任何利益支配的审美判断的立场无异于某种幻觉（illusion）或神秘化（mystification）。去功利的审美判断只是那些自身能够从社会法则中抽离（或那些相信他们能够抽离自身）的人的特权，社会法则给予不同的社会阶层以不同的趣味判断，而这种判断是与其习性，即与环境强加于他们的生活方式及情感方式相吻合的。对宫殿之形式美的无功利判断，实际上是为那些既非宫殿的主人也非其建造者而保留的。这是一种小资产阶级知识分子的判断，他们不用担心工作或者资本，通过采取某种普遍思想和无功利趣味的立场，使他或者她沉溺于其中。因此，他们的例外无非是确认了这样的一条规则，据此，趣味判断事实上包含在社会判断之中，它是对由社会决定的习性的转译。这样的判断也是神秘化的一部分，它隐藏了社会决定论的现实，并且有助于防止社会体系的受害者获取自身解放的知识。

让-弗朗索瓦·利奥塔尔（Jean-François Lyotard）提出了一种相反的伦理批判形式。利奥塔尔同样认为去功利的判断是一种哲学幻觉。他认为，正是这样一种逻辑怪物，试图将古典的和谐关系转换为美的标准与艺术鉴赏导致社会决定的公共性之间一致形式的丧失。这种对一个失落的和谐世界的怪诞涂抹，隐藏了现代艺术的真实本质，不过，它是在康德的批判中阐明这一点的：现代艺术作品遵循着崇高的法则。崇高法则就是一种不均衡的法则，一种在理解性与感受性之间任何共同尺度都荡然无存的法则。在第一个场景中，利奥塔尔将这种不均衡等同为感性问题的压倒性力量：一种声调或颜色，“皮肤或木块的纹理、香料的芬芳”之独特且无与伦比的特质。但是，在第二个场景中，他抹除了所有感觉的差异，“所有这些关系”，他说，“都是可以互换的。它们均可被命名为一个情感事件，一种精神尚未做好准备的动情性（passibility），它早已扰乱了精神，借此，它所保留的只是某种模糊债务（debt）的情感——痛苦或者惊喜”[1]。艺术的所有差异总计而为同一个事物：精神对某种不可驯服的感觉震惊事件的依赖。这样的感觉震惊反过来又表示为一种根本的奴役状态的标记，即精神对他者法则的无限债务。他者在此有可能是上帝的法令，也可以是无意识的权力。在其他地方，我已经对这种以崇高代替审美中立化的伦理转向进行过分析，并且表明，这种假设可被认为是对康德崇高概念的彻底颠覆。我不想在此再作赘述。我想要集中讨论的是该操作的核心问题：利奥塔尔为了成全崇高的他律性，取消了美的异质性。其结果是，尽管它们来自全然不同的视角，这种操作与社会学批判的结果如出一辙。在这两种情形中，异质性的政治潜力都被归结为一种隐藏了服从之现实性的纯粹幻觉。

可以用一个例子来说明审美异质性的政治潜力。1848年法国革命期间，工人报纸有过一个短暂的繁荣期。其中一份名为《工人警

[1] 让-弗朗索瓦·利奥塔尔（Jean-François Lyotard）：《崇高之后、审美状态》（“After the Sublime, the State of Aesthetics”），见《非人：时间的反思》（*The Inhuman: Reflections on Time*, trans. Geoffrey Bennington and Rachel Bowlby. Stanford, Calif., 1991），第141页。

钟报》(*Le Tocsin des travailleur*)的报纸上发表过一系列文章，文中一个细木工(joiner)描绘了他的细木工同伴或在车间或在其正铺设地板的房间里工作的时光。他以日记的形式呈现这些。然而，对于我们来说，它看起来更像是对《判断力批判》所作的某种个人化演绎，且与清楚地表达了审美判断之无功利性的第二节尤为类似。康德以无须考虑社会用途与意义的方式去观看和欣赏的一座宫殿为例，证明了这种去功利性。这是细木工以自己的叙述方式对此做出的转译："相信自己是在家中，只要地板尚未铺完，他就喜欢这个房间的布置。如果窗户是对着花园敞开的，或远远望去是一片如画的风景，他便停下他手中的工作片刻，在想象中向着那片广袤风景滑翔，他比隔壁住宅的主人更好地享受着这一切。"[1]这个文本似乎正是描画了布尔迪厄所描绘的那样一种审美幻觉。当细木工谈及相信(belief)和想象(imagination)，并且将这种愉悦与财产的现实性相对比的时候，他自己就承认了这一点。但是，这篇文章在革命期间的工人报纸上出现并非偶然，在此，审美的相信与想象意味着的正是这样的事物：手的活动与凝视(gaze)活动的分离。视角主义(perspectival)的凝视，长期以来总是与统治权和权威勾连在一起。但是，在这个例子中，这种凝视被重新挪用为一种扰乱身体与习俗之间的适当性的方式。这就是去功利性或者淡然(indifference)所带来的东西：对那种被认为一定要符合特定习性(如，明白工作将时不待我，以及其感知要与此种时间的匮乏相契合的工匠的习性)的身体经验的拆解。不在意宫殿真正属于谁，不在意包含在宫殿之中的贵族的浮华与人民的汗水，这就是审美判断的条件。此种无知(ignorance)与那种隐瞒

[1] 路易斯·加布里埃尔·戈尼(Louis Gabriel Gauny)：《劳累的工作》("Le Travail à la tache")，引自雅克·朗西埃：《劳工之夜：19世纪法国工人的梦想》(*The Nights of Labor: The Workers' Dream in Nineteenth-Century France*, trans. John Drury. Philadelphia, 1989)，第81页。

了财产之现实性的幻觉无关，而毋宁说，它就是建构一个新的感性世界的方式，这是在财产拥有与不平等的世界之中的平等世界。这样一种审美描述在革命期间的报纸上是恰如其分的，因为正是这样一种对工人经验身体的拆解成为工人政治发声的条件。

因此，审美的无知中立化了伦理的分配，这种分配在某种程度上已被社会学家分裂为简单的非此即彼，它要求你要么是无知的和服从的，要么是拥有知识的和自由的。这种二选一仍深陷于柏拉图式循环之中，即伦理的循环——据此，那些感性装配只适合于时不待我之工作的人就无法获得社会机器的知识。打破此种循环的只有审美。它存在于感性装配与其必须为之服务的目的的分离中。细木工在决定性的一点上与康德保持一致：审美经验的奇异性（singularity）是一种“仿佛”（as if）的奇异性。审美判断发挥作用，就仿佛宫殿不是一种可拥有和支配的对象，而细木工就像是拥有了那些远景一样在行动。这种“仿佛”并非幻觉。它是对感性进行重新分配，是对必定要根据高级和低级官能，高等或低等阶层的划分来发挥作用的角色进行再分配。就其本身而论，这也是对另外一种“仿佛”的回答：按照柏拉图的方式，城邦的伦理秩序必须被视为仿佛是上帝将金注入了注定去统治别人的人的灵魂之中，而将铁加入了注定去劳作和被统治的人的灵魂内。这是一个关于“相信”的问题。很显然，柏拉图并不要求工匠们获得某种内在的确信，即相信神果真将铁加入了他们的灵魂而将金加入了统治者的灵魂，但是，他们能够感觉到这一点便足够了，也就是说，他们就像这是真的那样来运用其手臂、眼睛以及头脑就足矣。他们这样做，更多的是让这个有关适配性的谎言与其自身条件的现实性相契合。社会职业的伦理秩序最终以一种“仿佛”的模式出现，而审美断裂则打破了这种秩序，仿佛在构造另一种秩序。

这样一种简短的分析将我们带至我所说的“政治的美学”问题。

伦理视角与审美视角两厢之间也是一种非此即彼。之所以这么说，原因很简单：政治的首要问题并不是法则或宪法，而是共同体之感性构造的配置问题，借此，法则和宪法的问题才能被理解（这些感性配置问题包括）：什么对象是共同的？什么主体被包含在共同体之中？哪些主体能够看到或说起共同的事物？什么论述和实践可被当作政治讨论与政治实践？等等。

我们想想世界上最一般的政治概念，即民主（democracy）的概念吧！有一种关于民主的共识性伦理观点。这一观点将民主视作基于生活形式或由自由市场决定的自由形式的治理体系。只要民主一直是与极权主义相对的，这种在经济生活形式与制度体系，以及一整套价值体系之间看到的一致性的观点就会备受青睐。不过我们知道，其受欢迎程度在过去十年间已急剧减弱。一方面，政府和政治家们总在抱怨民主难以管制，民主受到了一个敌人的威胁，该敌人就是民主自身。与此同时，知识分子也在抱怨民主是一种对共同利益漠不关心的个体消费者的权力，一种不仅威胁着好的政府，也威胁着更为一般意义上的文明和人类谱系的权力。我们无须在表面价值上展开争辩。重要的是，当他们将民主的政府与民主的社会对立起来，从而激增了关于民主的共识性观点时，也促使我们去思考处于民主核心的一种分裂，这种分裂也许并非不良政治体制的特征，而有可能恰是政治自身的特征。

换言之，当下对民主的批判所指向的是处于政治核心的歧感。歧感不是一个角色与另一角色之间——富人和穷人或统治者与被统治者之间——的冲突，而是对这种简单的关于支配与反叛的共识性博弈的增补。我们该如何理解这种增补？再一次地，它可以从审美的立场或伦理的立场来加以理解。

从审美立场理解歧感，就是从权力分配的伦理法则中立化的角度来理解。正如我之前所提及的，伦理规则实际上是双重的；那些非此即彼的官能划分使得共同所有物被双重化了。根据这个原则，权力是有一定资格支配无资格者的资格的运用。行使权力的人得以如此，因为他们是上帝，是牧师，是创始者的后裔，是最年长者，是最好的同类，最聪明者，最有道德者，等等。这就是我所说的起源（*arkh*è）的循环，或一种逻辑的循环，据此，权力的行使是在行使权力的能力中被预设了的，而此种能力反过来又能被权力的行使所证实。我曾声明，民主的增补是对此种逻辑的中立化，是对任何位置之去对称性（dissymmtry）的解除。这就是"人民（demos）的力量"这一概念的意涵。人民不是人口，它也不是多数或者低等阶级。它由那些没有特定的资格，没有附加于其所处位置或职位的天资，不适合统治而只能被统治，或没有理由被统治而是可以去做支配者的人所组成。民主是这样一种令人震惊的原则：统治者得以如此，是建立在这样的基础之上，即为什么某些人应该去统治其他人其实并无道理可言，除了一个事实：没有理由。这就是民主的无政府主义原则，它是权力与人民之间一种断开式联结。悖论就在于，民主的无政府主义原则结果却是政治共同体和政治权力之类存在的唯一基础。在社会层面运作着各种伦理权力：在家庭、宗族、学校、车间等地方，存在着父母支配孩子，长者支配幼者，富人支配穷人，教师支配学生等现象。但是，只要共同体是由这些权力联结而成，只要它在整体上是根据一种或多种权力的联合而受支配，它就还不是政治的。任何一个共同体要成为政治共同体，都必须有另一个原则，另一种权利，它是所有其他原则和权利的基础。但是，只有一个原则超越所有其他：即民主的原则与权利，或无资格者的资格。

这就是我对民主增补的理解：人民是对社会分化集体的一种增补。它是一个由无资格者，以及在计数中不被计数为组成部分的人所组成的补充部分，我曾称之为"没有部分的部分"（the part of those without part）。它并不是指弱者，而是意味着任何人（anyone），人民的权力是任何人的权力。正是这样一种无限的可替代性原则或漠视差异的原则，以及对任何一种去对称性的否定，可以作为共同体的基础。人民是政治的主体就是因为它异质于社会组成部分的计算。它是一个异端(*heteron*)，但却是一种特殊类型的异端，因为其异质性相当于可替换性。其特殊的差异就是对形成了社会秩序的差异或差异的多样性(它们意味着不平等性)的淡漠。民主的异质性意味着两种逻辑的断开式联结 。通常被命名为政治的事物由两种对抗性逻辑组成：一方面，存在一些统治他人的人，就因为他们是(或者他们扮演的角色是)长者、富人、智者等，因为他们被赋予统治那些没有地位和才能的人的资格；存在着各种以一定的位置与才能的分配为前提的统治模式与程序，这就是我所说的治安(police)规则。但是，另一方面，权力又必须得到另外一种权力的补充。在某种程度上，这种权力就是政治性的(political)。统治者的统治建立在这样一种最终的基础之上，那就是：没有理由说明为何他们就应该是统治者。他们的权力就建立在自身合法性的缺席之上。这就是人民的权力所意味着的：民主的增补就是使政治作为自身而存在。

我们可以从人民的存在模式中得出一些结论。一方面，人民的权力只是某种内在的差异，它对任何国家体制或权力实践既进行了合法化又进行了去合法化。就其本身而言，这也是一种不断消失的差异，它不停地被体制的寡头政治功能所取消。这就是为什么在另一方面，这种权力必须被政治主体不断重演的原因所在。政治主体通过一个扮演人民角色的表述(enunciation)与展现(manifestation)的过程而得以确立。扮演人民的角色意味着什么呢？它意味着，通过把施加于特殊群体的特定过错与治安分配(对任何人的能力做出治安性否定)施加于任何人之上的过错联系起来，从而挑战有关部分、位置和能力的分配，这就是政治歧感。歧感是将两个世界——两种异质性逻辑——置于同一个舞台上，同一个世界中。这是一种不可通约性的可通约性(a commensurability of incommensurables)。这也意味着政治主体以“仿佛”的模式而行动,就是像人民那样行动,也就是说,是作为整体而行动,而这个整体是由那些不被计数为共同体之有资格部分的人组成的。这就是政治的审美维度:它是由仿佛是人民那样行动的主体(由任何不可计数的计数组成)对歧感——一种感觉世界的冲突——所进行的展现。当一小群抗议者在“我们都是人民”(We Are the People)的旗帜下走向街头,就像他们曾在1989年的莱比锡城(Leipzig)所做的那样,他们知道,他们还不是人民,(但是)他们却创造了一个由不被纳入国家并得到政府机关安置的人们所组成的开放集体。他们所扮演的是由没有特定能力去统治或被统治的人所形成的不可计数的集体的角色。

这就是我所说的对民主增补的一种审美理解,它也等同于一种政治的理解。我认为我们能将之与关于增补的伦理立场作对照,这种立场可以用德里达的“到来的民主”(democracy to come)概念来加以概括。我的观点不应遭到曲解。我意识到德里达也关注民主概念的阐述,而这种概念有可能打破作为富裕国家之管理方式与存在方式的民主的共识-伦理立场。我还意识到,德里达对新的民主概念的追寻,是其致力于反抗世界范围内的各种压迫形式的诸多斗争的一部分。我承认,这样的理论和实践所致力于的是民主的主要议题。然而,我仍然认为,“到来的民主”概念还不是一个政治命题而是伦理命题。对于德里达而言,到来的民主不是使得政治得以可能的审美的增补,它是对政治的一种增补。因为德里达的民主实际上是一种没有人民的民主,其政治观念所欠缺的就是政治主体的观念,也就是政治能力的观念。原因很简单,某些事物是德里达不会为之背书的,即关于中立化(或可替代性)的观念——对差异的淡然,或者在同者与他者之间的等值性观念。他一贯不能够接受的就是关于“仿佛”的民主游戏。从这一点看来,只存在着某种二选一:要么是同者的法律，也就是自治性的法律；要么是他者的法律，即异质性的法律。

我所说的“同”的法律可由两个概念加以概括，德里达曾以此概括政治的共识立场的特征：主权（sovereignty）与兄弟情谊（brotherhood）。德里达无须讨论即认可了一个公认的观点，即政治的实质是主权，这是一个源自神学谱系的概念。主权实际上可回溯到万能的上帝，上帝将主权授予了国王。相反，民主的人民则通过砍掉国王的头而轮流得到它。政治概念是一些几乎不可还俗的神学概念。按照此种立场，人民的概念不会具有任何特异性，它归根结底就是一个主权的概念，一个与维持民族-国家权力的主权逻辑保持同质关系的自我决断的主体。所以，到来的民主的力量不是人民的力量。因此，受到怀疑的不仅是人民的形象，也包括政治主体自身的概念，以及那种将政治视为任何人之能力发挥的观念。正如他将政治的概念等同于主权的概念，德里达将政治主体的概念与兄弟情谊的概念也等同起来。从此点看来，在家庭式权力与政治权力之间并不存在什么破裂。正如民族国家乃主权之父，政治主体实际上也就是一个兄弟。即便是“公民”的概念——在过去的二十年里，这是一个在法国政治话语中被使用得太多，也误用太多的概念——在他的概念构想里都毫无意义。公民无非只是兄弟的另一个名称。我们不能不被德里达反对兄弟情谊或友爱的辩论所震撼，这其中甚至还包括对平等（parity）的批判——一个平等的妇女，一个可替换的妇女，一个“可计数的”妇女依旧不过是一个兄弟，是一个主权家庭的成员。就像他所认为的，一个兄弟就是一个可被替换成另一个人的任何人，一个具有可替换性特质的任何人。

因此，到来的民主不是那种由可替换的人所形成的共同体。换言之，到来的民主能够与民族-国家实践形成对立的，不是那种作为任何人之角色的政治主体的行动。它是对一个绝对的他者，一个永远不会与我们相同，也不能被替代的他者的献身，或者，我们可以增加一点，是对一个不能展现他或她之他异性，不能展现他或她的包含(inclusion)与排除(exclusion)之间关系的他者的献身。到来的民主是一种没有人民的民主。对于一个主体而言，它不具备发挥人民力量(*kratos*)的可能性。

这样一种民主暗示了另外一种"异质"(*heteron*)的状态：一种作为外部的、远方的、非对称的，以及无可替代的异端。为了应对他所说的"国际秩序"(International Order)的"十大瘟疫"(ten plagues)[1]，德里达的"好客"(hospitality)概念暗含了比逾越民族-国家边界多得多的义务。好客(*hospes*)所要超越的，首当其冲的就是那种允许了互惠性和可替代性的边界。在这一点上，好客是人民的严格的对立面。好客的特征在于，在可能的或可计算的舞台，与无条件的、不可能的，或不可计算的舞台之间打开了一条不可协调的鸿沟。这里所排除的就是一种"仿佛"的审美表演(performance)。好客抹除了人民的异质性，因为它在政治和解的领域与无条件性领域之间，在法律的可计算与正义的不可计算之间拉开了一道根本的裂隙。这样的对立所取消的，正是那些扮演着不是人民的人民角色的表演。当示威者在街上说"这是公正的"或者"这是不公正的"的时候，他们的"是"(is)并非是对包含了其对象的决定性概念的部署。这是两种正义、两个世界的冲突。这也正是政治歧感或异质性的意味所在。但是，正是这样一种正义被德里达排除掉了。在他看来，要么就是如同机器操作一般对规则的常规的、共识性的应用；要么就是无条件正义的法则。这就是"到来"所意味着的。伦理的"到来"和审美的"仿佛"相对立。它("到来")意味着，民主是不能被呈现

[1] 雅克·德里达(Jacques Derrida)：《马克思的幽灵：债务国家、哀悼活动与新国际》(*Specters of Marx: The State of the Debt, the Work of Mourning, and the New International*, trans. Peggy Kamuf. New York, 1994)，第86页。

的，即便是以人民的歧感的形象，也就是说，以仿佛就是人民那样行动的主体形象。在此，不存在部分对整体的替换，也不存在展现着相同与相异之间的等价性的主体。人民的异位（heterotopy）被两种不可化约的异质性所代替："到来"的时间异质性，以及"好客"的空间异质性。这两种形式被联合而为"初来者"（first-comer）与"新到者"（newcomer）的形象。"好客"或"新到者"是不会走到同一性位置的他者，是其角色不能被其他人代演的他者。这种去对称性在《流氓》（*Rogues*）[1]一书中得以清晰表达。当他将"任何人"当作是到来的民主的核心时，这里的"任何人"不是歧感主体，不是那种肯定无能力者之能力的主体；德里达的"任何人"是一个需要关心的对象。德里达给予"初遇者"（*le premier venu*）这个借自让·保兰（Jean Paulhan）的术语以非同寻常的意义。他说："任何人，无论是谁，都处于'谁'与'什么'，活物、死尸和鬼魂的可渗透性界限之间。"[2]任何人因此正好成为初来者的反面。这就是亚里士多德在《政治学》开篇构想出来的那种具有绝对奇异性的形象，也就是那个低于或高于人类的生灵——低于人类的则是委托我们予以关心（*à revoir*）的动物、死尸，或者鬼魂；在这种意义上，他者，就是要求我们去回答他、她或者它的任何人或任何事物。这就是责任（responsibility）的意义：对一个委托给我的他者的义务，对于他或者它，我必须予以回答。

---

[1] 德里达著作《流氓》，全名为《流氓：两论理性》，全书由两场报告组成。第一场题为"最强者的理性（有流氓国家吗？）"，是2002年7月15日德里达参加法国勒萨（Cerisy-la-Salle）行政区举办的关于德里达的"到来的民主"的研讨会时所作的发言；第二场题为"未来的启蒙'世界'（例外、计算与主权）"，是德里达同年8月27日在尼斯（Nizza）大学为法语哲学团体联合会第三十九届大会的开幕式而作。——译者注

[2] 德里达：《最强者的理性（存在流氓国家吗？）》["The Reason of the Strongest (Are There Rogue States?)"]，《流氓：两论理性》（*Rogues: Two Essays on Reason*, trans. Pascale-Anne Brault and Michael Naas. Stanford, Calif. 2005），第86页。

但是，另一方面，他者是非互惠性地拥有凌驾于我之上的权力的任何人或任何事物。譬如，他对面罩或头盔的效果分析就展现了这一点。鬼魂或者“他物”以一种取消了任何对称性的方式看着我们，我们却无法穿透它的凝视。德里达补充道，正是从面罩的功能，我们第一次接受了律法（law）——不是正义，而是律法。正义相当于我们的无知，相当于我们没有能力去检查其语词的真实：对于“一个说‘我是你父亲的鬼魂’的人，我们只能相信他的话。一种本质上对其秘密的盲目服从，服从于其本源的秘密，这是对禁令（injunction）的一种最初的服从，它将是全部他者的条件”。[1]为了理解这一服从命题的关键之处，我们必须想到显然已经被哈姆雷特与鬼魂之间对质替换掉了的另一种父与子之间的场景。现在，哈姆雷特正处于亚伯拉罕（Abraham）的位置上，而鬼魂则处于命令亚伯拉罕去杀其儿子的上帝的位置上。正如德里达在《流氓》中所指出的，当我们强调异质性原则处于此种关系之中心的时候：“这是一个……关于异质性，关于源自他者的律法，关于对他者（一个内在于我的他者，一个比我伟大且年长的他者）之责任与决断的问题。”[2]

在这一点上，借助于克尔凯廓尔（Kierkegaard），德里达为我们提供了一个“戏剧性的时刻”（*coup de theatre*）：命令亚伯拉罕去杀以撒（Isaac）的上帝确实是叫他服从他的命令。正如德里达在《赠与死亡》（*Donner la mort*）中所指出的，他说：你必须无条件地服从我。但是，他想要亚伯拉罕明白的是，你必须无条件地在背叛你的妻儿与背叛我之间做出选择，你没有理由选择背叛我而不是背叛萨拉（Sarah）和以撒[3]。牺牲只是意味着选择，意味着在绝对他者与家庭成员之间

[1] 德里达：《马克思的幽灵》（*Specters of Marx*），第7页。

[2] 德里达：《最强者的理性（存在流氓国家吗？）》，第84页。

[3] 见德里达：《死亡的赠礼》（*The Gift of Death*, trans. David Wills. Chicago, 1995），第58—59页。

做出选择，这无异于无论何时我进入与任何他者之间的关系时都不得不做出的选择，它强迫我为所有的他者做出牺牲。“任何他者都是全然的他者”[*Tout autre est tout autre* (any other is wholly other)]：这是一种对立面的同一准则，是绝对不平等与绝对平等之间的同一准则。任何人都能充当作为全然的他者这一任意他者的角色。多亏亚伯拉罕的上帝，任何人都得以扮演亚伯拉罕的上帝的角色。

于是，一种根本的异质性准则就与政治的平等准则旗鼓相当了；伦理的任何人与政治的任何人平起平坐。但是，只有通过对异质性之伦理法则的自我否定或自我背叛，这一切才得以可能。在我看来，这意味着，为了使得任何人的政治得以可能，伦理异质性的整个架构就不得不进行自我取消（self-cancelled）。

正如前述，我不是说我的民主概念比德里达的更为恰当。我只是尽力概括了政治的审美理解与伦理理解之间的差异。德里达的到来的民主在此方面也许更有意义，因为它正是在其最难以辨别的界限上使得这两种方法的根本差别表现为最接近的近似关系。

为了强调美学的政治与政治的美学，必须启动某种话语，即蕴含着知识美学的话语。这一表述是什么意思呢？首先，它是一种话语实践（discursive practice），它充分赋予了康德所构想出来的审美判断之显然无关利害的定义，即审美判断意味着某种无知这一定义以充分的意义。我们必须忽视宫殿的建造方式及其为了获得审美欣赏而追求的目的。正如前所述，这样的无知或者悬置并非只是疏忽。事实上，它是对知识与无知的一种分配。对于一个细木工而言，对一座建筑的拥有权及其目的的无知产生了两种知识类型之间的分离：其工作的专门技能与对其所处环境（与那些对远眺风景的愉悦毫不关心的人共享的环境）的社会意识之间的分离。它产生了一种新的信念。这种信念并非与知识对立的幻觉，而是两种知识之间的接合（articulation），是知识形式和与之相随的无知形式之间的平衡。正如柏拉图所声称的，连接或者平衡都必须被相信。知识的管理（economy）[1]必须以一个故事（story）作为前提。这并不意味着某种幻觉或谎言，而是意味着知识就是以这样一种编排结构的操作作为前提的。在此结构中，不同知识之间的连接才能被人相信；在此织构中，知识也才得以运作。按照柏拉图的观点，技术性知识必须服从于一种目的论知识。然而不幸的是，这样一种为不同的知识与位置的分配提供基础的科学，自身却没有可论证的基础。它必须被预设（presupposed），而为此之故，一个故事必须被叙述出来且要被人相信。知识需要故事，因为知识事实上总是双重的。再重复一遍，存在着两种处理这种必然性的方式：一种是伦理的方式，一种是审美的方式。

所有事情都围绕着“仿佛”的状态在转动。柏拉图以一种挑衅性的方式建构了它：伦理的必然性就是一种虚构。虚构并非幻觉，它是为感觉与意义之间的关系创造某个处所（topos）、某种空间或某种规则的操作。现代“人类”以及社会科学拒绝这种挑衅。他们宣称，科学不承认虚构。但是，他们却又想从中渔利；他们想要保持灵魂分配的地形学，这一点以注定知道的人与注定只能为知识提供对象的人之间做出区分的形式体现出来。我提到布尔迪厄早期的社会学，因为它是对推动现代社会知识形成的柏拉图主义加以否认或隐藏的最纯粹的形式。这种对审美幻觉的反对，并非某一特定社会学家的观念，它是结构性的。而美学意味着工人的眼睛可以从其双手分离，他的信念可以与其所处的环境脱节，而这正是社会学家如若要存在则须大加排斥的东西。也就是说，一种习俗必须被定义为习性；一个居所必须决定一种存在方式，转而决定一种思考方式。当

[1] 英文economy源自古希腊语οικονομία（家政术）。Οικος指的是“家庭”，νομος指的是“方法或者习惯”。因此，economy的本义是指家政、家务管理，是对为家庭之私人事务，尤其是对家庭财物开支等方面的治理方法。——译者注

然，并非只是社会学如此。譬如说，历史自身也有将存在与思考的模式建构为不同历史时期之表现的特定方式。这是一般意义上的学科(disciplines)或所谓学科思考的情形。就其效果而言，一个学科，首要的并非对某个疆域的开发，也不是对某套适合一定领域、一定对象类型的方法的界定。它最重要的，是将这个对象建构为一种思考的对象，是对一定的知识观念做出证明(demonstration)——换言之，是知识与位置分配之间和谐一致的观念，是对两种知识形式和两种无知形式之间关系的校准。这是定义某种可思的观念，定义何种知识自身的对象能够用来思考和理解的方式。

学科却通过切断语言和思想的共同结构来描画其疆界。因此，譬如说，它们在细木工的言辞和其句子意义之间，在其天然的物质性与其所表达的社会环境之间划出了一条分界线。他们致力于一场反对审美无知(它也意味着审美分离)的战斗。换句话说，他们必须投身于一场反对工人的自我战争的战斗。他们想要使构成了社会的身体拥有专属于其位置和职业的习性(与其习性相一致的感知、感觉和思想)。要点就在于，这样的一致性其实永远会受到干扰。无须主人(的指引)，言词与话语在自由流通，将身体从其目的地转移开去。对于木匠及其兄弟们而言，这些词语可能是“人民”(*people*)、“自由”(*liberty*)或者“平等”(*equality*)；对于其远处的姐妹艾玛·包法利(Emma Bovary)[1]而言，它们则可以是“激情”(*passion*)、“幸福”(*felicity*)或者“沉醉”(*ecstasy*)。有一些景观是完全可以将凝视从其双手分离，并且将一名工人转换为一名审美家的。为了在身体状态和与之相呼应的感知与意义模式之间建立稳定的关系，学科思想必须不停地阻止这种内乱(hemorrhage)。它必须不停地追求战争，但

[1] 法国作家福楼拜的著名小说《包法利夫人》中的女主人公。朗西埃在讨论“文学的政治”问题时，多次以其为例证。——译者注

却是将之作为某种安抚性操作来追求。

因此，谈论知识的美学并不是一次走近感觉经验的机会，它是谈论沉默的战斗（silent battle），是对战争语境做出重新演示的时刻——这正是福柯所谓的“遥远战斗的隆隆声”[1]（distant roar of the battle）。为了如此，知识的美学必须实践某种无知。为了在斗争中恢复其作为战斗武器的地位，它必须忽视学科的种种边界。譬如说，这就是我曾将细木工的措辞从其常规语境，也就是，从其社会历史（它们往往将之视作是对工人身份的表达）中抽取出来时所做的。我采取的是一条不同的路径。这些只言片语并不是描绘某种生活境况，而是对某种境况和与之相关的可见性形式以及思考能力之间关系的再创造（reinvent）。换言之，这样的叙述（*récit*）在柏拉图的意义上是一个神话（myth）；而它是一种反-柏拉图的神话，是对命运的一种反叙事。柏拉图的神话在环境与思想之间规定了某种相互确认的关系，而细木工的反神话却打破了这个循环。为了创造某种使得两种神话之间的这种关系可见、可思的文本和符号化的空间，我们必须启用一种“非学科”（indisciplinary）的思考形式。我们必须创造一个没有界限的空间，同时也是一个平等的空间，在这里，对细木工生活的叙述就进入了与能力和命运的组织分配的哲学叙述的对话之中。

这意味着哲学及其与社会科学之间关系的另一种实践——一种非学科的实践。传统而言，哲学已被当作一种超级学科，它反映社会科学的方法或为其提供基础。当然，这些科学也可能会反对哲学的这种地位，将之当作某种幻觉，因而以哲学幻觉之知识的真正拥有者自居。这其实是另外一种等级，另外一种将话语置于其位的方式。但是，还有一种更好的第三种方式（a third way）。它抓住了这样的时

---

[1] 米歇尔·福柯（Michel Foucault）:《规训与惩罚》（*Surveiller et punir*. Paris, 1975），第315页。

刻，在此，制定话语次序的哲学自负被颠覆了，成为以叙述的平等语言对此种次序之任意性本质所做出的宣示。这就是我曾试图将细木工的叙述与柏拉图的神话结合在一起时所做的。

柏拉图神话的特异性是以这样一种方式建构的：它将知识(*savoir*)的理性倒转为对故事(*conte*)的纯粹任意性的坚持。当历史学家和社会学家向我们表明，一定的生活如何产生了表达此种生活的一定思想时，哲学家的神话却将此必然性指认为一种任意性，一个美丽的谎言，而对于绝大多数人民来说，此种谎言同时也正是他们的生活现实。这种必然性(necessity)与偶然性(contingency)的同一——一种谎言的现实性——不能以将真实与幻觉区分开来的论述形式来加以理性化。它只能被叙述，也就是说，只能以中止区分论述等级的话语形式来表示。

在《斐德罗篇》(*Phaedrus*)中，柏拉图声称，我们必须在谈论真理(*vérité*)之处来言说真实(*vrai*)。但是，也是在此处，柏拉图却求助于最激进的故事，即关于真理的平原，关于神圣驭手，关于在堕落的过程中，将某些人转化为灵魂中掺入了银子的人，而其他则成为运动员、工匠或诗人的故事。也就是说，事情全都颠倒了。当柏拉图最执拗地想要表明某种组织完好的条件的分配之时，他诉诸的却恰恰是对这种分配之最根本的否定：这是一种取消了话语等级及其所担保的各种等级的故事与共同语言的力量。基础的基础只是一个故事，一个审美问题(an aesthetic affair)。从此处我们能够想象一种指向故事的哲学实践，这种故事包含在每一种界定一定习性如何产生一定的思考形式的方法之中。要点确实并不在于主张学科乃错误的科学，或认为学科的真正所为只是一种文学形式；也不是要从某些他者形象或外部立场来废除它们，这些他者形象或外部立场通常包括：实在界之创伤的揭示、事件的震惊效果、弥赛亚承诺的视域，等等。

要点既不在于倒转伦理共识内部依存关系的秩序，也不指向某种全然他者的颠覆性力量。如果说哲学的审美实践意味着什么，那么，它就意味着对这些分配的破坏。所有疆界都是以感觉分配的单一形式为前提的老生常谈，而可思的地形学通常是某种操作剧场的地形学。没有特定的思想疆域，思想无处不在。其空间没有外缘，而其内部划分通常也只是可思性分配的一些临时形式。可思的地形学是一种独特的关于感觉与意义的联合，关于临时的节点与间隙的地形学。知识的美学创造了种种增补的形式，它们使得我们可以对那些老话题，对相同或相异的位置，对知识与无知之间的平衡的配置进行重新分配。它暗示着一种话语实践，这种实践将重新铭写处于话语战斗（在此，没有明确的边界将作为科学对象的噪音与将自身作为对象的科学的逻各斯分离开来）之中的种种描述与论述的力量。它意味着，它将在发明（invent）对象、故事和论述的共同语言和共同能力的平等中对其进行重新铭写。如果这种实践可以命名为哲学，它将意味着哲学并非一种学科或疆域之名。它是一种实践之名，是将不同疆界之特异性遣返至思考能力的平等共享层面的展演。在此种意义上，哲学的审美实践也可称之为一种平等的方法。